21세기와 남명 조식

21세기와 남명 조식

정우락 이상형 박충환 조영달 김강식 신창호
김낙진 최석기 최은주 김대진 사재명 황영신 손병욱

역락

머리말

우리 시대에 있어 '남명학'이란 무엇인가. 이러한 근본적인 질문에 대한 답을 구하고자 하는 노력의 결과를 집성한 것이 『21세기와 남명 조식』이다. 그동안 남명학에 대한 연구는 다방면에 걸쳐 많은 성과를 축적했다. 그렇지만 지금 이 시대에 남명학이 어떤 의미가 있는지에 대한 연구는 미흡했다.

따라서 이제 남명학 연구는 과거의 사실 확인이나 고답적 논변에서 벗어나 실생활에 살아있는 학문으로 거듭나야 한다. 새로운 자료의 발굴과 이에 따른 정확한 분석과 이해도 꾸준히 진행되어야겠지만, 남명학 연구는 개인의 행복과 현대사회의 공익을 위한 것으로 거듭나지 않으면 안 된다. 이를 위해서 우리가 살고 있는 시대가 어떤 시대이며, 미래는 또한 어떤 시대여야 하는가 하는 질문을 거듭해야 한다. 이것은 이상적 인간형이 역사·문화적 산물이듯이, 이에 따른 연구방식 역시 사회적 변화에 따라 적응할 수 있어야 한다는 것을 의미한다.

남명이 전하는 경의학은 21세기를 사는 우리에게 여전히 유효하다. 용인(用人)을 위한 대통령의 경의학, 청렴에 입각한 공무원의 경의학, 비판정신을 갖춘 지식인의 경의학, 각성에 의한 시민의 경의학으로 확장될 수 있기 때문이다. 전통시대의 신민(臣民)이 근대적 시민(市民)으로 전환되면서, 신분에 의한 계층은 사라지고 시민[국민]이 국가의 중심을 이루었다. 이러한 측면에서 경의학은 새로운 인간학으로 발전해야 한다. 시민이 국가와의 관계 속에서 지위와 역할을 확보하고, 권리를 향유하며, 의무를 부담해야 한다는 측면에서 더욱 그러하다.

우리는 이제 맹목적인 '민주화'의 열정을 넘어 덕성을 함양하고 각성(=성찰력)을 단련하는 새로운 인간 유형을 모색하지 않으면 안 된다. '활수(活手)'를 지향한 남명의 선비 상(像)이 그 대안이 될 수 있는지를 적극적으로 검토할 필요가 있다. 미래의 인간형은 한국적 덕성을 갖춘 인간, 성찰을 통해 각성된 인간, 비판적 실천을 수행할 수 있는 인간, 실무적 능력을 갖춘 인간, 세계와 소통할 수 있는 인간이어야 한다. 개인적 이기심에 바탕한 '주장'을 넘어 사회적 '책임'의 맥락에서 생각하고 행동하는 한국인이어야 한다. 남명의 경의학은 오늘날을 사는 우리에게도 절실한 '살아 있는[활(活)]' 메시지로 충만하다. 이러한 측면을 고민하고 연구한 결과물이 『21세기와 남명 조식』이다. 이 책의 출판을 계기로 남명학이 지금 이 시대에 살아있는 학문으로 거듭나고, 남명학에 대한 연구도 새로운 장이 열리길 기대해 본다.

이 책이 출판되기까지는 경북대학교 정우락 교수의 노고가 컸다. 책의 기획과 출판 등 모든 부분을 총괄하였고, 편집과 디자인 등 세세한 부분까지 꼼꼼하게 챙기며 열성을 쏟았다. 정우락 교수의 노고에 깊이 감사드린다. 아울러 옥고를 집필하느라 노력하신 여러 선생님들께도 감사드린다.

2018. 11.
남명학연구원 원장 박병련

목차

총론

제1부 남명학과 수제치평

제2부 남명학의 대중화

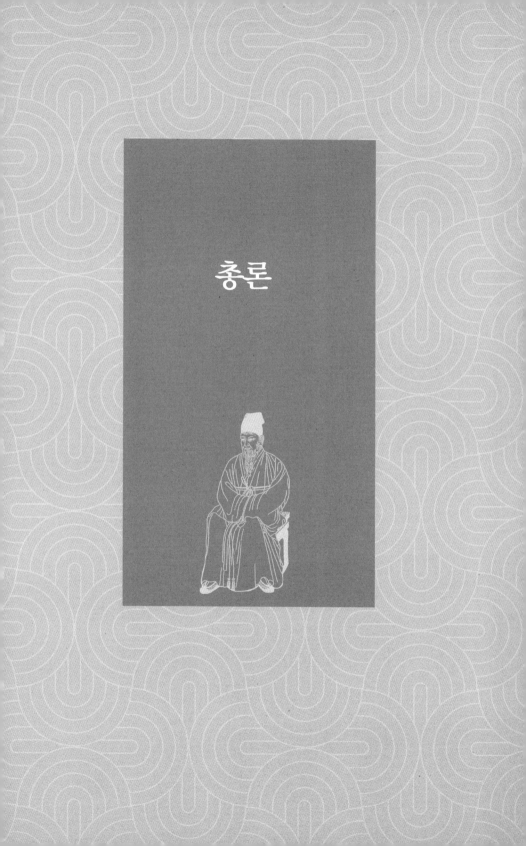

총론

21세기 활학(活學)으로서의 남명학

정
우
락

Ⅰ. 머리말 : 자료의 층위와 접근 시각

우리 시대에 있어 남명학이란 무엇인가. 이러한 근본적인 질문을 던지며 본 논의를 시작한다. 남명(南冥) 조식(曺植, 1501~1572)이 살았던 조선시대와 우리가 살고 있는 21세기는 시간적인 측면에서 많은 차이가 난다. 이러한 현격한 시차에도 불구하고 우리는 무엇 때문에 남명학을 다시 논단에 올리고자 하는가. 이 물음에 대한 답변은 '전통 학문이란 무엇인가'라고 하는 거시담론과 맞물려 있지만, 이것은 이 방면의 연구자들이 끊임없이 고민해야 할 문제이다. 그러나 이에 대한 어떤 고정된 답이 있다고 생각하지는 말자. 남명학은 고유의 가치를 지니면서도 시대적 변화에 따라 유연하게 응전할 수 있는 활물(活物)이어야하기 때문이다.

조식에 관한 자료는 크게 두 층위로 나누어진다. 제1층위는 조식에 의한 자료로 그가 창작한 시와 산문을 비롯하여, 스승 조식의 독서차기를 내암(來庵) 정인홍(鄭仁弘, 1535~1623)이 『근사록(近思錄)』의 체계에 의거해 편집한『학기유편(學記類編)』등이 그것이다. 제2층위는 조식에 대한 자료로 조식 전승이 그 대표적이다. 이는『조선왕조실록(朝鮮王朝實錄)』이나 기타 실기류에 전하는 역사적 전승과 문헌설화와 구비설화 등의 문학적 전승으로 나뉜다. 그동안 연구자들은 제1층위를 텍스트로 하여 연구를 진행하면서, 제2층위에 있는 자료는 보완적 의미에서 활용해 왔다.

제1층위의 자료를 중심으로 연구한 것은 김충열의『남명 조식의 학문과 선비정신』(예문서원, 2006)을 비롯하여 정우락의『남명문학의 철학적 접근』(박이정, 1998), 손영식의『남명 조식의 철학사상연구』(서울대출판부, 2002), 최해갑의『남명철학과 교학사상』(교육출판사, 1998) 등이 있다. 이러한 연구는 남명학파에 대한 연구로 확대되기도 했다. 오이환의『남명학파연구』(남명학연구출판부, 2000), 이상필의『남명학파의 형성과 전개』(와우, 2005), 정우락의『남명학파의 문학적 상상력』(역락, 2009) 등의 저작물이 그것이다.

제2층위의 자료를 중심으로 연구한 것은 허권수의『절망의 시대 선비는 무엇을 하는가』(한길사, 2001)를 비롯해서, 정우락의『남명과 이야기』(경인문화사, 2007)와『남명과 퇴계 사이』(경인문화사, 2008) 등이 있다. 특히 제2층위에 있는 자료는 조식이 평소 '정주후불필저술(程朱後不必著述)'의 기치를 내걸고 글쓰기를 즐기지 않았던 사정을 감안할 때 조식 연구에 많은 도움을 준다. 이러한 측면에서 최근 경상대학교에서 남명학 교양총서를 편찬하면서 다양하게 보완되었다. 두 책으로 된 최석기의『왕조실록에 보이는 남명 조식』(경인문화사, 2009)을 비롯해서 장원철·전병철의『남명선생편년』(경인문화사, 2011), 허권수의『남명, 그 학덕을 기리며』(경인문화사, 2011) 등이 그것이다.[1]

1980년대부터 층위를 달리하는 자료를 중심으로 남명학 연구가 활발

---

1) 이밖에 최근에 나온 김경수 편,『德川書院誌』·『龍巖書院誌』·『新山書院誌』(글로벌콘텐츠, 2017)도 이 방향에서 자료를 정리한 것이다.

히 진행되어 왔다. 그 결과 2012년 2월 현재, 남명학과 남명학파에 대한 연구는 거의 1,900편에 육박하는 성과물로 축적되었다. 특히 남명학의 경우 자료가 극히 제한되어 있음에도 불구하고 전방위적으로 탐구되어, 더 이상 나아갈 수 없는 단계에 이르고 말았다. 사정의 이러함을 인식하면서 연구의 돌파구를 새롭게 마련하기 위하여 연구사적 회고와 전망을 제시하는 논의도 여러 차례 있었고, 이를 주제로 한 학술대회가 이루어지도 했다. 경상대학교 남명학연구소에서 '남명학 연구성과의 회고와 전망'을 주제로 한 두 차례의 학술대회는 그 대표적이다.[2]

연구가 진행되어 오는 과정에서 남명학의 대중성 제고는 학계 밖에서 주로 이루어졌다. 정정대가 조식을 주인공으로 설정하여 『울지 않는 종』(남명학연구원출판부, 2000)이라는 소설을 쓰기도 하고, KBS의 역사스페셜 <조식이 지리산을 12번 오른 까닭은>(2000)과 MBC의 특선 다큐멘터리 <500년의 대화 남명 조식>(2001) 등 지상파 방송국에서 여러 차례에 걸쳐 다큐멘터리를 만들기도 했다. '한국 연극 베스트 5'에 선정된 이윤택의 <시골선비 조남명>(2001)처럼 조식의 정신이 연극으로 형상화되기도 했다.

학계에서도 대중성에 대한 관심은 꾸준히 진행되었는데, 남명학에 대한 문화론적 접근이 그 대표적이다. 문화론은 대상을 융합적으로 이해하면서 장소성을 강조한다는 측면에서 답사나 여행과 접목된다. 이러한 측면의 업적은 강동욱의 『남명의 숨결』(나남, 2003), 정우락의 『남명문학의 현장』(경인문화사, 2006)과 『남명학의 생성공간-용처럼 나타나고 우레처럼 소리쳐라』(역락, 2014), 최석기의 『남명과 지리산』(경인문화사, 2006), 이상필의 『남명의 삶과 그 자취 1』(경인문화사, 2007) 등에서 이루어졌다.

---

2) 1차 학술대회는 2012년 7월 27일, 2차 학술대회는 같은 해 10월 26일에 있었고, 장소는 모두 경상대 남명학관 남명홀이다. 이에 대한 결과물은 남명학연구소의 기관지 『남명학연구』 제35권(2012. 9), 『남명학연구』 제36권(2012. 12)에 실려 있다.

이러한 노력은 남명학에 현장성을 부여하였다는 측면에서 일정한 의의가 있다.

최근에는 남명학의 실천론적 접근도 이루어졌다. 남명학이 현대인이나 현대의 한국사회에 어떻게 기능할 수 있는가 하는 문제의식 하에 이 부분은 논의되었다. 그 대표적인 업적이 남명학연구원의 『남명학과 현대사회』(역락, 2015)이다. 이 책에서는 현대 한국사회를 '위기의 시대'로 진단하고 이를 위하여 남명학은 어떤 역할을 수행할 수 있는가 하는 문제를 다루었다. 특히 한국선비문화연구원의 개원에 따른 운영 매뉴얼 개발과 맞물려 있는 이 연구는, 교육과 연수를 통한 남명학의 보급이라는 실천성을 확보하고 있어 의의가 있다.

모든 연구가 그러하지만 전문성과 대중성, 이론과 실천이 조우할 때 그 학문은 온전해진다. 남명학 연구도 예외일 수가 없다. 사정이 이러함에도 불구하고 실천을 특별히 강조했던 조식의 본의와는 달리 연구자들은 '남명학'의 정체성을 밝히는데 초점을 두었다. 부족한 자료를 중심으로 연구하다보니 '동어반복'과 '제자리 맴돌기'라는 지적이 나오기도 했다. 물론 '백척간두진일보(百尺竿頭進一步)'의 심정으로 이 방면에서의 연구도 지속되어야 하겠지만, 대중성과 실천성을 담보하는 연구는 보다 심도있게 진행되어야 한다. 이것이 조식의 정신을 학문적으로 계승하고 발전시키는 길이기 때문이다.

남명학의 대중성과 실천성 확보라는 측면에서 본고는 기획된 것이다. 조식의 본의를 염두에 두면서, 내부로 갇힌 남명학이 아니라 외부와 소통하는 남명학, 현실과 유리된 남명학이 아니라 현실과 맞물린 살아 있는 남명학을 지향하기 때문이다. 이로써 우리는 우리 시대인 '21세기'를 주목하고, 방법론상으로는 '활학(活學)'을 강조한다. 즉 남명학이 현실과 소통하면서 스스로 살아 있기 때문에 다른 사물을 살릴 수 있는 '활학'으로 기능할 수 있어야 한다는 것이다. '21세기 위기의 한국사회와 남명학적 대응'은 바로 이러한 측면에서 검토되어야 할 매우 중요한 주제가 아닐 수 없다.

Ⅱ. 남명학에 내포된 활학(活學)의 인소들

'활수(活水)', '활학(活學)', '활물(活物)', '활경(活敬)' 등에서의 '활(活)'은 스스로가 살아 있기 때문에 다른 사물을 살리는 기능을 한다. 이는 내적으로 생동하는 힘을 유지하며, 외부 사물과 접촉할 때는 깨어 있는 감응력을 지닌다. 주자(朱子)가 <관서유감(觀書有感)>에서 '원두활수(源頭活水)'를 제시하고 있듯이, 활수는 스스로가 살아 있기 때문에, 물고기를 만나면 물고기를 살리고, 나무를 만나면 나무를 살리게 된다. 그리고 세상 속으로 들어가 그 세상을 살린다. 유학의 기본논리인 '수기치인(修己治人)'도 이 밖의 무엇이 아니다. 수기를 전제로 하지 않는 치인이란 있을 수 없기 때문이다. 수기는 다름 아닌 활기(活己)이며, 치인 역시 활인(活人)이다. 일찍이 조식은 '활학'을 염두에 두면서 '활법(活法)'을 제시한 바 있다. 다음 작품이 그것이다.

廣文頗似子雲家	광문은 자못 자운의 집과 같아
稽古由來得力多	종래로 옛 일 상고하여 득력이 많았다네
活法會須堂下輗	활법은 모름지기 마루 아래 수레를 다듬는 사람이 알았나니
五車書在一無邪	다섯 수레 책의 의미도 하나의 '무사(無邪)'에 있다네

-조식, <경전(經傳)>[3]-

---

3) 曺植, 『南冥集』 卷1, <淸香堂八詠·經傳>.

위의 작품은 청향당(淸香堂) 이원(李源, 1501~1568)의 서재인 청향당에서 읊은 여덟 수 중 일곱 번째 시 <경전>이다. 기구의 광문(廣文)은 향교의 종9품직인 훈도를 말한다. 이원이 훈도 노릇을 한 적이 있었기 때문에 이렇게 적었다. 승구에서는 이원이 후한 때의 학자였던 양웅(揚雄)과 같아 서적을 통해 '득력'함이 많다고 했다. 그렇다면 '득력'은 어떻게 해야 하는가. 조식은 이것을 '윤편착륜(輪扁斲輪)'의 경우를 들어 설명했고, 그 핵심은 '활법'에 있다고 했다. 활법은 독서를 통한 지식의 축적이나 이론을 탐구하는 것이 아니라 격물(格物)을 통한 '자득(自得)'에 있다고 했다.4) 그리고 이 자득은 체험을 바탕으로 한 '실질(實質)'을 의미하며, 수레바퀴를 깎는 일과 같은 '하학(下學)'에 기반해 있음을 보였다. 조식이 제시한 활법은 바로 활학을 의미한다. 여기서 우리는 '자득', '실질', '하학'이 활학의 기본 인소(因素)라는 것을 알게 된다. 이를 순서대로 살펴보자.

첫째, '자득'에 대해서다. 앞서 <경전>에서 제시한 '윤편착륜'의 고사를 다시 상기할 필요가 있다. 이 고사는 제나라 환공이 대청에서 책을 읽고 있을 때, 수레를 만드는 장인(匠人) 윤편이 대청 아래에서 임금께서 읽는 책이 무슨 책인지 묻자 환공은 성인의 말씀이라고 대답한다. 이에 윤편은 그 성인이 살아 계시는지에 대하여 묻자 환공은 돌아가셨다고 대답한다. 이 말을 들은 윤편은 "그렇다면 임금께서 읽고 있는 것은 옛 사람이 남긴 찌꺼기입니다."라고 하자, 환공은 윤편에게 그 이유를 물었다.5) 이에 윤편은 다음과 같이 대답한다.

---

4) 이러한 생각에 기반하여 조식은 『학기유편』 상에서, "『대학』에서 '성의(誠意)' 정심('正心')에 대해서는 모두 그 도리를 말하고 있지만, '물격(物格)'에 이르러서는 도리를 말하지 않고, 다만 '물격 이후에 앎이 지극해진다'고만 한다. 이것은 대개 그 의미를 자득해야 한다는 뜻으로, 말로는 전할 수 없기 때문이다."라는 정자(程子)의 말을 인용하고 있다. 그리고 『朱子語類』 卷101, <程子門人・侯希聖>에서는 "윤화정은 지킴에 여유가 있지만 격물에 이르지 못하였기 때문에 보는 것이 정밀하고 분명하지 못하며 활법이 없다."라고 하였다.

"신은 신의 경험에서 그렇게 본 것입니다. 수레를 깎는 것이 느리면 헐거워져 단단하지 못하고, 빨리 깎으면 빡빡해서 들어가지가 않습니다. 느리지도 빠르지도 않는 것은 손에서 터득하고 마음에 응한 것이어서 입으로 말할 수 없습니다. 그 사이에 익숙한 기술이 있습니다. 이는 아들에게조차 깨우칠 수 없고 신의 아들 또한 저에게 배울 수가 없어서 이렇게 제 나이가 70평생 늙어서도 바퀴를 깎고 있습니다. 옛 사람도 그것을 전하지 못하고 죽었을 것입니다. 그러니 임금님이 읽는 것도 옛 사람이 남긴 찌꺼기일 따름입니다."6)

조식이 인용한 『장자(莊子)』 <천도(天道)>의 일부이다. 여기서 장자는 도의 본체가 인식에 있는 것이 아니라 체험에 있고, 이론에 있는 것이 아니라 실천에 있다는 것을 보였다. 윤편은 서적에 등장하는 '성인의 말'은 '옛사람이 남긴 찌꺼기'에 불과하다고 했다. 이 찌꺼기는 장구나 외는 것 따위의 거짓 공부를 말하는데, 참공부는 몸으로 체험하고 마음으로 체득하여 실생활에 활용될 수 있는 공부여야 한다는 것이다. 이 때문에 조식은 "학문을 하는 목적은 실천에 있다."7)라는 주자의 말과, "이치를 말로 떠드는 자는 마음으로 얻은 자가 아니다."8)라는 정민정(程敏政)의 말을 존중할 수 있었다. 즉, 도는 구설(口舌)에 있는 것이 아니라 체험을 통한 자득, 그리고 실천에 있다는 것이다.

둘째, '실질'에 대해서다. 남명학은 '허(虛)'와 '식(飾)'의 대극점에 있는 '실(實)'과 '질(質)'을 강조한다. 선고 조언형(曹彦亨, 1469~1526)의 묘갈을 쓰

5) 『莊子』, <天道>, "桓公讀書於堂上, 輪扁斲輪於堂下, 釋椎鑿而上, 問桓公曰, 敢問公之所讀者, 何言邪? 公曰, 聖人之言也. 曰, 聖人在乎? 公曰, 已死矣. 曰, 然則, 君之所讀者, 古人之糟魄已夫. 桓公曰 寡人讀書, 輪人安得議乎! 有說則可, 无說則死."
6) 『莊子』, <天道>, "輪扁曰, 臣也以臣之事觀之. 斲輪, 徐則甘而不固, 疾則苦而不入. 不徐不疾, 得之於手而應於心, 口不能言, 有數存焉於其間. 臣不能以喩臣之子, 臣之子亦不能受之於臣, 是以, 行年七十而老斲輪. 古之人與其不可傳也死矣. 然則君之所讀者, 故人之糟魄已夫!"
7) 曹植, 『學記類編』 上, "朱子曰, 爲學之實, 固在踐履."
8) 曹植, 『學記類編』 上, "篁墩程氏曰, 騰理於口舌, 非得於心者."

면서도 철저하게 '허'와 '식'을 배제하고자 했던 것도 모두 그 때문이었
다. "과장하고 둘러댈 바에야 뇌(誄)를 짓지 않는 것이 마땅하다. 가령
말할 만한 덕이 없다면, 아첨하는 말이 되어 나의 아버지를 속이는 것
이고, 남을 속이는 행동이 되어 나의 아버지를 부끄럽게 만드는 것이다.
아버지를 속이거나 아버지를 부끄럽게 하는 것은 나 또한 차마 하지 못
할 일이다."9)라고 한 것이 그것이다. 위의 시 <경전>에서 다섯 수레의
책도 '사무사(思無邪)'에 귀착된다고 한 것도 같은 입장에서 한 발언이다.
이와 관련하여 다음 자료를 보자.

> 대도시의 저자를 거닐어 보면 금은보배 등 없는 것이 없다. 종일 그
> 가격만 흥정하다가 끝내 자기 집 물건으로 만들지 못하는 것보다 한 필
> 의 베를 팔아 한 마리의 고기라도 사 오는 것이 더 낫다. 오늘날의 학자
> 는 성리설(性理說)을 고담하기만 하여 자신에게 아무런 이익이 없으니
> 이와 무엇이 다르겠는가?10)

저자거리에서 보물을 놓고 가격만 흥정하다가 마침내 빈손으로 돌아
가는 무리, 공허한 이론만 일삼는 당대의 학자군을 의미한다. 조식은 이
들을 '허'와 '식'을 좇는 사이비(似而非) 지식인으로 본 것이다. 그렇다고
해서 조식이 성리설을 도외시한 것은 물론 아니다. 덕계(德溪) 오건(吳健,
1521~1574)에게 편지하여 '성리에 대하여 말한다면 어찌 다른 사람보다
못하겠는가마는 오히려 그 점에 대해서는 즐겨 말하지 않을 뿐이다.'11)
라고 한 데서 이러한 사실을 알 수 있다. 문제는 선대 학자들의 깊은 성

---

9) 曺植, 『南冥集』 卷2, <通訓大夫承文院判校曺公墓碣銘>, "張憑宜不作誄, 使無德可言,
則誄言也. 欺吾父也, 諛行也, 愧吾父也, 欺且使愧, 孤亦不忍."
10) 朴絪, 『无悶堂集』 卷5, <南冥先生言行總錄>, "遨遊於通都大市中, 金銀珍玩, 靡所不
有. 盡日上下街衢, 而談其價, 終非自家裡物, 却不如用吾一疋布, 買取一尾魚來也. 今
之學者, 高談性理, 而無得於己, 何以異此"
11) 曺植, 『南冥集』 卷2, <與吳御使書>, "口欲性理, 豈下於衆人乎? 猶不肯屑有辭焉."

리학적 이념들이 자신의 생활 속에서 어떻게 가치 있는 것으로 살아 있게 하는가 하는 것이다. 조식은 이처럼 학문이 생활 속에서 살아 있지 못할 때, 그것은 무용, 즉 실질이 없다고 본 것이다.

셋째, '하학'에 대해서다. 조식은 항상 도가 높고 먼 데 있는 것이 아니라 바로 생활 현장에 있어야 한다고 생각했다. 경전을 읽으면서도 경전의 말을 자기의 것으로 체득하지 못한다면, 그 경전 속의 말은 성인이 남긴 찌꺼기에 불과하다며 통렬하게 비판한 것도 그 궤를 같이 한다. 맹자 역시 윤편의 말에 동참한 적이 있다. "목수[재장(梓匠)]나 수레바퀴 만드는 사람[윤여(輪輿)]이 남에게 규구(規矩)를 줄 수는 있어도 그가 정교하게 할 수 있도록 하지는 못한다."[12]라고 한 것이 그것이다. 이에 대하여 화정(和靖) 윤돈(尹焞, 1071~1142)은 "대개 하학은 말로써 전할 수 있고 상달은 반드시 마음으로 깨우치는 것이니, 장주가 논한 바 '바퀴를 깎는다'는 뜻이 대개 이와 같다."[13]라고 하였다. 조식 역시 생각이 같았으므로 <원천부(原泉賦)>에서 다음과 같이 말할 수 있었다.

推洿水於窞坎	물은 웅덩이를 채우고 난 뒤에 흘러가나니
宜德行之素積	평소에 덕행(德行)을 쌓는 것이 마땅하리라
究人事之下行	일상생활에서 실천할 수 있는 일을 연구하는 것이
根天理之上達	오묘한 이치에 도달하는 근본이 된다
萬理具於性本	온갖 이치가 다 본성(性本)에 갖춰져 있어
混潑潑而活活	운용에 따라 모두가 활발해진다

-조식, <원천부> 부분[14]-

여기서 조식은 '인사지하행(人事之下行)'을 탐구하는 것이 '천리지상달

---

12) 『孟子』, <盡心章 下>, "孟子曰, 梓匠輪輿, 能與人規矩, 不能使人巧."
13) 『孟子』, <盡心章 下> 朱註, "蓋下學可以言傳, 上達必由心悟, 莊周所論斲輪之意蓋如此"
14) 曹植, 『南冥集』卷1, <原泉賦>.

(天理之上達)'의 근본이 된다고 했다. 물론 '하학상달론(下學上達論)'에 기반한 발언이다. 그렇다면 하학은 무엇으로부터 시작하는가. 그는 '쇄소응대(灑掃應對)'나 '형우제공(兄友弟恭)' 등과 같은 일상생활에서 찾았고, 그 핵심에는 본성을 밝히는 일이 있다고 생각했다. 이 때문에 그는 "오늘날의 학자들은 절실하고 가까운 덕을 버리고 고원한 것만을 따라간다. 학문을 하는 것은 애초 어버이를 섬기고, 형을 공경하며, 어른을 공경하고, 어린이를 자애하는 데에서 벗어나지 않는다. 혹 이를 힘쓰지 않고 갑자기 성리의 깊은 뜻을 탐구하려 하면 이는 인사 위에서 천리를 구하는 것이 아니다."[15]라고 할 수 있었다. 이 역시 활학의 문제이기 때문에 위의 <원천부>에서 "활발발지(活潑潑地)"를 제시하였던 것이다.

조식은 윤편착륜의 고사를 활용하여 <경전>이라는 작품을 창작한다. 여기서 그는 '사무사'라는 수양론을 바탕으로 '자득', '실질', '하학'을 강조하고 있다. 조식은 이를 활법이라 하였는데, 활학 바로 그것이다. 활학이 '사무사'에 근본한다고 볼 때, 이는 결국 마음(심(心))의 문제로 귀결된다. 일찍이 주자는 "마음은 살아 있어야 한다. 활이란 생활의 활이니 죽은 것과 대조하여 설명한 것이다. 활이란 천리이고 사(死)란 인욕이다."[16]라고 하였다. 남명학은 이 활의 문제를 '자득', '실질', '하학'과 결합시켜 이해하고 있는데서 그 특징을 찾을 수 있을 것이다.

Ⅲ. 주체적 개방성과 조식의 경의학

남명학에 내재해 있는 '자득', '실질', '하학'은 활학의 주요 인소들이

---

15) 成運, 『大谷集』 下, <南溟先生墓碣>, "今之學者, 捨切近趨高遠, 爲學初不出事親敬兄悌長慈幼之間, 如或不勉於此, 而遽欲窮探性命之奧, 是不於人事上求天理."
16) 『朱子語類』 卷97, <程子之書>, "心要活, 活, 是生活之活, 對著死說. 活是天理, 死是人欲."

다. '자득'이 체험을 바탕으로 하고 있다면, '실질'은 허식을 배제한 것
이며, '하학'은 일상생활 속의 실천을 강조한 것이다. 살아 있는 모든
것이 그렇듯이 어느 하나로 고정되거나 경화되지 않는다. 즉, 활학은 전
대의 학문을 정태적으로 암기하는 구이지학(口耳之學)의 단계에 머무는
것이 아니라, 당대적 시대정신을 투과하는 동태적 학문을 의미한다. 여
기서 우리는 전통 학문과 당대적 문제의식이 맞물리는 지점에 조식의
활학이 존재한다는 것을 알게 된다.

활학은 주체적 개방성으로 요약할 수 있다. 전통이 당대적 문제와 결
부되면서도 새로운 가치로 혁신될 수 있을 때 이 같은 주체적 개방성이
가능하다.[17] 주체성이 구심력을 형성한다면 개방성은 원심력을 확보한
다. 주체성은 개방성이 일정한 방향을 유지하여 표류하지 않도록 하며,
개방성은 주체성이 경화되거나 고립되지 않도록 한다. 이 둘은 상호 긴
밀한 관계를 유지하면서 보다 큰 유가의 이상을 이룩할 수 있도록 한
다. 그렇다면, 조식의 주체성은 어디서 찾아볼 수 있는가. 다음의 자료
를 보자.

① 장부의 행동은 산과 같이 무거워야 하고, 만길 절벽처럼 우뚝 서
서 때가 되면 펴서 바야흐로 허다한 일을 이룩할 수 있어야 한다. 천균
(千鈞)의 커다란 쇠뇌를 한 번 쏘면 만 겹의 단단한 벽도 뚫을 수 있는
까닭에 굳이 생쥐를 위해서 쏘지는 않는다.[18]

---

17) 남명학에서 주체성을 찾으려는 노력은 손영식의 「남명 조식의 주체성 확립 이론과
사림의 정신(1)(2)」(『남명학연구논총』 제4권, 남명학연구원, 1996; 『남명학연구논총』
제7권, 남명학연구원, 1999.)에서 이루어졌다. 손영식은 이 논문에서 조식이 '형이상
학의 이론적 탐구를 거부하고 강건한 주체성을 세우려 했다는 점'에 착목하여 논의
를 전개했다. 조식이 수양론적 입장에서 마음에 강한 '도덕적 주체성'을 확립하고자
했다는 주장은 본 논의와 일정한 맥락이 닿는다.

18) 金宇顒, 『東岡集』 卷17, <南冥先生言行錄>, "丈夫動止, 重如山岳, 壁立萬仞, 時至而
伸, 方做出許多事業, 譬之, 千鈞之弩一發, 能碎萬重堅壁, 固不爲齟鼠發也."

② 뜻을 높이고 몸을 깨끗이 하여 구차하게 따르거나 구차하게 가만히 있지 않았다. 스스로 몸을 가볍게 하여 쓰이기를 구하는 일은 하지 않았고 우뚝이 확립된 것이 있었다. 학문을 논함에 반드시 자득(自得)을 우선으로 여기고 고명(高明)을 귀하게 여겨 항상 말하기를, "비유하자면 높은 곳에 오르면 만물이 모두 낮게 보이는 것과 같으니, 그런 뒤에야 내가 행하는 것이 이롭지 않음이 없게 된다." 라고 하였다.[19]

위의 자료를 통해 우리는 조식이 보유하고 있는 장부의 기상과 강한 주체적 역량을 확인할 수 있다. 앞의 자료에서 보듯이 장부는 산처럼 무겁고 만 길의 벽처럼 우뚝하여야 하며, 때가 되어 역량을 펼치게 되면 허다한 사업을 이룰 수 있어야 한다고 했다. 이를 통해 강한 자부심과 함께 호연(浩然)한 기상을 감지할 수 있으며, 이는 주체적 역량으로 이해되기 충분하다. 이 때문에 뒤의 자료에서 보듯이 장부는 상지결신(尙志潔身)하여 구차히 따르거나 구차히 가만히 있지 않으면서 우뚝이 확립된 것이 있어야 한다고 했다. 이러한 역량은 '자득'을 중시하면서, 확실한 효과인 '실질', 일상생활에서 이롭지 않음이 없는 '하학'과 결부되어 있음도 보였다.

조식은 학문적 주체성을 확립하고 있으면서도 그 자신을 구심력 일변도로 고립시키지 않았다. 즉 원심력을 바탕으로 한 개방성 역시 지니고 있었다는 것이다. 이 때문에 동강(東岡) 김우옹(金宇顒, 1540~1603)이 조식의 행장을 쓰면서, "음양·지리·의약·도가류의 말에 이르기까지 그 대체적인 내용을 섭렵하지 않은 것이 없었고, 궁마(弓馬)와 행진(行陣), 관방(關防)과 진수(鎭守)에 이르기까지 알기를 구하지 않은 것이 없었다. 그 재능이 높고 뜻이 굳세어 공부하지 않은 바가 없었다."[20]라고 하였

---

19) 許穆, 『記言』 卷39, <德山碑>, "尙志潔身, 不苟從不苟默, 不自輕以求用, 卓然有立, 言學必先自得而貴高明. 常言曰, 譬如登高, 萬品皆低, 然後惟吾所行自無不利."
20) 金宇顒, 『東岡集』 卷17, <南冥先生行狀>, "至於陰陽地理醫藥道流之言, 無不涉其梗

던 것이다. 조식의 이러한 학문적 개방성은 퇴계(退溪) 이황(李滉, 1501~ 1570) 등 당대의 다른 선비들과 선명하게 대비되는 부분이기 때문에 주목할 필요가 있다.

그렇다면 '자득', '실질', '하학'을 인소로 하는 활법은 어떤 개념으로 구체화되는가. 이것은 두말할 필요도 없이 조식의 실천철학인 경의학이다. 주자가 '경'이 일을 만났을 때 '의'가 작동할 수 있어야 비로소 활경(活敬)이라 했던 것도 같은 방향에서 이해된다.[21] 이러한 생각에 입각하여 조식은 죽음에 직면하여 제자들에게 당부한 것도 이것으로 하였고, 산천재의 벽에 써서 붙여두고 아침저녁으로 본 것도 이것이었으며, 제자들에게 오가(吾家)의 일월(日月)이라며 교육한 것도 이것이었고, 마음속에 한 가지의 사물도 없어지게 된다는 수양론적 효과도 이것으로 제시했다. 그에게 있어 경의학은 '극절요처(極切要處)'였던 것이다.

마음을 주재하는 것은 경(敬)이다. 이 때문에 경의학은 능동성과 주체성을 지닌다.[22] 그 주체성은 당연히 굳건한 부동심과 결부되므로, 이천(伊川) 정이(程頤, 1033~1107)의 말을 인용하여 이에 대한 의미를 명확히 하고자 했다. <불동심도(不動心圖)>를 설명하는 자리에서, "내면의 마음이 곧으면 그 기상이 넓고 떳떳하게 된다."[23]라고 하거나, "기상은 반드시 길러야 하나니, 이는 의로운 행동을 하나하나 쌓아서 생기게 되는 것이다. 오직 경(敬)만을 가지고 어찌 천지에 충만한 기상에 도달할 수 있겠

___

槪, 以及弓馬行陣之法, 關防鎭戍之處, 靡不留意究知, 蓋其才高志彊而無所不學也."

21) 주자는 『주자어류』 卷12, <學六·持守>에서, "경에는 죽은 경(사경(死敬))과 살아 있는 경(활경(活敬))이 있다. 만약 하나에 집중하는 경을 지키면서, 일에 접했을 때 의로움으로 옳고 그름을 판단하지 못한다면 이것은 죽은 경이다. 완숙한 경지에 이른 뒤에는 '경' 속에 '의'가 있고 '의' 속에 '경'이 있다. 고요할 때는 '경'과 '불경'을 살피고, 움직일 때는 '의'와 '불의'를 살펴야 한다."라고 했다.

22) 이 때문에 조식은 『학기유편』 <위학지요(爲學之要)>에서 교봉 방씨(蛟峯 方氏)의 말을 빌려, "마음을 비우고도 주체성을 간직하는 것이 마음을 바로잡는 처방이다(中虛而有主者, 正心之藥方]"라고 할 수 있었다.

23) 曹植, 『學記類編』 上, "內直則其氣浩然."

는가?"[24]라고 한 것이 그것이다. 경의학으로 벽립만인(壁立萬仞)과 탁연유립(卓然有立)의 강한 주체 역량을 응축할 수 있음을 보인 것이라 하겠다.

그렇다면 조식의 핵심사상인 경의학이 어떻게 개방성을 획득하는가. 조식의 경의학은 '통(通)-복(復)'의 논리에 따라 때로는 외적으로 확산하고 때로는 내적으로 수렴된다.[25] 이는 유연성을 잃지 않았기 때문에 가능하다. 유연성은 개방성을 전제로 하는데, 구심체인 경의학이 주체적으로 개방될 수 있음을 보인 것이다. 우리는 이를 경의학의 설계도인 <신명사도(神明舍圖)>[26]를 통해 확인할 수 있다. 즉, <신명사도>는 경의학을 바탕으로 우주론, 수양론, 치국론으로 개방되어 있다는 것이다.[27] 이것을 차례대로 살펴보자.

첫째, 경의학의 우주론적 개방성에 대해서다. 조식은 <신명사도>에서 목관을 일(日)에, 이관을 월(月)에 배당시키고 있다. 김우옹이 <행장>에서 그렇게 말한 것처럼 이것은 조식이 즐겨 읽었던 『참동계(參同契)』에 근거한 것이다.[28] 이 책의 들머리에, "건곤은 역(易)의 문호로서 모든 괘의 부모가 된다. 감(坎)괘와 이(離)괘는 광곽(匡廓)으로 바퀴를 움직이는 바른 축이 된다."[29]라고 했다. 광곽 혹은 원곽(垣廓)의 성문에 음양(--, 一)

---

24) 曺植, 『學記類編』 上, "氣須是養, 集義所生, 只將敬, 安能便到充塞處."
25) 조식의 경의학에 바탕한 '통-복의 소통론'에 대해서는, 정우락, 『남명문학의 철학적 접근』, 박이정, 1998, 68-76쪽에서 자세하게 다루었다.
26) 조식의 성리도는 『남명집』 <신명사도> 1개를 비롯하여, 『학기유편』 내 <제삼도(第三圖)>, <성도(誠圖)>, <역서학용어맹일도도(易書學庸語孟一道圖)>, <심위엄사도(心爲嚴師圖)>, <기도(幾圖)> 등 5개로 도합 6개로 알려져 있다. 『학기유편』 범례에는 24개의 성리도 중 조식이 스스로 그린 것이 17개라고 하고 있으나, 상당 부분을 정복심(程復心)의 『사서장도은괄총요(四書章圖檃括總要)』에서 옮겨온 것이라 한다. 이로 볼 때, 『학기유편』 내의 조식 자도는 5개이고, 나머지는 정복심의 것이 14개, 주자의 것이 5개이다. 이에 대해서는 이승환, 「南冥 『學記圖』 自圖說 批正」, 『철학연구』 제46권, 고려대학교 철학연구소, 2012에 자세하다.
27) <신명사도·명>의 구체적인 용어와 의미에 대해서는 최석기, 「남명의 「신명사도」 「신명사명」에 대하여」, 『남명학연구』 제4권, 경상대 남명학연구소, 1994에 자세하다.
28) 金宇顒, 『東岡集』 卷17, <南冥先生行狀>, "頗喜看參同契, 以爲極有好處, 有補於爲學."

으로 표시하고 일월을 제시하였는데, 이것은 이괘(☲)와 감괘(☵)의 가운데 효를 의미하기도 한다.

이처럼 조식은 <신명사도>를 통해 일월[이감]이 밤낮으로 운행하고 순환하면서 만물[사물]을 생성한다고 보았다. 즉 우주론적 시각에서 '태일진군'은 만물을 생성하고 그 운행을 주재하는 존재였던 것이다. 태일은 태극 바로 그것으로 대도(大道)이며 원기(元氣)이다. 진군은 이에 근거하여 우주를 운행하는 주재자 역할을 한다. 조식이 <신명사도> 아래 『주역참동계발휘(周易參同契發揮)』에서 인용하여 "하차(河車)가 잠시도 멈추지 않으니, 묵묵히 자연의 질서와 하나가 되어 함께 운행한다."30)라고 부언할 수 있었던 것도 모두 그러한 이유에서였다.

둘째, 경의학의 수양론적 개방성에 대해서다. 조식은 『주역』 <곤괘·문언>의 '경이직내(敬以直內) 의이방외(義以方外)'를 <패검명>에서 '내명자경(內明者敬) 외단자의(外斷者義)'로 새롭게 이해하고 있다. 즉, '직방(直方)'을 '명단(明斷)'으로 바꾸어 그 의미를 더욱 선명하게 하였는데, '명단'은 '직방'의 결과로 나타난 내적 이미지이자 외적 실천성이라 하겠다. <신명사명>에서 "아홉 구멍의 사특함도 세 곳의 요처에서 처음으로 나타나는 것이니, 낌새가 있자마자 용감하게 이겨내고 나아가 반드시 섬멸토록 할 것이다."31)라고 했다. 이 역시 경의학에 입각한 강력한 실천성을 나타낸 것이다.

성리학적 수양론은 존양(存養)과 성찰(省察), 그리고 극치(克治)를 기반으로 한다. 조식은 이를 철저하게 인식하고 있었으므로 원곽 안으로는 '경'을 중심으로 존양하고 그 효과인 성성(惺惺)을 강조하였다. 그리고

---

29) 魏伯陽, 『參同契』, <乾坤門戶章第一>, "乾坤者, 易之門戶, 衆卦之父母, 坎離匡廓, 運轂正軸."

30) 曺植, 『南冥集』 丙午本, <神明舍銘> 附註, "晝夜河車不暫停, 默契大造同運行." <신명사명>은 병오본(1606)에 가장 자세하고, 15조의 부주도 실어 두었다.

31) 曺植, 『南冥集』 卷1, <神明舍銘>, "九竅之邪, 三要始發. 動微勇克, 進教廝殺."

원곽 밖으로는 '의'에 입각하여 사물과 응접할 때 성찰[치찰(致察)]을, 인욕이 발생할 때 이것을 막고 제거하는 극치의 과정을 보였다. 이 때 구관(口關)은 이관(耳關)과 목관(目關)에 비해 특별하다. 이 때문에 <신명사도>에서 구관에 충신(忠信) 수사(修辭)를 배당하였으며, 여기에 대하여 "추밀을 받들어 내보내고 받아들임에 충신과 수사로 한다."라고 풀이할 수 있었다. 정성스런 마음과 구설(口舌)을 통한 외적 표현의 진실성을 말한 것이라 하겠다.

셋째, 경의학의 치국론적 개방성에 대해서다. '진군'은 나라를 전제로 한다. 이 때문에 <신명사명>에서 "태일진군이 명당에서 정치를 펼치는데, 안은 총제가 주장하고 밖은 백규가 살핀다."[32]라고 하였던 것이다. 외적을 방어하는데 있어 매우 긴요한 것이 성곽이듯이 <신명사도>에는 성곽을 구축해두고, 언제 쳐들어올지 모르는 적을 삼엄하게 살핀다. 기미를 살피기 위해 대장기(大壯旗)를 구관, 이관, 목관 앞에 세워둔 것은 바로 이 때문이었다. '경(敬)-총재(冢宰)', '백규(百揆)-치찰(致察)', '대사구(大司寇)-극치(克治)'를 제시하여 자신의 직분에 맞게 담당하는 일을 부여한 것도 치국을 위한 것이었다.

치국론적 시각에서 <신명사도·명>을 볼 때 특별히 주목되는 것은 '경'의 좌우로 배치되어 있는 '천덕(天德)'과 '왕도(王道)', 그리고 '국군사사직(國君死社稷)'과 '요순일월(堯舜日月)'이다. 천덕과 왕도는 정치교화에 있어 가장 중요한 것이다. 이 때문에 그는 1568년(선조 1)에 <무진봉사>에서 이제 막 등극한 선조에게 "전하께서 과연 경(敬)으로써 몸을 닦으면서, 천덕(天德)에 통하고 왕도(王道)를 행하셔서, 지극한 선에 이른 뒤에 그치신다면, 밝음과 정성됨이 함께 나아가서 사물과 내가 겸하여 다할 것입니다."[33]라며 경을 바탕으로 한 천덕과 왕도를 특별히 강조하였던

---

32) 曺植,『南冥集』卷1, <神明舍銘>, "太一眞君, 明堂布政. 內冢宰主, 外百揆省."
33) 曺植,『南冥集』卷2, <戊辰封事>, "殿下果能修己以敬, 達天德行王道, 必至於至善而

것이다. 이것이 제대로 실행될 때, 요순의 일월[세월]이라는 유가적 이상세계가 도래할 것이며, 나라가 위기에 처했을 때는 '임금이 사직을 위해서 죽어야 한다.'고 생각하였던 것이다.

조식은 <신명사도·명>에서 경의학이라는 주체 역량이 우주론, 수양론, 치국론으로 개방되어 있다는 사실을 적극적으로 보여주었다. 우주론이 형이상학이라면, 수양론은 형이상학과 형이하학을 공유하며, 치국론은 형이하학이다. 수양론이 형이상학과 형이하학을 관통하니 조식은 여기에 집중하지 않을 수 없었다. 이러한 생각은 마침내 '하학이상달(下學而上達)'로 귀결될 수 있게 했다. <무진봉사>에서 '아래로 사람의 일을 배우고, 위로 하늘의 이치에 통달하는 것이 또한 학문에 나아가는 순서'[34]라고 한 것에서도 이것은 확인된다. 이렇듯 '하학이상달'은 강한 실천성이 결부되지 않을 수 없으므로, <신명사도>에는 특별한 장치가 필요했다.

<신명사도>의 하면에는 일련의 도상과 용어가 제시되어 있다. '지(止)-필지(必至)'를 중심으로 왼쪽의 '지(至)-지지지지(知至至之)', 오른쪽의 '지(止)-불천(不遷)·지종종지(知終終之)'가 그것이다. 가운데 '지'는 방형으로 되어 있는데, 수기와 치인을 통해 반드시 이른다는 '지어지선(止於至善)'의 '지'이다. 그리고 왼쪽의 것은 진덕(進德)의 일로 시조리(始條理)를 말하며, 오른쪽의 것은 거업(居業)의 일로 종조리(終條理)를 말한다. 이로 보아 <신명사도>는 경의학을 중심으로 수기치인의 유가적 이상을 실천하고자 하는 목표와 그 결과가 함축되어 있다고 하겠다.

이상에서 보았듯이 조식의 경의학은 주체적 개방성을 지니고 있다. 경의학을 바탕으로 강건한 자아를 형성하였다고 하겠는데, 조식을 형용하는데 동원되었던 벽립만인(壁立萬仞)과 탁연유립(卓然有立) 등도 이러한

後止, 則明誠立進, 物我兼盡."

34) 曹植, 『南冥集』 卷2, <戊辰封事>, "由下學人事, 上達天理, 又其進學之序也."

주체 역량에 의한 것이라 하겠다. 또한 <신명사도>에서 볼 수 있듯이 조식의 주체 역량은 우주론, 수양론, 치국론과 맞물려 나타난다. 이는 그의 사유가 경의학에 근거하지만 개방성을 지니고 있다는 것을 의미한다. 이것은 또한 인사상(人事上)에서 천리 구하기라는 하학상달론으로 귀결된다. 조식의 실천론은 바로 이 같은 과정을 거치면서 형성되고 발양된 것이라 하겠다.

Ⅳ. 21세기를 위한 경의학의 재발견

우리는 지금 매우 위험한 시대를 살고 있다. 개인 단위로는 우울증 등 수많은 정신적 장애를 앓고 있는 사람들이 나날이 늘어가고, 가정 단위로는 폭력과 저출산 등으로 인해 전통적 가정이 해체되어 가고 있다. 진보 좌파와 보수 우파의 대립이라는 정치적 위기는 어제 오늘의 일이 아니고, 수시로 바뀌는 입시제도와 공교육의 파괴로 말미암아 우리 교육은 방향성을 잃고 말았다. 이러한 와중에 북한은 핵실험으로 도발을 일삼고, 독도와 위안부 문제로 일본과의 갈등도 날이 갈수록 깊어만 간다. 설상가상으로 최근에는 고고도 미사일 방어 체계(사드, THAAD)를 두고 미국과 중국 사이에서 힘겨운 나날을 보내고 있다.

일제강점기와 남북분단, 한국전쟁 등 민족사적 고통을 겪기도 했지만, 우리는 고도의 압축성장으로 경제적인 기적을 이룬 나라로 세계에 알려져 있다. OECD에 가입하면서 선진국 대열에 합류하기도 했다. 그러나 이러한 빛 뒤에는 언제나 심각한 그늘이 존재하기 마련이다. 불신과 경쟁으로 인해 한국 사회는 서서히 피폐되어갔고, 물신숭배로 인해 가치관도 표류하게 되었다. 공존의식은 찾아볼 수가 없고 사회 공동체는 분열과 대립의 연속이다. 그야말로 어디로 발을 딛어야 좋을지를 모르겠다.

조식이 살았던 16세기가 우리 시대 보다 더 나은 시대라 하기는 어렵다. 정치적으로는 훈구파의 사림파에 대한 탄압으로 사화가 일어나 현인들이 목숨을 잃었고, 사회적으로는 잦은 부역과 공물이 천재지변(天災地變)과 겹치면서 민중들은 삶의 터전을 잃고 유리하였으며, 지방의 수령들은 관권을 이용하여 민중의 토지를 침탈하는 등 갖은 횡포를 부렸다. 이 같은 상황임에도 불구하고 학자들은 위기적 현실을 외면한 채 이기성명(理氣性命) 등 형이상학적 이론탐구에 여념이 없었다. 이러한 상황에 대하여 조식은 <을묘사직소(乙卯辭職疏)>(1555년)에서 이렇게 포효한다.

전하의 나라 일은 이미 잘못되었습니다. 나라의 근본이 이미 망해가고, 하늘의 뜻이 벌써 떠났으며, 민심도 이미 흩어졌습니다. 비유컨대 백 년 된 큰 나무가 속은 벌레가 다 파먹고 진액도 다 말랐는데 망연히 회오리바람과 사나운 비가 또 언제 닥쳐올지를 알지 못하게 된 지가 오래인 것과 같습니다. 조정에 있는 사람 가운데 충성되고 뜻 있는 신하와 일찍 일어나 밤늦도록 공부하는 신하가 없지는 않습니다. 하지만 이미 그 형세가 극도에 달하여 지탱할 수 없고 사방을 둘러보아도 손쓸 곳이 없습니다.[35]

조식은 '국사이비(國事已非)'로 당대의 현실을 요약하였다. 그리고 언제 쓰러질지 모르는 썩은 나무에 곧 불어 닥칠 듯한 회오리바람과 사나운 비! 아찔한 상황이 아닐 수 없다. 이러한 시대인식 때문에 <정묘사직정승정원장(丁卯辭職呈承政院狀)>(1567년)에서는 '구급(救急) 두 글자로써 나라를 부흥시키는 한 마디로 삼아 제가 몸을 바치는 일을 대신하고자 합니다.'라며 나라 구제의 시급성을 역설하기도 했다. 경안령(慶安令) 이요(李

35) 曺植, 『南冥集』 卷2, <乙卯辭職疏>, "殿下之國事已非, 邦本已亡, 天意已去, 人心已離, 比如大木, 百年蟲心, 膏液已枯, 茫然不知飄風暴雨何時而至者, 久矣. 在廷之人, 非無忠志之臣夙夜之士也, 已知其勢極而不可支, 四顧無下手之地."

瑢)에게 편지하여 '화가 살갗에 닿을 듯하다', 개암(介庵) 강익(姜翼, 1523~
1567)에게 편지하여 '조만간에 화란이 닥칠 것 같다.'라고 한 것도 모두
이 때문이었다.

이러한 문제의식 속에서 조식은 '자득', '실질', '하학'을 인소로 하는
활학을 강조했다. 물론 '자득'은 이론을 바탕으로 하고, '실질'은 심미적
인 요소를 포함하며, '하학'은 상달을 위해 필수불가결한 것이다. 이러
한 생각 하에 조식은 경의학을 통한 주체 역량을 강조했지만, 그 핵심
이 담겨있는 <신명사도>에서 볼 수 있듯이 그의 경의학은 우주론, 수
양론, 치국론으로 개방되어 있었다. 이것은 조식의 경의학이 활학에 기
반하여 주체적으로 개방되어 있다는 것을 의미한다. 이 때문에 그의 경
의학은 당대의 사회적 현실에 대하여 능동적으로 대응할 수 있었다.
'국사이비'라는 시대인식도 이러한 과정에서 제출된 것이다.

남명학은 우리가 사는 21세에도 여전히 유효하다. 즉, 남명학이 과거
와 이념적 창고에 적재되어 있는 것이 아니라 현실 생활 속에서 적용이
가능한 활학, 즉 살아 있는 학문이라는 것이다. 조식은 당대의 현실 문
제를 심각하게 인식하고, 조선을 구성하는 전 계층이 대립되어 있다고
판단했다. 군주 및 관리는 실정과 부패의 문제로, 선비 및 백성들과 심
각하게 대립하고 있다고 생각했던 것이다. 전자가 지배계층이라면 후자
는 피지배계층이라 할 것인데, 이 때 선비의 역할이 무엇보다 중요하다
는 것을 자각하였다.

조식은 아래 백성을 위하여 실정을 일삼는 군주와 탐학에 몰두하는
관리는 심각하게 각성해야 한다고 했다. 이를 위하여 같은 계층에 소속
되어 있는 옆으로의 선비는 손쉽게 자신의 뜻을 허락하며 출사하지 말
아야 한다고 했다. 경의학에 기반한 엄정한 출처관과 지식인의 비판정
신이 작동한 결과이다. 이러한 조식의 생각이 자유 민주주의와 시장경
제를 바탕으로 하고 있는 오늘날, 우리들에게 어떤 메시지를 전하는가.

주체적 개방성을 확보하고 있는 경의학은 또한 오늘날에도 유효한가. 이런 문제에 대하여 우리는 함께 고민하지 않을 수 없다. 이를 몇 가지로 나누어서 살펴보도록 하자.

　먼저 대통령의 경의학에 대해서다. 우리시대의 대통령과 전통시대의 군주가 여러 가지 측면에서 현격한 차이가 있지만, 권력의 정점에 서 있는 최고 지도자라는 측면에서 동일하다. 이러한 측면에서 조식은 군주에 대해서는 경의학에 입각한 용인(用人)문제를 특별히 제시한 바 있다. 국가를 경영하는데 있어 가장 긴요한 것이 바로 사람을 등용하는 일이기 때문이다. 조식은 군주의 용인을 목수와 나무에 비유를 하였다. 훌륭한 목수는 적재적소에 그 나무를 쓸 줄 아는 자여야 한다고 생각했던 것이다. 이 용인을 위하여 군주는 경의학에 입각하여 밝은 거울과 공평한 저울을 마음속에 지니고 이것으로 사람을 등용하게 되면 치국은 저절로 이루어진다고 했다.[36]

　조식이 제시한, '수기→저울과 거울→용인→치국'의 패러다임이 오늘날이라 하여 예외일 수는 없다. 노무현 정부부터 쓰이기 시작한 코드인사는 조식의 제언과는 대척적 거리에 있다. 이 용어를 사전에서 찾아보면, "능력 자질 도덕성, 그리고 국민의 뜻에 관계없이 인사권자가 정치적 이념이나 성향 등이 비슷하거나 학연 지연 등으로 맺어진 인물을 공직에 임명하는 것을 말한다. 낙하산 인사라고도 한다."[37]라 되어 있다. 이것은 밝은 거울과 공평한 저울로 사람을 쓴 것이 아니다. 이로써 우리는 경의학에 바탕한 용인이 대통령의 필수 조건임을 간파하게 된다.

　둘째, 공무원의 경의학에 대해서다. 조식은 부조리한 시대의 관리가

---

36) 군주의 용인에 대해서는 정우락, 『남명문학의 철학적 접근』, 박이정, 1998, 219-237쪽에서 자세하게 다루었다.

37) 『한경 경제용어사전』: http://dic.hankyung.com.

되는 것을 거부했다. 엄정한 출처관에 입각한 것이다. 이 때문에 그는
공명을 위해 출사하는 선비들을 못마땅하게 생각했다. 특히 서리망국론
을 내세우며, 하급 관료를 맹렬히 비판했다. <무진봉사>를 통해 이 같
은 생각을 전개하였는데, 서리가 도둑이 되어 나라의 심장부를 차지하
고 앉아 국맥을 결단낸다고 했다.[38] 이러한 적폐가 만연한 당대에 대하
여 조식은 심각한 위기를 느끼지 않을 수 없었던 것이다.

조식은 관리의 제1덕목은 청렴성에 있다고 생각했다. 이 때문에 <이
합천유애비문(李陜川遺愛碑文)>에서, 그의 청렴성을 기려 "권문세가에서
뇌물을 요구할 때는 항상 빈 봉투를 보냈다."[39]라고 한 바 있다. 이 같
은 생각은 오늘날이라 하여 다르지 않다. 관리의 청렴성은 고금을 막론
하고 강조되지만, 실천이 제대로 되지 않았다. 이 때문에 최근에는 이를
아예 법제화하기도 했다. '김영란 법'으로 알려져 있는 '부정청탁 및 금
품 등 수수의 금지에 관한 법률'(2016년 9월 28일부터 시행)이 그것이다. 이
는 조식이 경의학으로 관리들의 청렴성을 주문했던 것의 연장선상에
있는 것이라 하겠다.

셋째, 지식인의 경의학에 대해서다. '독서왈사(讀書曰士)'라고 한 데서
알 수 있듯이 전통시대의 모든 선비는 지식인이라 할 수 있다. 책에는
성인의 용심지적(用心之蹟)이 제시되어 있기 때문이다. 이들은 한편으로
고인이 걷던 길을 따라 걸으며 성인이 되고자 했고, 다른 한편으로 여
기에 위배되는 것에 대하여 가차없이 비판을 가하기도 했다. 조식의 경
우도 예외일 수 없었다. 당대를 위한 그의 비판은 전방위적이었기 때문
이다. 군주의 '실정', 관리의 '부패', 선비의 '출사'는 주요 비판의 대상
이었다. 조식은 이를 통해 위기에 빠진 조선사회를 구제하고자 했던 것
이다.

---

38) 曺植, 『南冥集』 卷2, <戊辰封事>, "小吏爲盜, 百司爲群, 入據心胸, 賊盡國脈."
39) 曺植, 『南冥集』 卷2, <李陜川遺愛碑文>, "朱門索賄, 每達空緘."

　지식인은 비판정신을 갖고 있으면서도, '자득', '실질', '하학'을 인소로 하는 활학을 할 수 있어야 한다. 여기에 대하여 조식은 오건에게 편지를 써서 성리(性理)에 대한 이론을 말하는 당대의 학문풍토를 비판하며, 성리만을 논하는 자를 돼지에 비유했다. "마치 달아나버린 돼지를 뒤쫓듯이 대중들이 모두 그를 좇고 있으니, 끝내 어느 곳에 몸을 두겠습니까?"[40]라 한 것이 그것이다. 상달 위주의 학문태도를 비판한 것이라 하겠는데, 최근 우리 학계가 현실과 괴리된 학문으로 말미암아 '그들만의 리그'로 비판받는 현상과 다르지 않다.

　넷째, 시민의 경의학에 대해서다. 신민(臣民)이 시민(市民)으로 전환된 것은 역사적으로나 사회적으로 근대화의 결과이다. '민'의 신분이 처음에는 노예로 시작하지만, 피치자의 의미로 신장되었다가, 마침내 최고 통치자까지 포함하는 국민개념으로 발전하게 된다. 근대적 개념의 시민은 치자이면서 동시에 피치자이다. 이러한 신분과 의미의 변화에도 불구하고 유사 이래 중민(重民)사상은 지속되었다. 전통시대 민의 개념을 가지고 있었던 조식은 각성된 민의 힘을 과시하였다. <민암부>에서 백성을 물에, 군주를 배에 비유하며 물은 배를 띄울 수도 엎을 수도 있다고 생각한 것에서 이러한 사실을 확인할 수 있다.

　근대적 산물인 시민이 전통사회의 민과 비교해볼 때 그 성격면에서 많은 차이가 나지만, 여기에도 경의학이 적용될 수 있다. '각성된 민'을 주문하고 있기 때문이다. 한국인의 자아가 지닌 고유한 도덕적 특성과 보편적인 정치제도인 민주주의의 정합성 사이에서, 이 시민은 바로 '각성된 민'이다. 이러한 측면에서 민주적 시민의 덕성 문제가 고려된다.[41] 경의학이 성찰을 전제로 하고 있고, 시민이 전통시대의 지식인과 동렬

---

40) 曺植,『南冥集』卷2, <與吳御史書>, "如追放豚, 衆皆逐之, 畢竟置身於何地耶?"
41) 한국인의 전통과 시민상에 대해서는 정용화가 「한국인의 시민상 모색과 선비」(『한국정치외교사논총』제23집, 한국정치회교사학회, 2001.)에서 다루었다.

에 있다면 이 '각성된 민'은 비판정신을 견지하고 실천하는 새로운 민이 아닐 수 없다.

활학을 기반으로 한 조식의 경의학은 우주론, 수양론, 치국론으로 개방되어 있다. 이 때문에 대통령, 공무원, 지식인, 시민 할 것 없이 조식의 경의학은 유연하게 적용될 수 있다. 21세기를 사는 우리 사회가 각성된 민주 시민을 꿈꾼다고 볼 때, 시민과 경의학은 새롭게 만날 수 있다. 여기서 우리는 근대적 지식뿐만 아니라 전통적 도덕을 구비한 실무적 인간형을 새롭게 모색하게 된다. 4차 산업혁명시대를 능동적으로 맞이하면서 자기 성찰과 비판정신을 공유한 새로운 형태의 인간, 덕성을 갖춘 민주 시민이 바로 그것이다. 경의학은 그 핵심에 자리하는 내적 원리가 될 수 있을 것이다.

V. 맺음말: 새로운 남명학을 위한 제언

이제 남명학 연구는 과거의 사실 확인에서 벗어나야 한다. 새로운 자료의 발굴과 이에 따른 정확한 분석과 이해도 꾸준히 진행되어야겠지만, 남명학 연구는 개인의 행복과 현대사회의 공익을 위한 것으로 거듭나지 않으면 안 된다. 이를 위해서 우리가 살고 있는 시대가 어떤 시대이며, 미래는 또한 어떤 시대여야 하는가 하는 질문을 거듭해야 한다. 이것은 이상적 인간형이 역사·문화적 산물이듯이, 이에 따른 연구방식 역시 사회적 변화에 따라 적응할 수 있어야 한다는 것을 의미한다.

조식의 경의학은 '자득', '실질', '하학'을 인소로 하는 활학이다. 이는 <신명사도·명>이라는 극도로 함축된 형태의 글과 그림으로 나타난다. 경의학에 기반한 이 도설은 우주론, 수양론, 치국론으로 개방되어 있다. 우리는 이를 주체적 개방성이라 명명할 수 있을 것이다. 주체성은 부동심을 기반으로 한 강한 기상을 담보하며, 개방성은 진덕(進德)과 거업(居業)의 실천성을 확보하고 있다. 이 같은 실천성은 경의학의 주체 역량이 수기와 치인이라는 유가적 목표와 맞물려 있기 때문에 가능한 것이다. 이를 그림으로 요약하면 다음과 같다.

〈그림 1〉〈활학도(活學圖)〉

활학을 중심으로 이 그림이 이루어졌으니, 이 그림을 〈활학도〉라 할 수 있다. 왼쪽의 셋은 활학의 인소를 나타낸 것이고, 오른쪽의 셋은 경의학의 개방성을 보인 것이다. 이 그림의 가운데에 위치한 활학과 경의학의 상관성이 특별히 중요하다. 일찍이 주자는 "만약 하나에 집중하는 '경'을 지키면서, 일에 접했을 때 '의'의 옳고 그름을 판단하지 못한다면 이것은 죽은 경이다."라 증언한 바 있다. 의로움을 동반할 때 활경(活敬)이 가능하다고 하겠는데, 우리는 여기서 조식이 '경'과 '의'를 같은 비중으로 강조했던 이유를 알 수 있다. 경의협지(敬義夾持)가 바로 활경이며 활학이기 때문이다. 이로써 조식의 경의학은 활학이 될 수 있었다.

조식이 전하는 경의학은 21세기를 사는 우리에게 여전히 유효하다. 용인(用人)을 위한 대통령의 경의학, 청렴에 입각한 공무원의 경의학, 비판정신을 갖춘 지식인의 경의학, 각성에 의한 시민의 경의학으로 확장될 수 있기 때문이다. 전통시대의 신민이 근대적 시민으로 전환되면서, 신분에 의한 계층은 사라지고 시민[국민]이 국가의 중심을 이룬다. 이러한 측면에서 경의학은 새로운 인간학으로 성장 되어 마땅하다. 시민이 국가와의 관계 속에서 지위와 역할을 확보하고, 권리를 향유하며, 의무를 부담해야 한다는 측면에서 더욱 그러하다.

우리는 이제 맹목적인 '민주화'의 열정을 넘어 우리의 덕성과 각성을 지닌 새로운 인간 유형을 모색하지 않으면 안 된다. 선비가 그 대안이 될 수 있는지를 적극적으로 검토할 필요가 있다. 미래의 인간형은 한국적 덕성을 갖춘 인간, 성찰을 통해 각성된 인간, 비판적 실천을 수행할 수 있는 인간, 실무적 능력을 갖춘 인간, 세계와 소통할 수 있는 인간이어야 한다. 이러한 측면을 고려하면서 조식의 경의학은 새로운 학문, 즉 활학으로 거듭나야 한다. 이 과정에서 '일상에서 이상 구현하기'라는 '하학상달론' 역시 적극적으로 해석될 수 있을 것이다.

여기서 우리는 신남명학(新南冥學)을 건설할 필요가 있다. 이것은 실증주의나 구조주의에 함몰되어 있는 기존의 남명학이 아니라, 대중적이며 실천적인 방향으로 전개되는 새로운 남명학을 의미한다. 여기에는 남명학으로 향유하는 문화론적 접근과 남명학으로 행동하는 실천론적 접근이 있다. 본 논의는 기본적으로 후자에 기초한 것이다. 이러한 문제의식에 기반하여 활학으로서의 신남명학은 어떤 방향에서 논의될 수 있는가. 이에 대하여 몇 가지로 나누어 새로운 연구의 기점으로 삼는다.

첫째, 남명학 내에서 활학이 어떻게 구성되어 있는가 하는 문제를 검토하는 일이다. 본고에서는 '자득', '실질', '하학'을 활학의 구체적인 인소로 본다. 남명학에 내재해 있는 이러한 요소들을 기존의 논의에서도 다루지 않은 바는 아니나, 활학적 입장에서 이를 심도 있게 따질 수 있어야 한다. 더욱 나아가 이러한 요소들이 남명학 전체에서 어떻게 기능하며, 남명학파에서는 어떻게 계승되고 있는가 하는 문제도 따져야 한다. 조식과 그 학파가 실질을 숭상하며, 하학적 실천을 강조해나갔던 일련의 사정을 적실한 논리를 갖추어 해명할 수 있어야 한다는 것이다.

둘째, 경의학에 기반한 실천적 학술운동을 전개할 필요가 있다. 조식은 성리를 고담하는 것보다 쇄소응대나 형우제공 같은 생활 속의 실천을 더욱 강조했다. 여기서 나아가 그는 시문이나 상소를 통해 사회적 실천을 단행하기도 했다. 이것은 조식이 학문적으로 경의학을 주장하는 데 그친 것이 아니라 지식인으로 행동했다는 것을 의미한다. 이를 염두에 두면서, 실천논리에 따른 학술운동을 전개할 필요가 있다. 예컨대, '수신', '제가', '치국', '평천하'의 문제를 조식이 어떻게 인식하고 있으며, 이에 따른 실천을 우리는 어떻게 할 수 있는가 하는 것이다. 현대의 한국 사회는 여기에 심각한 병이 걸렸다고 보기 때문이다.

셋째, 한국학의 내적 동질성 속으로 남명학을 확장할 필요가 있다. 남명학은 '자득', '실질', '하학'을 주요 인소로 한다. 이러한 측면에서『삼국유사』<낙산이대성(洛山二大聖)>설화에 보이는 의상과 원효 이야기는 주목받아 마땅하다. 의상은 관세음보살을 친견하기 위해 동해안의 동굴에서 오랫동안 기도를 한 후 그의 음성을 듣지만, 원효는 가을걷이를 하는 여인 혹은 빨래터에서 개짐[월수백(月水帛), 생리대]을 빠는 여인을 통해 관세음보살을 만난다. 여기서 원효는 지극히 천근하고 일상적인데서 이상을 찾고 또한 실현하였다. 이 같은 문화전통 속에서 조식의 활학이 존재한다고 볼 때, 남명학은 매우 다양한 방법으로 이해될 수 있는 길이 열린다.

넷째, 한국학을 넘어서는 보편 인문학적 측면에서 남명학이 연구될 필요가 있다. 남명학은 문사철을 중심으로 한 한국학 연구자들에 의해 주로 연구되어 왔다. 그러나 조식의 경의학은 우주론, 수양론, 치국론으로 개방되어 있기 때문에 여기서 머물러 있는 것은 곤란하다. 따라서 남명학은 서양철학은 물론이고 사회학이나 인류학 등의 입장에서 새롭게 연구되어야 한다. 이러한 작업은 동양과 서양을 넘나들고, 전통과 현대를 오르내리며, 이것이 지닌 현실성의 문제를 검토할 때 가능하다. 비교연구도 이 과정에서 자연스럽게 이루어져야 한다.

다섯째, 경의학에 입각한 다양한 문화콘텐츠를 개발할 필요가 있다. 오늘날의 교육방법은 주입식 교육에 따라 읽고 외우는 과거의 그것과 현저히 다르다. 따라서 남명학의 핵심가치를 활학의 측면에서 다양한 콘텐츠로 만들어 대중화할 수 있어야 한다. 예컨대, 조식의 <신명사도>는 원곽을 중심으로 안과 밖이 분리되어 있으며, 바깥의 몽(夢)과 귀(鬼)가 구관, 목관, 이관을 통해 쳐들어올 기세를 하고 있다. 이때 천리와 인욕의 대립이 심각하게 일어나게 된다. 이러한 대립과 투쟁은 게임의 기본요소라 하겠는데, <신명사도>는 이를 위해 충분히 활용될 수 있다. 이밖에도 풍부한 조식 설화가 있어 흥미 있는 콘텐츠를 다양하게 만들 수 있을 것이다.

여섯째, 현대 사회의 직분에 맞는 맞춤형 연수 프로그램이 개발될 필요가 있다. 조식의 경의학은 내명외단(內明外斷)의 수양론을 기반으로 하고 있다. 이것은 어떤 사람이 어떤 직분에 있더라도 적용이 가능하다. 대통령의 경우를 보면, 용인이 긴요한 문제라 하겠다. 조식은 이를 위하여 거울과 저울 갖기를 제언한바 있다. 밝은 거울과 공평한 저울을 마음속에 지닐 때 용인이 제대로 된다는 것이다. 이러한 점을 염두에 둔다면, 경의학에 기반한 맞춤형 연수 프로그램을 개발할 수 있을 것이다. 공무원을 위한 실천적 매뉴얼 개발도 그 한 예가 될 수 있다.

일곱째, 남명학의 세계화를 다각도로 모색할 필요가 있다. 실천을 강조는 활학으로서의 남명학을 세계에 보급하는 방법은 크게 두 가지이다. 하나는 국내 혹은 국외를 무대로 하여 세계의 학자들과 더불어 국제학술대회나 공동 기획연구를 실시하는 것이다. 이것은 오늘날 활발하게 진행되고 있는 한국학의 세계화 사업에 동참하는 일이기도 하다. 다른 하나는 외국인들이 쉽게 남명학에 접근할 수 있도록 『남명집』과 『학기유편』을 번역하는 일이다. 우선 영어, 중국어, 일본어로 번역하고 이를 연차적으로 확대해 나갈 수 있어야 한다. 이러한 남명학의 세계화

전략은 남명학을 세계인과 공유할 수 있는 길을 열게 될 것이다.

남명학은 공허한 논리로 치장된 사이비 학문을 배격한다. 조식이 추구하였던 학문은 질박하기 그지없다. '한 필의 베를 팔아 한 마리의 고기라도 사 오는 것이 더 낫다.'는 실득의 학문을 추구하고 있기 때문이다. 우리는 여기서 조식의 경의학을 활학의 측면에서 지속적으로 이해할 필요가 있다. 그것은 '자득', '실질', '하학'을 인소로 하며, 주체적 개방성을 지니고 있다. 주체적이라는 것은 홀로 우뚝하다는 것이며, 개방적이라는 것은 존재의 이질성을 인정한다는 것이다. 이는 공존의 논리와 맞닿아 있는 부분이기도 하다. 남명학은 이처럼 시대적 변화에 따라 매우 탄력적으로 대응해나갈 수 있는 중요한 지점에 존재하고 있다.

참고문헌

『孟子』
『莊子』
『朱子語類』
『한경 경제용어사전』: http://dic.hankyung.com
金宇顒, 『東岡集』
朴絪, 『无悶堂集』
成運, 『大谷集』
魏伯陽, 『參同契』
曹植, 『南冥集』
曹植, 『學記類編』
許穆, 『記言』

정우락, 『남명문학의 철학적 접근』, 박이정, 1998.
정우락 외, 『남명학과 현대사회』, 역락, 2015.
정용화, 「한국인의 시민상 모색과 선비」, 『한국정치외교사논총』 제23집, 한국정치회교사
    학회, 2001.

제1부
남명학과
수제치평

자기진실성(Authenticity)과
남명(南冥) 조식(曹植)의 경의사상(敬義思想)

이
상
형

Ⅰ. 머리말 : 현대 사회의 문제점 – 개인주의와 나르시시즘

현대 사회를 부정적으로 진단하는 책이 많아지고 있다. 『불안한 현대
사회』, 『분노사회』, 『피로사회』 등이 그것이다. 롤로 메이에 따르면 '20
세기 중엽은 중세기의 붕괴 이래 불안이 가장 증가한 시대이다.'[1] 과학
기술의 발전으로 생산성이 예전에 비해 급격히 증가하고 이로 인한 열

* 이 논문은 2017년 남명학연구원과 경북대학교 퇴계연구소에서 공동주최한 학술대회
("21세기 위기의 한국사회와 남명학적 대응")에서 발표하고, 남명학연구원이 간행하는
『남명학』 제23권(2018. 3)에 실린 논문을 수정·보완한 것이다. 또한 이 논문은 2018년
12월 (주)박이정 출판사가 출간한 경상대학교 인문학연구소, 『기억·서사·정체성』에
실린 것을 일부 수정한 것이다.

1) 롤로 메이, 백상창 역, 『자아를 잃어버린 현대인』, 문예출판사, 1991, 34-38쪽. 또한 세
계보건기구(WHO)에 따르면 전 세계 인구 4%에 해당하는 3억2천200만 명이 우울증을
앓고 있으며, 2015년 기준으로 집계한 우울증 인구가 2005년 보다 18.4% 증가했다.
(유병수, 「전 세계 3억2천만 명 우울증...10년 새 18% 증가」, 『SBS뉴스』,
https://news.sbs. co.kr/news/endPage.do?news_id=N1004061183, 2017. 2. 24. 게재.)

매를 더 많은 사람들이 나누는 지금 이런 부정적 현상의 원인은 무엇일까? 많은 이유가 있을 수 있겠지만 필자가 생각하는 주요한 원인은 두 가지이다. 첫째, 삶의 의미를 잃어가기 때문이다. 인간의 행동과 삶은 자신이 부여하는 가치와 의미를 통해 형성되기에 자신의 행동과 삶이 무의미하게 될 때 절망하게 된다. 오늘날 많은 사람들이 자신의 삶의 의미를 잃어버리게 되는 원인은 아마 의미의 원천이 고갈되고 있기 때문이다. 개인과 공동체의 분리를 전제하는 개인주의는 필연적으로 공동체에서 오는 의미를 부정하고 급기야 개인을 넘어선 타인이나 공동체와 관련된 삶의 목적이나 이상을 거부하기도 한다. 이런 개인주의적 삶은 공동선이나 연대에서보다 현실의 당면한 욕구의 충족에서 오는 일상적 행복에서 삶의 의미를 찾는다. 오늘날 욜로(YOLO)나 소확행을 중시하는 삶에는 이런 행복관이 스며들어 있다고 할 수 있다. 그러나 사회로부터 독립된 개인에서만 규범적 원천을 찾는 개인주의는 공동체나 타인들과 갖는 관계의 도덕적 깊이를 인식할 수 없게 된다.[2]

둘째, 다원주의로 인한 모범적 인간상의 상실이다. 롤스에 의하면 다원주의는 하나의 사실이며, 오늘날 현대 사회의 가장 중요한 특징 중 하나이다. 일반적으로 다원주의는 다양한 가치관을 가진 사람들이 하나의 공동체에서 함께 사는 것을 의미한다. 이런 삶의 조건에서 나의 삶의 방식은 절대적으로 옳은 것이 아니며 타인의 삶의 방식 또한 나의 삶의 방식에 대해 우위를 가지지 못한다. 삶의 방식에서 비교우위가 사라진 상황에서 어떤 삶의 방식이 더 좋은지를 말해줄 수 있는 객관적

---

2) 설한, 「자유주의, 공동체, 그리고 문화: 킴리카의 정치적 자유주의 비판」, 『한국과 국제정치』 제16집, 2000, 403쪽. 개인과 사회의 관계에 대한 문제는 자유주의와 공동체주의 논쟁에서 핵심적인 부분을 차지한다. 공동체주의자들은 자유주의에서 발생한 개인주의가 개인의 독립성을 과장해 왜곡된 자아관을 주장한다고 비판하며, 자유주의자들은 공동체주의의 연고적 자아가 전통과 연대를 강조함으로써 공동체에 매몰된 의존적 자아관을 가진다고 비판한다.

기준 또한 사라질 수밖에 없다. 이런 의미에서 다원주의를 낳은 자유주의는 긍정적 측면에도 불구하고 도덕적 상대주의나 주관주의로 흐를 수도 있다. 그렇다면 도덕적 불일치를 해결할 객관적 기준이 사라질 때 우리는 두 가지 문제에 부딪히게 된다. 첫째, '나는 또는 우리는 어떻게 살아야 하는가?'라는 윤리적, 실존적 물음에 답하기 어려워진다. 이는 도덕적 모범 또는 도덕적 기준이 사라진 상황에서 '좋은 삶이 무엇인가?'의 문제가 상호 공동의 합의를 통해 해결되기보다 개인의 선호의 문제로 축소된다는 것을 의미한다. 둘째, 다양한 가치관을 가진 사람들이 하나의 공동체에서 어떻게 조화롭고 안정적으로 살아갈 수 있는가의 문제가 심각해진다. 특히 탈형이상학적 시대로 규정되는 오늘날 다원주의로부터 발생하는 갈등과 대립을 해결하는 문제는 어떤 형이상학적 근거로부터도 정당화될 수 없다는 인식이 광범위하게 퍼져 있다.

그렇다면 이런 개인주의와 다원주의로부터 발생하는 문제, 특히 나의 삶의 의미와 서로 다른 우리가 함께 살기 위한 문제를 어떻게 해결할 수 있을까? 어떤 학자들은 개인주의와 다원주의를 낳았지만 또한 산업화와 합리화를 통해 자유와 해방을 이룩해 준 개인의 합리적 능력에서 이 문제를 해결하기 위한 단초를 찾고자 한다. 그리고 이런 의식에서 등장한 것이 바로 자율적 이성에 대한 믿음이다. 신을 부정한 인간이 자신의 문제를 해결하기 위해 의지할 수 있는 인간의 능력은 바로 이런 발전을 가져온 인간의 자율성이다. 인간의 자율성은 책임을 동반한 자유의 확대를 가져왔고 이런 자유는 자연과 전통으로부터의 해방을 통해 지식의 확장과 인간성의 진보를 가져오며, 윤리적 문제까지 해결할 수 있다는 것이다. 이는 롤스나 하버마스와 같은 자유주의자들이 사적영역과 공적영역을 구분해 사적영역에서 개인의 자유와 관용의 가치를 중시하고 공적영역에서 공동 삶을 위한 보편적 원칙을 정당화하려는 노력으로 이어진다.

그러나 개인주의와 다원주의가 심화된 세계 상황은 이런 노력에 대해 심각한 의문을 제기하고 있다. 자율성을 통해 사적 차원에서 개인의 자유를 보장하며, 공적차원에서 자율적 동의에 기반한 보편화원칙을 통해 갈등과 대립을 해결하려는 전망은 새로운 문제를 야기하기 때문이다. 도덕적 이상을 잃어버린 개인은 자신의 욕망에 도덕적 의미를 부여하며 끊임없는 욕망충족의 굴레에 빠져들고, 공적규제는 경합하는 이론들 간의 불일치로 인해 개인의 이해관계를 관철시키기 위한 도구로만 인식된다. 사적 삶에서의 개인이 자신의 욕망을 충족시키기 위해 공적 규범의 원천, 즉 타인과 공동체를 자신의 욕망을 충족시키기 위한 수단으로만 간주할 때, 이런 자율성의 이상에 대한 믿음은 필자가 보기에 필연적으로 현대를 주관주의(subjectivism)와 나르시시즘(narcissism)의 문화3)로 밀어 넣는다. 왜냐하면 나의 욕망을 우선시하는 삶의 방식에서 타인은 도구로서 또는 낯선 것으로 나에게 다가올 수밖에 없기 때문이다. 그리고 이는 현실 속에서 나와 다른 가치와 이해관계를 가진 실질적 타인과 만나고 이해하기보다 자기 속에서 자신만의 타자를 만들고 이를 통해 만족에 취하는 자기중심적 사고를 낳게 된다. 진정한 타자를 만나지 못하는 문화는 타자에 대한 불신 속에서 새로운 불안을 조성하며, 끊임없이 타자를 감시하는 사회로 나아간다. 결국 이런 자기중심적 사고와 생활 형태는 자기 속에서 만든 타자와 자신과의 경계가 모호하게 되어 정체성의 혼란을 겪게 된다. 내가 누구인지, 공동체에서 어떤 역할, 책임을 가져야 할지 모호할 때 내가 추구하는 삶의 도덕적 이상4)은

---

3) 찰스 테일러는 현대 문화를 나르시시즘의 문화로 규정하며, 이런 자기중심적 생활 형태의 두 가지 문제점을 지적한다. 첫째, 자기중심적 생활 형태는 자아실현의 목표를 개인적 차원으로 한정시키며, 둘째, 인간관계를 순전히 수단적으로 파악한다는 것이다. 따라서 이런 생활 형태들은 개인의 욕구나 열망을 넘어서 오는 보다 높은 차원의 요구들을 소홀히 다루거나 부당한 것으로 몰아붙이는 극단적인 인간 독존주의에 빠질 수 있다.(찰스 테일러, 송영배 역, 『불안한 현대 사회』, 이학사, 2015, 75~79쪽.)
4) 찰스 테일러에 따르면 도덕적 이상이란 '보다 더 좋은 삶 또는 보다 더 높은 삶의 형

사라지며 나의 삶의 의미는 소멸하게 된다.

이런 상황에서 우리 인간에게 더 이상 남은 규범적 원천은 없는 것일까? 과학기술의 발전으로 신과 자연이 더 이상 규범적 원천으로 작동할 수 없을 때 서양의 몇몇 학자들은 인간의 내면에서 자율성의 이상과 다른 규범적 원천을 찾고자 한다. 이는 자기 내면의 깊은 곳을 응시함으로써 우리가 만날 수 있는 자기 배려나 자기진실성의 이상이다. 필자는 이런 자기진실성(authenticity)의 이상이 오늘날 한국 사회의 도덕 위기를 극복할 수 있는 하나의 규범이 될 수 있다고 생각하며, 이런 자기진실성의 전통이 한국의 유학적 전통에서도 면면히 이어져오고 있음을 주장하고자 한다. 이를 위한 하나의 예시로 필자는 조식의 사상에서 이런 전통을 확인할 것이며, 이 작업을 통해 조식 사상의 고유성과 함께 현대적 의미를 확인할 것이다. 이런 확인은 결국 오늘날 우리 사회에서 자율성의 이상이 가지는 문제점을 극복하고 21세기 새로운 인간상을 모색하는 연구에 기여하고자 함이다.

Ⅱ. 동서 형이상학적 세계관: 근원적 동일성

조식 사상의 핵심은 유학의 기본사상에서 나온다고 할 수 있다. 여러 연구에 의해 조식 사상이 도교 및 불교와도 어느 정도 관련성을 가진다고 말해지지만, 가장 기본적인 조식의 철학은 원시유학이나 성리학에서 찾을 수 있을 것이다. 우리는 이를 <신명사도명(神明舍圖銘)>과 『학기유편(學記類編)』에서 확인할 수 있으며, 조식철학의 가장 중요한 목표가 경

태에 대한 이상적 그림'을 단순히 주관적 차원에서가 아니라 객관적 차원에서 규범적 기준으로 마련하는 것이다. 그러나 그는 오늘날 도덕적 주관주의로 인해 이런 도덕적 이상에 대한 논의가 사라지고 불안한 현대 사회가 등장한다고 말한다.(찰스 테일러, 송영배 역, 앞의 책, 28-29쪽.)

의를 통해 탁월한 성품을 이루는 것이라고 말할 수 있을 것이다. 그리고 성리학에서 말하듯이 이런 탁월한 성품은 인간의 본성이 우주만물의 존재론적 근거에 일치할 때 가능하게 된다. 이때 우주만물의 존재론적 근거는 주자가 말하는 도덕 형이상학의 존재론적 근거로서의 리(理)의 세계이다. 단순히 말해 주자는 '이 리(理)의 총체적인 근원을 "태극(太極)"이라고 불렀으며, 이 태극의 총체적 원리는 또한 동시에 모든 구체적인 개개 인간들이나 만물들에 내재적으로 존재하는 것으로 설명한다. 조식 또한 『학기유편』<삼재일태극도(三才一太極圖)>에서 천지인(天地人)의 삼재(三才)는 모두 태극(太極)인 리(理)를 공유하면서 그 원리에 따라 자기 존재의 의미를 구현하게 된다고 말한다.'5) 이런 점에서 우리는 성리학의 기본사상을 인간과 자연을 포함한 우주만물의 근원적 존재방식을 밝히고자 하는 일종의 우주론으로 이해할 수 있다. 유학, 특히 성리학은 인간을 포함해 자연의 형성, 변화의 이치를 밝히고자 하는 형이상학적 우주론이라고 말할 수 있을 것이다.

근대 자아의 정체성과 선(good)의 관계를 해명하고자 하는 캐나다 철학자 찰스 테일러에게 있어서 우선적으로 관심을 끄는 것은 서양 근대의 사상적 특징과 대비되는 고대 사상이다. 왜냐하면 근대의 사상적 특징을 주체성 확립의 시대라 할 수 있을 때 이는 바로 고대 사상을 비판적으로 극복한 것으로 볼 수 있기 때문이다. 서양고대에서도 우선적으로 철학적 논의는 인간을 둘러싼 우주 세계의 질서와 조화를 해명하는 것을 목표로 삼았다. 그리고 이를 철학적 세계관으로 표현한 것이 바로 플라톤에서 나타나는 조화로운 세계 또는 이상적 세계의 질서이다. 선한 것은 인간 내부가 아니라 선의 이데아가 비춰진 모든 세계이다. 이데아의 질서, 즉 존재자들의 질서는 선함에 맞춰져 있고, 이에 대한 인

---

5) 이애희, 「南冥 曺植의 『學記圖』의 변천과정과 그 의미」, 남명학회, 『南冥學과 韓國性理學』, 2002, 80-81쪽.

식에 기반해 이 질서에 우리가 따를 때 우리 또한 동일한 선함을 가질 수 있다. 이데아란 자연과 인간을 선하게 질서지우는 근본적인 우주질서의 원리라 할 수 있으며, 이런 사물의 존재방식이 우리에게 선함을 주는 규범적 원천이다. 따라서 우리의 도덕적 삶의 원천들은 외부에 있다.

자연세계에 대한 형이상학적 의미부여, 그리고 이에 따른 인간의 존재방식이 서로 얽혀 있는 거대 세계에서 인간은 구체적으로 어떤 생활방식을 취해야할까? 모든 존재의 의미가 자연의 이치에 의해 부여될 때 인간 삶의 목적은 이 이치를 이해하여 이에 따라 성공적으로 살 수 있는지에 달려 있다. 따라서 성공적 삶, 즉 좋은 삶의 모범은 자연의 이치이다. 윤리적 실천을 위해 전제되어야 하는 것은 실천을 위한 모범이며, 이 모범이 고대에서는 자연세계에서 나온다는 것이다. '존재의 거대한 고리의 원칙'6)은 존재하는 모든 것에 의미를 부여할 뿐만 아니라 그 의미 연관 속에서 인간 삶의 방향을 결정하는 기능을 수행했다. 좋은 삶 또는 선은 우주적 질서를 모방하거나 우주적 질서가 부여한 인간의 역할과 지위에 맞게 행동하는 것이었다. 인간은 보다 더 큰 질서의 한 부분이며, 존재의 거대한 고리에서 다른 피조물들과 함께 자신의 자리에서 주어진 역할을 잘 수행하는 것이 하나의 선이었다.

이런 형이상학적 세계에서 성공적 삶을 위한 수양론은 우주론 안에서 자신의 의미와 목적을 가질 수 있게 된다. 우주질서에서의 상이한 역할은 인간 사회 계급질서에 그대로 반영되어 삶의 의미와 목적을 규정하는 역할을 수행하였다.7) 우리 삶에는 목적과 기능이 부여되어 있으며, 이 목적은 계급질서 안에서 정해지고, 이는 우주질서의 반영에 따른 것이다. 이것이 서양 고대 목적론적 세계관을 규정하며, 또한 유학에서 '개인들에게 위계적 사회질서에 대한 절대적 순응과 전통과 관습에 대

---

6) 찰스 테일러, 송영배 역, 앞의 책, 11쪽.
7) 찰스 테일러, 송영배 역, 앞의 책, 11쪽.

한 긍정을 강요하는 사회관계를 만들게 된다.'8)

그러나 오늘날 과학기술의 발전을 이끈 근대 서구의 이성은 '탈주술화'의 길을 걸으며, 우주에서 '의미'를 벗기는 작업을 수행한다.9) 우주가 의미를 잃을 때 인간 삶에 목적을 줄 수 있는 것은 인간 자신이며, 이것이 바로 서구 근대가 수행한 인간의 주체성 자각의 과정이라 할 수 있다. 서구 근대에서 핵심적 가치가 된 자유는 바로 우주적 질서로부터의 해방 또는 이런 우주적 질서를 닮은 전통적 질서로부터의 해방을 의미한다. 모든 존재하는 것들은 이제 자신의 의미와 역할을 잃어버리게 된다. 그렇다면 나를 스스로 대상화할 수 있는 인간은 이제 나의 행동과 삶에 방향과 의미를 주기 위해 자신을 탐색해야 한다. 이성은 우주적 질서와의 일치가 아니라 스스로에게서 판단과 행동의 규범적 기준을 찾아야 한다. 내면으로의 전환, 또는 발견하는 질서로부터 구성하는 질서로의 전환을 의미하는 이런 근대는 자율성과 자기진실성의 두 갈래 길로 접어든다.10)

Ⅲ. 서양 근대의 혁명, 자율성의 이상과 그 한계: 차이의 발생

존재하는 것들에게 의미를 부여하기 위해서든 인간 삶에 규범적 방향제시를 하기 위해서든 '고전적 질서가 사라진 뒤에 남는 것은 오직 인간 자기 자신과 자신의 능력뿐이라고 결론' 내리기는 쉽다.11) 이런

---

8) 장은주, 「유교적 근대성과 근대적 정체성」, 『시대와 철학』 제18권 3호, 2007, 406쪽.
9) 베버가 표현한 '탈주술화'를 테일러는 다음과 같이 표현한다. "세상은 '마법'이나 신성한 것 또는 이데아들의 처소였다가 이제 단순히 우리 목적을 이루기 위한 잠재적 수단들이 존재하는 중립적 영역으로 간주되게 된다.… 자연에 대해 도구적 태도를 취하는 것은 우리를 자연 속에 있는 의미의 원천들로부터 차단하는 것이다." (찰스 테일러, 권기돈·하주영 역, 『자아의 원천들』, 새물결출판사, 2015, 1012쪽)
10) 찰스 테일러, 송영배 역, 앞의 책, 289쪽, 319쪽.

맥락에서 모든 앎과 행동의 기준으로 인간의 능력을 제시하고 이 능력에 대한 믿음과 함께 책임을 지우는 것은 자연스러운 일이다. 고대 신분에 따른 권리부여가 배격된 후 자유로운 개인들은 자신의 권리를 위해 다른 개인들의 동의를 필요로 하게 되며, 이 동의를 할 수 있는 능력이 개인들에게 선험적으로 전제되어야 한다. 즉 행위주체들은 동의할수 있는 개인적 자율성을 가진 존재로 인정된다.[12] 자신의 판단과 행동에 대한 믿음, 즉 자율성은 자연과 전통으로부터 해방되고자 하는 서양근대 핵심적인 가치 중 하나가 되었다. 이 자율성을 통해 인간은 스스로를 판단 및 행동의 기준으로 삼을 수 있게 되었으며, 나의 외부에 있는 모든 것을 의심하고 회의할 수 있게 되었다. 즉 외부뿐만 아니라 자신조차 대상화하여 반성과 비판의 시험대에 놓고 검증할 수 있게 되었다. 이의 결과는 당연히 기존의 전통뿐만 아니라 자연(법)과 우주 전체의 가치에 대한 검증이 가능함을 의미한다.[13]

외부세계에 대한 불신앙, 또는 자연을 도구적이며 기계론적으로 해석하는 것은 서구 근대의 가장 뚜렷한 특성일 수 있다.[14] 인간이 자연과 '거리두기'를 통해 규범의 원천이었던 자연이 무의미한 것으로 이해되고 이제 스스로에게서 삶과 행동의 규범이 도출되어야 한다.[15] 자연

---

11) 찰스 테일러, 송영배 역, 앞의 책, 116쪽.

12) 악셀 호네트, 문성훈·이현재 역, 『인정투쟁』, 사월의 책, 2011, 222-223쪽. 호네트에 따르면 모든 권리 공동체의 정당성은 동등한 권리를 가진 개인들 사이의 합리적 동의라는 이념에 의존하고 있기 때문에 권리 주체들에게 도덕적 문제들을 개인적 자율성을 통해 결정할 수 있는 능력이 가정될 수 있어야 한다. (악셀 호네트, 앞의 책, 222-223쪽.)

13) 이 자율성을 가능하게 하는 것이 도구적 이성이든 아니면 좀 더 가치 있는 것을 인식하고 행동할 수 있게 하는 실천이성이든 근본적으로 자율적 이성 능력은 외부세계 (관습, 전통, 자연, 우주 등)에 대해 독립된 자유로운 주체의 내적 능력을 의미한다고 할 수 있다.

14) 찰스 테일러, 권기돈·하주영 역, 앞의 책, 322쪽.

15) 찰스 테일러, 권기돈·하주영 역, 앞의 책, 331쪽.

이 대상화될 때 자연의 질서는 더 이상 우리에게 삶의 의미를 부여하는 기능을 수행할 수 없다. 따라서 우리는 자연과 사회가 부여했던 다양한 목적과 가치들에서 떨어져 나와 이것들을 자유롭게 선택하고 변경하고 수정할 수 있는 인간이 된 것이다.[16] 그러나 이런 '계몽적 거리두기'는 인간과 자연을 분리할 뿐만 아니라 인간과 공동체 그리고 인간 내부도 감정과 이성으로 분리시키고 단절시킨다.[17] 이에 따르면 도덕적 원천이 외부에 있을 때 나는 타율적이다. 이에 반해 자율성의 이상은 자신의 선택 자체에 스스로 정당성을 부여하며 따라서 개인의 선택에 우선적 가치를 부여한다. 이의 결과는 "선택 이전에 존재하였던 기존의 의미의 지평은 암묵적으로 부정되"며, "선택 자체가 어떤 행위를 결정적으로 정당화시키는 근거"가 된다.[18] 선택을 할 수 있는 인간이 의미창출의 근원이며, 그의 삶의 목적은 자신의 결정에 달려 있다.

이런 자율성의 이상에 대한 평가는 양면적일 수 있다. 긍정적 측면은 많은 이들이 지적하듯이 자유에 대한 강조이다. 나를 둘러싼 자연으로부터의 해방일 뿐만 아니라 이 자연과 연관된 사회적 관습으로부터의 해방이다. 우주적 질서, 자연으로부터의 해방은 자연을 무의미한 존재로 바라보게 했으며, 이는 자연을 중립적인 것으로 따라서 인간을 위해 이용가능한 것으로 인식하게 만들었다. 이런 서구의 근대화 기획이 과학기술의 발전을 통해 인류 지식의 확장, 생산성 향상을 촉발하였다. 또

---

16) 이런 자율적 자아관을 현대 가장 영향력 있게 실현한 윤리학자는 존 롤스이다. 그는 현대 정치적인 정의원칙을 정당화하기 위해 자유롭고 평등한 인간을 전제하며, 이때 자유로운 인간으로서의 시민들은 그들의 가치와 목적에 독립해서 그들을 수정하고 변경할 수 있는 능력을 가진 것으로 전제된다. (존 롤스, 장동진 역, 『정치적 자유주의』, 컬럼비아 대학 출판사, 1993, 37쪽.) 목적과 가치들에 선행하는 자율적 자아를 일반적으로 자유주의적 자아관으로 규정하며, 이런 자아관을 현실에서 유리된 주체로, 즉 무연고적 자아로 비판하는 것이 공동체주의자 샌델이다. (마이클 샌델, 이양수 역, 『마이클 샌델 정의의 한계』, 케임브리지 대학교 출판부, 1982, 94-107쪽.)
17) 찰스 테일러, 권기돈·하주영 역, 앞의 책, 77쪽.
18) 찰스 테일러, 송영배 역, 앞의 책, 56쪽.

한 전통적 권위로부터의 해방은 계급질서를 부정하며 보편적 권리의 확장과 함께 주권적 개인이라는 정치적 의미를 가지게 된다. 개인은 어떤 외부적 권위에도 묶여 있지 않으며, 권위의 발생은 개인의 동의에 의해서만 가능하게 된다.[19] 자율성은 민주주의의 발전과 함께 민주주의를 가능하게 하는 조건으로 기능하게 되었다.

이런 긍정적 측면을 무시할 수 없지만 자율성 발전의 역사를 '계몽의 변증법'으로 규정하며 자율성의 강조에 따른 부정적 측면 또한 오늘날 많은 학자들이 지적하고 있다. 근대의 자유와 자율에 대한 강조는 인간을 세계에 대한 중심에 서게 했지만 이런 인간 중심주의는 자연과 우주를 도구적 시각으로 바라보게 한다. 이는 곧 생태론적 위기와 인간성의 위기로 귀결될 수 있다. 또한 자유에 대한 강조는 필연적으로 전통과 공동체가 부여하는 의미지평으로부터 벗어나게 하며 사회에 대립한 이런 개인은 자기 자신에게로의 집중을 통해 삶의 의미가 축소됨을 경험한다.[20] 자율성은 '의미'에 대해 거리를 가진다는 것을 전제한다. 자율적 정신은 의미에 대립해 있으며, 이 의미를 취사선택할 수 있다. 이런 자율성은 개인주의와 결합되어 결국 자기도취의 문화를 발생시키며, 현대 사회 구성원들은 자기만의 세계에서 타자를 경험한다고 말할 수 있다. 자율성의 이상이 공동체와 사회, 자연의 요구에 대립하면서 자신 속에 자신의 규범을 스스로 정립하는 것에 있다면 이는 전통과 역사와의 단절 속에서 자신의 규범이 발생한 자신의 뿌리를 스스로 부정하는 것이다. 찰스 테일러에 의하면 이런 뿌리 없는 삶은 더 높은 목적이나 이상을 정립할 수 없는 '천박하고 진부한' 삶의 형태일 뿐이다.[21]

---

19) 찰스 테일러, 권기돈·하주영 역, 앞의 책, 390쪽.
20) 테일러는 이곳에서 현대 개인주의가 심각한 도덕의 위기를 초래한다고 진단한다. 그 중 가장 핵심적 문제는 개인주의가 자기에 대한 집중을 통해 삶의 의미를 축소시킨다고 말한다.(찰스 테일러, 송영배 역, 앞의 책, 13쪽.)
21) 찰스 테일러, 송영배 역, 앞의 책, 59쪽. 탈현대 철학은 어떤 의미에서 개인적 자율성

소극적 자유를 의미하는 이런 자유는 삶에서 어떤 역할을 할까? 전통적 인간상이나 생활방식을 거부하는 소극적 자유는 '삶의 이상과 의미는 단순히 느끼는 것에 불과하다고 본다.'[22] 즉 내 삶에서 타인과 공동체의 의미가 배제될 때 남는 것은 나의 선택이 나의 욕망을 충족시키는가에 있다. 더 가치 있는 삶, 더 좋은 삶에 대한 고민이 사라지고 생존의 문제가 삶의 중심에 놓일 때 자신의 욕구를 실현하는 것을 선으로 믿게 된다. 따라서 서양 근대 이후 인간을 욕구적 존재로 보는 경향이 나타난다. 이에 반해 조식이나 유가의 전통은 비록 인간의 욕망적 요소를 인정하지만 본성적 차원에서 선한 요소를 인정하는 듯하다. 조식은 『학기유편』 <경성도(敬誠圖)>에서 정자의 말을 인용해 다음과 같이 말한다. "인간의 본성이 착하다는 것을 알지 못하면 학문을 말할 수 없다. 인간 본성의 착함을 안다면 반드시 충실함과 믿음으로 근본을 삼아야 한다."[23] 즉 인간의 마음속에는 이기적 욕망 외에도 이 욕망을 극복해 타인을 자신처럼 생각하는 마음이 있다. 서양 근대 자아의 원천을 탐색하는 테일러가 결론내리는 것 또한 자기내면을 중시하는 문화에는 '자기중심적인 부정적 형태로 이끌어 내리려는 모든 사회 구조적인 그리고 사람의 내면적인 요소들도 있지만, 다른 한편으로 내면의 고귀한 마

을 비판한다는 점에서 이와 동일하다고 할 수 있다. 즉 한편으로 심리학적 주체비판은 개인적 행위의 탈의식적, 무의식적 충동력과 동기를 보여줌으로써 자율적 자아가 투명한 존재가 아님을 입증하며, 다른 한편으로 언어철학이나 구조주의자들은 개인이 언어나 구조에 종속되어 있음을 보여줌으로써 자율성 개념을 비판한다고 볼 수 있다. 이런 입장에서 호네트는 자율성 이념을 상호주관성 이론으로 해석함으로써 개인 해방의 규범적 이념을 도출하고자 한다. (악셀 호네트, 문성훈 외 역, 『정의의 타자』, 나남출판, 2009, 291-298쪽.) 그러나 주체를 상호주관적으로 해석하기에 앞서 우리는 주체가 처해 있는 선험적 구조를 먼저 해명해야 한다. 이런 맥락에서 주체의 도덕적 지평을 이야기하는 찰스 테일러의 자기진실성이 먼저 해명되어야 한다.

22) 찰스 테일러, 송영배 역, 앞의 책, 54쪽.
23) 曹植, 경상대학교 남명학연구소 역, 『사람의 길 배움의 길: 학기유편』, 한길사, 2002, 185쪽.

음을 긍정적으로 밀고 나가려는 내재적인 추진력과 요구들이 또한 있다는 것이다.'[24]

Ⅳ. 자기진실성과 조식의 성(誠) 및 경(敬) 사상: 근대의 동일성

1. 자기진실성과 조식의 성 및 경과의 관계

자율성의 부정적 현상을 극복하기 위해 자기진실성을 강조하는 현대의 대표적인 공동체주의자는 찰스 테일러이다. 그에 따르면 서구 근대 사상의 특징은 자기 내면에 대한 강조에 있으며, 이 흐름은 자율성의 이상과 함께 자기진실성의 요구라는 이중적 방향으로 전개되었다. 그러나 자율성의 이상이 오늘날 자연과 타인에 대한 거리두기를 통해 사람들 내면의 자연적 욕구를 최대한 효율적으로 만족시키기를 원하는 한 도덕적 이상에 대한 추구는 멀어질 수밖에 없다. 따라서 테일러는 이런 자율성의 이상을 비판하며, 이를 극복하기 위해 자기진실성이라는 규범적 이상을 내세운다. 왜냐하면 자신의 삶을 유의미하게 만들고자 하는 사람은 먼저 자신을 알아야 하며 이를 위해 자신의 내면을 직시해야 하고 이런 내면에 대한 응시는 '자기에게 진실하라!'는 규범으로 등장하기 때문이다. 그렇다면 자기진실성(Authenticity)이란 무엇인가?[25] 이 말

---

24) 찰스 테일러, 송영배 역, 앞의 책, 101쪽.

25) 자기진실성 개념은 정체성 문제와 관련해 분명히 드러난다. "나는 누구인가?"를 물을 때 이는 "나에게 가장 진실한 것은 무엇인가?"라는 질문과 관련되며, 따라서 자기진실성 개념은 자기 정체성에서 가장 윤리적인 원천을 확인하는 질문이다. 이런 의미에서 트릴링은 자기진실성을 두 가지 의미, 즉 성실성과 진실성으로 구분하고 후자를 테일러의 뜻으로 파악한다. (송슬기·곽덕주, 「실존적·윤리적 자아정체성 교육: 찰스 테일러의 자기진실성 개념을 중심으로」,『교육철학연구』제38권, 한국교육철학학회, 2016, 46~48쪽.) 이런 맥락에서 Authenticity는 진실성, 성실성, 진정성, 자기진실성 등 여러 용어로 번역될 수 있겠지만, 내면에 대한 진실성을 요구한다는 의

그대로 자기진실성이란 자기에게 진실하며, 진실해야 한다는 의미이다. 그렇다면 이는 나의 내면에서 진정한 '나'가 무엇인지, 즉 내가 바라는 것이 무엇이며, 나의 진정한 욕구 또는 가치가 무엇인지를 확인하라는 것이다. 따라서 이 도덕적 이상은 어떤 능력이나 순간적인 욕구, 쾌락에의 지향을 말하는 것이 아니라 자기를 자기답게 해주는 진정한 무엇이 자신의 내면에 있다는 것을 의미한다. 즉 여기서는 나만의 느낌이나 나의 내면의 목소리를 확인하고, 진정하고 순수하며 고귀한 욕구를 충족하는 것이 나의 진정한 자아실현임을 의미한다.

내면을 확인하는 것은 '내가 누구인지'에 답하는 것이며, 이는 자기 정체성의 문제와 결부된다. 그리고 정체성의 물음은 자기에게 진실할 때 제대로 대답될 수 있다. 자율성이 우리의 능력에 대한 믿음이라면 자기진실성은 우리 내면이 가지는 의미생성 차원, 즉 가치에 대한 믿음이다. 왜냐하면 나의 정체성은 내가 부여하는 의미와 중요하게 생각하는 가치들로 구성되어있기 때문이다. 그렇다면 자기진실성은 나의 고유한 존재방식을 확인하고[진실(眞實)] 그 방식에 충실하고재[성실(誠實)] 하는 삶의 이상 또는 윤리적 이상일 수 있다. 이런 자기진실성에 대한 서양 사상의 뿌리를 테일러는 루소와 헤르더에게서 찾는다. 테일러에 따르면 특히 루소는 도덕성을 우리 내부에 있는 본성의 목소리로 생각했으며, 따라서 도덕적 구원은 내 자신과의 도덕적 접촉에서의 진정성을 회복함으로써 가능하다는 입장이다.[26]

이런 자기진실성에 대한 강조가 조식의 사상적 특징을 이룬다고 말한다면 과장된 것일까? 조식이 경(敬)과 의(義)를 강조하며, 특히 수양적 차원에서 경을 강조할 때 그 목표이자 방법은 성(誠)이라 말할 수 있다.

미에서 자기진실성으로 번역하고자 한다.

26) Charles M. Taylor, "The Politics of Recognition", in Amy Gutmann(ed.), *Multiculturalism*, Princeton University press, 1994, 29-30.

성(誠)은 일반적으로 진실함(眞實)과 성실함(誠實)을 의미한다고 말한다. 즉 성(誠)의 의미는 정주(程朱)가 '진실무망'(眞實無妄)'이라고 하듯이 "성실하고 진실하여 거짓됨이 없음"이다.27) 그런데 유학에서는 이 성(誠)이 자연[천(天)]의 본질이면서 인간도 지켜야 할 규범으로 제시된다. 먼저 자연은 진실하고 자신의 운행법칙에 따라 쉼이 없이 성실한 것이 자신의 이치이다. 따라서 진실과 성실의 이치에서 자연은 성(誠)하며, 자연에 포함된 인간도 자연의 성(誠)을 따라야 하기에 진실하고 성실해야 한다. 즉 사람들은 이런 자연의 진실하고 성실함을 내면에 받아들여 진실하고 성실해야 함이 자신의 규범이다.28) 이런 의미에서 조식 또한 『학기유편』 <경성도>에서 '성은 하늘의 도리이며(誠者天之道), 하나를 위주로 하는 것을 경이라고 하는데, 그 하나란 성함(主一者, 謂之敬, 一者, 謂之誠)' 외에 다른 것이 아님을 말한다.29) 따라서 조식은 '뜻을 성(誠)하게 하는 것은 가장 긴박하고 절실한 일'이라고 표현한다.30) 뜻을 진실하고 성실하게 하는 것, 이것이 바로 자기진실성에서 요구하는 자아실현을 위한 윤리적 규범이다. 훌륭한 삶을 위해 자신의 내면을 거짓 없이 진실되게 바

---

27) 윤사순, 『유학의 현대적 가용성 탐구』, 나남출판, 2006, 195쪽.
28) "자연 운행의 법칙성과 쉼이 없는 성실성[성(誠)]이 "자연 질서[천도(天道)]"라면 그것은 또한 지도자의 소임을 맡은 지식인[군자(君子)]들이 기필코 실현해 내야 할 성실성 [성지(誠之)], 즉 "인류 질서[인도(人道)]"였다. 공자에게서 자연의 쉼이 없는 운행은 더이상 군더더기 말이 필요 없이 묵묵히 자기가 할 일만을 실천해 나가는 도덕적/이상적 행위의 전범이었다." (송영배(찰스 테일러, 송영배 역), 「현대 사회의 불안 요인과 유교적 윤리관의 의미」, 『불안한 현대 사회』, 2015, 167쪽.) 따라서 '주자는 성(誠)을 하늘의 도(道)와 사람의 도(道)에 일관하는 중요한 개념으로 보았다. 하늘의 도(道)로 보면 자연의 이치(理致)로서의 천리(天理)가 성(誠)이며, 사람의 도(道)로 보면 덕행의 측면에서 성인(聖人)의 마음이 성(誠)이라는 것이다. 따라서 사람은 진실무망한 성을 획득하면 하늘의 이치를 따르는 성인이 된다.' (사재명, 「조선중기 남명의 교육이론 계승: 인간 본성의 회복 강조」, 『남명학연구논총』 제11집, 남명학연구원, 2002, 280–281쪽.)
29) 曺植, 경상대학교 남명학연구소 역, 앞의 책, 180쪽.
30) 曺植, 경상대학교 남명학연구소 역, 앞의 책, 181쪽.

라볼 것, 또는 꾸준히 성실하게 진실할 것, 이는 조식의 성(誠)이 의미하는 바이자, 자기진실성이 의미하는 것이다. 이런 조식의 성(誠)이 가진 의미가 자기진실성의 측면에서 이해될 수 있다는 것은 조식이 성(誠)을 위해 경(敬)을 요구하는 것에서 더욱 분명하게 드러난다.

　인간이 성(誠)하기 위해 구체적으로 어떻게 해야 하는가? 이에 답하기 위해 먼저 성(誠)의 주체가 무엇인지 살펴보자. 즉 무엇이 성(誠)해야 하는가? 이는 바로 인간의 마음일 수밖에 없다. 왜냐하면 인간을 진정한 인간이게 하는 것, 즉 훌륭하게 하는 것은 바로 마음이기 때문이다. 조식은 "사람으로서 이 '마음'이 없다면, 비록 자신을 칭송하는 말이 천하에 가득 퍼졌더라도, 원숭이 한 마리가 태어났다 죽은 것과 다름이 없을 것이다. … 마음은 죽고 육체만 걸어다닌다면 금수가 아니고 무엇이겠는가?"라고 말하며, 올바른 마음이 인간의 고유한 본성임을 주장한다.[31] 즉 '인간을 인간답게 해주는 도덕적 마음[도심(道心)]을 잃게 되면, 인간은 단지 자신의 욕구에 따라 행위하는 동물과 다를 게 없다.'[32] 그리고 이런 도덕적 마음을 보존하는 것, 즉 마음이 성(誠)할 때[도심(道心)] 우리는 성인(聖人)이 될 수 있다. 그러나 성하지 못할 때[인심(人心)], 즉 사욕이나 외부자극에 의해 자신의 본성을 잃어버릴 때, 우리는 금수와 같은 것이다. 따라서 조식의 <신명사도(神明舍圖)>는 마음 또는 마음의 구조를 나타내며, 이 마음이 어떻게 성(誠)할 수 있는지를 보여준다. 즉 조식은 <신명사도>에서 마음은 모든 일의 근본이며(태일진군) 이 마음이 어떻게 진실한 마음으로 유지될 수 있는지를 나타낸다. 따라서 마음은 성(誠)할 수 있는, 즉 성인(聖人)이 될 수 있는 인간의 고유한 장소이다.

　이런 성(誠)과 마음의 관계에서 우리는 경(敬)의 의미를 제대로 파악할

---

31) 曺植, 경상대학교 남명학연구소 역, 『남명집』, 한길사, 2001, 257-258쪽.
32) 이현선, 「朱子學적 관점에서 본 南冥의 실천 유학」, 남명학회, 『南冥學과 韓國性理學』, 2002, 169-171쪽.

수 있다. 왜냐하면 경(敬)은 한 마디로 나의 마음을 바로 알고 진실한 마음을 유지하는 것이라 할 수 있기 때문이다.[33] 즉 경(敬)을 통해 우리는 성(誠)에 이를 수 있다. 조식이 검명에 쓴 '내명자경(內明者敬)'의 의미는 내 마음에 진실하여 참된 자아를 찾는 것을 의미한다. 경(敬)을 통해 우리는 내 주위에 사소하게 발생하는 무수히 많은 일들에서 눈을 돌려 내 내면을 직시하는 것이다. 마음이 외부에 대응하여 발생하는 잡다한 현상과 욕망들에 눈을 감고 진정으로 나를 구성하는 것에 주의를 기울이고 관심을 집중하는 것이다. 이때 욕망에 의한 번뇌는 사라지고 차분히 내 마음에 집중할 수 있는 것이 경(敬)이다. 따라서 마음은 경(敬)을 통해 밝아지고 내 마음의 본성, 즉 내가 참으로 가치 있다고 생각하는 것이 드러나게 해준다. 성지(誠之) 공부는 경(敬)을 통해 가능하게 된다.[34] 이런 의미에서 결국 조식에게 윤리적 목표인 성(誠)은 경(敬), 즉 내면에 대한

---

33) 유학의 주요한 개념들은 다양한 의미를 포함하고 있다. 경(敬)의 의미 또한 선진유학에서 말하는 일상생활에서 지켜야 하는 공경에서 시작하여 정이가 강조한 정제엄숙(整齊嚴肅)과 주일무적(主一無適)으로 발전하고 주자가 수양론으로 완성하였다. 주자는 경(敬)의 개념에 대하여 다음과 같이 언급하였다. '경(敬)이라는 한 글자는 성인문하의 참된 강령으로, 본심을 간직하고 선한 성품을 기르는 요법이다. 경(敬)은 다만 마음을 하나로 하는 것이다.' (박영진, 「조식 敬義思想의 철학사적 함의」, 『溫知論叢』 제35집, 온지학회, 2013, 246-248쪽.) 그러나 필자는 마음을 성(誠)하기 위한 방법으로서의 경(敬)에 초점을 맞추고자 한다. 즉 이는 외부로부터의 사사로운 자극을 벗어나서, 내면의 마음을 관조하여 진실한 마음을 드러내는 것이다. 이런 의미에서 '사량좌(謝良佐)는 정이의 '경(敬)'설을 정밀하게 해석하고 "경(敬)은 항상 마음을 깨어 있게 하는 방법이다"(敬是常惺惺法)라는 의미를 덧붙였다.' (김충열, 『남명 조식의 학문과 선비정신』, 예문서원, 2008, 275쪽.)

34) 조식은 선조에게 올린 <무진봉사(戊辰封事)>에서 경이란 '정제하고 엄숙히 하여, 항상 마음을 깨우쳐서 어둡지 않게 하는 것이며, 한 마음의 주인이 되어 만사에 응하는 것은, 안은 곧게 밖은 방정하게 하는 것'으로 설명한다. (曺植, 경상대학교 남명학연구소 역, 앞의 책, 321-322쪽.) 따라서 『학기유편』 <경성도>에서 '경은 안의 마음을 곧게 하여 성실에 이르게 하는 것'으로 마음이 성(誠)에 이르게 하는 공부의 핵심적 방법이 되는 것으로 이해될 수 있다. (엄연석, 「南冥의 『學記類編』에서 自然과 道德의 일관성 문제-경성관(敬誠觀) 및 충노관(忠怒觀)과 연관하여-」, 『남명학』 제17집, 남명학연구원, 2012, 201-202쪽.)

수양(자기진실성)을 통해 가능하게 된다. 이는 마음이 경(敬)함을 통해 성(誠)하게 되는 것, 내면의 깊은 곳을 응시하여 진실함을 통해 자기 도덕의 원천을 확인하라는 자기진실성에 다름이 아니다.

이런 자기진실성을 위한 내면에 대한 강조라는 의미에서 조식 심성론의 고유성을 확인할 수 있다. 일신을 주재하는 나의 마음과 그 마음이 욕망에 흐려지는 것을 경계하는 경(敬)을 통해 성인(聖人)을 추구한 조식의 철학은 성리학이나 특히 조선시대 유학의 경향과 어느 정도의 차이가 있다고 할 수 있다. 이황 유학이 마음의 작용이나 마음의 수양보다 만물의 근원이나 본질에 더 관심있다면 조식의 철학은 <신명사도>에서 마음의 수양을 강조하듯이 인성론 또는 수양론적인 측면에 강조점이 있는 것이다.[35] 왜냐하면 <신명사도> 자체가 마음을 수양하는 실천적 문제를 다루고 있기 때문이다. 그리고 이 <신명사도>에서 자기 수양방법으로 경(敬)을 강조한 것은 마음(내면)이 갖는 윤리적 의미를 인식하고 어느 누구보다 중요시했기 때문이다. 따라서 조선시대 유학이 리기론에 집중하고 만물의 이치를 밝히는 것을 가장 주요한 목표로 삼았다면 조식의 심성론은 이런 형이상학적 사유경향을 극복하고 서양 근대가 강조하는 내면으로의 전환, 즉 유학의 인성론적 측면을 강조한 것이라 볼 수 있다.[36] 이는 자기진실성의 관점에서 볼 때 하나의 중요

---

35) 조식의 이런 사상적 특징을 정순우는 조식이 도문학(道門學)보다 존덕성(尊德性)을 중시했다고 말한다. 왜냐하면 '이황이 인간과 자연이 상호매개하는 방식을 궁리를 통해 실현되는 것으로 파악했다면, 조식은 인간이 자연에 안김으로써만 가능한 것으로 파악하기 때문이다. 이때 조식에게 경이란 바로 이 인간과 자연이 숨김없이 소통하는 통로로서의 의미를 가진다. 이런 의미에서 조식에게 경은 천인의 완전한 합일을 이룰 수 있는 철상철하(徹上徹下)의 원리가 된다.' (정순우, 「남명 조식의 공부론에 나타난 초월과 관여의 두 흐름」, 남명학연구원, 『남명사상의 재조명』, 예문서원, 2006, 158쪽.)

36) 김충렬에 따르면, "조선 성리학의 토론 주제는 리기론에 집중되었고, 논의는 사칠논변의 영향으로 추상적이고 관념적인 순수 사변 쪽으로 흘러갔다. 그런데 이러한 학문 추세에서 조식은 그렇지 않았다. 그는 언제나 유가의 현세간주의와 대인군자에

한 시대적 전환이 나타남을 의미한다.[37]

2. 도덕적 지평과 성과 경의 의미

이제 우리는 자기에게 진실하다는 것이 어떤 의미를 가지는지 살펴보아야 한다. 왜냐하면 자기진실성의 이상이 추구하는 것은 단지 마음을 밝히는 것에만 있지 않기 때문이다. 마음에 진실하여 마음이 밝아질

의해 인간 이상을 실현하는 행도에 발을 굳게 딛고 휩쓸리지 않은 채 그러한 공론을 의연히 배격했다.” (김충열, 앞의 책, 61쪽.) 따라서 김충렬은 ‘조선 성리학의 사칠논쟁의 가장 큰 결점은 주재하는 심을 배제하고 리나 기 자체에서 발하는 것을 논하고 있는 것이라고 말한다. 조식이 사칠논쟁을 대수롭지 않게 평가한 것도 바로 이 심을 사단칠정의 기조에 깔고 있지 않은 것을 못마땅하게 여겼기 때문이다.’ (김충열, 앞의 책, 186쪽.) 이런 점에서 김충렬은 조식을 주심학자로 파악한다. (김충열, 앞의 책, 153-159쪽.)

37) 조식이 마음을 강조하고 이 마음을 닦기 위해 경을 중시했다는 수양론적 측면에서 손영식과 이동환은 조식 철학을 주체성 확립의 철학으로 해석하고 있다. (이동환, 「남명 사상과 그 현대적 의의」, 남명학연구원, 『남명사상의 재조명』, 예문서원, 2006, 16-19쪽; 손영식, 「남명 조식의 주체성 확립 이론과 사림의 정신(Ⅰ)」, 『남명학연구논총』 제4집, 남명학연구원, 1996, 81-90쪽.) 특히 조식은 정인홍에게 다음과 같이 말한다. ‘배우는 것이란 요컨대 먼저 앎(지식(知識); 인식 주관)으로 하여금 높고 밝게 하는 것이다. 예컨대 대산에 올라가면, 모든 종류(의 산들)이 다 낮게 있는 것과 같다. 그런 뒤에라야 오직 내가 행하는 바가 저절로 날카롭지/이롭지 않는 바가 없을 것이다.’ 이는 손영식이 말하듯 절대적 자아를 확립하는 것으로 해석할 수도 있다. (손영식, 「남명 조식의 주체성 확립 이론과 사림의 정신(Ⅱ)」, 『남명학연구논총』 제7집, 남명학연구원, 1999, 171쪽.) 왜냐하면 이 이미지는 프리드리히의 『안개 바다 위의 방랑자』를 떠올리듯이 외부사물에 대한 절대적 판단 주체의 우위를 떠올리게 하기 때문이다. 그러나 필자가 볼 때 조식이 마음을 강조했다고 하여 주체성 확립에 노력했다고 말하는 것은 쉽지 않은 일이다. 왜냐하면 이때 의미하는 마음이 무엇이며, 이 마음이 왜 중요한지를 함께 고찰해야 하기 때문이다. 만약 조식이 행동과 판단의 절대적 판단 기준으로 주체의 마음을 수양하는 것이 중요하다고 생각했다면 서구 근대 주체성의 맹아가 있다고 할 수 있겠지만, 조식이 강조한 마음은 마음과 선의 관련성에서 선에 도달하기 위한 마음의 수양을 강조했다고 보아야 한다. 오이환은 이를 사람마다 이미 태어날 때부터 온전히 갖추고 있는 양지를 현실의 모든 일에다 적용하여 발현시키라는 의미로 해석한다. (오이환, 『남명학의 새 연구 상』, 한국학술정보(주), 2012, 93쪽.)

때 우리는 무엇을 알게 되는가? 조식에게 있어 밝아진 마음이 보여주는 것은 자연의 성(誠)이다. 하늘의 성(誠)은 우리 인간에게 경(敬)을 통해 우리가 따라야 할 절대적 규범으로 다가온다. 즉 '경(敬)을 실천하게 되면 치우치거나 헤매지 않으며, 중(中)에 처하게 된다[주일무적(主一無適)]. 그렇게 되면 내 안에서 천리(天理)가 분명하게 나타난다. 우왕좌왕하지 않고 하나로 가게 되면 그것이 곧 경(敬)이다. 이러한 경(敬)은 곧 자기 안에 있는 본래적인 모습을 찾아가는 하나의 수양방법이다.'[38] 따라서 경(敬)이 찾은 본래적인 자아, 성(誠)은 천리를 말하는 듯하다. 자기의 내면을 밝혀 자기에게 진실하게 될 때 우리에게 나타나는 이상은 하늘의 성(誠)이자 천리이다. 조식은 <원천부(原泉賦)>에서 '만물의 다양함이 한 가지 이치로 귀결이 된다. 이는 지극한 정성이 자연스레 나타나는 것, 은하수처럼 아득하여 이루 다 헤아릴 수 없도다.'고 말한다.[39] 그렇다면 조식에게 있어 인간의 성과 경, 즉 자기진실성은 모든 만물의 이치, 곧 천리를 드러내는 하나의 방법이다.

그렇다면 이때 천리(天理), 천도(天道)는 무엇을 의미하는 것일까? 인도(人道)가 성(誠)하고자 하는 마음이고 그 마음이 진실한 것이라면 이는 도덕적 행위를 위한 실천적 덕목이며, 천도(天道)로서의 성(誠)은 바로 그 도덕적 행위를 위한 근거라고 할 수 있다. 즉 천도(天道)로서의 성(誠)은 이상적 삶을 위해 우리가 따라야 할 도덕적 행위를 위한 근거, 원천으로 작용한다.[40] 물론 성리학의 리기론에 여전히 영향을 받고 있는 조식

---

38) 이미림, 「남명 조식의 현실적 사회개혁론-경, 의를 중심으로」, 『한국철학논집』 제39집, 한국철학사연구회, 2013, 39쪽.

39) 曺植, 경상대학교 남명학연구소 역, 앞의 책, 151쪽.

40) 엄연석에 따르면 "남명에 있어서 성 개념은 천도와 인도의 의미를 동시에 가지는 것으로서 인간이 천도를 본받아 인도를 실현하는 데 있어서 이들을 매개하면서도 핵심이 되는 개념이다. 곧 천도의 의미로서 성은 도덕적 수양의 근거가 되며, 인도로서의 성은 인간이 도덕적 행위를 행할 수 있게 하는 실천적인 경지를 뜻하였다. 또한 성이 인도의 실천적 덕목이 될 때는 성실함이 유지될 때 경건할 수 있다는 점에서 경

이었기에 『학기유편』 <태극여통서표리도(太極與通書表裏圖)>, <경성도> 등에서 보이듯이 천도로서의 성이 태극 또는 자연[천(天)]의 법칙을 의미한다고 말할 수 있다. 이는 우리가 이미 고대 형이상학적 세계관에서도 보았듯이 조식에게 유학의 우주론적 사상의 영향이 남아있음을 알 수 있다. 그러나 이때의 자연법칙은 순수한 자연의 인과법칙이라기보다 인간이 닮아야 할 이념적 규범적 세계이다. 왜냐하면 조식은 <태극여통서표리도>에서 주자를 인용하여 "성은 성인의 근본(誠者, 聖人之本)"으로 인간이 지향해야 할 도덕적 모범상으로 제시하기 때문이다.41) 따라서 천도(天道)로서의 성(誠)이 인도(人道)로서의 성(誠)을 위한 근거, 즉 도덕적 행위를 위한 근거로 볼 수 있고, 우리 행위나 삶이 추구하는 선들과 목적의 세계라 할 수 있다. 성(誠)이 삶이 추구하는 가치가 될 때, 우리는 경을 통해 이에 도달하고자 한다. 『학기유편』 <경성도>, <성도>에서 나타나듯이 "성실은 하늘의 도리이며, 공경은 인간이 하는 모든 일들의 근본이 된다. 공경하는 도리가 갖추어진다면 성실해져서 곧 하늘의 도리를 얻게 된다(誠者天之道, 敬者人事之本. 敬道之成, 則誠而天矣.)."42) 그렇다면 천리는 하늘의 성이자 경을 통해 도달할 수 있는 성인의 삶이며, 결국 인간이 지향해야 하는 궁극적 목적, 즉 선과 가치라 할 수 있다.43)

과 밀접하게 결합된다. 그리하여 남명의 수양론에서 성은 지경, 수신 등을 위한 필수 불가결한 전제가 된다." (엄연석, 「虛와 誠의 관점에서 본 南冥의 수양론」, 『국학연구』 제10집, 한국국학진흥원, 2007, 458쪽.)

41) 曺植, 경상대학교 남명학연구소 역, 『사람의 길 배움의 길: 학기유편』, 한길사, 2002, 61쪽.

42) 曺植, 경상대학교 남명학연구소 역, 앞의 책, 180쪽.

43) 이런 해석이 가능한 이유를 김충렬의 글에서도 확인할 수 있다. 그에 따르면 조식의 <신명사도>는 주자의 그것과 차이가 난다. 왜냐하면 조식은 '태일진군을 둘러싼 성곽이 '사(舍)'가 되는데, '신명지심'의 '사(舍)'인 심 밖에 다른 하나의 '사(舍)'를 설정하고 있기 때문이다. 그 이유는 주희의 경우, 주로 수양론에 입각해서 '심통성정'이라는 범주, 즉 내재 심성의 상호 기능 범주에서 논하고 있기 때문에 비교적 기본에 충실한 '신명사(神明舍)'이지만, 조식의 '신명사(神明舍)'는 주희의 '신명사(神明舍)' 범주를 한 단계 확충해서 내재 심성이 밖으로 발현하는 데 관심을 둔 것이기 때

자기진실성을 통해 테일러가 보여주고자 하는 것 또한 이것이다. 과연 우리 내면에 있는 것은 무엇일까? 자율성에서 전제하는 텅 빈 자아가 아니라면 우리 내면 깊이 자리한 것은 나를 형성하는 것들이다. 즉 나를 나이게끔 하는 것들이다. 자기진실성이 주체와 내면의 관계를 지시하는 것처럼 보이지만, 내용적 측면에서 나의 내면을 구성하는 것은 오로지 나에게서만 나오는 것은 아니다. 즉 나의 내면, 나를 구성하는 것은 오로지 사적인 욕구나 열망만이 아니라, '신성한 것 혹은 정치적인 문제, 혹은 땅을 가꾸는 일 등 개인적 욕구들과 전혀 관련 없이 독자적인 의미를 갖는 것 속에서도 찾아질 수 있다.'[44] 우리는 이와 같은 생각을 조식이 선조에게 보낸 편지[무진봉사(戊辰封事)]에서도 확인할 수 있다. "백성을 잘 다스리는 도는 다른 데서 구할 것이 아니라, 요점은 임금이 선을 밝히고 몸을 정성되게 하는 데에 있을 뿐입니다. 이른바 선을 밝힌다는 것은 이치를 궁구함을 이름이요, 몸을 정성되게 한다는 것은 몸을 닦는 것을 말합니다. 천성 안에는 모든 이치가 다 갖추어 있으니, 인(仁)·의(義)·예(禮)·지(智)가 그 본체이고, 모든 선(善)이 다 이로부터 나옵니다. 마음은 이치[리(理)]가 모이는 주체이고, 몸은 이 마음을 담는 그릇입니다."[45] 즉 마음에는 이치가 담겨져 있고 이 이치는 바로 우리 삶의 방향을 지시해주는 선과 가치를 의미한다. 나의 마음은 내가 지향하는 선들과 내가 추구하는 목적들로 구성된다고 할 수 있다. 그리

문이다. 주희의 '신명사(神明舍)'가 '태일진군'의 기능에 제한되었다면, 조식의 '신명사(神明舍)'는 도덕 실천의 과정 전반을 '사(舍)'로 확충한 것인 셈이다.' (김충열, 『남명 조식의 학문과 선비정신』, 예문서원, 2008, 305-306쪽.) 조식의 신명사를 나를 벗어난 수신제가치국 평천하까지 확충된 외재적 신명으로 해석하는 것은 논자가 볼 때 조식이 마음과 외부의 도덕적 선과 목적들과의 관련성을 인식했기 때문이다. 이는 자기진실성의 관점에서 들여다본 마음이 우리를 둘러싼 도덕적 지평에 관련되어 있음을 인식했기 때문이다. 마음의 집(신명사)을 구성하는 것은 결국 도덕적 지평이기에 마음의 집은 당연히 외재적 선과 목적으로 확장되어야 한다.

44) 찰스 테일러, 송영배 역, 앞의 책, 107쪽.
45) 曹植, 경상대학교 남명학연구소 역, 『남명집』, 한길사, 2001, 321쪽.

고 이 점에서 목적과 의미로부터 분리된 자아를 이야기하는 자율성의 이상과 자기진실성의 이상이 가장 큰 차이를 보이는 이유이다.

그럼 이 선과 목적들은 원래 어디에 있는가? 테일러에 따르면 이런 선들과 목적들이 우리의 도덕적 지평을 형성하게 되며, 우리는 이 지평에서 삶의 의미를 형성하고 방향을 정하게 된다. 따라서 도덕적 지평(moral horizon)은 선과 악이란 무엇이고, 무엇을 하는 것이 가치 있거나 가치가 없으며, 무엇이 나에게 의미와 중요성을 가지며, 무엇이 나에게 사소하거나 부차적인 것인가라는 문제들이 제기되는 공간을 의미한다.[46] 테일러에 따르면 이런 도덕적 지평은 하나의 공동체가 전통 및 역사와 문화를 통해 형성해 온 것이며, 삶의 선험적(transzendental) 근거로 작용하는 것이다. 즉 나의 정체성은 이 도덕적 지평 속에서 나의 선과 가치를 선택함으로써 형성되는 것이다. 내가 누구인지를 안다는 것은 도덕적 지평 속에서 내가 선택한 선이 무엇이며 이 선이 그 지평에서 어떤 의미가 있는지를 안다는 것과 같다. 나는 내 삶에 의미를 부여하는 지평에 근거해 나의 정체성을 규정할 수 있으며, 이런 역사, 자연, 사회, 연대적 지평들을 배제한다는 것은 내 삶에 의미 있는 모든 가능한 사항들을 배제한다는 것을 말한다.[47]

그러나 이는 우주의 질서에 대한 직관을 통해서가 아니라 우리가 내면의 목소리에 귀 기울이면서 알게 되는 것이다. 테일러가 자기진실성

---

46) 홍성우, 「자아의 정체성과 도덕적 선의 관련성 문제-찰스 테일러의 견해를 중심으로-」, 『범한철학』 제25집, 범한철학회, 2002, 171쪽.

47) 찰스 테일러는 선이나 목적들이 질적으로 차이가 있으며, 이에 따라 생활선, 구성적 선, 지상선 등으로 구별될 수 있다고 말한다. 다른 선들에 비해 비교할 수 없이 중요한 최고선은 그만큼 나의 정체성을 형성하는데 결정적이며, 따라서 다른 선들을 평가하는 기준이 되기도 한다. 다른 선들을 판단하고, 결정하며, 고찰하는 역할을 하는 최고선을 지상선이라 부른다. 그러나 이런 선들의 구별은 어느 정도 애매모호한 점이 있으며, 단지 선들이 질적으로 구별될 수 있음을 보여주는 것에 의미가 있다고 하겠다.(찰스 테일러, 송영배 역, 앞의 책, 59쪽 참조)

을 하나의 도덕적 이상으로 제시할 때 해명하고자 하는 것이 바로 내면에 있는 윤리적 원천을 드러내는 것이다. 그리고 이는 우리 각 개인이 질적으로 다양한 가치들로 얽힌 도덕적 지평에 근거해 나의 삶의 의미와 방향을 결정한다는 것이다. 그렇다면 내가 가치 있는 삶 또는 좀 더 의미 있는 삶을 선택한다는 것은 이런 도덕적 지평에서 내가 어디로 가야할지를 결정한다는 것이다. 즉 도덕적 지평에 대한 반성 없이 나는 삶의 방향조차 잡을 수 없다. 왜냐하면 도덕적 지평 속에서 우리는 우리의 삶을 이해하며 자신의 올바른 정체성과 삶의 방향을 알게 되기 때문이다. 이런 시각에서 자아와 선의 관계를 이해하게 될 때 자율성의 이상도 우리가 역사적 과정에서 형성해온 하나의 선 또는 가치로 파악될 수 있다. 즉 자율성 또한 역사적 공동체가 특정한 시기에 추구한 하나의 가치이다. 따라서 자율성의 이상이 주장하는 도덕적 지평과 개인의 분리는 이런 필연적인 관련성을 부정하는 것이며, 이는 결국 자기 스스로를 오해하는 파국적 결론, 개인적으로 불안과 허무, 사회적으로 연대와 공동선의 부정으로 이끌게 된다.

따라서 테일러가 이런 자기진실성의 전통을 회복함으로써 의도하는 것은 바로 오늘날 정체성 위기와 개인주의의 극복이다. 그리고 이는 진실한 자기에 대한 응시를 통해 개인의 정체성이 도덕적 선과 관련 맺고 있다는 것을 알게 될 때 가능하게 된다. 조식의 경(敬)은 '정신수양'을 의미하며, 이때의 정신수양은 마음을 늘 밝게 깨어 있도록 하는 것을 의미한다. 왜냐하면 이런 마음을 통해 우리는 자연의 이치를 알게 되고 그에 따라 행동할 수 있기 때문이다.[48] 그리고 이때 인간 삶의 모범의

---

48) 이는 조식이 선조에게 보낸 편지인 <무진봉사(戊辰封事)>에서도 드러난다. "이른바 경이란 것은 정제하고 엄숙히 하여, 항상 마음을 깨우쳐서 어둡지 않게 하는 것입니다.… 그러므로 경을 주로 하지 않으면 이 마음을 보존할 수 없고, 마음을 보존하지 못하면 천하 이치를 궁구할 수 없으며, 이치를 궁구하지 못하면 사물의 변화를 다스릴 수가 없습니다."(曺植, 경상대학교 남명학연구소 역, 앞의 책, 321-322쪽.)

근거이자 원천인 자연의 이치는 가치 있는 삶을 위한 궁극적 기준이자 인간 삶의 선과 가치를 해명해주는 도덕적 지평으로 이해된다.[49] 왜냐하면 천도(天道)로서의 성(誠)은 인도(人道)로서의 성(誠)과 경(敬)을 의미 있게 해주는 근거이기 때문이다.

그렇다면 이런 관점에서 우리 삶은 어떤 방향으로 질서지워질까? 우리 삶의 목적이 자아실현이라고 한다면 이는 자율성에 따른 삶과 다른 방향으로 나갈 것이다. 즉 자기진실성에 따른 자아실현은 '자아보다 더 중요한 어떤 것들이 있다는 점, 우리가 추구했을 때 중요한 의미를 갖고 삶의 실현을 위해 필요한 의미를 제공할 수 있는 어떤 선들이나 목적들이 있다는 것을 전제한다.'[50] 이는 이미 공동체의 문화와 전통, 역사가 나와 불가분의 관계를 맺고 있으며, 이런 삶의 선험적 조건이 나의 삶을 의미 있게 한다는 것이다. 자율성과 자기진실성의 이상이 삶을 내면으로부터 영위하고자 하는 점에서는 동일하나, 개인이 선에 독립적인가 아니면 선이 개인을 구성하는가라는 도덕 존재론적 관점에서 차이가 발생한다고 볼 수 있다. 자유주의적 자아관은 개인을 선이나 목적을 자유롭게 선택하고 수정할 수 있는 도덕적 능력의 소유자로 전제하며, 자기진실성의 자아관은 가치나 선의 존재론적 그물망 속에 개인이 놓여 있음을 전제한다.

---

49) 엄연석은 '주대(周代)이래 유가철학에서 보여주는 '자연[천(天)]' 개념이 주로 인간의 삶에 요구되는 규범적인 질서의 궁극적인 표준의 의미로서 인간과 밀접한 연관성을 가지고 있다고 말한다. 따라서 그에 따르면 '조식은 순수법칙적인 자연에 대한 견해도 갖고 있지만, 이런 자연에 대한 관심과 규명은 결국 자연을 도덕적 본질과 실천규범의 근원이라는 성리학의 관점을 수용하는 것이다. 그렇다면 '자연'에 관한 조식의 주된 시각은 도덕적 이상과 관련하여 천인합일론적 관점에 서서 주로 자연과 인간을 유기적으로 통일되는 것으로 보는 것이다. 조식이 자연과 인간을 도덕적인 이상과 관련하여 결합하여 이해하는 것은 『학기유편』의 여러 도표를 통하여 분명히 볼 수 있다. (엄연석, 「남명 조식의 자연관과 도덕적 자율의 문제」, 남명학회, 『南冥學과 韓國性理學』, 2002, 140-145쪽.)

50) 찰스 테일러, 권기돈·하주영 역, 앞의 책, 1025쪽.

조식이 말하는 성(誠)과 경(敬)은 우리 삶의 가치가 외부와 관계없이 내면에서 생성해 내는 자율적 가치가 아니라 우리가 선택한 가치나 목적이 나를 둘러싼 타자나 세계 속의 의미로부터 나온다는 것이다. 이를 다른 말로 한다면 성과 경은 자기진실성의 관점을 통해 자아와 선의 밀접한 관계를 확인하고 선의 도덕적 원천에 다가가려는 노력이라고 볼 수 있다. 조선 성리학의 탐구주제가 리기(理氣)개념에 치우치고 인성론적 측면을 소홀히 했다면 조식은 성과 경을 통해 인성론과 수양론을 강조함으로써 우주론의 근거인 최고선과 자아의 일치를 시도했다고 볼 수 있다. 조식의 이러한 생각은 결국 가치 있는 삶의 모범을 우주론과 인성론의 조화에서 찾는 것이다. 필자가 보기에 이는 마음에 대한 성찰을 통해 도덕적 원천을 확인하고 이를 바탕으로 실천으로 나간다고 할 수 있다. 즉 자기 마음을 올바르게 하기 위해 마음을 밝게 하며[경(敬)] 이 밝아진 마음은 도덕적 선과 자신의 관련성을 알게 되고 반성과 비판을 통해 선에 충실, 성실, 진실하고재[성(誠)] 하는 것이다. 이런 자기 진실성으로 드러나는 도덕적 지평의 확인은 '우리의 일상적 삶에서 구현되는 다양한 도덕적 서술들, 이를테면 도덕적 언어, 도덕적 신념과 가치관 등을 의미 있게 만들어주는 배경 또는 전제들을 구체화함으로써 우리 자신의 삶을 이해하고, 결국에는 우리 자신의 정체성을 확립해나가는 것을 의미한다.'[51] 결국 오늘날 개인이 불안하고 막연한 두려움을 가지는 것은 삶에 의미를 부여하는 도덕적 지평이 축소되거나 상실되고 있기에 자기의 정체성을 확립하는데 어려움을 겪고 있다는 뜻이다.

---

51) 이연희, 「찰스 테일러의 관점에서 본 도덕행위자의 자아정체성」, 『윤리연구』 제102호, 한국윤리학회, 2015, 101쪽.

V. 자기진실성의 요청: 덕윤리와 조식의 실천사상

자율성의 이상은 '개인의 삶 전체를 규제해 줄 개인적 덕목과 성품의 이상이 무엇인지 또 인간의 삶 전반에 있어서 가치 있는 것이 무엇인지에' 대해 말해주지 않는다.[52] 왜냐하면 이는 자율적 선택의 사항이기 때문이다. 이에 반해 자기진실성의 이상은 우리가 누구인지에 대한 해명을 통해 우리가 어떻게 살아야 할지를 알게 한다. 따라서 이런 자기진실성에 대한 해명은 조식이 적절히 지적하듯이 단지 삶의 방향성 제시에만 머물진 않는다. 왜냐하면 좋은 삶에 대한 해명, 즉 경(敬)을 통한 성(誠)의 제시는 직접적으로 좋은 삶을 살기 위한 동기로 작용하기 때문이다. 이것이 경(敬)과 더불어 의(義)가 강조되는 이유이다. 실천적 삶이 문제시되는 한 이는 바로 실천적 동기가 문제시될 수밖에 없다. 그러나 동기를 결단하는 우리 마음은 언제나 애욕에 휘말릴 수 있고, 주위 사물은 나의 욕망을 일으킨다. 따라서 자기진실성은 실천론에 의해 보완되어야 한다. 자기진실성을 해명한 조식에게도 가장 문제시되는 것은 실천의 문제일 수밖에 없고 따라서 조식은 구체적인 실천방법에 매진하게 된다. 많은 연구자들이 이미 지적하듯이 조식 사상의 가장 뚜렷한 고유성도 그의 실천성에 있다고 할 수 있다.[53] 이황에게 보낸 편지에서 조식은 '요즘 공부하는 자들을 보건대, 손으로 물 뿌리고 비질하는 절도도 모르면서 입으로는 천리(天理)를 담론하여 헛된 이름이나 훔쳐서 남들을 속이려 하고 있다'고 말한다.[54] 이런 조식의 실천성을 필자는

---

52) 황경식, 『개방사회의 사회윤리』, 철학과 현실사, 1995, 277쪽.
53) 조식이 실천을 강조했다는 것은 이미 많은 학자들이 동일하게 지적하는 바이다. 대표적으로 『선조수정실록』에 소개된 조식의 학풍은 이런 실천적 성격을 강조한다. '식이 학문함은 마음에 얻는 것을 귀하게 여기고, 현실에 적용하고 실천함을 시급하게 여겼으며, 강론하고 따져 해석하는 말을 좋아하지 아니하여 일찍이 배우는 이들을 위해 경전이나 서적을 해설한 적이 없고, 다만 돌이켜 구하여 스스로 얻도록 했다.' (오이환, 앞의 책, 71쪽.)

의(義)의 측면과 실천적 체득의 두 측면에서 살펴보고자 한다.

의(義)는 내재적 의와 외재적 의로 구별될 수 있다. 이는 이미 서양 고대 플라톤과 아리스토텔레스에게서 정의(正義)를 분류하는 방식이기도 하다. 인간 내면에서 서로 충돌할 수 있는 감정과 이성의 조화를 의(義)로 볼 수 있고 사람 사이의 관계에서 공정함을 의(義)라 칭할 수도 있다. 이런 측면에서 볼 때 조식은 내재적 측면에서 엄격함을, 외재적 측면에서 신중함을 요구한다고 볼 수 있다. 왜냐하면 내재적 의의 측면에서 조식은 욕망이나 감정에서 발생할 수 있는 사사로운 욕구를 철저히 배격하는 것을 덕의 완전함이라 생각하기 때문이다. 이런 측면을 우리는 시에 대한 조식의 견해와 성성자라는 방울을 차고 다니며 스스로를 경각시킨 것 등에서 볼 수 있다.[55] 이는 사사로운 욕귀[인심(人心)]을 억누르고 도덕적인 것과 일치하려는 욕귀[도심(道心)]을 따르는 인간상을 성인(聖人)이라는 모범적 인간상으로 제시하기 때문이다.

그러나 이런 사사로운 감정이나 사적인 욕구에 대한 철저한 부정은 오늘날 인간의 감정이 가치와 결합되어 도덕적 원천의 하나로 인정되며, 자본주의 사회에서 적절한 욕구 또한 필요함을 인정할 때 엄숙주의적(Rigorism) 요구라 볼 수 있다. 이런 점은 도덕적인 것을 이성적인 것으

---

54) 曹植, 경상대학교 남명학연구소 역, 앞의 책, 181쪽.

55) "'시(詩)가 사람이 마음을 황폐하게 한다.'는 이유로 '시황계(詩荒戒)'를 지니고 있었던 것도 이러한 견지에서 이해될 수 있다." (이상필, 『남명학파의 형성과 전개』, 와우출판사, 2005, 84-85쪽.) 조식이 시나 예술에 대해 부정적 견해를 취했다면 이는 감정에 대한 부정적 입장에서 기인할 것이다. 물론 유학에서 심통성정(心統性情)의 의미는 마음이 성(性)과 정(情)을 통일하여 성과 정을 주재하고 통솔한다는 것이다. (전병철, 『남명의 심학』, 경상대학교 출판부, 2016, 198-199쪽.) 그럼에도 불구하고 조식은 시대적 상황으로 인해 감정이 사욕에 흐를 수 있는 경향을 경계한다고 볼 수 있다. 정순우는 이런 조식의 욕망에 대한 엄격함이 객관세계에 대한 오해를 일으킬 수 있으며, 이것이 이황이 조식의 존양방식에 대해 거부하며 이단으로 해석한 이유라 말한다. (정순우, 「남명 조식의 공부론에 나타난 초월과 관여의 두 흐름」, 남명학연구원, 『남명사상의 재조명』, 예문서원, 2006, 152-153쪽.)

로 표현한 칸트가 도덕을 실천하기 위해 이성에 반하는 충동과 욕망을 철저히 억제하려는 엄숙함과 유사한 것이다. 칸트의 엄격함과 달리 이성과 감정의 조화를 통해 인간 품성의 탁월함을 추구한 덕윤리가 이런 점에서 현실성을 가진다면, 조식의 엄숙주의도 도덕적인 것의 우선성을 실천하려는 그 당시 그의 현실관을 반영한다고 할 수 있다. 왜냐하면 실천보다 이론을 중시하는 시대상황은 그로 하여금 좀 더 엄격한 실천적 생활에 대한 요구와 결합될 수 있기 때문이다.

외재적 측면에서의 수양은 '외단자의(外斷者義)'에서 볼 수 있다. 성(誠)과 경(敬)을 통해 자기진실성을 다했으면 이는 외적 측면, 즉 관계에서도 자연히 발현된다고 볼 수 있다. 왜냐하면 경(敬)을 통해 밝혀진 마음은 곧 자신의 선을 도덕적 지평 안에서 반성하고 검토하며[성(誠)] 이를 통해 올바른 선과 목적들에 다가가려 노력하기 때문이다. 이때 우리에게 요구되는 것은 올바른 선과 목적을 가려 이 선과 목적을 실천하는 과정이다. 이런 의미에서 우리는 의(義)를 일반적으로 올바름이라 생각한다. 아리스토텔레스가 정의를 하나의 덕으로 간주하고 그 의미를 관계에서의 올바름이라고 한 이유도 여기 있을 것이다. 경을 통해 마음을 밝혀 마음이 선과 목적들과 관련 있음을 알고 사리사욕을 억제해 참된 선과 목적을 의를 통해 가려 실천하는 것이다. 경(敬)이 내면에 관계된다면 의(義)는 행위와 관계되는 것으로 시시비비를 가려 선에 맞는 올바른 행동을 하고자 하는 것이 의이다. 그렇다면 시시비비의 기준은 어디에 있는가? 이는 다시 경을 통해 우리가 알게 되는 천리이다. 그리고 경과 성을 통해 이 천리가 우리를 구성함을 알게 된다. 따라서 의는 경을 전제하고 경은 의를 통해 실현된다는 의미에서 경의협지(敬義俠持)가 주장되며, 사욕으로부터 발생한 이기적 행동은 경하지 못해 의를 실천하지 못하는 행동이라 할 수 있다.[56]

안다하더라도 행하지 않으면 득(得)이 아니기에 품성의 탁월함을 중

시하는 덕윤리도 체득을 중요시하게 된다. 아리스토텔레스가 플라톤과
달리 실천학의 목표, 예를 들어 의학의 목표는 건강함을 아는 것이 아
니라 건강하게 되는 것이라 말한 이유가 여기에 있다.[57] 이는 습관과
실천을 통해 덕을 쌓는 것이 좋은 삶의 조건임을 인식하기 때문이다.
의(義)가 하나의 덕으로 인정될 때 덕은 체화되어야 하므로 이런 의의
발휘를 위해 조식이 체득을 중요시한 점은 덕윤리와 아주 유사하다고
할 수 있다. 조식 또한 "도회지의 큰 시장바닥에 노닐면, 금, 은과 진귀
한 노래가 없는 것이 없다. 온종일 거리를 오르락내리락하며 그 값을
말해 보았자 끝내 자기 집 물건은 아닌 것이니, 차라리 내 베 한필로 생
선 한 마리를 사 오는 것만 못하다. 지금의 공부하는 이들이 성리를 높
이 말하되 자기에게 얻는 것이 없음이 이와 무엇이 다른가?"라고 말하
며, 자득의 중요성을 강조하였다.[58]

『학기유편』 <박문약례도>에서 조식은 앎을 이루는 것[박문(博文)]과
힘써 행하는 것[약례(約禮)]이 함께 되어야 하며, 그 방법으로 학(學)과 함
께 습(習)이 될 때, 진정한 극기복례가 될 수 있다고 말한다.[59] 성품의

---

56) 의(義)가 경(敬)에 보조적 역할을 수행하는가 아니면 대등한 역할을 수행하는가라는
　　논쟁이 있을 수 있다. 그러나 자기진실성의 관점에서 볼 때 경(敬)은 의(義)를 필수적
　　으로 요청할 수밖에 없기에 경(敬)과 의(義)를 통일적으로 파악할 수 있다. 이를 경의
　　협지(敬義俠持)라 한다. (사재명, 앞의 논문, 275쪽; 채휘균, 「南冥의 工夫 槪念에 對
　　한 硏究」, 『동아인문학』 제5집, 동아인문학회, 2004, 358-360쪽.) 이런 의미에서 김
　　충렬은 <신명사도명(神明舍圖銘)>을 해석하여, '안으로는 자기 속에서 일어나는 사
　　욕과 싸워 이겨야 하고 밖으로는 감각기관인 이(耳), 목(目), 구(口)를 통해 들어오는
　　세상만물의 유혹과 자극으로부터 유발하는 죄악을 물리쳐야 하는 것이다. 그렇게 함
　　으로써 공동의 이상인 지극한 선에 이를 수 있다. 여기서 가장 중요한 것은 그러한
　　자아[태일진군(太一眞君)]를 만들고 지키는 공부이다. 이 공부의 요체가 경이요, 그를
　　밖으로 발해서 더불어 사는 모든 것과의 관계를 원만히 하고 모든 일의 처리를 합당
　　하게 하는 것이 의이다.'고 해석한다. (김충열, 위의 책, 335-337쪽.)
57) 아리스토텔레스, 최명관 역, 『니코마코스윤리학』, 서광사, 1984, 41쪽, (1097a).
58) <행장(鄭仁弘 撰)>, 오이환, 『남명학의 새 연구 상』, 한국학술정보(주), 2012, 76쪽.
59) 曺植, 경상대학교 남명학연구소 역, 『사람의 길 배움의 길: 학기유편』, 한길사, 2002,
　　203-204쪽.

탁월함성인(聖人)을 위해 인간은 동물적 요소, 즉 자신의 사사로운 욕망을 이겨내고 진정한 본성을 찾도록 노력해야 한다. 이는 '가아와 진아의 치열한 싸움, 인욕(人欲)과 천리(天理)의 치열한 싸움'을 통해 진정한 자아를 찾는 과정이다.[60] 조식이 <신명사도>에서 마음을 성곽으로 둘러싸고 사욕에서 발행하는 것으로부터 마음을 지키는 과정을 전쟁으로 표현한 것은 우리가 좋은 삶을 위해 끊임없이 노력하고 실천해야 함을 의미한다. 조식의 '시살적 존양성찰(廝殺的 存養省察)'이나 <욕천(浴川)>이라는 시에서 표현한 것은 바로 이러한 사욕을 끊기 위한 다짐을 말한다고 할 수 있다.[61]

자기진실성이 자아와 도덕적 지평과의 연관을 밝히고 자아의 정체성을 해명했다면 이런 정체성에 대한 앎은 당연히 자기실현의 길로 이어지게 된다. 즉 자기정체성에 대한 앎은 실천적 삶을 요구하게 된다. 왜냐하면 윤리적 과제인 좋은 삶은 실천을 통해 완성되기 때문이다. 그렇다면 이런 실천이야말로 우리에게 주어진 도덕적 지평이라는 선험적 조건에서 자기 정체성을 확인하고 자아실현의 길을 가는 것이다. 따라서 도덕적 삶을 지향하는 조식에게 성인(聖人)은 참된 인간에 대한 열망으로서 거짓 없고 진실한 인간을 상징하며, 참된 자아의 실현을 의미하게 된다.[62] 따라서 이런 자아실현의 길을 위해 성, 경, 의가 가장 중요한 가치로 드러날 수밖에 없으며, 이를 담고 실천하는 자기 마음이 중요하게 된다. 따라서 자기진실성의 관점에서 조식의 철학을 이해할 때 조식이 강조한 성-경-의의 관점이 분명히 드러나며 그의 실천적 철학의 고유성이 나타난다고 할 수 있다.[63] 이런 해명을 통해 우리가 어떻

---

60) 김충열, 앞의 책, 203-204쪽.

61) 이상필은 조식의 <신명사명>에 나오는 구절을 인용해 <신명사도명>에 나타난 경(敬)과 성신(誠身)을 위한 실천방법을 시살적 존양성찰(廝殺的 存養省察)로 표현한다. (이상필, 앞의 책, 43-45쪽.)

62) 윤사순, 앞의 책, 194쪽.

게 행동하며, 살아야 할지를 알려주는 것이 조식의 실천이다.

VI. 맺음말: 조식 철학의 현실성

현대가 탈형이상학적 시대이며 다원주의 사회라는 것은 부인할 수 없는 사실이다. 그리고 이런 현대 사회의 특징은 특정한 좋은 삶의 방식을 다른 것보다 우위의 것으로 정당화하는 것이 옳지 못하다는 것을 함축한다. 모든 사람에게는 자아실현의 동등한 권리가 보장되어야 하며, '좋은 삶의 무게 중심을 보다 더 높은 영역에서가 아니라 이른바 일상생활에 두는 것을' 바람직한 것으로 여기게 한다.[64] 이는 우리가 추구하는 선들이 양적으로뿐만 아니라 질적으로도 예전보다 훨씬 더 다양해짐을 의미한다. 그러나 우리는 주어진 현실을 그대로 받아들이는 것이 아니라 보다 높은 삶의 이상이나 목표를 위해 '요구되는 보다 더 폭넓은 질서의 한 부분으로 자신을 바라볼 필요도 여전히 있다.'[65] 삶에 대해 진지하게 고민한다면 더 가치 있는 삶, 더 좋은 삶에 대한 물음과 대답은 인간에게 본질적이다. 오늘날 정체성의 위기나 도덕적 위기라 불리는 수많은 현상들은 도덕적 지평에 놓인 자아가 자신의 선 또는 가치들과의 관련성을 배격하고 자신의 위치와 방향을 잃어버리고 있기 때문이다.

오늘날 우리 현대인이 처한 이런 현실을 매킨타이어는 『덕의 상실』 첫 장에서 다음과 같이 묘사한다.

---

63) 손영식 또한 조식이 경건함-의로움[경-의(敬-義)] 혹은 성실함-경건함[성-경(誠-敬)]의 수양론을 제시한 점에서 기존의 성리학과 차이가 있다고 말한다. (손영식, 「남명 조식의 주체성 확립 이론과 사림의 정신(Ⅰ), (Ⅱ)」, 예문동양사상연구원, 오이환 편저, 『한국의 사상가 10人 남명 조식』, 예문서원, 2002.)

64) 찰스 테일러, 송영배 역, 앞의 책, 64쪽.

65) 찰스 테일러, 송영배 역, 앞의 책, 117쪽.

　　자연과학이 대재난의 결과로 말미암아 고통을 당한다고 상상해 보자. 일반대중들은 일련의 환경재해들이 자연과학자들의 책임이라고 비난한다. 광범위한 폭동이 일어나고, 실험실들은 불타고, 과학자들은 구타를 당하고, 책과 기구들은 파괴된다. … 한참 지난 후에 이 파괴적 운동에 대한 반동적 움직임이 일어나, 계몽된 사람들은 비록 과학이 어떤 것이었는지를 대부분 잊었지만 과학을 부활시키려 한다. 그렇지만 그들이 가지고 있는 것은 단편들뿐이다. 실험들에 의미를 부여하는 이론적 콘텍스트에 대한 지식으로부터 유리된 몇몇 실험들에 대한 지식, 그들이 소유하거나 또는 실험한 다른 이론의 편린들과 전혀 관계지울 수 없는 이론의 조각들, … 논문 중에 남아 있는 낱장들, 찢겨지고 까맣게 타버려 완전하게 읽을 수 없는 것들이다. 그럼에도 불구하고 이 모든 단편들은 물리학, 화학, 생물학이라는 부활된 이름으로 분류되는 일련의 실천체계로 다시 구현된다. 성인들은 비록 지극히 단편적인 지식만을 보유하고 있지만 상대성 이론, 진화론, 연소이론이 가지는 각각의 장점에 관해 서로 토론한다. 아이들은 원소주기표의 남아 있는 부분을 암기하고, 유클리드 기하학의 일반원리가 부활한 듯, 이를 낭송한다. 아무도, 거의 아무도 그들이 행하는 것이 진정한 의미에서의 자연과학이 아니라는 점을 인식하지 못한다. 왜냐하면 그들이 말하고 행하는 모든 것이 일관성과 정합성의 기준에 일치하기는 하지만 그들이 행하는 것을 이해하는 데 필요한 콘텍스트들이 상실되고, 아마 돌이킬 수 없을 정도로 사라졌기 때문이다.[66]

　　매킨타이어가 이런 사고실험을 통해 말하고자 하는 것은 우리의 실제적 도덕언어도 가상 세계에서의 자연과학의 언어처럼 무질서에 처해 있다는 것이다.[67] 왜냐하면 도덕의 언어도 콘텍스트가 결여된 채 전통과의 단절을 통해 자신의 의미원천을 잃어버렸기 때문이다. 이때 도덕은 이익추구에서 발생하는 상호대립의 문제를 해결하거나 현재에 유용

---

66) 알래스데어 매킨타이어, 이진우 역, 『덕의 상실』, 문예출판사, 1997, 17-18쪽.
67) 알래스데어 매킨타이어, 이진우 역, 앞의 책, 19쪽.

한 단편적 처방으로서의 역할에 머물게 된다. 단순히 자신의 욕구나 관심을 해석하고 이에 따라 행동하고자 하는 사람에게 도덕의 선험적 지평이나 객관적 기준은 먼 이야기이다. 더 가치 있는 삶이나 더 높은 목적을 추구하는 도덕적 이상이 더 이상 의미가 없을 때 개인들은 자신의 정서에 따라 판단하고 결정한다. 매킨타이어에 따르면 현대 윤리학의 위기로 진단되는, 도덕적 논쟁의 해결 불가능성의 이유가 바로 여기에 있다. '정감적 자아'는 자신의 기분에 따라 윤리적 문제를 해석하고 도덕적 불일치의 문제는 심화되며 개인들은 파편화된다.[68] 여기서 도덕적 이상은 나올 수 없다. 왜냐하면 도덕적 이상은 인간의 역할과 그 역할에 대한 공동체의 합의에 의존하기 때문이다. 그리고 이런 합의나 공동선은 바로 역사적 공동체가 전통과 문화를 통해 형성해온 '좋은 삶이 무엇인가'에 대한 일련의 대답들로 구성된다.

서양에서 자율성에 대한 이상이 전통과의 단절을 수행했다면 한국에서는 외세에 의한 전통의 단절이 큰 비극으로 다가온다. 덕과 좋은 삶의 표준이 역사적 공동체의 전통과 문화를 통해 형성된다면 서양이든 동양이든 전통의 단절은 도덕적 이상이나 좋은 삶이 무언지에 대한 물음에 답하기 어렵게 만든다. 특히 자본주의와 계몽주의로 인한 도구적 삶의 형식은 도덕적 이상을 추구하는데 부정적 결과를 낳을 수 있다. 예컨대 '더 이상 영웅주의나 존경받을 덕목 또는 삶의 보다 고상한 목적이나 죽음을 무릅쓸 가치가 있는 것들이 존재할 여지가 없다는 것이다. 왜냐하면 도구적 삶의 양식은 전통적 공동체들을 해체하거나 자연을 덜 도구적으로 대하는 이전의 생활양식을 몰아냄으로써 과거에 삶의 의미가 번성할 수 있던 기반을 파괴했기 때문이다.'[69]

---

68) 송영배(찰스 테일러, 송영배 역), 「현대 사회의 불안 요인과 유적 윤리관의 의미」, 『불안한 현대 사회』, 2015, 162-163쪽.
69) 찰스 테일러, 권기돈·하주영 역, 앞의 책, 1010-1011쪽.

이런 시기에 우리가 지향해야 할 것이 니체가 말하는 초인일까? 니체는 끊임없는 내적 갈등과 고뇌를 통해 새로운 가치를 지속적으로 창조해 나가는 '초인'의 이상을 현대 사회에 모범적인 '주체적 인간상'으로 제시하고 있다.[70] 그러나 전통과 문화의 가치를 부정하고 새로운 가치를 만드는 것은 자신의 존재기반을 부정하는 것이다. 우리는 도덕적 공간 내에서 우리의 삶을 영위할 수밖에 없다. 반성은 이 공간 내에서 이루어지며 이것이 쌓여 패러다임이 변하게 된다. 자기진실성은 우리의 정체성에 대한 해명을 통해 이런 작업을 수행하는 과정이다. 따라서 우리는 '공동체적 삶이 제공하는 의미의 지평, 즉 우리 각자의 삶에 의미와 가치를 부여하는 데에 있어서 중요한 것과 중요하지 않은 것을 구분하게 해 주는 배경적 규준으로서의 개념틀'[71]을 정체성을 형성하는 객관적 지평으로 인식한다. 이런 과정에서 자기진실성은 매킨타이어가 현대 윤리의 위기로 진단한 도덕적 상대주의나 주관주의를 극복할 힘을 얻게 된다. 따라서 자기진실성의 관점에 설 때 우리는 도덕적 전통을 회복함으로써 도덕언어의 무질서를 극복할 수 있다.

그러나 물론 자기진실성을 통해 자아에 충실하며 동시에 도덕적 지평을 존중하더라도 이를 무비판적으로 수용하는 것은 기존의 질서를 고착화시켜 비판과 반성의 힘을 약화시킬 수 있다. 이런 점에서 때로 유학의 윤리 지향은 전통과 계급의 우선성으로 인해 개인에게 강제와 억압으로 다가올 수 있다. 그러나 자기진실성을 요구하는 도덕적 이상은 내면과 도덕적 지평과의 관계를 항상 문제시하고 상호비판과 반성을 함축하기에 개인과 사회를 해방시키는 규범적 힘을 내포할 수 있다. 예를 들어, 조식이 백성을 돌보지 않는 왕을 비판했다거나 출처에 있어 기존 학자들을 비판한 점은 자기진실성의 해방적 힘을 알게 해 준다.[72]

---

70) 찰스 테일러, 송영배 역, 앞의 책, 12쪽 옮긴이 주2.
71) 송슬기·곽덕주, 앞의 논문, 61-62쪽.

이런 비판적 정신은 자기진실성으로부터 자연스럽게 나온다고 볼 수 있다. 왜냐하면 자기진실성은 의미의 원천으로서 자신을 둘러싼 사회와 전통, 문화, 세계의 의미를 궁리하고 이 속에서 자신의 삶의 방향을 정립하고 실천하는 것을 의미하기에 이 과정에 비판과 반성의 철학적 모색은 필수적이기 때문이다. 즉 나의 마음에 대한 해명은 도덕적 삶의 궁극적 근거에 대한 모색으로 이어지며 이런 철학적 모색은 주체와 도덕적 원천, 그리고 그 원천을 구성하는 상호주체 간의 비판적, 반성적 작업을 의미하게 된다. 이런 비판과 반성의 내재적 과정에서 좋은 삶을 위한 해방적 힘을 가지게 된다.

물론 조식이 말하는 경을 통해 이루는 진실한 마음과 하늘의 성이 자기진실성의 이상이 가리키는 자기정체성과 도덕적 원천에 대한 해명이 아닐 수 있다. 그러나 세계의 형이상학적 근본원인이나 세계의 구조를 설명하기 보다는 내면으로의 전환을 통해 마음을 밝히고 도덕적 삶을 실천하고자 한 조식 철학의 고유성은 테일러가 회복하고자 했던 서양 근대의 또 다른 흐름인 자기진실성의 이상과 어느 정도 맞닿아 있다는 것을 부정할 수는 없다. 즉 유학에서 조식의 인성론과 수양론이 차지하는 위치는 내면에 대한 충실을 통해 자아와 선들의 관계를 밝히는 도덕 존재론이라고 할 수 있다. 따라서 이런 요구는 경과 성의 윤리적 행동을 요구하게 되며 이는 자기정체성에 대한 해명과 자기실현의 길을 가

---

72) 선조에게 보낸 편지와 이황에게 보낸 편지에서 우리는 이를 분명하게 확인할 수 있다. 그리고 그의 출처관에서도 우리는 이를 읽을 수 있다. 조식은 말하길 '자기와 엄광을 비교할 때 엄광은 세상을 잊은 사람이지만, 자기는 세상을 잊지 않고 있는 점이 크게 다르며, 지성들의 기능은 출사해서 왕권을 돕는 데만 있는 것이 아니라 대도에 입각해 현실을 비판하고 도를 후세에 전하는 것이 출사보다 더 크고 중요한 기능이다.' (김충열, 앞의 책, 64쪽.) 논자가 보기에 이런 출처관은 자기진실성의 시각에서도 파악될 수 있다. 즉 자기를 바로 봄으로써 조식은 자아와 도덕적 지평의 관련성을 알게 되고, 이 도덕적 지평을 근거로 기존 세상의 가치를 비판할 힘을 얻을 수 있는 것이다.

기 위한 조건이 될 수 있다.

　이를 통해 우리가 확인한 것은 첫째, 자기진실성의 이상과 조식 철학이 가지는 형식적 구조의 유사성이다. 자기진실성의 이상이 말하는 것은 내가 도덕적 지평 속의 자아라는 것, 곧 도덕적 존재라는 것이며, 이런 도덕적 존재는 자아가 공동체의 선과 가치와 불가분의 관계를 맺고 있다는 사실에서 드러난다. 조식 철학의 목표도 경을 통해 내면을 응시하고 자기 본성의 도덕적 원천에 대한 해명을 통해 우리 삶의 방향을 제시하는 것이다. 나의 자아실현이 사회적 선과 가치에 대한 선택이라면, 이런 선과 가치에 대한 이해 없이는 나를 이해할 수 있는 길은 없다. 따라서 우리는 자기진실성의 규범을 통해 나와 세계를 이해할 수 있으며, 이런 해명을 통해 나의 삶을 도덕적이게 할 수 있다. 조식 철학의 고유성도 이런 자기진실성의 구조에 의해 명확해질 수 있으며, 조식이 경과 성을 통해 해명하고자 하는 것도 바로 이것이다.

　둘째, 자기진실성의 내용적 측면에서 조식 철학의 목표는 '자기에게 진실하라!'는 도덕적 규범을 정립하는 것이라 할 수 있다. 그리고 이 도덕적 규범의 정당성은 하늘의 이치라는 보편적 정당화를 통해 가능하게 된다. 따라서 하늘의 이치는 우리의 행동과 삶을 방향지우는 도덕적 원천으로 기능한다. 그리고 이런 도덕적 원천은 어떤 삶의 방식이 더 좋은지에 대한 응답들로 구성되어 있다. 그렇다면 오늘날 한국인들의 가치가 혼란스러우며 마음이 불안한 것은 이런 응답들이 혼란스럽다는 증거이다. 이런 혼란 속에서 개인이 자신 안에서만 도덕의 원천을 찾을 때 나르시시즘은 피할 수 없는 결론이다. 조식은 자기진실성의 규범을 통해 우리의 의미원천을 확인하고 가치 있는 삶을 추구하도록 한다.

　셋째, 오늘날 도덕위기와 도덕적 불일치의 문제는 의미 있는 삶, 가치 있는 삶에 대한 물음이 고갈되었다는 증거이다. 그리고 이는 우리가 전통과 단절됨으로써 가치 있는 삶에 대한 모범적 인간상을 잃어버렸

다는 의미이다. 물론 오늘날 자유주의 사회에서 어떤 집단이나 인간 일
반의 역할이 무엇이며 모범적 인간상이 무엇인지에 대한 공동의 합의
는 어려운 실정이다. 그러나 만약 삶의 의미를 찾고 도덕적으로 가치
있는 삶을 추구한다면 의미원천 또는 도덕적 원천에 대한 해명은 필수
적이며, 이에 따른 도덕적 모범상 또한 요청된다고 할 수 있다. 이런 점
에서 조식의 철학은 자기진실성의 관점을 회복해 도덕적 모범상을 정
립하려는 하나의 역사적 기획으로 볼 수 있다. 따라서 우리를 둘러싼
도덕적 지평과 정체성과의 관계를 강조하는 자기진실성의 도덕적 기획
은 조식 철학의 전통을 회복함으로써 도덕적 이상을 세우는데 기여할
수 있다.

참고문헌

曺植, 경상대학교 남명학연구소 역, 『남명집』, 한길사, 2001.
曺植, 경상대학교 남명학연구소 역, 『사람의 길 배움의 길: 학기유편』, 한길사, 2002.

김경수, 『유학의 본질 남명학의 본질』, 글로벌콘텐츠, 2014.
김충열, 『남명 조식의 학문과 선비정신』, 예문서원, 2008.
남명학연구원, 『남명학과 연구의 신지평』, 예문서원, 2008.
롤로 메이, 백상창 역, 『자아를 잃어버린 현대인』, 문예출판사, 1991.
마이클 샌델, 이양수 역, 『마이클 샌델, 정의의 한계』, 멜론, 2014.
박영진, 「조식 敬義思想의 철학사적 함의」, 『溫知論叢』 제35권, 온지학회, 2013.
사재명, 「조선중기 남명의 교육이론계승: 인간 본성의 회복 강조」, 『남명학연구논총』 제
　　　11권, 남명학연구원, 2002.
설　한, 「자유주의, 공동체, 그리고 문화: 킴리카의 정치적 자유주의 비판」, 『한국과 국제
　　　정치』 제16권 2호, 경남대학교 극동문제연구소, 2000.
손영식, 「남명 조식의 주체성 확립 이론과 사림의 정신(Ⅰ), (Ⅱ)」, 예문동양사상연구원 ·
　　　오이환 편저, 『한국의 사상가 10人 남명 조식』, 예문서원, 2002.
송슬기 · 곽덕주, 「실존적 · 윤리적 자아정체성 교육: 찰스 테일러의 자기진실성 개념을 중
　　　심으로」, 『교육철학연구』 제38권 1호, 한국교육철학학회, 2016.
송영배(찰스 테일러 · 송영배 역), 「현대 사회의 불안 요인과 유적 윤리관의 의미」, 『불안
　　　한 현대사회』, 2015.
아리스토텔레스, 최명관 역, 『니코마코스윤리학』, 서광사, 1984.
악셀 호네트, 문성훈 외 역, 『정의의 타자』, 나남출판, 2009.
악셀 호네트, 문성훈 · 이현재 역, 『인정투쟁』, 사월의 책, 2011.
알래스데어 매킨타이어, 이진우 역, 『덕의 상실』, 문예출판사, 1997.
엄연석, 「남명 조식의 자연관과 도덕적 자율의 문제」, 남명학회, 『南冥學과 韓國性理學』,
　　　2002.
엄연석, 「南冥의 『學記類編』에서 自然과 道德의 일관성 문제」, 『남명학』 제17권, 남명학
　　　연구원, 2012.
엄연석, 「虛와 誠의 관점에서 본 南冥의 수양론」, 『국학연구』 제10집, 한국국학진흥원,
　　　2007.
예문동양사상연구원 · 오이환 편저, 『한국의 사상가 10人 남명 조식』, 예문서원, 2002.
오이환, 『남명학의 새 연구 상』, 한국학술정보(주), 2012.

윤사순, 『유학의 현대적 가용성 탐구』, 나남출판, 2006.

이동환, 「남명 사상과 그 현대적 의의」, 남명학연구원, 『남명사상의 재조명』, 예문서원, 2006.

이미림, 「남명 조식의 현실적 사회개혁론-경, 의를 중심으로」, 『한국철학논집』 제39권, 한국철학사연구회, 2013.

이상필, 『남명학파의 형성과 전개』, 와우출판사, 2005.

이애희, 「南冥 曺植의 「學記圖」의 변천과정과 그 의미」, 남명학회, 『南冥學과 韓國性理學』, 2002.

이현선, 「朱子學적 관점에서 본 南冥의 실천 유학」, 남명학회, 『南冥學과 韓國性理學』, 2002.

장은주, 「유교적 근대성과 근대적 정체성-한국적 "혼종 근대성"의 도덕적 지평에 대한 비판적 탐구-」, 『시대와 철학』 제18권 3호, 한국철학사상연구회, 2007.

전병철, 『남명의 심학』, 경상대학교 출판부, 2016.

정순우, 「남명 조식의 공부론에 나타난 초월과 관여의 두 흐름」, 남명학연구원, 『남명사상의 재조명』, 예문서원, 2006.

존 롤스, 장동진 역, 『정치적 자유주의』, 동명사, 1998.

찰스 테일러, 권기돈·하주영 역, 『자아의 원천들』, 새물결출판사, 2015.

찰스 테일러, 송영배 역, 『불안한 현대 사회』, 이학사, 2015.

채휘균, 「南冥의 工夫 槪念에 對한 硏究」, 『동아인문학』 제5집, 동아인문학회, 2004.

홍성우, 「자아의 정체성과 도덕적 선의 관련성 문제-찰스 테일러의 견해를 중심으로」, 『범한철학』 제25집, 범한철학회, 2002.

황경식, 『개방사회의 사회윤리』, 철학과 현실사, 1995.

Charles M. Taylor, "The Politics of Recognition", in Amy Gutmann(ed.) *Multiculturalism*, Princeton University press, 1994.

남명(南冥) 조식(曺植)의 가족관과 공공성(公共性)의 아포리아

박
충
환

Ⅰ. 머리말

남명(南冥) 조식(曺植, 1501~1572)은 퇴계(退溪) 이황(李滉, 1501~1570)과 더불어 조선중기 영남학파의 양대 산맥으로서 사변적 성리학의 이론적 심화를 추구했던 이황과 달리 성리학의 실천성과 지행합일(知行合一)을 강조하고 그것을 몸소 행동으로 옮겼던 대학자로 유명하다. 하지만 그는 또한 조선중기라는 특수한 역사적 맥락 속에서 양반층 가족의 구성원으로 태어나, 당시 사회의 특징적인 가족문화 내에서 역동적인 삶을 살다간 한 인간이기도 하다. 조식이 양반층 가족의 구성원으로서 경험한 가족적 삶, 그리고 그것을 통해 형성한 가족정서와 가족관은 단순히 사적이고 주관적인 경험의 수준을 넘어, 수기치인(修己治人)으로 압축되는 그의 학문세계와 사상 그리고 성리학적 이상사회의 구현을 위한 후진양성과 정치적 실천에 의미심장한 함의를 가졌을 것으로 추정된다.

하지만 조식은 평생에 걸친 학문적 활동과 정치적 실천 과정에서 사회조직과 인간관계의 근본원리를 담고 있는 가족관계와 가족제도에 큰 관심을 가지지 않았던 것으로 보인다.[1] 마찬가지로 학계 또한 조식의 가족관에 대해서는 물론이고 그것이 그의 학문사상 및 정치적 실천과 어떤 연관성이 있는가에 대해 큰 관심을 기울여오지 않았다. 결과적으로 조식의 사상과 정치적 실천을 가족이라는 주제와 연관시켜 조명하는 연구를 찾아보기 힘들 뿐만 아니라, 조식의 가족관계와 가족을 대하는 태도에 대한 서술적인 논의도 윤호진이『남명의 인간관계』라는 책에서 한 장[2]을 할애한 경우를 제외하면 거의 파편적이거나 일화적인 언급에 그치고 있다. 이 연구는 이와 같은 문제의식에서 출발해서 조식의 가족적 삶과 가족관을 조선중기의 역사적·사회적 맥락에서 포착하고, 조식의 가족관(혹은 가족에 대한 무관심)과 그의 경세정치론(經世政治論) 사이의 연관성, 그리고 그것이 갖는 현재적 함의를 '가족과 공공성(公共性)의 아포리아'라는 문제 틀 속에서 조명해보는데 목적이 있다.

가족은 그 구성의 원리, 구조, 기능, 규모가 지극히 다양함에도 불구하고 사회조직의 원형이자 사회적 삶의 기본단위로서 시공을 초월해서 관찰되는 인류의 보편적인 제도이다.[3] 다시 말해 가족은 그것이 없다면 사회가 어떻게 기능할 수 있을지조차 상상하기 힘들 정도로 인류의 사회적 삶에 핵심적인 중요성을 가진다.[4] 인간적 삶에 필요한 재화와 용

1) 가족에 대한 조식의 학문적 무관심은 그가 남긴『학기유편(學記類編)』에서 '제가(齊家)'와 관련된 내용이 다른 주제에 비해 매우 단편적이고 체계적이지 않다는 사실을 통해서도 방증된다.(曺植, 경상대학교 남명학연구소 역,『사람의 길 배움의 길: 학기유편』, 한길사, 2002, 326-328쪽.)
2) 윤호진,『남명의 인간관계』, 경인문화사, 2006, 11-40쪽; 윤호진, 「남명의 생애와 발자취에 대한 연구의 회고와 전망」,『남명학연구』제35권, 경상대학교 남명학연구소, 2012, 27-59쪽.
3) George P. Murdock, *Social Structure*, New York: Macmillan Company, 1949.
4) Arnaud F. Lambert, *Anthropology of Marriage and the Family*, New York: Kendall Hunt Publishing Company, 2015; Marvin B. Sussman·Suzanne K. Steinmetz, *Handbook of*

역의 생산·분배·소비 과정을 관통하는 실천과 담론의 체계를 생산양식이라고 한다면, 인간의 생물학적 재생산 및 그와 연동되어 있는 사회문화적 실천과 담론의 체계를 재생산양식이라 한다. 가족은 바로 이 경제적 생산양식과 생물학적 재생산양식이 역동적으로 교차하면서 사회를 아래로부터 가능하게 하는 가장 기본적인 사회집단이기 때문에 사회학적으로 전형적인 '1차 집단'으로 분류된다.

하지만 가족은 이렇게 사회를 가능하게 하면서도 그 본질적인 내적 응집력과 배타적 속성으로 인해 그것을 초월한 수준의 사회적 결속을 위협하는 분산적 힘으로 작동하기도 한다. 인류학자 마셜 살린스(Marshal Sahlins)는 가족에 내재하는 이와 같은 이중적 성격으로 인해 가족의 분산적 원심력과 그것을 초월한 수준의 공적 구심력 사이에 존재하는 미묘한 균형을 통해 사회가 가능해지고 또 지속될 수 있다고 주장한다.[5] 따라서 동서고금을 막론하고 정치체(政治體)의 권력자들 그리고 보다 나은 세상을 꿈꾸고 모색하는 정치사상가와 실천가들에게 가족(그것이 그리스 시대 오이코스(oikos)[6]의 형태이든 고대 중국의 원시적 가부장제가족[7]이든 상관없이)의 분산적 원심력과 공공성, 즉 복수의 가족을 보다 광범위한 집단으로 결속시키는 사회적 구심력을 화해시키는 일이 가장 중요한 난제로 작용해왔다고 해도 과언이 아니다.

조식은 가족제도가 갖는 이와 같은 사회적·정치경제적 중요성에도 불구하고, 당시 성리학자들이 예의 그러하듯 자신의 가족관계와 가족적 삶에 대해서는 물론이고 가족의 사회정치적 함의에 대해 체계적인 학

Marriage and the Family, New York and London: Plenum Press, 1987.

5) 마셜 살린스, 박충환 역, 『석기시대 경제학』, 한울아카데미, 2014, 282-329쪽.

6) Jurgen Habermas, *The Structural Transformation of the Public Sphere*, Cambridge: The MIT Press. 1991, 3-4; 조르조 아감벤, 박진우·정문영 역, 『왕국과 영광』, 새물결, 2016, 65-136쪽.

7) 서양걸, 윤재석 역, 『중국가족제도사』, 아카넷, 2000, 72-90쪽.

문적·사상적 논의를 전개하지 않았다. 당연히 그는 가족에 초점을 맞추어 성리학의 이론적·실천적 쟁점을 논하는 말과 글을 거의 남기지 않았고, 이로 인해 그의 가족관을 체계적으로 정리하는 작업 또한 용이하지 않다. 그럼에도 불구하고 조선중기 사회의 한 양반 가족 구성원으로서 조식의 삶과 경험은 희미하긴 하지만 그가 남긴 말과 글 그리고 행적 여기저기 투영되어 있고, 이는 조식의 가족정서와 가족관을 엿볼 수 있는 중요한 실마리를 제공해준다.

조식의 가족관을 포착하고 그 사상적·사회정치적 함의를 해석하기 위해서는 그의 가족관계 그리고 그가 남긴 말, 글, 행적 여기저기 흩어져 있는 파편적 흔적들을 꿰맞추고, 그것을 조선중기 사회의 가족문화와 역사적 맥락에 위치시켜서 접근하는 치밀하고 체계적인 분석 작업이 필요하다. 이 논문은 비전공자가 조식에 관한 초보적인 지식을 토대로 수행한 매우 시론적인 성격의 연구이다. 따라서 조식의 가족관과 그 사회정치적 함의에 대해 개괄적인 그림을 그리고, 몇 가지 가능한 이론적·실천적 질문을 던지는 수준에 머물 수밖에 없는 한계가 있음을 먼저 밝힌다.

Ⅱ. 조식의 가족관과 조선중기 가족의 특성

조식은 승문원(承文院) 판교(判校) 조언형(曺彦亨, 1469~1526)과 인천이씨 이국(李菊)의 딸 사이에서 3남 5녀 중 둘째 아들로 태어나 유소년기와 청년기를 보냈다. 22세에 남평조씨(南平曺氏) 충순위(忠順衛) 조수(曺琇)의 딸과 성가한 후에는 한 가문의 사위이자 한 여성의 지아비로서 그리고 1남 2녀의 아버지로서의 삶을 살았다. 조식은 또한 당시 양반층 사이의 관행을 따라 은진송씨(恩津宋氏) 송린(宋璘)의 딸을 소실로 맞아 그와의 사이에 서자 차석(次石), 차마(次磨), 차정(次矴) 3형제를 두었다. 조식은 이와 같이 당시 양반층의 기준으로 볼 때 크게 특이하다고 할 수 없는 일반적인 가족관계 내에서 생로병사의 생애주기를 통과했다.

기록에 따르면 조식은 가족 구성원들을 대하는 태도에서 시종일관 엄격했고, 가족적 인연에 대해 전반적으로 초연한 자세를 취했던 것으로 알려져 있다. 그렇다고 해서 조식이 단순히 가족에 대한 애착과 애정도 없는 냉철하고 메마른 인물이었던 것은 분명히 아니다. 조식은 가족과 가족적 삶에 대한 생각, 감정, 소회를 시와 묘지(墓誌) 등에서 직간접적으로 남기고 있는데, 이를 통해 그의 가족애, 가족관, 가족정서 등이 의미심장하게 드러난다. 조식이 남긴 가족 관련 글과 말 중에서 그의 깊은 가족애를 느낄 수 있는 대표적인 사례가 요절한 아들을 애도하면서 쓴 추도시 <상자(喪子)>이다. 그는 1544년 6월 유일한 적장자였던 차산(次山)을 여의는 불운을 겪고, 그 비통한 심정을 한 편의 시를 통해 밝히고 있다.

靡室靡兒僧似我　　집도 없고 아들도 없는 게 중과 비슷하고,
無根無蔕我如雲　　뿌리도 꼭지도 없는 이내 몸 구름 같도다.
送了一生無可奈　　한평생 보내면서 어쩔 수 없었는데,
餘年回首雪紛紛　　여생을 돌아보니 머리 흰 눈처럼 어지럽도다.

　　　　　　　　　　　　　　　　　－조식, <상자>[8]－

이 시는 아들을 여읜 아버지의 비통한 심정과 혈육에 대한 깊은 사랑을 압축적인 시어로 표현하고 있는 것임에 분명하다. 하지만 톺아보면 이 시에는 조식의 가족애뿐만 아니라 그의 가족상황과 가족관을 엿볼 수 있는 중층적 함의가 숨겨져 있다. 특히 "집도 없고 아들도 없는 게 중과 비슷하고, 뿌리도 꼭지도 없는 이내 몸 구름 같도다"라는 앞 두 행

---

8) 曺植, 경상대학교 남명학연구소 역, 『남명집』, 한길사, 2001, 105쪽.

은 조식이 당시 자신의 가족과 가족 상황을 어떻게 생각하고 있었는지를 선명하게 드러내준다. 이 두 행은 크게 네 개의 언명으로 구성되어 있다. 첫째, 조식은 스스로 집이 없다고 생각했다. 둘째, 아들을 여의었다. 셋째, 집과 아들이 없는 자신의 처지가 출가한 중과 같다. 넷째, 따라서 조식은 스스로를 정처 없이 떠도는 구름과 같은 신세라고 생각했다. 이들 언명을 문어적으로 재조합해보면 한 가장이 가계를 이어갈 유일한 아들을 잃어 가족의 대가 끊기게 되었고, 대가 끊김으로 인해 자신의 '집', 즉 가족이 해체되고 없는 것이나 마찬가지인 상황을 한탄하는 내용으로 읽혀질 수 있다. 다시 말해 가계영속성이 단절된 가부장제 가족의 가장인 자신의 처지를 "집도 없고 아들도 없는" 출가한 중에 비유하고, 집과 아들의 부재로 인한 박탈감과 상실감을 "뿌리도 꼭지도 없는 이내 몸 구름 같도다"라며 탄식하고 있는 것으로 볼 수 있다.

이렇게 이들 시구의 내용과 은유적 장치는 조식이 가부장제 직계가족의 가치와 이념 그리고 정서를 내면화하고 있었을 것이라는 평면적 해석을 가능하게 해준다. 즉 집과 아들의 부재에 대한 조식의 비애와 탄식을 가부장제 직계가족을 항구적으로 재생산해야 한다는 그의 책임감, 그리고 가장으로서 그 책임을 다하지 못한 죄의식에서 비롯된 것이라고 해석할 수 있다. 하지만 이러한 평면적이고 문어적인 해석은 부분적으로 오독일 가능성이 높다. 조식이 살았던 조선중기 사회는 아직 가부장제 직계가족과 유교적 가족규범이 심지어 양반층 사이에서도 일반적이고 지배적인 가족문화로 자리매김하기 이전이었기 때문이다.[9]

조선시대의 '전통가족'에 대한 현재의 대중적 이미지는 유교적 가부장제가족과 부계 직계가족이라는 이념형으로 수렴된다. 하지만 역사적

---

9) 박미해, 『유교 가부장제와 가족, 가산』, 아카넷, 2003; 이이효재, 『조선조사회의 가족: 신분상승과 가부장제문화』, 한울, 2003; 최재석, 「조선중기 가족·친족제의 '재구조화'」, 『한국의 사회와 문화』 제21집, 정신문화연구원, 1993.

증거들은 이렇게 가부장제가족과 유교적 가족규범을 조선시대의 일반적인 가족형태와 이념으로 간주하는 것이 현재의 관점에서 과거를 바라보는데서 비롯되는 "일종의 착시"[10]에 불과하다는 사실을 보여준다. 조선전기까지만 하더라도 가부장제 직계가족은 양반층 일부에서만 국지적으로 나타나기 시작한 매우 제한적인 현상이었고, 조선중기로 접어들어서야 지배층에서 하나의 이상적인 가족형태와 규범으로서 점차 확산되기 시작했다.[11] 가부장제 직계가족과 부계를 중심으로 한 유교적 가족규범이 양반층뿐만 아니라 사회전체의 일반적이고 이념형적인 가족문화로 자리매김한 것은 17세기 이후 "전통적 신분질서가 해체되고 상공업의 발달과 더불어 대중교육이 확대되는 과정에서 과거의 양반·상민 지위에 상관없이 보편적인 가족규범이 사회적으로 학습되기 시작"[12]하면서부터였다. 조식의 가족적 삶과 가족관을 온전하게 이해하기 위해서는 유교적 가부장제가족과 부계 직계가족이라는 현재의 의식·무의식적 프레임에서 먼저 벗어나야 할 필요가 있다.

조선시대 가족사의 맥락에서 볼 때 조식이 살았던 조선중기 사회의 가족은 한마디로 옛것과 새로운 것이 혼재하는 가족문화의 과도기적 상황으로 특징지어진다. 조선전기에서 중기를 거쳐 후기로 이어지는 가족문화의 변화를 요약하면 다음과 같다. 첫째, 혼인형태와 혼인거주규정 측면에서 고려시대부터 이어져온 서류부가혼(壻留婦家婚)이 서류부가 기간의 점진적인 단축과 함께 그 빈도가 감소하고, 조선후기에 접어들면 혼례과정에서 의례적·상징적인 흔적으로만 남게 된다. 둘째, 지배

---

10) 안호용, 「조선시대 가족구조 변동의 기준과 가족사의 시대구분」, 『한국사회』 제13집 2호, 고려대학교 한국사회연구소, 2012, 53쪽.

11) 이이효재 앞의 책; 최재석 앞의 논문.

12) 장경섭, 『가족, 생애, 정치경제: 압축적 근대성의 미시적 기초』, 창비, 2009, 102쪽; 최홍기, 『한국 가족 및 친족제도의 이해: 전통과 현대의 변화』, 서울대학교출판부, 2006.

층의 가족유형이 일부다처제 가족에서 축첩을 용인하는 일부일처제 가족으로 전환된다. 셋째, 고려시대에 지배적이었던 양변적 방계가족의 특성이 서류부가혼의 쇠퇴와 함께 희미해지고, 조선중기의 과도기를 거쳐 조선후기에 이르게 되면 가부장제 직계가족이 지배적인 형태로 자리매김한다. 마지막으로, 조선중기 이후 가부장제 직계가족이 지배적인 가족형태로 부상하면서 가산상속 유형 또한 균분상속에서 장자우선상속으로 전환된다.[13]

따라서 조선중기는 한편으로 고려시대 가족문화의 잔재, 즉 출계원리상 양변적 성격이 강한 서류부가혼 방계가족 문화가 대중들의 삶과 관념 속에 여전히 지속되고 있었고, 다른 한편으로 유교를 통치이념으로 표방한 조선의 개국 이후 가부장제가족과 유교적 가족규범이 양반층 사이에서 새로운 가족형태와 이념으로 확산되는 시기였다. 결과적으로 조식의 가족관과 가족정서를 규정했던 조선중기 사회는 가족형태, 가족가치, 혼인형태, 혼인거주율, 상속, 가족관계와 그 정서적 차원 등에서 양변적 방계가족 문화와 유교적 가부장제가족 문화가 뒤섞여 있는 형국이었다고 볼 수 있다. 조선중기 가족문화에서 나타나는 이와 같은 과도기적 상황은 조식이 김해로 낙향한 후 그의 모가 사돈집인 조식의 처가에서 일종의 더부살이를 하면서 여생을 보낸 사실[14]을 이해가 능하게 하는 역사적 맥락이기도 하다.

이렇게 두 종류의 가족문화가 혼재하는 과도기적 상황은 현재의 관점에서 볼 때 하나의 역사적인 '타문화'가 될 수밖에 없다. 이에 대한 적절한 이해를 위해서는 일종의 '역사적 문화상대주의'를 통해 당시 사회를 마치 타문화처럼 '낯설게' 볼 필요가 있다. 문화상대주의적 관점에서 <상자>를 당시 사회적 맥락과 문화적 프레임을 통해 다시 읽으

---

13) 안호용 앞의 논문, 48쪽; 이이효재 앞의 책; 최재석 앞의 논문.
14) 이상필, 『남명의 삶과 그 자취 1』, 경인문화사, 2007, 90쪽.

면, 조식의 가족관과 가족정서가 가부장제 직계가족의 제도적·이념적 프레임에 갇혀있지 않았을 것이라는 추정이 가능해진다. 오히려 그의 가족관과 가족정서는 당시 두 종류의 가족문화가 혼재하는 사회적 상황을 통해 의미심장하게 규정되었을 가능성이 높다. 또한 이 시를 성리학자이면서도 도교와 불교적 가치를 선택적으로 받아들였던 조식의 사상적 지향으로 인해 가족과 가족관계에서 비롯되는 정서적 애착과 사적 이해관계를 초월하고, 가족의 편협한 경계를 넘어선 영역에서 출가한 중 혹은 구름처럼 자유롭게 살아가고 있는 자신의 삶에 대한 자긍심을 반어적으로 표현한 것으로 해석할 수도 있을 것이다.

조식의 가족관과 가족적 삶이 가부장제 직계가족의 프레임에만 갇혀 있지 않고 고려시대 가족문화의 유산인 양변적 방계확대가족 문화에 의미심장하게 착근되어 있었을 가능성은 그의 행적과 글 곳곳에서 드러난다. 조식은 기묘사화(己卯士禍)로 인해 숙부 조언경(曺彦卿, 1487~1521)이 죽임을 당하고 아버지 조언형도 파직되어 이내 세상을 떠나자 낙향 후 어머니를 모시고 처가가 있는 김해 탄동으로 거처를 옮기게 된다. 여기서 조식은 처가의 도움으로 산해정(山海亭)을 짓고 약 15년 동안 수많은 문사들과 교유하며 학문과 후진양성에 열중하게 된다. 성리학적 대의명분을 목숨처럼 중요시했던 조식이 이렇게 처가의 경제적 도움에 거의 전적으로 의지하면서 장시간 생계를 영위할 수 있었던 것은, 그가 오직 부계혈통과 이해관계만을 배타적으로 인정하는 유교적 가부장제 가족의 편협한 가치 프레임을 강력하게 내면화하고 실천했다면 거의 불가능한 일이었을 것이다. 오히려 조식은 양변적 방계확대가족이라는 보다 광범위한 프레임을 통해 가족관계를 바라보았을 가능성이 더 높다. 따라서 "조식의 마음속에 그려져 있었던 가족은 아버지 조언형의 내외 자손을 포괄하는 것이었고, 조카는 물론 생질과 그 자녀들까지도 가족으로 품어서 훈육"15)하는 모습을 보여주었다. 이러한 양변적 방계

확대가족의 프레임은 특히 조식이 아들 차산을 잃은 뒤 생질인 이준민에게 보여준 애정과 관심을 통해서 분명하게 드러난다. 조식이 유교적 부계 직계가족의 프레임을 중심으로 가족을 바라보았다면 '출가외인'이었던 누이의 아들에게 이와 같은 기대와 애정을 보여주기는 힘들었을 것으로 추정된다.

조식의 가족적 삶과 가족관을 관통하고 있는 이러한 이중성은 그의 여성에 대한 태도에서도 엿볼 수 있다. 한편으로 조식은 성리학자로서 유교의 남성중심주의적 가치를 곳곳에서 드러내고 있다. 예를 들어, 조식은 "항상 거처할 때는, 처자와 섞여 있어서는 마땅하지 않다. 비록 자질이 아름답더라도 곧 따라 빠져버려, 끝내 인간이 되지 않으리라"16)는 말을 남겼는데, 이는 크게 두 가지 방향으로 해석될 수 있을 것이다. 일반적으로 연구자들이 주장하는 바와 같이, 이 말은 조식의 도학자적 엄숙주의와 금욕주의에서 비롯된 것일 수도 있지만, 다른 시각에서 본다면 전형적으로 여성을 폄하하는 남성중심주의적 태도로 읽힐 수 있다. 조식의 이와 같은 유교적 남성주의가 극명하게 드러난 사건은 바로 임종을 맞았을 때 소실이었던 송씨 부인이 마지막 인사를 청하자 이를 거절한 일화이다. 조식이 죽음을 앞두고서도 여성과의 정리에 얽매이지 않는 권위적 가부장의 모습을 지키고자했던 이유는 "남자는 여자의 손에서 죽지 않고, 여자는 남자의 손에서 죽지 않는다"는 유교 경전『예기(禮記)』의 영향 때문이었던 것으로 알려져 있다.17)

하지만 동시에 조식은 가족과 가문 내에서 여성의 사회경제적 역할

---

15) 김학수, 「덕천서원, 경의학으로 디자인한 조선의 인문공간: 남명과 경의학의 자취」, 『2017년 남명학연구소 학술대회: 남명학의 학술문화공간, 덕천서원』, 남명학연구소, 2017, 153쪽.

16) 曹植, 『南冥集』附錄, <南冥先生言行總錄>; 윤호진, 앞의 책, 28쪽에서 재인용.

17) 이성무, 「시들지 않는 사상의 꽃 '퇴계와 남명'」, 『주간동아』272호, http://weekly.donga.com/List/3/all/11/64912/1, 2005. 03. 21. 게재.

과 중요성을 높이 평가하고 또 그것을 당연시하는 태도를 여러 묘지(墓誌)에 실린 문장을 통해서 드러낸다. 한 예로 정부인 최씨 묘표를 들 수 있다.

> … 당하에서 부인을 뵌 적이 있었는데, 그 훌륭함을 보고서야 보통 사람이 아님을 알게 되었다. 멀리서 바라보면 엄숙하면서도 공경스러운 것은 제사를 받들고 남편을 받드는 거동이었고, 온화하면서도 엄격한 것은 비첩을 어루만져주고 자녀를 가르치는 법이었다. 동지공이 나라를 걱정하며 집에는 신경을 쓰지 않고 평생토록 집을 돌보지 않았으나, 부인이 인으로 집안일을 넉넉히 다스리고 전택을 잘 경영하여, 엄연히 법도가 있는 한 가문을 이루었다. 동지공이 매양 탄식하며 말하기를 "이렇게 훌륭한 사람을 얻었으니, 집안 식구들의 생계는 전혀 마음 쓰이지 않는다"라고 하였다. 부인이 어찌 힘써 공부한 적이 있어 그로써 수신제가한 사람이겠는가? 단지 아름다운 자질을 타고난 것이 많아, 자기가 지니고 있는 것을 잃지 않고 있었을 뿐이다.…18)

이 묘표에서도 조식은 "부인이 어찌 힘써 공부한 적이 있어 그로써 수신제가한 사람이겠는가?"라는 수사의문을 통해 여성은 기본적으로 수신제가를 할 수 없는 존재라는 남성주의적 태도를 보여주고 있다. 하지만 동시에 조식은 동지공의 예를 들어 여성이 가족의 생계를 책임지고 가족성원들을 다스리는데 중심적인 역할을 담당하는 것을 일종의 당위로 묘사하고 있다. 이는 여성의 사회적 지위가 상대적으로 높았을 뿐만 아니라 가내외적으로 보다 활발하고 주체적인 경제활동에 참여할 수 있었던 고려시대 서류부가혼 가족문화19)의 프레임이 여전히 조식의 사고방식을 규정하고 있었음을 추정 가능하게 해준다.

---

18) 曺植, 경상대학교 남명학연구소 역, 앞의 책, 297쪽.
19) 권순형, 「고려의 가족제도와 여성의 생활」, 『國史館論叢』 제95집, 국사편찬위원회, 2001, 185-208쪽.

이상을 통해 조식이 가족에 관한 글과 시를 남길 때 그의 가족관과 가족정서를 관통하고 있었던 것은 단순히 유교적 가부장제가족의 문화적 프레임만이 아니라 양변적 방계확대가족과 가부장제 직계가족 문화의 혼융이었다는 사실이 분명해진다. 따라서 조식의 가족관은 시 <상자>의 분석에서 논의한 것처럼 표면적으로는 조선의 통치원리이자 지배층의 이념이었던 유교적 가족윤리를 표방하고 있었지만, 양변적 방계확대가족 문화의 실질적 영향력이 동시에 그의 일상적 삶과 행적 그리고 가족적 정서를 강하게 규정하고 있었을 것으로 추정된다.

조식의 가족관과 가족정서에서 드러나는 또 하나의 특징은 앞서 언급한 바처럼 조식이 가족관계와 가족적 인연에 크게 집착하지 않는 초연한 모습을 일반적으로 보여주었다는 점이다. 가족과 가족관계에 대해 조식이 보여준 초연하고 탈속적인 태도는 기묘사화의 여파로 숙부와 아버지를 잃고, 하나뿐인 아들을 일찍 여의는 등의 불운 겪으며 불교적 허무와 무상을 느꼈기 때문일 가능성도 있다. 하지만 조식의 가족에 대한 초연한 태도는 또한 그의 경의학(敬義學)과 출처론(出處論)에서 비롯된 능동적인 실천행위의 일부였을 가능성도 배제할 수 없다. 즉 그는 자신의 학문적 소신과 사상적 지향으로 인해 공적 수준에서의 도 혹은 공공선을 실현하기 위해 가족의 편협한 물질적 이해관계와 정서적 속박에서 벗어나야 한다는 성리학적 멸사봉공(滅私奉公)의 정신을 견지하고 있었을 가능성이 높다. 이러한 멸사봉공의 태도와 가치는 조식이 쓴 부친의 묘갈명인 <선고통훈대부승문원판교묘갈명(先考通訓大夫承文院判校墓碣銘)>에서 부친을 평가하는 구절을 통해서도 드러난다.

… 벼슬살이를 20년 동안 하였지만 돌아가셨을 때 예를 갖출 수가 없고, 집에서는 먹고 살 길이 없었으니, 자손들에게 남겨준 것은 분수에 만족하라는 것뿐이었다. 두 임금을 내리 섬기면서 특히 수고하고 힘썼

지만 품계는 삼품에 지나지 않았으니, 그가 세상에 구차하게 아첨하여 영화를 취하지 않았음을 알 수 있다. 비록 높은 반열에 오르지는 못했지만 조정의 고관들이 공에게 의지해서 하루라도 공이 없으면 안될 정도였으니, 한 시대에 나라 사람들에게 어떤 대우를 받았는지도 알 수 있다.…20)

이와 같이 조식은 가족과 가족관계의 편협한 이해를 초월한 영역에서 멸사봉공의 정신으로 공적 이상을 실천하고 실현하는 것이 도라는 태도를 견지했다. 따라서 조식은 가족을 인간으로서 피할 수 없는 물질적 생존과 생식 그리고 정서적 만족을 위해 필수불가결한 조건이지만, 자신의 학문적 이상과 공공선의 실현을 위해 어떤 형태로든 초월해야 할 영역으로 간주했음에 분명하다. 이는 조식의 출처론을 떠받치고 있는 핵심 사상으로서『학기유편(學記類編)』에 옮겨놓은 구산 양씨의 말을 통해서 분명하게 엿볼 수 있다.

구산 양씨가 말하였다. "도를 실현하기 위해 벼슬하는 것과 녹봉을 타기 위해 출사하는 것은 다르다. 상이보는 집안이 가난했는데, 부름을 받아 조정에 들어가자 신종이 그를 후하게 대접하고자 그로 하여금 등문고(신문고)와 염원(건물을 칠하는 것) 같은 몇 개의 부서를 겸하게 하였다. 봉급이 거의 그의 집안을 넉넉하게 할 수 있었는데, 이보는 받는 것을 일절 사양하지 않았다. 정숙은 백의로서 권강관(勸講官)으로 발탁되었지만 고사하였다. 대개 전날에 벼슬하지 않은 것은 도리 때문이었고 금일 벼슬한 것은 모름지기 그 벼슬이 도리를 행하기에 충분하기 때문에 받아들인 것이다. 그렇지 않으면 구차하게 녹봉만을 받아먹는 것일 뿐이다. 후세에 도학이 밝지 못하여 군자의 사양하고 받는 것과, 취하고 버리는 것 등을 알 수 있는 자가 드물다. 그러므로 상공(이보)이 사양하지 않은 것을 사람들이 그르다고 하지 않았고, 정공(정자)이 사양한 것 또한 사람들이 옳다고 여기지 않았다."21)

---

20) 曺植, 경상대학교 남명학연구소 역, 앞의 책, 268-269쪽.
21) 曺植, 경상대학교 남명학연구소 역, 앞의 책, <학기유편>, 342-343쪽, 변창구, 「남명 조

조식이 『학기유편』에 구산 양씨의 말을 옮겨 적으며 가슴 속에 새기고자 한 뜻은 무엇이었을까? 그것은 아마도 녹을 받아 가족의 물질적 이해에 봉사할 목적으로 출사하지는 말아야 하고, 오직 도의 실천을 통해 공공선을 실현하기 위해서만 출사를 해야 한다는 교훈이었을 것이다. 다시 말해 조식은 공공선의 실현과 도의 실천을 목적으로 하는 출사를 위해 가족의 사적 이해를 포기하고 초월해야 한다고 생각했고, 이를 평생 동안 실천으로 옮기며 가난하게 살았던 것으로 보인다.

요약하면 조식은 한편으로 성리학자로서 유교적 가부장제가족의 제도와 이념을 통해 가족적 삶을 살았지만, 다른 한편으로는 양변적 방계 확대가족의 문화적 프레임에서 벗어날 수 없었고, 결과적으로 이중적이고 양가적인 가족관과 가족정서를 형성하고 있었던 것으로 보인다. 이 지점에서 조식의 가족적 삶과 가족관을 관통하는 이와 같은 제도적·이념적 이중성과 양가성을 자신의 학문적 사상 및 실천과 어떻게 화해시켰고, 또 그것을 위해 어떤 지적 고민을 했을까라는 질문을 던져볼 수 있을 것이다. 이 질문에 대한 답은 그의 정치사상에 대한 분석을 통해 실마리를 찾을 수 있을 것 같다.

Ⅲ. 수기치인(修己治人)과 개인-가족-국가 연속체

조식이 전개했던 학문세계와 사상적 실천 대부분은 수기치인(修己治人)의 정치론으로 수렴된다고 해도 과언이 아니다. 조식의 수기치인론은 경의(敬意)를 다해 수양에 임하고 도를 통해 경세제민(經世濟民)함으로써 성리학의 이상적 공동체, 즉 대동세상(大同世上)을 현실에 구현해야 한다

식의 선비정신과 출처관-현대 지식인에 주는 교훈」, 『민족사상』 제7권 2호, 한국민족사상학회, 2013, 222쪽.

는 유교 정치사상을 조선중기의 시대적 상황에 맞게 변주한 것이다.[22) 조식은 자의든 타의든 적극적인 출처를 통해 경세제민에 나서지 않았고, 거의 평생을 재야에 머물면서 처사로서의 삶을 살았다. 하지만 <을묘사직소(乙卯辭職疏)>와 <무진봉사(戊辰封事)> 등 상소(上疏)를 통해 목숨을 걸고 행했던 바처럼 당대의 잘못된 정권과 정치를 신랄하고 주저 없이 비판했고,[23) 다른 한편으로 후세를 위한 공적 교육에도 힘씀으로써 수기치인의 정치사상을 실천에 옮기려고 애썼다. 조식의 학문세계를 관통하는 이러한 수양적 경의사상과 실천적 경세사상은 물론 유교 정치사상의 정수인 『대학(大學)』에서 연원한 것이다.

주지하다시피 대학은 삼강령(三綱領: 명명덕(明明德), 신민(新民), 지어지선(止於至善))과 팔조목(八條目: 격물(格物), 치지(致知), 성의(誠意), 정심(正心), 수신(修身), 제가(齊家), 치국(治國), 평천하(平天下))으로 구성된다. 팔조목은 삼강령을 구현하기 위한 방법론적·실천적 지침이라고 할 수 있다. 이 지침의 논리는 먼저 자연의 이치에 대한 통찰을 통해 인간의 본성과 삶의 올바른 의미를 파악하고, 이에 입각한 수양과 실천의 도를 가족, 국가, 세계에 대한 통치로 확장시켜나가는 형태로 전개된다. 즉 『대학』은 수신을 통해 제가하고 제가의 원리가 확장되어 치국이 이루어지고 마지막 단계에서 평천하, 즉 성리학의 이상적 공동체가 실현된다는 정치적 논리를 핵심 내용으로 담고 있다.[24)

여기서 한편으로 수신의 주체이자 대상인 개인의 몸과 정신, 그리고 다른 한편으로 치인 혹은 안인(安人)의 대상인 가족과 국가는 각기 다른 원리와 법칙을 통해 작동하는 독립적인 단위가 아니라 수신에 적용되

---

22) 소진형, 「『대학』의 평천하 개념과 성리학적 정치공동체의 기초」, 『한국정치연구』 제24권 1호, 서울대학교 한국정치연구소, 2015.

23) 김기주, 「남명 조식의 사회변혁론: 「무진봉사」를 중심으로」, 『남명학연구』 제29권, 경상대학교 남명학연구소, 2010.

24) 소진형, 앞의 논문, 2쪽.

는 자연의 이치와 윤리적 규범이 전 수준을 관통하면서 하나의 논리적인 연속체를 이루고 있다.[25] 따라서 "수기의 내적 실천이란 주체 내부의 지평을 넓혀가는 도덕적 인격의 완성과정이고, 안인의 외적 실천이란 그렇게 완성된 도덕적 인격의 사회적 확산 과정인 동시에 사회를 변혁해 가는 과정"[26]으로 인식된다. 하지만 "논리상으로 수기와 치인은 '단계적・연속적' 개념이지만 현실정치의 세계에서는 '동시적・병행적' 개념이기 때문에 수기를 중시하느냐 치인을 중시하느냐 하는 두 가지 흐름이 생길 수"[27] 있고, 이와 같은 현실 정치에서의 입장 차이는 계급적 이해와 밀접하게 맞물리기도 한다.[28]

『대학』의 정치론이 갖는 특성 중 하나는 서구 정치사상의 열쇠 개념인 사적영역과 공적영역의 명확한 구분, 즉 공−사 이분법[29]을 찾아볼수 없다는 점이다. 수기치인은 유교정치학의 핵심 명제로서 개인과 가족의 사적 이해와 그것을 초월한 공공의 이해 혹은 공공성을 이분법적으로 구분하지 않을 뿐만 아니라, 두 영역 사이에 일정한 연속성이 존재한다는 가정을 명시적・묵시적으로 전제한다. 조식은 이러한 유교정치학의 알파와 오메가를 수신, 즉 사욕을 초월하고 공공선을 실현하려는 개인의 수양과 실천에서 찾고 있는 것으로 보인다. 바로 이 수신의 도덕성과 실천성이 사회의 전 수준에서 반복되면서 카오스 이론의 "프랙털 구조"(fractal structure)[30]와 유사한 '개인-가족−국가(사회) 연속체'가 구축된다.

25) 엄연석, 「남명의 『학기유편』에서 자연과 도덕의 일관성 문제」, 『남명학』 제17권, 남명학연구원, 2012.
26) 김기주, 앞의 논문, 271쪽.
27) 박병련, 「남명 조식의 정치사상과 사상사적 위치」, 『정신문화연구』 제20집 3호, 한국학중앙연구원, 1997, 162쪽.
28) 박병련, 앞의 논문, 163-164쪽.
29) Habermas, 앞의 책; 한나 아렌트, 이진우・태정호 역, 『인간의 조건』, 한길사, 1996.
30) 위상수학과 카오스 이론의 중요한 개념 중 하나로 물질세계에서 부분과 전체 그리고 미시적 차원과 거시적 차원이 자기유사성의 반복을 통해 연결되는 구조를 개념화한

〈그림 1〉 개인-가족-국가 연속체

조식의 경세정치론을 관통하는 개인-가족-국가 연속체는 명확한 공
-사 이분법에 입각해 있는 서구 정치학과 매우 다른 형태의 '공공성'을
구성하는 것으로 판단된다.[31] 즉 조식의 정치사상에서는 서구의 정치
사상과 달리 사적영역과 공적영역이 일종의 프랙털 구조로 연결되어
두 영역 사이의 적대적 긴장관계가 논리적으로나마 해소되어 버린다.
아마 바로 이러한 논리적 귀결 때문에 조식뿐만 아니라 대다수 성리학
자들이 수기치인을 논구하는 과정에서 가족의 사회정치적 중요성에 큰
관심을 기울이지 않거나 아예 간과해버리는 경향을 보여주었을지도 모
를 일이다. 하지만 공-사 영역 사이에 존재하는 길항관계의 논리적 해
소를 과잉해석의 위험을 무릅 쓰고 적극적으로 의미를 부여한다면, 조
식의 정치사상으로부터 일종의 '총체적 공공성(總體的 公共性)', 즉 수양한
개인의 도덕적 실천을 통해 사익이 곧 공익이 되고 공익이 곧 사익이
되는 이상적 사회공동체를 상상해 볼 수도 있을 것 같다.[32]

것인데, 이 개념은 최근 일부 학자들에 의해 사회적 삶의 영역에도 적용되고 있다.
(제임스 글릭, 박래선 역,『카오스: 새로운 과학의 출현』, 동아시아, 2013.)
31) Habermas, 앞의 책; 아렌트, 앞의 책.
32) 물론 공공성의 이와 같은 프랙털 구조 내에서 자기유사성의 형태로 반복되는 것은

조식 정치사상으로부터 도출해낼 수 있는 이러한 총체적 공공성은 개인적 욕망과 사익의 자유로운 추구가 시장의 법칙을 통해 조율되면서 사회적 공공성이 실현된다고 생각하는 당대 서구 자유주의 정치사상의 프레임[33]과 표면적으로 유사하지만 본질적으로는 분명히 다르다. 조식의 수신하는 인간이 금욕적이고 이타적 인간인 반면 자유주의 시장의 '경제인'(homo economicus)은 쾌락의 무한한 충족을 욕망하는 이기적 인간이라는 점에서 이들 두 정치사상은 본질적으로 다른 종류의 공공성을 구성하고 있는 것으로 보인다. 따라서 조선중기 실천 유학의 대표 사상가인 조식의 경세정치론에서 발견되는 개인-가족-국가 연속체와 실천적 수신론은 최근 문제가 되고 있는 서구 공공성 담론과 대의민주주의의 이론적·실천적 한계를 극복할 수 있는 방안을 모색하는 데 유용한 지적 상상력을 제공해줄 수도 있을 것이라는 적극적인 해석이 가능하다.

하지만 동시에 조식의 경세정치론은 그 긍정적 가능성 내에 본질적인 한계를 담고 있기도 하다. 그것은 바로 수신에 대한 지나친 강조와 가족의 사회경제적·정치적 함의에 대한 무관심이다.[34] 『대학』의 정치론뿐만 아니라 조식의 경세정치론을 관통하는 개인-가족-국가 연속체의 출발점은 바로 개인의 수양, 즉 수신이다. 따라서 고금을 막론하고 유학의 정치론에 대한 연구와 논쟁은 주로 성리학적 공동체의 출발점이자 기초로 인식되는 수신에 초점이 맞추어져 있거나, 그 대척점에 있는 치인 혹은 치국에 맞추어져 있다.[35] 결과적으로 이 연속체의 중간

바로 수신, 즉 자기수양을 통한 도덕적 인간의 완성이다.

33) 아감벤, 앞의 책; 아렌트, 앞의 책.

34) 이황이 수기의 차원을 중시하고 치인에 별다른 관심을 보이지 않았던 것과 비교할 때 경제적 실천을 강조한 조식은 상대적으로 치인의 맥락을 중요시했다고 볼 수도 있을 것이다. 하지만 이 사실이 조식의 정치사상에서 수기적 맥락이 차지하는 중심성을 부정하는 것은 분명히 아니다.

35) 박병련, 앞의 논문.

지점에 가족이 위치하고 있다는 명백한 '사회학적' 사실이 간과되어버리는 경향을 보여준다. 다시 말해 가족이 경세정치 연속체의 중간 지점에 위치하고 있다는 명백한 사실에도 불구하고 그 사회정치적·이념적 중요성에 대한 체계적인 논의는 거의 이루어지지 않았다는 것이다.

사변적 이론이 아닌 경험적 현실에 비추어볼 때, 성리학적 공동체의 척추인 개인-가족-국가 연속체 중간지점에 위치하는 가족은 수신하는 개인과 국가를 분명하게 매개하고 있고, 이를 통해 개인의 사적 영역과 국가의 공적 영역, 즉 공공성이 아래위 그리고 위아래 쌍방향적으로 교차하는 매개지점으로 기능하고 있음은 부정할 수 없는 사실이다(<그림 2>를 보라). 다시 말해 개인의 사적영역이 가족을 매개로 국가에 미치고 국가의 공적영역이 가족을 매개로 개인에게까지 미친다는 것이다. 개인과 국가(사회)의 매개체로서 가족의 중요성은 고대 중국에서 가부장의 권위와 가내적 위계질서, 가족의 운명공동체적 이념과 가치관, 조상과 하늘의 일치, 조상 제사 등을 관통하는 윤리가 그대로 종족·씨족 공동체, 즉 사회의 수준으로 확장되고 이것이 다시 국가 수준의 통치기제로 자리매김하는 역사적 과정에서 고도의 윤리체계로 발달한 삼강오륜(三綱五倫)에 그대로 투사되어 있다.[36)]

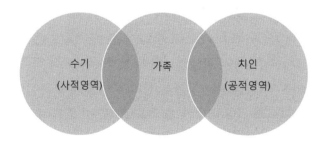

〈그림 2〉 수기와 치인의 매개체로서의 가족

36) 서양걸, 앞의 책; 윤재석, 「중국 고대가족사 연구의 현황과 전망」, 『중국사연구』 제13권, 중국사학회, 2001.

이러한 맥락에서 가족, 가족관계 그리고 그것을 지배하는 윤리규범이 유교정치론에서 핵심적인 중요성을 가지고, 가족이 수기치인의 역동적인 매개지점으로 기능한다고 봐야 할 것이다. 마찬가지로 『대학』의 정치론을 조선중기 사회의 맥락에서 심화시킨 조식의 정치사상에서도 가족이 핵심적인 중요성을 가진다고 봄이 타당하다. 하지만 앞서 밝혔듯이 조식 스스로도 가족의 사회경제적·정치적 함의에 대해 체계적인 관심을 가지지 않았을 뿐만 아니라, 현재의 학계 또한 경세정치의 기초로 인식되는 개인의 마음과 몸에 대한 수양, 즉 수신의 문제에만 주로 천착하고 있는 한계를 보여준다. 가족이 인간의 사회적 삶에서 갖는 중요성뿐만 아니라 대학의 정치론과 조식 정치사상에서 차지하는 핵심적 위치[37]에도 불구하고, 현실의 실천을 중요시하는 조식이 이에 대해 체계적인 관심을 기울이지 않았다는 것은 일종의 아이러니이다. 이 지점에서 어쩌면 가족에 대한 바로 이와 같은 학문적 무관심으로 인해 조식의 실천적 경세정치론이 단지 사상에 머물고 진정으로 사회를 변혁시키는 힘으로 확장될 수 없었던 것이 아니었을까라는 추정이 지나친 억측만은 아닐 것이다.

Ⅳ. 가족과 공공성의 아포리아

조식 경세정치론에 내재하는 가족에 대한 무관심의 이론적·실천적 함의를 포착하기 위해서는 먼저 인류의 사회적 삶에서 가족이 차지하는 위치와 그 작동원리에 대한 해명이 필요할 것 같다. 가족은 그 내적 공유관계로 인해, 동물적 욕구를 가지고 태어나는 한 인간이 개인적 욕망의 이기적 추구를 지양하고, 가족 내 다른 구성원들과의 관계성 속에

---

37) 조식은 어떤 이유로 인해 이를 간과하거나 무시하고 있다.

서 호혜적으로 그것을 실현할 수 있는 원초적인 장을 제공한다. 더욱이 가족성원들의 가내적 상호작용을 관통하는 '호혜성(互惠性)'reciprocity이 가족집단의 경계를 초월한 수준까지 확장될 때 사회가 가능해진다는 점에서 가족은 인류의 사회적 삶의 토대이자 원형이라 할 수 있다.

하지만 동시에 가족은 그 범위를 초월한 공동체의 수준에서 볼 때 반사회적이고 분열적인 힘으로 작용할 수 있는 가능성을 항상 내포하고 있기도 하다. 특정한 상황, 특히 물질적 결핍이나 사회적 위기가 일반화되는 시기에, 가족을 초월한 사회적 수준에서 작동하던 호혜성의 범위가 축소되면서 가족집단의 폐쇄적인 영역으로 갇혀버리는 경향성이 존재하기 때문이다. 이러한 측면에서 가족집단은 사회적 삶의 원형으로서 사회를 가능하게 하는 동시에 가족을 초월한 수준의 사회를 불가능하게 하는 이중성을 그 본질적 성격으로 가지게 된다. 지구상에 존재했거나 존재하는 수많은 문화집단들을 비교연구해온 인류학자들은 가족이 그 역사적·문화적 다양성에도 불구하고 사적 이기주의와 공적 이타주의가 공존하는 이중적인 장이라는 사실을 수많은 민족지 사례들을 통해 보고해왔다.[38]

가족의 편협한 이해와 그것을 초월한 수준의 공적 이해, 즉 공공성 사이에 존재하는 이와 같은 내재적 모순과 길항관계는 초창기 인류 사회집단인 수렵채집사회와 원시농경사회에서 원형적으로 관찰된다. 인류학자 마셜 살린스는 이러한 긴장관계를 "호혜성과 친족거리"(혹은 사회적 거리)라는 개념 하에서 설득력 있게 조명하고 있다. 살린스는 호혜성을 분석적으로 세 가지 유형, 즉 "일반적 호혜성", "균형적 호혜성", "부정적 호혜성"으로 구분한다.[39] 일반적 호혜성은 재화와 용역을 제공할 때 그 종류와 양 혹은 가치를 계산하거나 정해진 시점에 등량등가로

---

38) 살린스, 앞의 책, 267-329쪽, 387-446쪽.
39) 살린스, 앞의 책, 278-282쪽.

되갚을 것을 요구하지 않는 종류의 호혜성이다. 대조적으로 균형적 호혜성은 물자와 용역을 제공할 때 특정한 시점에 등량등가로 되갚아야 한다는 것을 전제로 한다. 마지막으로 부정적 호혜성은 주는 것보다 더 많은 것을 취하려는 의지가 작동하는 엄밀하게 호혜성이라 할 수 없는 것으로서 주로 시장에서의 교환관계를 규정하는 원리이다.

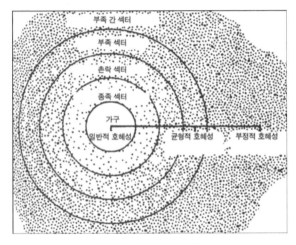

〈그림 3〉. 호혜성과 친족거리[40]

 살린스의 분석에 따르면 일반적 호혜성은 친족거리가 가장 가까운 가족 혹은 그에 상응하는 친밀한 사회관계의 맥락에서 작동하고, 균형적 호혜성은 범주적으로는 가족으로 분류되지 않지만 상당한 결속력을 가지는 가까운 친족 혹은 공동체 성원들 사이의 관계를 규정하며, 부정적 호혜성은 먼 친족 그리고 범주적으로 외부인 혹은 이방인에게 적용된다. 이러한 분석에 입각해서 살린스는 사회적 관계의 성격이 "가까운 친족일수록 일반적 호혜성 쪽으로 기울고 친족거리가 멀어질수록 부정

---

40) 살린스, 앞의 책, 286쪽.

적 호혜성 쪽으로 기운다"[41]라고 주장한다. 다시 말해 상호작용하는 당사자 간의 사회적 거리가 가까울수록 일반적 호혜성이 작동하고, 사회적 거리가 멀어지면서 균형적 호혜성을 거쳐 부정적 호혜성이 작동하는 현상을 원시 공동체의 내외적 관계에서 발견한다. 살린스는 이와 같은 민족지적 증거에 입각해서 원시 사회집단 내 가족의 원심력과 그것을 초월한 수준의 공공성 사이에 존재하는 명확한 길항관계를 드러내고 있는데, <그림 3>은 이를 도식화한 것이다.

사적영역과 공적영역 사이의 명확한 이분법을 전제로 하는 서구의 정치학은 가족집단을 사적이해가 작동하는 배타적인 장으로 보고, 공공성을 가족집단의 편협한 이해를 초월한 수준에서 실현될 수 있고 또 실현되어야 하는 어떤 것으로 개념화한다. 가족집단의 외피를 경계로 설정되는 서구의 공-사 이분법은 그리스 시대의 가족(혹은 가구) 단위인 오이코스의 사적영역과 폴리스의 공적영역 이분법에 연원을 둔 것으로서, 정치적인 것, 즉 공적인 것을 폴리스의 영역에 한정시킴으로써 가족과 공공성의 난제를 풀어나간다.[42] 반면 유교 정치사상은 이러한 난제를 개인-가족-국가 연속체가 전제하는 가족윤리의 사회적 확장을 통해 논리적으로 해소해버리고, 이러한 논리적 해소가 중앙집권적 전제국가라는 권력 하에서 고도로 추상화된 현실 윤리사상으로 발전한 것이 바로 유교의 삼강오륜이라는 사실은 앞 절에서 이미 논의된 바이다.

이 지점에서 <그림 3>의 동심원을 <그림 1>의 개인-가족-국가 연속체를 구성하는 동심원과 겹쳐보면 매우 흥미로운 결과가 도출된다. 조식의 경세정치론에서 수신을 통한 제가의 원리가 국가 수준에까지 확장되면서 공-사 영역의 길항관계가 해소되는 논리적 구도가 제시된

---

41) 살린스, 앞의 책, 282쪽.
42) 아렌트, 앞의 책; 아감벤, 앞의 책; 홍기빈, 『아리스토텔레스, 경제를 말하다』, 책세상, 2001; Habermas, 앞의 책.

다. 하지만 이는 어디까지나 논리적 수준의 해소로서 현실적 경험세계에서는 실현이 아주 힘들거나 불가능할 수밖에 없다는 엄연한 사실에 직면하게 된다. 이는 바로 살린스를 비롯한 많은 인류학자들이 논증하는 바와 같이 현실 세계의 가족과 공공성 사이에 실제적인 긴장과 길항관계가 존재한다는 사실을 부정할 수 없기 때문이다. 따라서 이기적 단위인 가족을 그것을 초월한 공동체 수준으로 결집시키는 사회의 공적 구심력과 가족적 이해의 편협한 원심력 사이에 존재하는 긴장과 모순을 어떻게 해소할 것인가라는 난제가 동서를 막론하고 정치사상의 핵심 관건이 된다.

이타성과 배타성이 공존하는 가족의 내재적 이중성을 해결하지 못하면 서구 정치학의 엄격한 공사이분법 그리고 유교정치학의 공사연속체 모두 비현실적인 사변적 이론에 머물 수밖에 없게 된다. 다시 말해 서구정치학과 유교정치학 공히 가장 핵심적인 난제 중 하나는 바로 가족과 공공성 사이에 존재하는 긴장과 길항관계를 어떻게 해소할 것인가라는 문제이다. 이러한 현실적 문제 때문에 아무리 개인의 수신을 강조해도 가족의 물질적 이해와 가족적 인연에 대한 정서적 집착이 공익을 압도해버릴 가능성이 항상 열려있게 된다. 결과적으로 조식이 끊임없이 멸사봉공을 주장하고 실천했음에도 불구하고, 개인, 가족, 문중, 사회, 국가 영역에서 공공선을 파괴하는 사적 이익의 추구, 즉 만연한 부패를 해결할 방법이 없었던 것이다.[43] 안타깝게도 그는 '사회학적 상상력' 혹은 '인류학적 상상력'의 결핍으로 인해 당시 조선중기 사회를 초월해서 인류 사회에 보편적으로 존재하는 근본적인 문제를 제대로 보지 못했던 것 같다.

최근 정치학의 공공성 담론은 개인과 가족의 사적 이해를 초월한 공

---

43) 김기주, 앞의 논문; 최인호, 「남명 조식의 현실인식과 경세사상」, 『유학연구』 제11권, 충남대학교 유학연구소, 2001.

적영역에서 공공성을 실현할 수 있는 방법에 관한 논쟁으로 귀결된다고 볼 수 있다. 공-사 이분법에 입각한 서구의 공공성 담론은 한편으로 공익과 사익의 명확한 제도적·법률적 구분을 통해 사적 이해가 공적 영역으로 침투해 들어가는 것을 방지하고, 동시에 개인의 인권과 자유라는 이념을 통해 공적 권력이 사적 영역을 침해하는 것을 방지하도록 함으로써 현대 국민국가의 형성과 작동에 심대한 영향을 미쳐왔다. 하지만 다른 한편으로 권력과 자본의 밀접한 공모관계로 인해, 서구적 공-사 이분법은 원자화된 소비자와 자본주의 가족의 사적 욕망이 공화국의 공공성을 침해하고 농단할 수 있는 가능성을 이념적·실천적으로 열어주는 방향으로 작용해오기도 했다. 이러한 문제는 최근 한국인들이 묵도해온 박근혜 정부와 최순실의 국정농단 사건을 통해서 명백하게 드러난 바 있고, 이에 관한 지적 고민은 최근 국내외 지성계에 만연한 '민주주의의 죽음'에 관한 조서[44]에 그대로 반영되어 있다.

 물론 여기서 가족과 공공성의 오래된 난제를 해결할 수 있는 최소한의 실마리라도 찾을 수 있다고 주장하는 것은 어불성설이다. 하지만 적어도 조식 경세정치론과 서구정치학의 진지한 비교연구가 이 난제를 해결하는 실마리를 찾는 데 상당히 중요한 의미를 가질 수 있다는 조심스러운 제언정도는 가능할 것 같다. 어쩌면 조식 경세정치론의 핵심 개념인 실천적 수신론에 입각해서 가족-국가 그리고 사적영역-공적영역 이분법의 딜레마를 초월하는 '총체적 공공성'의 실현 가능성을 모색해볼 수도 있을 것이다. 이러한 지적 탐구는 자본주의적 불평등과 부조리의 핵심 축으로 작동하고 있는 개인과 가족이기주의를 넘어서서 진정한 의미의 총체적 공공성을 실현할 수 있는 방법을 모색하는 데도 의미

---

44) 최근 민주주의 죽음에 관한 지성계의 고민과 논쟁에 관해서는 아감벤 외, 김상운·양창렬, 홍철기 역의 『민주주의는 죽었는가?-새로운 논쟁을 위하여』, 난장, 2010에 자세하다.

심장한 지적 토대를 제공해 줄 수 있을 것이다.

V. 맺음말

구글 검색화면에 '가족'이라는 단어를 입력하고 이미지를 선택해보면 매우 흥미로운 결과가 나온다. 환한 미소의 두 부부 사이로 한두 명의 자녀가 행복한 포즈를 잡고 있는 낭만적인 핵가족의 모습, 그 화면에 손자녀의 어깨에 손을 얹은 희끗희끗한 머리의 노부부가 더해진 직계확대가족의 모습, 그리고 드물긴 하지만 온화한 얼굴의 노부부를 의자에 앉히고 그 뒤로 혼인한 자녀들과 손자녀들이 병풍처럼 둘러싼 채 활짝 웃고 있는 방계확대가족의 이미지가 쏟아질 것이다. 이들 사진은 여전히 한국인들이 가족을 연상할 때면 떠올리는 지배적인 이미지가 부부와 그 자녀들로 구성되는 전통적인 핵가족 혹은 확대가족의 이미지라는 사실을 명백하게 증거한다. 하지만 안타깝게도 이는 또한 한국인의 가족이념과 급변하는 가족의 현실 사이에 얼마나 큰 괴리가 있는가를 적나라하게 폭로하는 현상이기도 하다.

최근 전 지구적인 수준에서 가족의 급격한 해체와 변화가 발생하고 있다. 프랑스는 시청에서의 혼인서약을 통해 성립되는 전통적인 혼인가족, 간단한 서류로 공인만 받으면 가능한 '팍스', 즉 비혼가족, 그리고 아무런 법적 절차가 필요 없이 함께 살기만 하면 성립되는 동거가족 등 광범위한 스펙트럼의 가족이 병존하고 있고, 이들 모두를 사회적으로 인정하는 분위기이다. 북미대륙은 어떠한 법적 구속력도 없이 다자 대 다자간의 복잡한 연애관계를 축으로 형성, 진화, 해체될 수 있는 이른바 '폴리아모리(polyamory) 가족'의 실험실이 되고 있다. 한편 대표적인 유교문화권 국가 중 하나인 대만은 2017년 5월 24일 아시아 최초로 동성결

혼과 동성애가족을 합법화함으로써 세계를 놀라게 한 바 있다.

한국사회에서도 이와 유사한 변화의 징후가 곳곳에서 발견되고 있다. 2018년 1월 3일자 『경향신문』은 무려 네 쪽 분량의 지면을 할애해서 「'생활동반자'…우리도 가족입니다」라는 제목의 기획기사를 싣고 있다.[45] 이 기사는 최근 한국 사회에서 다문화가족, 비혼 일인 가구, 무자녀 부부가족, 한 부모 가족, 재혼가족, 그리고 심지어 동성애가족까지, 전통적인 가족의 범주에 쉽게 포함되지 않는 다양한 형태의 가족들이 일반적인 사회현상으로 가시화되고 있음을 알리고 있다. 이와 더불어 다양한 형태의 가족들을 정상성-비정상성의 축을 통해 차별하거나 배제하지 않고 사회적으로 포용할 수 있도록 만드는데 가족프레임 상의 근본적인 변화가 필요하다는 메시지를 전하고 있다.

전 세계적인 수준에서 발생하고 있는 전통적인 가족의 해체와 새로운 가족의 부상만으로도 대다수 가족전문가, 행정가, 연구자들을 당혹스럽게 만들기에 충분하다. 설상가상으로 일각에서는 인공지능, 나노과학, 유전공학 분야의 눈부신 발전과 함께 인류의 생물학적 재생산양식에서 전대미문의 변화가 발생할 가능성을 점치고 있다. 또 다른 일각에서는 제4차 산업혁명과 함께 기계가 인간의 노동을 대체하면서 생산영역에 참여하지 못하는 이른바 '잉여인간'이 대규모로 양산되고, 그들에게 '기본소득'이 제공될 경우 가족관계에도 상상 이상의 변화가 발생할 것이라는 전망이 제시되고 있다. 이들 전망이 현실화된다면 생각보다 가까운 미래에 현재 우리가 알고 있는 형태의 가족은 더 이상 생물학적·사회경제적 재생산의 단위로 기능하지 못할 가능성 또한 다분하다.

이상에서 조식의 가족관과 그 사회정치적 함의를 가족과 공공성의

---

45) 이재덕 외, 「'생활동반자'…우리도 가족입니다」, 『경향신문』 22518호, http://news.khan.co.kr/kh_news/khan_art_view.html?art_id=201801022304005, 2018. 1. 3. 검색.

난제라는 문제틀 하에서 시론적으로 조명해보았다. 전통적으로 가족은 친족으로 확장되고 친족은 지역사회로, 더 나아가 국가로 확장되며, 국가는 지역사회로 지역사회는 친족으로 친족은 가족으로 분해되면서 인류사회가 재생산되어 왔다. 이러한 쌍방향의 운동은 오늘날 개별 국가를 초월한 글로벌 수준의 힘들에 의해 더더욱 복잡해지는 양상을 보여준다. 하지만 가족의 해체와 "위기의 국가"[46]를 전망하는 지구화와 4차 산업혁명 시대에도, 이러한 확산과 수렴의 원심적·구심적 경계지점에 여전히 가족이 위치하고 있다는 사실을 부정할 수 없다. 이 시론적 연구를 통해 명확해진 사실은 가족이 보다 나은 사회를 상상하고 모색하는 데 핵심적인 중요성을 가진다는 점이다. 이러한 맥락에서 그동안 큰 관심의 대상이 되지 못했던 조식의 가족관과 그 사회정치적 함의를 조명하고자 한 이 연구가 최소한의 의의를 가지게 된다. 좁게는 조식의 가족관과 그 사회정치적 함의에 대한, 그리고 넓게는 서구 정치학과 유교 정치학에서 가족이 차지하는 위치에 대한 비교론적 탐구가 우리를 어떤 길로 인도할지는 아무도 모른다. 하지만 이러한 지적 탐구가 가족의 궁극적 해체를 애도하고 있는 디지털 포스트모던 시대에 새로운 사회의 비전을 그리는 데 최소한의 길잡이 역할은 할 수 있을 것으로 판단된다.

---

46) 지그문트 바우만·카를로 보르도니, 안규남 역, 『위기의 국가: 우리가 묵도한 국가 없는 시대를 말하다』, 동녘, 2014.

참고문헌

曺植, 경상대학교 남명학연구소 역, 『남명집』, 한길사, 2001.
曺植, 경상대학교 남명학연구소 역, 『사람의 길 배움의 길: 학기유편』, 한길사, 2002.

권순형, 「고려의 가족제도와 여성의 생활」, 『國史館論叢』 제95집, 국사편찬위원회, 2001.
김기주, 「남명 조식의 사회변혁론 : 「무진봉사」를 중심으로」, 『남명학연구』 제29집, 경상
　　　대학교 남명학연구소, 2010.
김학수, 「덕천서원, 경의학으로 디자인한 조선의 인문공간: 남명과 경의학의 자취」, 『2017
　　　년 남명학연구소 학술대회: 남명학의 학술문화공간, 덕천서원』, 남명학연구소,
　　　2017.
남명학연구원, 『남명사상의 재조명』, 서울: 예문서원, 2006.
마셜 살린스, 박충환 역, 『석기시대 경제학』, 한울아카데미, 2014.
박미해, 『유교 가부장제와 가족, 가산』, 아카넷, 2003.
박병련, 「남명 조식의 정치사상과 사상사적 위치」, 『정신문화연구』 제20집 3호, 한국학중
　　　앙연구원, 1997.
변창구, 「남명 조식의 선비정신과 출처관–현대 지식인에 주는 교훈」, 『민족사상』 제7권
　　　2호, 한국민족사상학회, 2013.
서양걸, 윤재석 역, 『중국가족제도사』, 아카넷, 2000.
소진형, 「『대학』의 평천하 개념과 성리학적 정치공동체의 기초」, 『한국정치연구』 제24집
　　　1호, 서울대학교 한국정치연구소, 2015.
송치욱, 「유학의 하학전통과 남명의 하학론」, 『남명학연구』 제49집, 경상대학교 남명학연
　　　구소, 2016.
안호용, 「조선시대 가족구조 변동의 기준과 가족사의 시대구분」, 『한국사회』 제13집 2호,
　　　고려대학교 한국사회연구소, 2012.
엄연석, 「남명의 『학기유편』에서 자연과 도덕의 일관성 문제」, 『남명학』 제17권, 남명학
　　　연구원, 2012.
윤재석, 「중국 고대가족사 연구의 현황과 전망」, 『중국사연구』 제13권, 중국사학회, 2001.
윤호진, 「남명의 생애와 발자취에 대한 연구의 회고와 전망」, 『남명학연구』 제35집, 경상
　　　대학교 남명학연구소, 2012.
윤호진, 『남명의 인간관계』, 경인문화사, 2006.
이상필, 『남명의 삶과 그 자취 1』, 경인문화사, 2007.
이이효재, 『조선조사회의 가족: 신분상승과 가부장제문화』, 한울, 2003.
장경섭, 『가족, 생애, 정치경제: 압축적 근대성의 미시적 기초』, 창비, 2009.

제임스 글릭, 박래선 역, 『카오스: 새로운 과학의 출현』, 동아시아, 2013.

조르조 아감벤, 박진우·정문영 역, 『왕국과 영광』, 새물결, 2016.

조르조 아감벤·알랭 바디우·다니엘 벤사이드·웬디 브라운·장-뤽 낭시·자크 랑시에르·크리스틴 로스·슬라보예 지젝, 김상운·양창렬 홍철기 역, 『민주주의는 죽었는가?-새로운 논쟁을 위하여』, 난장, 2010.

지그문트 바우만·카를로 보르도니, 안규남 역, 『위기의 국가: 우리가 묵도한 국가 없는 시대를 말하다』, 동녘, 2014.

최인호, 「남명 조식의 현실인식과 경세사상」, 『유학연구』 제11권, 충남대학교 유학연구소, 2001.

최재석, 「조선중기 가족·친족제의 '재구조화'」, 『한국의 사회와 문화』 제21집, 정신문화연구원, 1993.

최홍기, 『한국 가족 및 친족제도의 이해: 전통과 현대의 변화』, 서울대학교출판부, 2006.

한나 아렌트, 이진우·태정호 역, 『인간의 조건』, 한길사, 1996.

홍기빈, 『아리스토텔레스, 경제를 말하다』, 책세상, 2001.

이성무, 「시들지 않는 사상의 꽃 '퇴계와 남명'」, 『주간동아』 272호, http://weekly.donga.com/List/3/all/11/64912/1, 2005. 03. 21. 게재.

이재덕 외, 「'생활동반자'…우리도 가족입니다」, 『경향신문』 22518호, http://news.khan.co.kr/kh_news/khan_art_view.html?art_id=201801022304005, 2018. 1. 3. 검색.

Arnaud F. Lambert, *Anthropology of Marriage and the Family,* New York: Kendall Hunt Publishing Company, 2015.

George P. Murdock, *Social Structure,* New York: Macmillan Company, 1949.

Jurgen Habermas, *The Structural Transformation of the Public Sphere,* Cambridge: The MIT Press, 1991.

Marvin B. Sussman·Suzanne K. Steinmetz, *Handbook of Marriage and the Family,* New York and London: Plenum Press, 1987.

현대사회의 지식인과
선비정신의 사회적 재해석[*]

- 남명(南冥) 조식(曺植)의 출처관(出處觀)을 중심으로 -

조

영

달

I. 머리말 : 선비와 한국 사회의 지식인

어느 시대, 어느 나라를 막론하고 그 시대정신을 대표하는 표준적 지성이 있었다. 어떻게 보면 서구의 신사도나 일본의 무사정신 그리고 한국의 선비정신은 이 점에서 그 시대 지성을 대표하는 시대정신이라 할 수 있을 것이며, 그만큼 이후 시대의 역사 전개 과정에서 강한 영향을 끼친 것으로 여겨진다.

더하여, 이러한 시대정신이 살아 있을 때에, 사회는 보편적 인류 행복의 관점에서 전반적으로 좀 더 나은 방향으로 움직여 나아갔다. 선비정신이 살아있는 조선은 시대를 개혁하고 사회를 좀 더 민중적으로 움

* 이 논문은 『남명학』 제14권(2009, 3)에 실린 필자의 글(「현대사회의 지식인과 선비정신의 사회적 재해석-남명의 출처관을 중심으로」)을 수정 · 보완한 것이다.

직이기 위해 노력할 수 있었으며, 일본이나 서구 역시 그 시대정신이 살아 있음으로써 국가 사회를 좀 더 용이하게 근대화할 수 있었다.

그러면 오늘날의 한국 현대사를 움직여 나아가는 시대정신을 대표하는 지성인 집단은 누구인가? 이 물음에 대하여 여러 가지 답이 가능하겠지만 많은 사람들이 내놓을 가능성이 있는 대답의 하나는 '지식인(知識人)'일 것이다. 여기서 말하는, 오늘날 한국 사회에서의 지식인은, 과거의 사(士)의 영역이 중심이 되었던 바와는 다르게, 사회 각 분야에 산재해 있으면서 일정 수준 이상의 정보를 습득·재구성하거나 창조할 능력이 갖추고, 그 분야의 성장에 주도적 역할을 수행하는 집단을 말한다. 아마도 이러한 집단들은 한국사회의 근·현대화를 주도하고 한국 사회를 지식·정보사회로 전환케 하는 데에 크게 기여한 것으로 여겨진다.

그럼에도 불구하고, 공공영역에서의 지식인의 역할과 관련하여서는 -특히 정부의 정무 고위직의 경우- 그 현실적인 활동에 대하여 많은 비판이 있음도 사실이다. 일례로, 최근, 정부의 최고 정무직에 임용된 어떤 '분(지식인)'의 경우, 자신의 평소 주장과는 다른 정책을 입안하고 강하게 이를 주창하여 여론의 도마에 오르기도 하였다. 또한 어떤 경우에는 '남에게는 엄하고 자신에게는 관대'하여 -과거 한국사회의 공인에 대한 인식과는 매우 다른 것으로 여겨지는데- 그것이 커다란 뉴스거리가 되기도 하였다.

이러한 상황에서 과거 시대정신의 한 축을 이루었으며, 지금도 그 정신이 전통 속에서 살아있다고 보여지는 선비정신을 재검토하고 그것을 현대의 지식인에 비추어 재해석해 보는 것은 매우 의미 있는 일로 여겨진다. 이를 통하여 우리는 한국사회의 지식인이 지녀야 할 태도를 재검토할 수 있을 것이며, 오늘의 지식인이 행동해야 할 바에 대하여서도 다시 생각할 수 있을 것이기 때문이다. 이는 시대정신을 대표하는 지성인이란 측면이, 과거의 선비이든 오늘의 지식인이든 마찬가지로 보편적인 측면을 지닐 것이라 생각하면, 그 비교를 통하여 온고지신(溫故知新)할 수 있다는 점에서 더 더욱 의미 있는 작업이 될 것이다.

그런데, 사실상 선비와 선비정신을 한마디로 정의하거나 한 측면을 중심으로 논의하기는 매우 어려워 보인다. 즉, 이들이 차지하는 시대적 비중의 측면에서도 그러하거니와, 조선사를 통하여 또는 그 이전에도 이들이 끼쳤던 지성사적·문화사적 영향의 측면에서도 이들의 정체를 전체적인 측면을 종합하는 하나의 연구를 통하여 규정하기는 거의 불가능해 보인다.

이러한 점을 고려하여 본 글에서는 과거 선비정신의 한 핵으로 여겨졌던 출처관을 중심으로 우리 전통 속의 선비를 사회적 관점에서 재해석하려 한다. 출처의 문제는 과거 선비들이 지녔던 자신의 정체를 표현하는 한 수단이었으며, 이 과정을 통하여 그가 바라보는 현실에 대한 분석과 세계관이 그대로 드러나기도 하였다. 따라서 출처의 문제는 시대정신과 그 속에서 드러난 선비정신의 한 축을 이루는 매우 중요한 측면이라 아니할 수 없다. 따라서 출처의 문제를 중심으로 선비정신을 다루는 것은 선비정신을 이해하는 데에 큰 하자가 아니라 여겨진다.

여기서 이러한 출처관을 사회적 관점에서 해석한다는 것은 사회적 기능의 측면을 중심으로 해석함을 의미한다. 물론 사회적 갈등의 측면이나 비판적 관점에서도 해석할 수 있을 것이지만 이글을 통하여서는 일단 기능의 측면에서 선비정신의 핵으로서의 출처의 문제를 바라보려 할 것이다. 그리고 이를 통하여 오늘의 지식인들이 어떠한 상황에 있는가를 비춰볼 수도 있을 것이다.

이러한 지향을 지니는 이 글은 다음과 같은 부분으로 구성되어 있다. 우선 다음 장에서는 시대적 지성으로서의 선비와 선비정신에 대한 일반적인 논의가 이루어질 것이다. 이 장을 통하여 선비와 선비정신에 대한 일반적인 정의가 언급될 것이다. 그리고 다음 장에서는 선비정신의 핵으로서 조식의 출처관이 논의될 것이다. 남명(南冥) 조식(曺植, 1501~1572)[1]은 조선의 선비정신을 대표하는 처사의 한 사람으로서 그의 출처관은 널리 알려진 것이어서 조식의 출처관을 논의함으로써 우리는 조선조 선비 정신의 핵심을 엿볼 수 있다고 생각하기 때문이다. 그런 다음, 현대의 지성을 표현하는 지식인의 개념과 연원에 대하여 논의할 것이다. 이를 통하여 우리는 과거의 선비정신을 현대적으로 해석할 수 있는 기반을 갖게 될 것이다. 마지막으로 이러한 논의를 바탕으로 현대의 지식인의 모습을 과거의 선비정신에 비추어 논의하게 될 것이다. 이러한 과정에서 과거의 선비와 선비정신이 현대적 관점에서 재해석될 수 있을 것이다.

II. 시대적 지성으로서의 선비

선비는 유교 교양를 습득하고 도덕적 수양이 되어 있으며, 출처가 분명하고 청렴강개한 도학자를 의미한다. 이러한 선비는 16세기 이후 독서인층을 지칭하는 유교교양을 습득한 선배에서 유래하였다고 주장되기도 한다[2]. 이들에게 청렴강개는 공도를 지키기 위해서도 필요한 것이었다. 중국의 고전인 『관자(管子)』의 <목민편(牧民篇)>에 나오는 4유(四維)[3]에서 염(廉)이 없어지면 나라가 전복되고 치(恥)가 없어지면 나라가

---

1) 조선조를 대표하는 퇴계(退溪) 이황(李滉, 1501~1570)이나 율곡(栗谷) 이이(李珥, 1536~1584)와 같은 다른 대유(大儒)들과는 달리 조식은 살아서 현직으로서의 벼슬에 나아가지 않았으며, 산림에 의거하여 시대를 비판하고 국가의 개혁 방향을 여러 차례 사소하였다. 그의 절개와 분명한 출처에 대하여는 그 이후 대부분의 사람들이 인정하였으며, 명종실록에서도 이는 인정된 바 있다. 이러한 점에 비추어 조식은 그 시대를 통하여 출처를 분명히 한 대표적인 선비라 할 것이다.
2) 이성무, 「사대부란 무엇인가」, 『선비문화』 제13권, 남명학연구원, 2008.
3) 4유는 예(禮), 의(義), 염(廉), 치(恥)를 의미한다.

멸망한다고 설명한데에서도 알 수 있듯이 선비들의 청렴강개는 공도를 지키고 체통을 지키는 확고한 정신이었다.[4] 물론 이들의 도학정신은 국가 위기에 처했을 때에는 충군애국으로 나타나 임진왜란에서는 살신성인의 많은 의병장을 배출하여 국가의 위기를 막았으며, 정학을 지켜야 한다는 명분에서 위정척사로 나타나기도 했다.[5]

조식으로 대표되는 높은 식견과 덕을 갖추고 산림에 의거한 유학자들을 흔히 처사(處士)[6]라 하는 데, 이는 오늘날 우리에게 알려진 조선시대의 선비 상의 한 전형이기도 하였다. 이들은 벼슬에 나아가지 않더라도 학문과 도리를 연마하고 후진을 양성하였으며 일종의 '산림처사 공동체(山林處士 共同體)'를 이루어 사회의 공론을 주도하는 영향력을 발휘하기도 하였다. 이들은 선현의 제향을 위한 의례 공동체나 학문의 강론을 위한 강학공동체(講學共同體)를 형성하였고 시회가 이루어지기도 하였다.

조선사회는 이러한 선비들이 정치주체가 되어 사림정치를 통하여 사회의 지배층으로 등장하기도 하였다. 선비들은 사림정치를 통하여 조선의 통치이념을 장악하고 민(民)에 대한 지배뿐만 아니라 군주권에 대한 제약을 시도하기도 하였다.

물론 이러한 선비론에 대하여는 비판적 견해가 있을 수도 있다. 예를 들어, 조선 중기 이후 정국을 장악한 사림의 성리학자들은 체제와 집권 유지를 위해 극단적인 주자학 교조주의에 함몰되었으며 존명 사대주의의 추상적 명분론을 바탕으로 자신들의 권위에 도전하는 일체의 주장을 차단하기도 하였다는 비판이 가해질 수도 있다. 이로서 조선 전기의

---

4) 이장희, 「선비론」, 『선비문화』 제14권, 남명학연구원, 2008.
5) 이성무, 앞의 논문.
6) 조식은 임종시 제자들에게 사후에도 관작을 내세우지 말고 처사로 호칭해줄 것을 당부하였다. 그리고 그것이 평생의 뜻이었음을 술회하였다. (曺植, 『南冥集』 卷4, 補遺, <行錄>, "萬一不諱 當以何號稱先生乎 日用處士可也 此吾生平生之志 若不用此而稱爵 是棄我也")

부국강병을 추구했던 현실적 성리학이 단절되고 중기 이후 문약의 시대로 접어드는 계기를 제공했다는 비판을 받을 수 있다.[7]

물론 이러한 시대를 주도한 선비 상을 조선시대에서만 찾을 필요는 없다. 2세기 말, 고구려의 을파소로 대변되는 출처의 도리를 명백히 한 선비 상을 찾을 수도 있을 것이며, 문장가이자 외교가였던 강수(强首), 이두(吏讀)를 지은 설총(薛聰), 당나라에까지 이름을 떨친 최치원(崔致遠) 등에서도 선비의 태도와 본분을 엿볼 수 있다. 또한 고려 말의 안향(安珦)과 백이정(白頤正) 및 3은[8] 역시 학문과 의리에서 그 시대 선비정신의 모범으로 칭송될 수 있다. 이렇게 시대를 통하여 보면, 선비는 그 시대의 양심이요 지성이었으며, 인격의 기준이었다. 즉, 이들은 시대가 요구하는 바의 이념적 지도자이자 책임을 다하는 지성인이었다.[9]

이러한 방식으로 생각하면 선비와 선비정신에 대하여 두 가지의 해석이 가능해진다. 하나는 선비는 단순히 조선시대의 지식인이 아니라 그 시대정신을 대표하는 표준적 지성이라는 점이며, 다른 하나는 이러한 선비류의 지도자적 집단은 그 명칭이 다르게 나타나더라도 시대의 흐름 속에서 형성된다는 점이다.

Ⅲ. 선비 정신의 핵으로서의 '출처관': 조식을 중심으로

출처는 단순한 진퇴의 문제가 아니라 선비들의 전인격을 표현하고 삶의 양식을 표현하는 선비의 대절이었다. 출처에 임하는 자세에서 선비들의 평소의 수양과 공부의 깊이를 짐작케 하기도 하였다. 예를 들어,

---

7) 박성순, 『선비의 배반; 선비의 그늘에 감춰진 조선 정치의 현실』, 고즈윈, 2004.
8) 목은(牧隱) 이색(李穡, 1328~1396), 포은(圃隱) 정몽주(鄭夢周, 1337~1392), 야은(冶隱) 길재(吉再, 1353~1419)를 말한다.
9) 정옥자 외, 『시대가 선비를 부른다』, 효형 출판, 1998, 12-17쪽.

조식은 고금의 인물을 평가할 때에도, 그 인물의 출처를 고려한 다음 그 사람이 행한 일과 업적을 따졌다. 또한, 임종에 임하여서도 가까운 제자들에게 선비의 대절이 출처에 있음을 강조하였다.[10] 또한 이이 역시 여건이 될 때에는 적극적으로 나아가 활동해야 하고 그렇지 못할 때에는 초야에서라도 그 나름의 역할을 해야 한다는 점을 강조하여 출처에 대한 생각을 분명히 하였다.[11]

사실, 출처의 문제는 유가들의 오랜 논쟁의 대상이었으며, 공자(孔子)나 맹자(孟子) 역시 이를 심각하게 다루었다. 특히 맹자는 백이(伯夷), 이윤(伊尹), 유하혜(柳下惠) 및 공자의 경우를 들어 유가들이 세상에 관여하는 다양한 방식을 드러내주었다. 물론 맹자는 공자의 경우를 '시중의 성자(時中의 聖子, 聖之時者)'로 보아 가장 훌륭한 것으로 여겼다. 다음은 <만장장구 하(萬章章句 下)>의 첫 부분에 나오는 출처관의 유형이다.

"맹자께서 말씀하셨다. '백이는 눈으로는 바쁜 빛을 보지 않고 귀로는 나쁜 소리를 듣지 않으며 섬길 만한 군주가 아니면 섬기지 않고 부릴 만한 백성이 아니면 부리지 아니하여, 세상이 다스려지면 나아가고 혼란하면 물러가서 나쁜 정사가 나오는 곳과 나쁜 백성들이 거주하는 곳에는 차마 거처하지 못하였으며, 향인들과 거처하되 아미 조복과 조관으로 도탄에 앉은 듯이 생각하였는데, 주의 때를 당하여 북해에 가 살면

---

10) 鄭仁弘, 『來庵集』 卷12, <雜著, 南冥先生病時事跡>, "...汝等於出處 粗有見處吾心許也 士君子大節 惟在出處一事而已". 물론 이러한 출처의 중요성을 강조한 것이 유독 조식만의 것은 아니다. 그러나, 다른 사람들과 달리 조식은 살아서 현직으로서의 벼슬에 나아가지 않았으며, 그의 절개와 출처에 대하여는 그 이후 대부분의 사람들이 인정하였다. 명종실록에서도 이는 인정한 바 있다. 이러한 점에 비추어 조식은 그 시대를 통하여 출처를 분명히 한 대표적인 인물이라 할 것이다. 이러한 관점에서 이 글에서는 지식인과 출처의 문제에 있어 그 대표적인 인물로 조식을 선택한 것이며, 이는 논리적으로도 크게 무리가 없을 것으로 여겨진다.

11) 물론 이러한 출처의 중요성을 강조한 것이 유독 조식만의 것은 아니다. 예를 들어, 선비의 역할로서 이이 역시 '進而兼善, 退而自守'라 하였다.(정광호, 『선비; 소신과 처신의 삶』, 눌와, 2003, 2-5쪽.)

서 천하가 맑아지기를 기다렸다. 그러므로 백이의 풍도를 들은 자들은 완악한 지아비가 청렴해지고 나약한 지아비가 입지를 갖게 된다.'

이윤은 말하기를 '어느 사람을 섬기면 군주가 아니며 어느 사람을 부리면 백성이 아니겠는가.' 하여, 세상이 다스려져도 나아가며 혼란해도 나아가서 말하기를 '하늘이 이 백성을 낸 것은 먼저 안 사람으로 하여금 뒤늦게 아는 사람을 깨우쳐주며 먼저 깨달은 자로 하여금 뒤늦게 깨닫는 자를 깨우치게 하신 것이니, 나는 하늘이 낸 백성 중에 필부 · 필부라도 요순의 혜택을 입는데 참여하지 못한 자가 있으면 마치 자신이 그를 밀어 도랑 가운데로 들어가게 한 것과 같이 생각하였으니, 이는 천하의 중함으로써 자임한 것이다.

윤하혜는 더러운 군주를 <섬김을> 부끄러워하지 않으며, 작은 벼슬을 사양하지 않으며, 나아가면 어짊을 숨기지 아니하여 반드시 그 도리대로 하며, <벼슬 길에서> 버림을 받아도 원망하지 않고 곤궁을 당해도 걱정하지 않으며, 향인들과 더불어 처하되 유유(悠悠)하게 차마 떠나지 못해서 말하기를 '너는 너이고 나는 나이니, <네가> 비록 내 옆에서 옷을 걷고 벗는다 한들 네가 어찌 너를 더럽히겠는가.' 하였다. 그러므로 윤하혜의 풍도를 들은 자들은 비루한 지아비가 너그러워지며 박한 지아비가 인심이 후해진다.

공자께서 제나라를 떠날 적에 <밥을 지으려고> 쌀을 담갔다가 건져 가지고 떠나셨고, 노나라를 떠날 적에는 말씀하시기를 '더디고 더디다. 내 걸음이여.' 하셨으니, 이는 부모국을 떠나는 도리이다. 속히 떠날 만하면 속히 떠나고 오래 머무를 만하면 오래 머물며, 은둔할 만하면 은둔하고 벼슬할 만하면 벼슬한 것이 공자이시다.

맹자께서 말씀하셨다. '백이는 성인의 청(淸)한 자요, 이윤은 성인의 자임(自任)한 자요. 윤하혜는 성인이 화(和)한 자요. 공자는 성인의 시중(時中)인 자이시다.

공자를 집대성(集大成)이라 이르니 집대성은 <음악을 연주할 적에> 금으로 소리를 퍼뜨리고 옥으로 거두는 것이다. 금으로 소리를 퍼뜨리는 조리를 시작함이요 옥으로 거두는 것은 조리를 끝냄이니, 조리를 시작하는 것은 지(智)의 일이요 조리를 끝내는 것은 성(聖)의 일이다.

지(智)를 비유하면 공교함이요 성(聖)을 비유하면 힘이니, 백보 밖에

서 활을 쏘는 것과 같으니, <과녁이 있는 곳에> 이름은 너의 힘이거니
와 과녁에 맞는 것은 너의 힘이 아니다.'"12)

사실, 백이와 같이 지조에 합당하지 않으면 결코 나아가지 않는 맑은
성인이든[성지청자(聖之淸者)], 이윤과 같은 백성에 대한 책임을 다하려는
임무의 성인[성지임자(聖之任者)]이든, 유하혜와 같이 누구에게나 도를 행
하는 조화의 성인[성지화자(聖之和者)]이든 간에 출처의 문제는 자신의 이
상을 실현하려하는 유자들에게는 피할 수 없는 문제이었다. 또한 유자
로서 벼슬길로 나아가느냐 아니면 물러나 있느냐하는 것은 그가 지닌
역사의식과 시대상황에 대한 인식과 자신의 철학에 관련되는 문제였다.
공자에 있어서도 "속히 떠날 만하면 속히 떠나고 오래 머무를 만하면
오래 머물며, 은둔할 만하면 은둔하고 벼슬할 만하면 벼슬하는 것"13)은

---

12) 성백효 역, 『孟子集註』, 전통문화연구회, 2005, <萬章章句 下>, "孟子曰: '伯夷, 目不
視惡色, 耳不聽惡聲. 非其君不事, 非其民不使. 治則進, 亂則退. 橫政之所出, 橫民之所
止, 不忍居也. 思與鄕人處, 如以朝衣朝冠坐於塗炭也. 當紂之時, 居北海之濱, 以待天下
之淸也. 故聞伯夷之風者, 頑夫廉, 懦夫有立志.'
  伊尹曰, '何事非君? 何使非民?' 治亦進, 亂亦進. 曰: '天之生斯民也, 使先知覺後知,
使先覺覺後覺. 予, 天民之先覺者也; 予將以此道覺此民也.' 思天下之民匹夫匹婦有不與
被堯舜之澤者, 若己推而內之溝中, 其自任以天下之重也.
  柳下惠, 不羞汙君, 不辭小官. 進不隱賢, 必以其道. 遺佚而不怨, 阨窮而不憫. 與鄕
人處, 由由然不忍去也. '爾爲爾, 我爲我, 雖袒裼裸裎於我側, 爾焉能浼我哉?' 故聞柳下
惠之風者, 鄙夫寬, 薄夫敦.
  孔子之去齊, 接淅而行; 去魯, 曰: '遲遲吾行也.' 去父母國之道也. 可以速而速, 可以
久而久, 可以處而處, 可以仕而仕, 孔子也.
  孟子曰: '伯夷, 聖之淸者也; 伊尹, 聖之任者也; 柳下惠, 聖之和者也; 孔子, 聖之時
者也.
  孔子之謂集大成. 集大成也者, 金聲而玉振之也. 金聲也者, 始條理也; 玉振之也者,
終條理也. 始條理者, 智之事也; 終條理者, 聖之事也.
  智, 譬則巧也; 聖, 譬則力也. 由射於百步之外也, 其至, 爾力也; 其中, 非爾力 也."
13) 『孟子』, <公孫丑-上->, 제2章, "... 曰伯夷伊尹何如, 曰不同道, 非其君不事, 非其民不
使, 治則進, 亂則退, 伯夷也, 何事非君, 何使非民, 治亦進, 亂亦進, 伊尹也, 可以仕則
仕, 可以止則止, 可以久則久, 可以速則速, 孔子也, 皆古聖人也, 吾未能有行焉, 乃所願
則學孔子也. ..."

사실 상 공자 자신의 안목과 철학에 기인한 것이라 하겠다. 『맹자(孟子)』에서도 역시 이러한 점에서는 공자에게서 배우고 싶다고 피력하고 있다. 이점에서도 출처관은 선비들의 시대 인식과 안목 및 철학을 평가하는 절대적인 항목임이 분명해 보인다.

이러한 출처관과 관련하여 조선조 처사형(處士型) 선비를 대표하는 조식의 경우를 엿볼 수 있게 해주는 몇 가지의 자료를 살펴보는 것은 의미있는 것으로 보인다. 이를 통하여 우리는 조선조 선비들의 출처에 대한 생각을 유추할 수 있을 것이기 때문이다. 물론 이러한 출처의 중요성을 강조한 것이 유독 조식만의 것은 아니다. 예를 들어, 선비의 역할로서 이이 역시 '진이겸선 퇴이자수(進而兼善, 退而自守)'라 하여, 여건이 될 때에는 적극적으로 나아가 활동해야 하고 그렇지 못할 때에는 초야에 서라도 그 나름의 역할을 해야 한다는 점을 강조하였음은 앞에서도 언급한 바 있다.[14] 그러나, 다른 사람들과 달리 조식은 살아서 현직으로서의 벼슬에 나아가지 않았으며, 그의 절개와 출처에 대하여는 그 이후 대부분의 사람들이 인정하였다. 명종실록에서도 이를 인정한 바 있다. 이러한 점에 비추어 조식은 그 시대를 통하여 출처를 분명히 한 대표적인 인물이라 할 것이다.

사실 학문과 관직은 불가분의 관계로 당연시되다가 춘추전국시대를 거치면서 유학자들은 권력과 관(官)에 대하여 비판적인 자세를 지님도 중요하게 생각하기 시작하였다. 『논어(論語)』의 <자장편(子張篇)>에서 "관직에서 일하면서 여력이 있으면 학문을 해야하고, 학문에 힘쓰면서 여력이 있으면 벼슬을 해야 한다.(仕而優則學 學而優則仕)"는 자하(子夏)의 말은 학문과 관직을 불가분의 관계로 여기는 고리로 여겨지기도 했다. 즉 벼슬과 배움이 이치는 같으나 일[사(事)]이 달라 그 일을 하는 자는 일 후에

---

14) 정광호, 앞의 책, 2-5쪽.

나머지에 미칠 수 있을 것이나, 벼슬하면서 배우면 벼슬의 일에 이용함이 깊어지고 그렇게 되면 배운 것의 징험함이 일어나 배움이 더욱 넓어진다 하였다.[15] 그러나 이러한 생각은 춘추전국시대를 거치면서 성현의 정치가 없어지고 권력과 관에 의해 정치가 농단되면서부터 유학자들은 정치현실에 대한 비판의 중요성을 절감하게 되었으며, 벼슬에서 물러나 성현의 도의를 전하는 데에도 커다란 관심을 지니게 되었다.[16]

조선조에서 학문과 관직의 관계성 속에서 유학자로서 재야에 머물면서 권력과 관에 대한 비판세력으로 자리를 잡아 벼슬하지 않고 성현의 도를 닦고 전하는 것을 더욱 귀하게 여긴 사람이 바로 조식이었다. 이러한 관점은 조식이 지닌 선비관의 중요한 부분을 이루는 것으로 여겨진다.

이는 다음의 글에서도 잘 드러난다. "선생은 일생 동안 처사라는 명분을 기하기 위해 노력했고 목숨을 걸고 잘못된 정치를 비판했으며, 그러한 처사의 명실을 후세에 전하기 위해 후생을 가르쳤다. 선생은 임종에서까지도 자기는 처사로 불러달라고 당부하였다. 이는 스스로 처사로서의 도리를 지키고 행동함에 조금도 부끄러움이 없음을 자부한 것이며, 뒷날 이이가 "근대에 이른바 처사로서 끝까지 그 지절을 온전히 하고 하늘 높이 우뚝 솟은 기상을 세운 분은 선생뿐이다." 라 말하였고, 한강(寒岡) 정구(鄭逑, 1543~1620)는 "증자(曾子)가 말한 바, '어린 국왕을 모시는 중책을 짊어지고 있을 수도 있고(可以托六尺之孤), 대국의 국법을 힘써 준행(遵行)시키는 중책을 지고 있을 수도 있는(可以寄百里之命) 상태에서, 생각도 못했던 사유로 생사존망의 엄청난 수난을 당하더라도, 끝끝내 고결한 품성을 고수할만한(臨大節而不可奪)' 분은 선생뿐이니 어찌 동방에

---

15) 『論語集註』, <子張>, "優 有餘力也. 仕與學理同而事異 故當其事者 必先有以盡其事而後可及其餘. 然仕而學則所以資其仕者益深. 學而仕 則所以驗其學者益廣."
16) 남명학연구원, 『남명선생의 생애와 학문정신』, 뜰날기획, 2006, 27-28쪽.

서 그만한 호걸이 또 나오겠는가?"라고 하였으며, 우암(尤庵) 송시열(宋時烈, 1607~1689)은 "사람마다 공의(公義)를 귀하게, 사리(私利)를 천하게 여길 줄 알고, 현실 사회에서 깨끗하게 사는 것을 숭상하면서 관권의 탐욕스러움을 부끄럽게 여길 줄 알게 한 것은 선생님의 공이다"라고 하였다. 이로써 보면 벼슬에 나아간 선비보다, 속세에 있으면서 도학을 닦고 그것으로 국정을 비판한 처사로서의 조식의 공헌이 더 원대함을 알겠다.[17]

또한 정구는 조식에 대한 제문에서 다음과 같이 말하였으며 이는 조식의 비판적 처사의 관점 혹은 비판적 선비정신을 잘 보여주고 있다. 즉 정구는 "선생께서 출처 문제에 대해 남들은 미처 모르는 독특한 견해로 내심 정의를 내려 실천하신 뜻을 다른 사람이 어찌 짐작하여 알 수 있겠습니까."라도 말하였다. 이는 그 시대의 주된 흐름과는 달리 조식만의 처사로서(재야에 있을 때에는) 현실 정치에 대한 비판의식을 지니고 성현의 도를 전하는 것을 선비(당시의 지식인)의 주된 사명으로 인식하고 있었음을 말해주는 것이다. 이러한 관점에서 이 글에서는 지식인과 출처의 문제에 있어 그 대표적인 인물로 조식을 선택한 것이며, 이는 논리적으로도 크게 무리가 없을 것으로 여겨진다.

> "선생께서는 평소에 사회의 도덕과 풍조에 관한 관심이 언제나 뇌리에서 떠나지 않으셨습니다. 시름하고 고통 받는 백성들의 참상과 기울고 위태로운 국가대사의 형편에 대해서는 일찍이 한탄하며 침통해하지 않은 적이 없으시어 간혹 스스로 가슴속에 계획을 짜고 조처를 해 보기까지 하시면서, 이를 위해서는 반드시 기강과 근본이 되는 문제부터 정돈해야 한다고 하셨습니다. 이로 보면 애당초 천하의 일을 도외시하신 분은 아닌데, 덕을 가슴에 품고 세상을 피해 살면서 고결하게 스스로 본분을 지켜 일생 동안 외지고 쓸쓸한 산골에 만족하여 구름 깔린 산을 벗하고 솔 사이에 걸린 달을 즐기시며, 구중궁궐에서 임금의 초빙이 아

---

17) 남명학연구원, 앞의 책, 28-29쪽.

무리 간곡하여도 개의치 않고 초야의 낙을 바꾸지 않으셨습니다. 이는 마치 외로운 학 한 마리가 까마득한 하늘 위에 높이 날아 강호의 만리 밖에서 스스로 즐기는데 끝내 어떻게 잡아 매어둘 수 없는 것과 같은 기상이 있었으니, 선생께서 출처 문제에 대해 남들은 미처 모르는 독특한 견해로 내심 정의를 내려 실천하신 뜻을 다른 사람이 어찌 짐작하여 알 수 있겠습니까. 그런데 선생의 그와 같으신 재주며 덕으로 무슨 일인들 해낼 수 없었겠습니까마는 소매 속에 손을 집어넣으시고 끝내 발휘하지 않았으니, 이 또한 어찌 세상의 불행이 아니겠습니까."[18]

현실에 대한 급격한 변혁보다는 안정을 추구한 회재(晦齋) 이언적(李彦迪, 1491~1553)이나 이황의 현실관[19]과는 달리 조식은 선비는 현실정치의 모순에 적극 맞서서 이를 과단한 언어로 지적해야한다고 주장하였으며, 은둔적 처사가 아니라 현실에 대한 깊은 관심을 지닌 비판자이기를 자처였다.[20] 즉, 『학기유편(學記類編)』이나 『남명집(南冥集)』에 보이는 몇몇 자료들은 이를 비교적 선명하게 보여준다.

특히 조식은 『성리대전』을 읽다가 원나라 한학자 노재(魯齋) 허형(許衡, 1209~1281)[21]의 말에 큰 감명을 받은 것으로 여겨진다. 즉, "뜻은 이윤의

---

18) 鄭逑, 『祭南冥曺先生文』, "先生平生未嘗一念不在於世道. 至於蒼生愁苦之狀. 軍國顚危之勢. 未嘗不噓唏掩抑. 至或私自經畫處置於胸中. 而以爲必先提掇於紀綱本源之地. 則初非不屑夫天下之事者. 懷德遯世. 高潔自守. 終世婆娑於窮山空谷之中. 而雲山是伴. 松月是玩. 湯聘雖勤於九重. 囂囂不改於畎畝. 有如獨鶴高飛於冥冥之天. 浩然自樂於江湖萬里之外. 而終莫能馴. 則先生之於出處. 其獨見內斷之義. 夫豈他人所可與知者. 而以先生之才之德. 何事不可做了. 而縮手袖間. 終不見其有爲焉. 則亦豈非世道之不幸哉."

19) 선비의 역할로서 이이나 송시열은 이황과 달리 역시 '진이겸선, 퇴이자수'라 하여, 여건이 될 때에는 적극적으로 나아가 활동해야 하고 그렇지 못할 때에는 초야에서라도 그 나름의 역할을 해야 한다는 점을 강조하였으며, 일면 조식의 출처관을 인정하였다.

20) 신병주, 『남명학파와 화담학파 연구』, 일지사, 2000, 114-124쪽.

21) 허형은 노재선생이라 하고, 하내 현인으로 금말원초의 명리학자로 전란으로 하락지역에서 피난시 요추로부터 이정과 주자의 저작을 얻어 두묵과 학습하였다. 원헌종4년 쿠빌라이의 요청으로 국자제주와 집현전 대학사를 맡고 곽수경과 수시력을 만들기도 했다. 1281년 지원18년 영록대부로 문정이란 시호를 받고 1313년 공묘제주로 『독이사언(讀易私言)』과 『노재유서』를 저술하였다. 조적이 하남성 하내현(현재의 심양

것으로 하고, 배움은 안연의 것으로 한다. 나아감에 행함이 있고 거처함에 지킴이 있어야 하니(出則有爲 處則有守), 대장부가 이에 이르러 나아감에 행함이 없고 거처함에 지킴이 없으면 뜻한바 배운 바가 장차 어떠하겠는가"[22]라고 하였다. 이와 비슷하게『학기유편』4권에서도 조식은 다음과 같이 말하고 있다. "고상한 선비는 그 위치에 있지 않다하여 편히 마음을 놓고, 일하는 것이 없을 수 없다."[23]

또한『남명집 부록(南冥集 附錄)』에서, 자릉(子陵) 엄광(嚴光, BC37~AD43)과 자신을 비교하면서 세상에 관여(關與)하려는 의지를 지니는 것이 자신과 같은 선비로서 해야 할 마땅한 일임을 강하게 드러낸다. "자릉(子陵: 엄광의 호)과 나는 도(道)가 같지 않다. 나는 이 세상을 잊지 않은 사람이며, 공자를 배우고자하는 사람이다."[24]

그리고 그는 엄광의 도를 능가하는 인물로 안회(顔回, BC521~481)를 추종하였다.『남명집(南冥集)』권2 잡저, <누항기(陋巷記)>에서 그는 안회에 대하여 다음과 같이 찬사를 보내고 있다. "천자는 천하로서 자신의 영토를 삼는 사람이지만, 안자는 만고로서 자신의 영토를 삼는 사람이기에 누항이 그의 봉토는 아니다. 천자는 만승으로서 그의 지위를 삼는 사람이지만 안자는 도덕으로서 그의 지위를 삼는 사람으로서 곡굉이 그의 지위는 아니다. 그러니 그의 봉토는 얼마나 넓으며 지위는 얼마나 큰가."[25]

현)출신으로 신정시에서 자라는데 서경과 왕필이 주를 단 역경에 해박하고 서세용 류병충 장문겸과 원조의 전장예의제도를 정립시켰다. 쿠빌라이의 명으로 유학의 재정립으로 태학설립과 삼강오상의 군신관계를 재정립하여 왕반 왕순과 제도정비를 시작한다. (중국사인물전(17) 허형; 조선에 성리학을 전해준 원대의 대유, 작성자 박기수)

22) 曺植,『南冥別集』卷1, <年譜>, 25歲, "... 志伊尹之所志 學顔子之所學 出則有爲 處則有守 大丈夫當如此 出無所爲 處無所守 則所志所學將何爲..."

23) 曺植,『學記類編』卷4, "高尙之士 不可以不在其位 而安然放意 無所事也"

24) 曺植,『南冥集』, <附錄>, "...然 子陵與吾 不同道 余未忘斯世者也 所願學孔子也..."

25) 曺植,『南冥集』卷2, <雜著 陋巷記>, "... 天子以天下爲土 而顔子以萬古爲土 陋巷非 其土也 天子以萬乘爲位 而顔子以道德爲位 曲肱非其位也 其爲土不亦廣乎 其爲位不亦

또한 동강(東岡) 김우옹(金宇顒, 1540~1603)은 조식이 생각한 제갈량의 출처에 대한 견해를, 『남명집』 권2의 <언행총록(言行總錄)>에서 이렇게 기록하고 있다. "선생은 일찍이 말씀하시기를 제갈공명은 삼고초려 때문에 벼슬에 나아가게 되었으나, 할 수 없는 때에 하고자했으니 작게 쓰였다는 아쉬움을 면하기 어렵다. 만약 끝까지 일어서지 않고 차라리 융중에서 늙어죽어서 천하후세가 무후의 사업을 알지 못한다 해도 또한 있을 수 없는 일은 아니다"[26]

조식은 또한 정몽주에 비해 길재의 출처가 자신의 출처에 더 접근하고 있다고 본 듯하다. 조식은 길재에 대하여 『남명집』 속집인 <야은길선생전(冶隱吉先生傳)>에서 "...공양왕이 왕위에 오르자 드디어 물러나 봉계에 살았다. 그 후로는 벼슬을 제수하여도 부임하지 않았다. ...두 성씨를 섬기지 않는 의리를 지켰다...."라고 말하고 있다.

아마도 이러한 출처관을 지닌 선비는 천하의 올바른 위치에 서서 도를 행하면서, 때를 만나 뜻을 얻으면 백성과 더불어 그것을 실천하고, 그렇지 않으면 홀로 도를 행한 사람일 것이다. "부유함과 귀함도 그를 넘치게 하지 못하며 가난함과 천함도 그를 움직이게 하지 못하며 권위와 힘도 그를 굴복케하지 못하니 이를 대장부라 할 수 있다고 한 맹자의 말을 연상케 한다."[27]

조식이 이러한 그의 출처관을 분명히 한 것은 그의 일관된 행동과 그 결과로도 증명된다. 그는 조정의 부름에도 거의 응하지 않았다. 그는 재야에 머물러 치열한 비판정신과 자신에게 엄한 스승으로 남음으로서

大乎"

26) 曹植, 『南冥集』 卷2, <言行總錄>, "...先生嘗爲 諸葛孔明爲三顧草廬而出 欲爲於不可爲之時 未免有小用之憾 若終不爲昭烈起 寧老死於隆中 天下後世不知武侯事業 亦未爲不可矣..."

27) 『孟子』, <滕文公章句 下>, "居天下之廣居, 立天下之正位, 行天下之大道. 得志與民由之, 不得志獨行其道. 富貴不能淫, 貧賤不能移, 威武不能屈. 此之謂大丈夫."

비판정신을 소유한 행동하는 지식인으로 남았다. 더하여, 여러 차례의
상소를 통하여 시대의 위기와 그 해법을 제안하였으며, 때로는 서리망
국론(胥吏亡國論)[28][29]과 같은 구체적인 대안을 제안하기도 하였다. 또한,
임진왜란이 일어난 후, 곽재우를 비롯한 많은 의병장들이 조식의 제자
이거나 그 가르침에 터하고 있었음을 생각할 때, 이러한 사실은, 그가
비록 물러나 대장부로서 홀로 도를 행하고 있었지만 세상을 잊지 않고
있었으며, 말하고 생각한 바[30]("處則有守 雖然 余未忘斯世也")를 실천하고 있
었음을 사후적으로 증명한 것이라 하겠다.

IV. 선비의 출처관과 현대사회의 '지식인'의 모습

1. 선비의 출처관

앞 장에서 논의한 바의 출처관을 지닌 조식으로 대표되는 선비들은
그 시대를 통하여 두 가지의 중요한 역할을 수행한 것으로 보인다. 하
나는, 이러한 과정을 통하여 이들은 시대의 흐름을 바로 잡고 그 시대

---

28) 물론 이러한 개혁론에 대하여 조식의 견해처럼 일상사적 접근을 통하여 서리의 폐해
를 적시하고 이를 문제해결의 중요한 실마리로 접근할 수 있을 것이며, 또 다르게는
(이이 등에서 보이는 것처럼) 서리의 폐해를 불러일으키는 관료제 전반의 제도적 문
제를 중심으로 접근할 수도 있을 것이다. 그러한 접근의 타당성 자체에 대한 논의를
떠나 조식의 서리망국론이 산림에서 민중과 같이한 일상사적 접근에 의한 대안이며
이 속에는 그의 세계관이 내재해있음은 분명해 보인다. 참고로 조선 후기에 이르러
정약용 역시 서리문제를 제기하면서 조식과 비슷한 입장을 취하였다.

29) 曺植, 『學記類編』卷2, <戊辰封事>, "自古 權臣專國者 惑有之 婦寺專國者 惑有之 未
聞有胥吏專國 如今之時者也 政在大夫 有不可 況胥吏乎? ...... 滿朝之人 所當沐浴共討."

30) 조식의 생각이 무엇이었는가에 대하여는 여러 주장이 있을 수 있을 것이나, 여기서
는 성리대전을 읽다가 허형의 말에서 감명받았다고 여겨지는 대목과 엄광과 자신의
비교에서 드러낸 의지를 바탕으로 재구성하여 볼 수 있다고 생각하여 '處則有守 雖
然 余未忘斯世也'를 조식의 생각에 근접한 것으로 가정하였다. 이 부분에 대하여는
앞으로 많은 연구가 필요한 부분이라 여겨진다.

를 위한 문화 형성을 책임져 나간 것으로 여겨진다.[31] 이는 요순(堯舜)이 인재를 등용하고 우(禹)가 홍수를 다스린 것이나, 후직(后稷)은 농사짓는 법을, 설(卨)은 인륜을 가르친 것 등에서도 잘 알 수 있을 것이다.[32] 이를 우리는 일종의 문명사적 개척자(文明史的 開拓者)로서의 선비 상이라 할 수 있다. 또 하나는, 이처럼 자신의 뜻과 어긋나거나, 때가 아니면 물러나 공부하며 미래사회를 위한 대안을 탐구하고 후진을 양성하며, 자신의 능력과 주위의 환경에 비추어 일할 수 있다고 생각되면 나아가 자신의 뜻을 과감히 펴는 선비를 통하여 그 시대는 정의와 지향을 향한 균형추를 지닐 수 있었을 것으로 여겨진다. 이를 우리는 사회적 균형자(社會的 均衡者)로서의 선비 상이라 할 수 있을 것이다.

사실 이러한 문명사적 개척자로서의 역할과 사회적 균형자로서의 역할은 오늘날의 민주사회가 작동하고 발전하기 위한 중심 원리이기도 하다. 이러한 선도자들의 역할을 통하여, 오늘날의 사회 역시 좀 더 나은 인류의 행복을 위해 전진할 수 있을 것이며, 개인의 존엄과 소수 집단의 보호 및 다양성의 확보가 가능해질 수 있을 것이다. 이 점에서 조선조 선비들의 이러한 역할은 단지 그 시대의 시대적 역할이라기보다는 그 시대를 대표하는 지성들의 공통된 역할이라 보여진다. 이 점은 다음에서 논의될 현대의 지식인의 경우에도 그대로 적용될 수 있을 것이다.

여기서 사회적 균형자로서의 비판적 역할은 확실히 허정(虛靜)이나 심제(心齊) 또는 좌망(坐忘)의 초월론적 관점이나 천명을 알아 마음이 명경지수(明鏡止水)와 같음을 의미하지는 않는다.[33] 이는 앞에서 언급한 정구의 제문에서도 잘 드러난다. 정구는 조식이 평소에 사회의 도덕과 풍조

---

31) 손영식·조남호, 『남명 조식의 철학사상 연구』, 서울대학교출판부, 2002, 25-48쪽.
32) 손영식·조남호, 앞의 책, 25-48쪽.
33) 박석, 「수양론의 관점에서 보는 "인부지이불온(人不知而不慍)"의 재해석」, 『中國文學』 제90권, 한국중국어문학회, 2015.

에 관해 크게 관심을 기울였으며, 고통받는 백성들의 참상과 위태로운 나라의 형편에 한탄하여 간혹 스스로 계획을 짜고 조처를 궁리해보기까지 하였음을 이야기하고 있다. 이렇게 보면 조식과 같은 처사들의 비판자적 역할은 초월(超越)과 천명론(天命論)에 의한 것이라기보다는 위기지학(爲己之學)을 추구하는 대인(大人)으로서 외부의 인정에 구애받지 않고 수양의 경지가 깊어 자신의 성찰을 통하여 승화한 결과로서 "비판과 비전"의 사회적 균형자로서 역할하게 되는 것이라 말할 수 있다. 이는 대인과 군자의 처신의 도(道)로서 "자신을 바로하고 남에게 탓을 돌리지 않으며(正己而不求於人)"와 "돌이켜 자신에게서 구한다(反求諸其身)"[34]는 생각의 결과로서 나타나는 것이라 할 수 있다. 물론 그 대상은 고통 받는 민(民)일 것이다.

물론 이러한 문명사적 개척자의 역할이나 사회적 균형자의 역할에는 그 역할을 하는 개인의 세계관이 다양성의 관점에서 작용할 것이라 여겨지며, 이는 당연한 것이기도 하다. 예를 들어, 조식의 경우에도 밥과 제도의 정비를 통한 사회개혁(社會改革), 경의(敬·義)를 중심으로 하는 절대적 자아확립과 실천적 학문 태도, 학문과 사고의 개방성, 정치의 도덕화와 이성화 등에 대한 생각을 깊이 하였던 것으로 여겨지며, 이러한 생각들이 그의 사회개혁론이나 상소를 통한 개혁의 제안서에서도 여실히 드러난 것으로 여겨진다.

2. 현대사회의 선비, 지식인의 개념

현대사회에서 과거의 선비의 역할을 수행하는 존재는 지식인(知識人)

---

34) 『中庸』, 第14章, "君子素其位而行, 不願乎其外, 素富貴行乎富貴, 素貧賤行乎貧賤, 素夷狄行乎夷狄, 素患難行乎患難, 君子無入而不自得焉, 在上位不陵下, 在下位不援上, 正己而不求於人則無怨, 上不怨天, 下不尤人, 故君子居易以俟命, 小人行險以徼幸, 子曰, 射有似乎君子, 失諸正鵠, 反求諸其身."

이라 할 수 있다. 지식인이라는 용어는 공간적으로는 프랑스 문화에서 시간적으로는 드레퓌스 사건[35])을 배경으로 하여 만들어졌다.[36]) 1898년 에밀 졸라(Émile Zola, 1840~1902)가 일간지 『로로르(L'Aurore)』의 첫 페이지에 "대통령 펠릭스 포르(Felix Faure, 1841~1899)에게 보내는 편지"라는 글을 편집장인 조르주 클레망소(Georges Clemenceau, 1841~1929)가 "나는 고발한다"라는 제목으로 달아 발표하면서 시작된 드레퓌스 사건에 대한 군 고위층을 고발하는 저항적 서명운동(抵抗的 署名運動)은 교수, 학생, 작가 등이 참여하면서 드레퓌스의 무죄를 주장하는 대열을 넓혔고 이들을 통칭 "지식인"이라 칭하게 되었다. 즉, 1989년 2월 1일 '르 주르날(Le Journal)'에 마침내 "지식인들의 항의(抗議)!"라는 제목으로 글이 개재되면서, 여기에서는 외국인과 멍청이 그리고 소수의 순수한 프랑스인을 지칭하는 경멸적 용어(輕蔑的 用語)로 시작된 이 말이, 역설적으로 당사자들에 의해 자랑스럽게 계승되면서 19세기 말 지성(知性)이라는 말과 크게 다르지 않은 의미로 전환되었다.[37])

이렇게 시작된 지식인의 개념은 역사적 과정을 거치면서, 그리고 공간적으로 확산되면서 몇 가지 특성을 지니게 된다. 하나는 지식인의 이미지 속에 논쟁과 가치의 문제가 내재되었다는 점이다. 이는 물론 찬성과 반대가 양립하면서 이념적 비판적 색채(理念的 批判的 色彩)가 가해졌음을 의미하는 것이기도 하다. 또 하나는 지식인은 생각하는 사람일 뿐만 아니라 집단 간 영향, 탄원, 저술 등을 통해 '자신의 생각을 표명하는

---

35) 1894년 프랑스에서 일어난 간첩의혹사건으로 군 법정이 유대인 사관 드레퓌스에게 독일의 간첩이라는 혐의를 씌워 종신형을 선고한 사건으로 그 뒤 드레퓌스는 1906년 무죄가 확정되어 군에 복직하였다. 이 사건으로 에밀 졸라 등의 인권옹호파와 군부의 공화파가 심하게 대립하여 프랑스 제3공화제는 심각한 위기에 빠졌다.

36) 물론 지식인이라는 집단군이 프랑스에만 존재하였다는 뜻은 아니다. 다만 그 용어의 출처를 짚어보는 과정에서 프랑스의 경우로부터 이 말이 퍼져나갔음을 의미할 따름이다.

37) 파스칼 올 · 장 프라소아 시리넬리, 한택수 역, 『지식인의 탄생』, 당대, 2005, 5-16쪽.

사람'이어야 한다는 점이다. 물론 지키고자 하는 가치가 사회 내에 의견의 일치를 이룰 수 있는 '합의 가능한 영역인가의 문제'[38]는 또 다른 문제일 것이다. 그럼에도 불구하고 그들의 생각과 생각의 표명은 그 시대의 새로운 이정표를 만들고 문화를 생산하는 역할을 하였음을 의미하는 것으로 여길 수 있다. 이는 앞 장에서 논의한 조선조 한국의 지성이었던 선비들의 문명사적 개척자의 역할이나 사회적 균형자로서의 역할과 동일한 것이다.

여기서 지식인의 생각 표명은 그 자체로 일정한 사회집단의 이념지향과 현실적으로는 연결될 수밖에 없을 것이다. 그리고 이러한 측면은 다원화된 집단이 상존하는 현대사회에서, 그 지식인이 집단의 어디에 속하던 간에 자신의 생각을 일관되게 표명하는 지식인은 그 사회의 균형을 맞추는 중심 추의 역할을 하게 될 것이다. 또한 만약 이들 지식인 집단이 논리적 합리성(論理的 合理性)과 인격적 규범성(人格的 規範性)을 지니고 있다면, 이를 기초로 하는 공동의 장(共同의 場, Common Ground; 예를 들어, 합리적 의사소통의 공론의 장)은 넓어질 것이며, 그 자연적 귀결로 논리적 토론이든, 협상이든 합의 가능한 영역은 크게 증대될 것이다. 이는 동시에 그 사회가 적은 비용으로 사회적 합의를 도출하고, 갈등을 줄이면서 각 집단이 서로 각자의 입지를 유지하면서도, 공동의 목표를 향해 나갈 수 있는 단초를 제공하게 될 것이다.

현대사회에서 지식인의 이러한 역할은 사실상 현대 사회에서만 필요하거나 존재하는 것은 아니다. 앞 장에서 우리가 논의한 선비의 출처관에 따른 행동 역시 따지고 보면 이러한 현대 지식인의 역할에 버금가는 것이었다.

---

38) 이는 위르겐 하버마스의 개념과 유사하다.

3. 현대사회의 지식인의 역할과 국가의 윤리성

앞에서 논의한 바의 선비와 지식인의 공적 또는 사회적 활동을 위해서 국가는 비인격적 제 3자로서 문명사적 개척자와 사회적 균형자들의 해체와 재구성 노력을 중재할 수 있어야 한다. 즉, 국가는 해체와 생성의 논의 공간을 마련하여 지식인들이 자신의 출처관에 따라 개방적이고 자유롭게 타자와 공존하면서도 자발적으로 참여할 수 있는 합리적 소통과 논의의 공간, 즉 공론의 장을 마련하여야 한다.

이러한 공론의 장을 마련하는 것은 일면 국가의 윤리성이라 할 것이다. 이에는 국가에 의해 절차적 정의가 확인되고 보장되어야 한다는 측면이 있음과 동시에 시민들이 타자와 더불어 새로운 시각과 창의적 생각을 공론화할 수 있는 공간이 되어야 한다. 그러한 관점에서 보면 공론의 장은 기존의 고통의 원인을 해체하고 새로운 대안적 또는 창발적 안이 제안되는 공간이며 생성적인 측면을 지니게 될 것이다.

여기서 사실 앞에서 언급한 조식 등의 선비들이 활동했던 조선시대에도 공론의 정치가 구현되고 있었음은 사실이다. 물론 조선 중기까지는 사대부, 사림 및 유생층이 이를 담당하는 주된 공론의 주체이었으며 후기(18-19세기)에 이르러서는 일반 민에 의해서도 일종의 공론의 정치가 이루어진다. 예를 들어, 갑오농민전쟁 당시의 동학도들의 의사표현 양식인 "도소(都所)"에서 이루어진 의견 결집과 청원은 유생들의 연명상소와 다를 바 없었다.[39] 이러한 관점에서 보면 우리의 선비문화 속에서도 공론의 정치를 통한 국가사회의 윤리성은 일정 부분 그 전통을 지니는 것이라 하겠다.

물론 이 경우, 공론의 개념은 오늘날 민주주의의 전통에 따른 여론의

---

39) 김인걸, 『조선 후기 공론정치의 새로운 전개: 18, 19세기 향회, 민회를 중심으로』, 서울대학교출판문화원, 2017.

형성과는 그 의미를 조금 달리한다. 오늘날의 공론화 과정은 다수의 동의를 구하는 방식을 같이 생각할 수 있지만, 언급한 바의 공론은 "천리를 구현하는 의론으로서 절대적으로 공정 공평하면서도 지극히 옳은 공의이다. 따라서 이러한 공론은 사람들이 따라야 하는 바이면서 동시에 따를 수밖에 없는 경우도 있다."[40] 이러한 공론의 형성은 일면 숙의의 과정을 거치면서 추구되는 측면을 동시에 지닌다 할 것이다.

V. 맺음말: 지식인의 시대적 소명과 선비정신의 시사점

지금까지 우리는 조선조의 선비와 현대의 지식인이 지니는 사회적 역할을 사회기능적 관점에서 분석하였다. Ⅱ장과 Ⅲ장을 통하여 선비정신과 조선조의 선비를 대표하는 조식의 출처관을 중심으로 그 사회적 기능을 분석하였다. 그리고 Ⅳ장을 통하여 현대 지식인의 그것을 분석하였다.

이러한 분석과정에서 도출된 바는 그 시대를 대표하는 선비와 지식인 사이에는 공통적인 사회적 기능이 있었다는 점이었다. 즉, 그것의 하나는 문명사적 개척자로서의 기능이었으며, 다른 하나는 사회적 균형추로서의 지성이었다. 이를 통하여 사회는 그 시대 문명의 성장과 전체를 위한 균형적 발전이 가능했을 것으로 여겨진다.

사실 이러한 두 측면은 현대사회에서도 성장과 구성원의 행복 증진에 매우 중요한 것으로 보인다. 어떤 사회이든 그 사회는 일면 성장의 경로를 확대해야하는 측면을 지니는 반면 동시에 다양한 구성 집단들의 여러 문화와 사고를 융화하면서 새로운 창조의 기반을 만들어야 한

---

40) 주자(『朱子大全』, 卷24)나 이이(『栗谷全集』, 卷7) 역시 비슷한 견해를 피력하고 있다. 주자는 여기서 다음과 같이 언급하였다. "...所謂國者 豈不謂夫順天理合人心而天下之所同是者也 …(중략)… 誠順天理合人心則固天下之同是也 異論何自而生乎..."

다. 물론 그 구체적인 경로와 전략과 실천 대안은 시대의 상황과 여건에 달려 있을 것이며 그 결정은 매우 국지적[41]인 것일 것이다.

한국 사회 역시 이러한 생각의 범주에서 벗어난 것은 아닐 것이다. 2차 세계대전의 종료 이후 70여년의 세월이 흐르면서 한국과 세계는 가히 변혁이라 부를 만큼 엄청난 변화와 이행과정의 소용돌이에 휩싸이게 되었다. 이러한 변화와 이행과정의 혼란은 어떻게 보면 근대화 이후 한국 사회에 커다란 역사의 '도전'을 안겨주었으며, 그 '응징'은 이제 피할 수 없게 되었다. 한국 사회에서 이러한 도전을 극복하는 일은, 어떻게 보면 한국 지식인 사회의 시대적 소명이라 할 것이며, 그것은 또 하나의 "세계를 향한 도전"이라 할 것이다. 특히 오늘날처럼 4차 산업혁명의 시대를 살아가고 있는 한국 사회에서 선비의 출처관적 전통을 이어받은 현대 지식인의 역할은 더 더욱 중요하다 할 것이다.

과학자나 공학자들이 지적하는 4차 산업혁명의 흐름은 대체로 다음의 특성을 지닌다. 즉 기술변화로서 하이브리드(hybrid)[42]의 경향, 인간, 사물, 컴퓨터 등 모든 것이 네트워크로 연결되는 추세, 차별화의 노력과 협력이 같이 이루어지는 점 등이다. 구글 트렌드 분석에 의하면 4차 산업혁명의 연관어는 빈도순으로 인공지능, 빅 데이터, 사물인터넷, 데이터 소프트웨어였다.[43] 기업들은 이미 이러한 4차 산업혁명적 도구를 활

---

41) 여기서 말하는 국지적의 의미는 Local knowledge의 뜻으로 사용하였다. 이는 인간사회의 결정과 행동양식을 상황과 맥락 속에서 파악하여야 한다는 해석적 전통의-실증적 전통과 대비되는 것으로서의-지식탐구 방법론과 연관된 것이다.

42) 예를 들어 가상현실과 같이 피지컬과 사이버가 결합하고 알고리즘과 데이터가 결합한다. 가상현실(VR)은 현실을 왜곡할 수도 있으며, 재해석할 수도 있고 표현할 수 있는 도구이다 (김은영, 「4차 산업혁명의 실체는 없다; 원광연교수가 바라 본 4차 산업혁명」, 『The Science Times』, http://www.sciencetimes.co.kr/?p=163457&post_type =news, 2017. 7. 1. 검색.)

43) 임인재, 「4차 산업혁명 시대, 포용적 성장과 혁신 : 초연결·초 지능 사회 어떻게 대비할 것인가」, 『한국과총Webzine』, http://online.kofst.or.kr/kofstNewsDetail.do?pageIndex =1&key=215609&cate2=COM045_EZmyQIE&distType=T 2017. 7. 14. 검색.

용하여 새로운 고객가치를 창출[44]해 나가고 있으며, 이와 관련하여 미국전자전기학회(IEEE)는 인공지능의 개발을 위한 "윤리적 디자인(Ethically Aligned Design)"의 추구에 주목하면서 문화적 가치와 인권, 책임, 투명성, 교육의 네 가지 쟁점을 언급하기도 하였다.[45]

산업혁명의 역사적 흐름에서 보면 4차 산업혁명에 대한 평가는 다소 엇갈린다. 혹자는 4차 산업혁명을 기존의 혁명과 구분되는 또 하나의 혁명으로 보기도 하지만, 다른 사람들은 1, 2차 산업혁명이 인류 역사에 미쳤던 영향력과 선을 그으면서, 3차 산업혁명의 끝자락 정도로 여기기도 한다. 후자의 견해를 주장하는 사람들은 핵심기술의 선도에 대하여 의문을 제기하며, 제조업의 혁신에 기반을 둔 인더스트리 4.0(Industry 4.0) 논의에서 출발했던 것이 4차 산업혁명이라는 용어를 통해 경제 전반으로 확산되었다는 점을 지적하기도 한다. 이러한 평가의 차이에도 불구하고 많은 연구자들은 4차 산업혁명의 결과로서 생산의 유연화나 성장과 더불어, 관련 산업과 직종의 심각한 실업, 정치적 불안, 환경 문제, 자원의 감소, 자연 재해 등의 여러 문제가 발생할 수 있음을 지적하고 있다.[46]

이러한 4차 산업혁명의 환경 속에서 한국의 민주주의와 자본주의는 어떠한 상황에 처하게 될 것인가? 우선 한국사회의 시장과 자본주의의

---

44) GE는 이와 관련하여 인간과 장비를 통합(운영과 산업인터넷의 결합 등)하여 완전히 새로운 제조 프랜트를 창조한다는 관점에서 "생각하는 공장(Brilliant factory)"을 도입하여 상당한 비용절감 효과를 달성한 것으로 알려져 있다. 참고로 생각하는 공장은 가상제조, 지능을 갖춘 기계, 유연한 공장, 재구성이 가능한 공급망 등의 비전을 지닌다.

45) "The future of jobs: Employment, skills and workforce strategy for the fourth in d ustrial revolution", *World Economic Forum*, https://www.bmbf. de/de/ zukunftsprojekt-industrie -4-0-848.html, 2016. 1. 18. 검색.

46) "The future of jobs: Employment, skills and workforce strategy for the fourth in d ustrial revolution" *World Economic Forum*, https://www.bmbf. de/de/ zukunftsprojekt-industrie -4-0-848 .html, 2016. 1. 18. 검색.

관점에서 보면 다음과 같은 예측이 가능할 수 있다.[47] 즉, 지능정보를 활용한 컴퓨터 기술의 혁신을 통해 생산과정의 융합이 이루어지고, 새로운 상품의 등장과 신규시장의 개척의 속도가 더욱 빨라지며, 생산과정에서 효율과 더불어 효능성의 향상을 이루게 될 것이다. 그리고 이러한 산업전체의 생산과 소비 과정에서의 효율성 증진 속에서 한국 자본주의의 생산성이 획기적으로 증가할 가능성이 있다.

그러나 생산성과 효율성의 향상은 언제나 동전의 양면과 같은 문제점을 내포하고 있다. 인류 역사를 앞서간 다른 산업혁명의 시대가 그러했듯이, 기술혁신과 관련된 분야에서 대규모 실업사태가 발생할 수 있다. 또한 혁신 기술에 접근할 수 있으며 새로운 기술을 개발할 수 있는 능력을 가진 집단과 그렇지 못한 집단 사이에 소득과 재산의 양극화 현상이 일어날 가능성도 높다. 생산과정의 혁신에 따른 산업의 재편과정에서 경제정책의 유동성은 증가하고, 투자 및 기대의 불확실성 또한 크게 높아지게 될 것이다. 이러한 변화들로 인하여 기업 내에서는 경영자와 노동자 사이에서, 기업 밖에서는 산업과 산업 사이에서, 그리고 국민경제 내의 다양한 집단들 사이에서 예기치 못한 갈등이 발생할 가능성이 높다. 따라서 이러한 갈등을 어떻게 해결할 것인가의 문제, 기업의 사회적 책임과 본질이 무엇이며, 기업의 시민성과 기업가 정신은 어디를 향해야 하는가 등의 문제는 끊임없는 논의의 대상이 될 것이다. 결과적으로 이는 새로운 자본주의에 대한 논의를 확산시키게 될 것으로 보인다.

조영달이 제안했던 "인격적 자본주의"는 그러한 논의의 일환이다.[48]

47) 이하를 참고하였다: 조영달, 「4차 산업혁명 시대, 시민교육의 지향과 과제」, 『시민교육연구』, 제49권 4호, 한국사회과교육학회, 2017.
48) 조영달, 「한국 경제사회 공간의 기업 책임과 인성: 인격적 자본주의의 제안」, 『경제교육연구』 제22권 3호, 한국경제교육학회, 2015.

경제 공간과 기업공간의 구성이 "인격적 존재의 복수성"과 "타자가 주체의 성립조건"이라는 점을 전제한다고 생각한다면, 경제(특히 기업) 활동 주체의 행동윤리는 마땅히 자신의 존재를 가능하게 하는 타자를 "인정(recognition)"할 뿐만 아니라 영접하고 환대하는 것이어야 할 것이며, 고통받는 타인의 호소를 받아들이고 책임지는 행동양식이어야 할 것이다.[49]

여기서 타자에 대한 인정과 환대는 "주체의 윤리"이기도 한데, 이와 관련하여 레비나스(E. Levinas)의 주체의 윤리성에 대한 주장을 참고할 수 있다. 즉 레비나스에 따르면 근대적 인간은 노동과 소유를 통해 자신을 타자로부터 분리하고 이를 통해 고유한 주체로서의 자유를 획득하는데, 이에 따라 점차 자기중심적이며, 모든 것을 자아 속에서 전체화 하려는 경향을 지니게 된다는 것이다. 따라서 이러한 근대적 인간의 행동양식에 타자를 향한 초월이나 환대는 존재하지 않는다.[50] 레비나스는 주체의 윤리란 이처럼 근대에 잊혀진 타자에 대한 환대를 회복하는 것에 있다고 본 것이다.

4차 산업혁명은 경제와 산업, 그리고 자본주의뿐만 아니라 한국사회의 민주주의에 대하여도 강한 영향력을 미치게 될 것이다. 오늘날 한국사회가 당면한 갈등과 소통의 문제는 적지 않다. 압축적 근대화의 결과에 따른 문제들, 세대 간, 계층 간, 집단 간, 지역 간에 존재하는 중첩적인 갈등들, 그리고 복합사회로의 변화의 흐름 등은 모두 우리 사회의 연대의식과 공동체적 기반을 흔들 수 있는 위험요소로 작용하고 있다. 이러한 갈등상황에서 중요한 역할을 담당하는 것이 집단 간 의사소통이라 할 수 있는데, 이러한 맥락에서 SNS나 소셜 미디어 등을 중심으로 하는 정치적 소통 도구들이 혁신적 성장을 통해 의사소통을 증진 시키

---

49) 조영달, 앞의 논문, 10쪽.
50) 레비나스, 강영안 역, 「시간과 타자」, 문예출판사, 1979; 강영안, 「주체는 죽었는가: 현대철학의 포스트 마던 경향」, 문예출판사, 1996에서 재인용.

게 될 것이라는 점은 분명해 보인다. 또한 정치영역이 정치 이외의 다른 영역과 혼종화(hybridization)되는 현상은 더욱 뚜렷해질 것으로 예상된다. 이미 우리는 최근의 정치 과정에서 댓글 정치의 득세라던가, 연예오락을 목적으로 하는 방송 프로그램과 정치 시사 프로그램이 혼합되는 양상 그리고 이에 따른 정치적 인식의 중첩 현상을 경험한 바 있다.

그러나 한국의 민주주의와 정치과정에서 예견되는 이와 같은 소통도구의 혁신은 다른 한편으로는 한국정치의 전근대성이나 근대성과 엉키면서 정치적 시민성의 양상을 더욱 복합적으로 만들 가능성이 있다. 오늘날 우리의 정치는 한편으로는 4차 산업혁명의 미래를 논의하면서도 다른 한 편에서는 여전히 "세력과 프레임의 전쟁"을 통하여 정치적 승부를 결정하려 한다. 정치문화의 복잡화 경향성 속에서도 여전히 자기 집단의 이해(利害)를 위한 소통의 장벽이 공고하게 존재할 것임을 짐작할 수 있는 것이다. 이 과정에서 SNS 등의 소통 도구의 성장은 오히려 "굴절된 소통"을 강화하고, 집단을 자기들만의 섬에 더욱 분리시키며, "집단 이성의 감성적 동화"를 촉진하게 된다.

이처럼 의사소통의 도구 자체가 윤리성과는 무관한 존재임에 따른 "소통도구의 이중성" 문제는 한국정치에서 '집단이성의 굴절과 감성적 동화' 경향과 더불어 아마도 상당 기간 심각한 문제로 남게 될 것이다. 이는 곧 한국 사회 내의 집단 양극화를 의미할 수도 있으며, 소통의 굴절을 바로잡는 지식인의 역할이 더없이 중요함을 말해주는 것이기도 하다. 이 점에서 보면 이 글의 조식 출처관의 분석에서 살펴보았던 사회적 균형자의 역할 확대는 더없이 중요한 것이라 하겠다. 미래에 대한 비전과 용기와 소신 그리고 사회에 대한 애정으로 이루어지는 소통의 왜곡과 굴절을 바로 잡는 일은 이 시대 지식인의 선비적 소명이라 할 것이다.

여기서 우리가 또 하나 언급하지 않을 수 없는 것은 지금 이루어지고 있는 한반도의 통일과 동북아 질서의 재편이다. 한반도는 통일과 평화 공존의 과제를 지니는 반면 중국과 미국을 중심으로 하는 동북아의 질서 재편은 과거의 패권주의적 흐름과 시장을 중심으로 한반도가 세계 자본주의로 급속히 편입하려는 양 측면이 동시에 진행되리라 여겨진다. 이러한 질서 재편 역시 우리 민족의 미래에 커다란 변화를 몰고 올 가능성이 있다.

더하여 우리 사회는, 세계의 변화와 궤를 같이하는 지식 사회적, 범지구적 시장 자본주의로의 급속한 동화와 더불어, 탈현대화와 다문화의 경향 및 민주주의의 고도화 과정이 겹치면서, 곳곳에서 중첩적 과도기 사회의 양상을 노출하고 있다. 사회 내에 계층과 민족을 달리하는 다양한 집단이 활동의 폭을 넓히고 있으며 이들 간의 갖가지 갈등과 가치의 혼재는 한국사회의 이러한 성격을 잘 보여주고 있다. 많은 집단이 분화하고 그들 사이의 의사소통에 분절이 일어나는 현상 역시 이와도 연계되어 있다. 더하여, 세계 사회와 한국, 정부와 시민사회, 민간과 공공 부분, 소유와 경영, 기성세대와 미래세대, 개인과 가족, 나와 타인, 그 어느 것 하나 우리에게 분명하게 합의 가능한 행동적 논의를 가능케 하는 것이 없을 정도이다.

이처럼 세계와 한국 사회에서 일어나고 있는 여러 현상은 지금까지 당연시해왔던 많은 영역에서 우리 스스로에 대한 새로운 성찰과 새로운 시각의 구성을 절실히 요청하고 있다. 사실 이점은, 앞에서 언급한 바와 같이, 우리 사회가 직면한 중대한 해결과제이며, 이것을 극복하는 일은 이 시대 지식인의 소명이자 "세계를 향한 도전"이기도 할 것이다. 이 점 역시 사회적 균형자로서 이 시대 지식인의 선비적 역할이라 할 것이다.

즉, 이 시대 지식인의 선비적 역할 가운데에 하나는 한국 사회 내부를 효율적이면서도 조화롭게 융화시킬 '공동의 장(common ground)'을 건설할 수 있는 철학과 이해의 틀을 창출해내는 일일 것이다. 이러한 일은, 중첩적으로 과도기적 갈등 양상을 띠고 있는 한국 사회 전반에 삶에 대한 인식과 지향을 찾게 하고, 합의 가능한 영역을 확대하는 것이 될 것이며, 또한, 이미 다문화 사회로 진입한 우리 사회에서 다양성을 인정하고, 대학을 비롯한 사회 여러 분야에 자율을 부여함과 동시에 공개적 자기 검증을 확대하고, 동시에, 사회적 신뢰의 형성, 시장과 민주주의를 위한 제도와 규범의 정립, 건전한 사이버 공동체의 구축 등과 같은 사회자본(social capital)[51]을 확충하는 일이 될 것이다. 이러한 일의 수행에는 한국 지식인 사회의 사회적 균형자로서의 역할이 무엇보다 중요할 것이다.

다른 하나는 문명사적 개척자의 역할을 더하여 인류 보편의 역사를 변화시킬 '창의적 미래(creative future)'를 건설할 수 있는 개념을 도출하는 것이다. 이러한 일은 우리 문화를 바탕으로 우리 상황에 적합하게, 집단과 사회의 효율을 높임과 동시에 그 가치지향을 인류 보편화하고, 4차 산업혁명과 같이 호흡하면서 인적 자원의 질적 고도화와 성장의 잠재력을 높이는 한편, 더불어 다른 한편으로는 약자와 빈곤층에 대한 민주적 배려를 강화하고 자유와 동시에 평화와 안정을 확대해나가는 일이 될 것이다.

아마도 한국사회의 지식인들은, 이러한 시대적 소명과 관련하여 때로는 문명사적 개척자로서 때로는 사회적 정의의 균형자로서, 한국 사회와 인류의 보편가치를 위해 그 역할을 다하여야 하는 것이, 후속세대의 미래를 담보하는 논리와 윤리이기도 할 것이다. 어쩌면 이러한 시대적 논리 속에서, 현대의 지식인에게 개인적으로 요구되는 바의 하나는 주체적 자아와 자율적 도덕성을 중심으로 하는 자유의지에 의한 도덕

---

51) 신뢰나 시민 규범, 민주적 제도 등과 같이, 사회구성원의 공동의 이익을 위한 협력과 참여를 창출하는 무형자산을 말한다.

률의 실현이라면, 다른 하나 사회적으로 지녀야 할 핵심적인 것은, 과거의 조선의 선비들이 그러했듯이-특히 우리는 조식의 경우에 보았듯이-'나아감에 행함이 있어야 하고(出則有爲), 물러나 처하면서도 사회를 향한 의지와 더불어 지키는 것이 있어야 할 것(處則有守 雖然 余未忘斯世也)'이다. 이를 통하여 현대의 지식인들은 문명사적 개척자의 역할과 사회적 균형추의 역할을 수행할 수 있을 것이기 때문이다. 이 점에서 조선조의 조식으로 대표되는 선비들의 출처관과 선비정신은 현대에서도 깊이 되새겨져야 할 부분이라 아니할 수 없다.

동시에 이러한 관점은 과거의 선비정신과 선비에 대한 정체적 견해가 현대적 관점에서 재해석될 수 있는 하나의 중요한 단초가 될 수 있을 것으로 여겨진다. 이 글이 과거 조식으로 대표되는 선비들이 지녔던 자랑스러운 전통의 해석에 궐략한 바를 조금이라도 보충할 수 있었으면 하는 바람을 지닌다.

참고문헌

『論語集註』
『孟子』
『中庸』
동림 역, 『장자』, 현암사, 1998.
이세동 역, 『대학·중용』, 을유문화사, 2007.
성백효 역, 『(懸吐完譯)孟子集註』, 전통문화연구회, 2005.
鄭仁弘, 『來庵集』
曹植, 『南冥別集』
曹植, 『南冥集』
曹植, 『學記類編』

강영안, 『주체는 죽었는가: 현대 철학의 포스트모던 경향』, 문예출판사, 1996.
금장태, 『한국유학의 심설』, 서울대학교출판부, 2002.
금장태, 『한국유학의 탐구』, 서울대학교출판부, 1999.
김인걸, 『조선 후기 공론정치의 새로운 전개: 18, 19세기 향회, 민회를 중심으로』, 서울대
        학교출판문화원, 2017.
김충열, 『남명 조식의 학문과 선비정신』, 예문서원, 2006.
남명학연구원, 『남명사상의 재조명』, 예문서원, 2006.
남명학연구원, 『남명학파 연구의 신지평』, 예문서원, 2008.
남명학연구원, 『남명선생의 생애와 학문정신』, 뜰날기획, 2006.
박 석, 「수양론의 관점에서 보는 "인부지이불온(人不知而不慍)"의 재해석」, 『中國文學』
        제90권, 한국중국어문학회, 2015.
박성순, 『선비의 배반: 선비의 그늘에 감춰진 조선 정치의 현실』, 고즈윈, 2004.
손영식·조남호, 『남명 조식의 철학사상 연구』, 서울대학교출판부, 2002.
신병주, 『남명학파와 화담학파 연구』, 일지사, 2000.
심경호, 『간찰, 선비의 마음을 읽다』, 한얼미디어, 2006.
안대회, 『선비답게 산다는 것』, 푸른역사, 2007.
이광주, 『지식인과 권력-근대 독일 지성사 연구』, 문학과지성사, 1992.
이성무, 「사대부란 무엇인가」, 『선비문화』 제13권, 남명학연구원, 2008.
이용범, 『인생의 참스승 선비1-2』, 바움, 2004.
이장희, 「선비론」, 『선비문화』 제14권, 남명학연구원, 2008.
정광호, 『선비; 소신과 처신의 삶』, 눌와, 2003.

정옥자 외, 『시대가 선비를 부른다』, 효형 출판, 1998.

정창권, 『홀로 벼슬하며 그대를 생각하노라』, 사계절출판사, 2003.

조영달, 『한국 시민사회의 전개와 공동체 시민의식』, 교육과학사, 1997.

조영달, 「4차 산업혁명 시대, 시민교육의 지향과 과제」, 『시민교육연구』 제49권 4호, 한국 사회과교육학회, 2017.

조영달, 「한국 경제사회 공간의 기업 책임과 인성: 인격적 자본주의의 제안」, 『경제교육연구』 제22권 3호, 한국경제교육학회, 2015.

파스칼 올·장 프라소아 시리넬리, 한택수 역, 『지식인의 탄생-드레퓌스부터 현대까지』, 당대, 2005.

허권수, 『절망의 시대, 선비는 무엇을 하는가』, 한길사, 2001.

김은영, 「4차 산업혁명의 실체는 없다: 원광연교수가 바라 본 4차 산업혁명」, 『The Science Times』, http://www.sciencetimes.co.kr/?p=163457&post_type=news, 2017. 7. 1. 검색.

"The future of jobs: Employment, skills and workforce strategy for the fourth in d ustrial revolution", World Economic Forum, https://www.bmbf. de/de/ zukunftsproj ekt-industrie-4-0-848.html, 2016. 1. 18. 검색.

임인재, 「4차 산업혁명 시대, 포용적 성장과 혁신: 초연결·초 지능 사회 어떻게 대비할 것인가」, 『한국과총Webzine』, http://online.kofst.or.kr/kofstNewsDetail.do? pageIndex=1&key=215609&cate2=COM045_EZmyQIE&listType=T, 2017. 7. 14. 검색.

남명(南冥) 조식(曺植)의 치국론(治國論)과 의미

- 상소문을 중심으로 -

김
강
식

Ⅰ. 머리말

조선중기의 16세기는 조선 건국 이후 수립되었던 조선전기의 사회체제에서 많은 문제점이 드러나면서 새로운 정치세력으로 사림(士林)이 등장하여 새로운 사회체제를 제시·수립해 나가는 과도기였다.[1] 사림들은 도학정치(道學政治)를 이상으로 제시하고 이의 실천을 위한 다양한 방안을 제시하고 있었다. 남명(南冥) 조식(曺植, 1501~1572)이 살았던 시기는 송나라에서 도입했던 성리학이[2] 조선에서 조선성리학으로 정착되면서 성리학적 정치 질서가 성립되어 나간 시기였으며, 사화(士禍)와 붕당정치 성립기였다.

---

1) 오종록, 「16세기 조선사회의 역사적 위치」, 『역사와 현실』 제16권, 한국역사연구회, 1995.
2) 守本順一郎, 김수길 역, 『동양정치사상사연구-주자사상의 사회경제적 분석-』, 동녘, 1985.

이러한 16세기의 변화는 정치·경제·사회 등 사회 전반에 걸쳐서 유기적으로 전개되었다. 훈구(勳舊)와 사림 세력의 정치적 갈등에서 전개된 사화, 농민의 유망과 민생의 고통이 표면화되면서 문제를 야기하였다. 이에 사림파는 훈구파의 비리를 비판하면서 다양한 개혁책을 추진하면서 향촌사회에서 기반을 확고히 하려 하였다. 당시의 상황에서 사림파의 활동은 현실적으로 명분을 확보할 수 있었으며, 개혁의 추진이 정치사회적으로 큰 영향을 주었다. 조식도 사림파의 학문적·정치적 입장을 계승·선도하였다. 비록 조식이 정치 현실에 들어가지 않았지만, 정치 현실을 결코 외면하지는 않았다고[3] 평가된다.

사실 조선중기의 정치사상가 중에서 조식은 독특한 평가를 받는 인물이다.[4] 기존의 조식에 대한 평가를 정치사적으로 정리하면,[5] 조식을 성리학자로 파악하면서 퇴계(退溪) 이황(李滉, 1501~1570)과의 관계를 대립적이 아니라 보완적으로 보려는 견해,[6] 조식을 성리학자 중 노장학적(老莊學的) 사유를 지닌 이단적 성향이 강하였던 처사형(處士形) 지식인으로 보는 견해,[7] 조선 중기의 성리학자를 진보와 보수로 나누되 조식은 진보적 사림파로서 실학사상의 연원이었다고 파악하는 견해로[8] 나눌 수 있다.

---

3) 이수건, 「南冥 曺植과 南冥學派」, 『민족문화논총』 제2·3집, 영남대학교 민족문화연구소, 1982.

4) 박병련, 「南冥 曺植의 政治思想과 思想史的 위치」, 『정신문화연구』 제20권, 한국정신문화연구원, 1997.

5) 박병련, 「政治·行政學界의 南冥 및 南冥學派 연구동향」, 『南冥學研究論叢』 제10권, 남명학연구원, 2002; 이상필, 「南冥學派 研究의 現況과 課題」, 『韓國人物史研究』 제2호, 한국인물사연구소, 2004; 심홍수, 「남명 연구 성과의 회고와 전망-정치 분야에 대한 소고」, 『南冥學研究』 제35권, 남명학연구소, 2012.

6) 김윤제, 「南冥 曺植의 學問과 出仕觀: 退溪 李滉과의 비교를 중심으로」, 『韓國史論』 제24권, 서울대학교 국사학과, 1991.

7) 신병주, 「南冥 曺植의 學問 경향과 現實認識」, 『한국학보』 제16권, 일지사, 1990.

8) 권인호, 『조선중기 사림파의 社會政治思想』, 한길사, 1995.

이러한 연구들을 종합하면 조선중기의 성리학 체계화 과정에서 조식은 사상에서는 의리와 실천을 강조하였으며, 정치에서는 현실의 모순에 대해 타협을 거부하며 적극적인 개혁을 주장한 비판적 지식인이자 전형적인 처사였다고 할 수 있다. 조식에 대한 다양한 연구를 토대로 하여 본고에서 살펴보고자 하는 조식의 치국론(治國論)의 입장에서 보면, 비록 조식이 재야 지식인이었지만 적극적인 현실개혁론자였다고[9] 정리할 수 있다. 이런 입장에서 본고에서는 16세기의 현실 모순을 정확하게 인식하고, 현실정치에 대한 개혁책이 적극적으로 담겨 있는 조식의 4차례의 상소(上疏)를 토대로 조식의 정치 현실에 대한 치국론을 살펴보고자 한다. 이를 위해서 정치의 영역을 크게 지방정치와 중앙정치로 나누어서 살펴보고,[10] 나아가 조식의 치국론이 오늘날 우리에게 주는 시사점에 대해서도 살펴보고자 한다.

Ⅱ. 지방정치

16세기의 정치적 변화는 새로운 정치세력으로 사림이 등장하자 정치 참여 층의 지방 확산이 나타나면서 지방정치에도 새로운 변화가 나타났다. 조선중기는 토지공유제(土地公有制)와 양인제일화(良人齊一化)에 기초한 국역체제(國役體制)의 운영을 통한 중앙집권적 전제국가의 완성이라는 조선전기의 이상이 소멸되는 시기이자, 사적 소유제(私的 所有制)와 반상제(班常制)를 기반으로 한 지주제(地主制)가 성장하는 시점이었다. 이에 국

---

9) 이수건, 앞의 논문; 정진영, 「南冥 曺植의 現實認識과 對應」, 『韓國의 哲學』 제27권, 경북대학교 퇴계학연구소, 1999; 신병주, 『남명학파와 화담학파 연구』, 일지사, 2000.

10) 조선시대의 정치사의 영역을 정치제도, 정치이념, 정치운영, 정치사상으로 나누어 정리하고 있다.(근대사연구회 한국역사연구회 편, 『한국중세사회 해체기의 제문제(상)』, 한울, 1987.) 아울러 철학 분야에서는 경세론(經世論)이란 시각에서 많은 연구가 진행되었다. 본고에서는 역사학 분야의 연구를 주로 참고하였다.

가와 지주층의 이해가 첨예하였지만, 점차 후자의 입장이 무게를 더해 나가고 있었다고[11] 한다. 이러한 16세기에 정치 참여층의 지방 확산은 중앙정부의 지방정책의 변화에 따른 정치세력의 지방 거주의 허용과 사림의 정치세력으로의 성장이라는 양면적인 현상에 따른 것이었다. 이런 가운데 지방통치를 어떻게 파악하는가의 문제는 민의 형편에 대한 이해에서 출발하여 국역의 운영과정을 어떻게 평가하느냐의 문제였다. 사림은 민의 상황이 어려운 이유를 역과 과세(課稅)의 과다한 부과, 역과 부세의 운영과정에서 나타나는 부정 때문으로 파악하였다. 이에 사림은 무엇보다도 먼저 민의 부담을 줄여주어야 한다고 생각했으며, 군역(軍役)과 공물(貢物) 운영상에서 가장 큰 문제는 훈척 세력에 의한 권력형 비리에서 기인한다고 보았다. 이러한 모순의 시정을 위해서 사림은 수령의 잘못을 규찰할 수 있는 체계에 관심을 기울이고 합당한 인물을 수령에 배치하려고 노력하고 있었다고[12] 한다.

사실 우리나라 역사에서 지방정치에 대한 인식이 형성된 시기가 16세기였다. 그것은 재지사족이 형성되면서 그들의 공동체인 향촌사회를 운영·통제하려 하였기 때문이었다. 16세기의 사림들이 지방정치 현실을 바라보면서 개혁하고자 했던 입장에서 조식의 입장을 검토해 보기로 한다.

1. 향촌자치론

조선중기에 국가의 지방지배는 사족지배체제(士族支配體制)의 성립, 수령의 대민지배와 재지사족, 군현 제의(祭儀)와 국가정책, 진휼정책과 지방지배라는 측면에서 접근할 수 있다. 조선중기에 사족지배체제가 형성

---

11) 김성우, 「16~17세기 사회경제사 연구현황」, 『역사와현실』 제9권, 한국역사연구회, 1993.
12) 최이돈, 『朝鮮中期 士林政治構造硏究』, 일조각, 1994, 229~230쪽.

되면서 수령-사족 주도의 향촌지배를 관철하여 사림파의 성리학적 향촌지배 이념의 관철과 성리학 이념에 입각한 체제 구축이 진행되었다. 구체적인 방법으로 유향소(留鄕所)의 복립을 통한 향권의 장악과 향약(鄕約)을 통한 지배 이념의 실천이었는데, 사림은 이를 통해서 일정한 자치권을 확보하고 있었다.[13] 한편 제도상으로는 조선전기 군현제의 정비와 수령권의 확립을 통한 안정적인 지방지배 질서 위에 사림파들은 새로운 지방지배의 구상을 전개하였다. 16세기의 지배층은 이념적으로 고려 말에 보급된 성리학적 이념의 실천이라는 측면에서 예치(禮治)를 중시하였다. 조선의 중앙정부는 재지세력을 지방통치의 협력자로 활용하려는 국가의 지방통치 방향에 따라 인민에 대한 교화는 상당 부분 사족들에게 위임하고 있었다.

이에 재지사족들은 수령권과의 유착과 길항(拮抗)이라는 관계 속에서 그들의 신분적 권위의 상징인 향안(鄕案)을 모체로 한 향약을 통해 향촌사회의 권력을 장악하고, 유향소와 향리 및 하민을 지배하는 일향지배(一鄕支配)를 관철하였다.[14] 구체적으로 재지사족들은 유향소복립운동, 향약보급운동을 전개하여 유향소를 통해서 향권을 장악하고, 향약을 활용하여 일정한 자치권을 확보하고 있었다.[15] 특히 중종대의 김안국(金安國)이 실시한 향약은 수령권을 넘어서서 향약 기구가 강력한 처벌권을 보유하여 향촌사회에 미치는 구속력이 강하였다.[16] 조선향약의 과실상규(過失相規) 조에 실린 처벌 조항에 재지사족의 자체 처결권과 재판권이 드러나 있다.[17]

---

13) 이태진, 『한국사회사연구』, 지식산업사, 1986, 285-288쪽.

14) 김인걸, 「조선후기 향안의 성격변화와 재지사족」, 『김철준박사화갑기념사학논총』, 지식산업사. 1983.

15) 한국역사연구회 조선전기 사회사 연구반, 『조선은 지방을 어떻게 지배했는가』, 아카넷, 2000, 85-182쪽.

16) 한상권, 「16·17세기 향약의 기구와 정책」, 『진단학보』 제58집, 진단학회, 1984, 19-27쪽.

향약은 북송 섬서성에서 남전현인(藍田縣人) 여씨(呂氏) 형제로부터 시작되어 주자(朱子)가 증손하여 성리학의 고전인 『소학(小學)』에 수록함으로써 성리학적인 향촌지배원리의 하나로 정착되었다고 한다. 남송의 양자강 유역이 개발되면서 향촌에 기반을 둔 재지세력들은 자신들에게 유리한 향촌질서를 확립하여 구성원을 교화시키는 것이 중요하였다. 주자가 증손여씨향약(增損呂氏鄕約)을 보급한 것은 향촌을 교화하여 유교적 향촌질서를 구축하려는 목적에서 고안하였다고[18] 한다.

조선 성리학이 성립되는 시기였던 조선중기의 중종대는 주자의 증손여씨향약을 언해하여 보급한 시기였으며, 명종과 선조대는 이황과 율곡(栗谷) 이이(李珥, 1536~1584)에 의해서 조선향약이 정립된 시기였다. 사림은 성종대의 향음주례(鄕飮酒禮) 보급운동, 중종대의 향약보급운동 및 『소학』 실천운동, 선조대의 서원 건립운동 등 다양한 방법으로 향촌사회의 지배를 시도하였는데, 향약보급운동이 가장 큰 영향을 미치고 실천하였던 운동이다.[19] 1517년 김안국이 주자증손여씨향약의 언해본을 출간했으며, 선조대에 전국적인 시행 논의를 거쳐 전국적으로 보급·확산되었다.

이런 상황에서 조선중기에 형성되어 나간 재지사족의 거향관(居鄕觀)은 국가의 농민지배와 사족의 하민(下民) 지배의 모순을 해결하기 위한 정치적 성격이 강한 향촌지배의 논리였다. 물론 거향관은 성리학적 향당윤리를 기본으로 하는 것이었지만, 조선에서는 윤리적인 문제만이 아니라 향당의 결속력을 기반으로 사족의 향촌지배를 가능하게 하는 향촌사회의 운영원리를 핵심으로 하였다. 이러한 거향관이 조선 중기에 받아들여지고 강조된 것은 재지사족이 자신들의 결속력을 유지할 필요

---

17) 최연식, 「조선시대 사림의 정치참여와 향촌자치의 이념」, 『한국정치외교사논총』 제 27집, 한국정치외교사학회, 2005, 12쪽.

18) 『朱子大全』 卷74, <增損呂氏鄕約>.

19) 이태진, 『朝鮮儒敎社會史論』, 지식산업사, 1989, 254-268쪽.

가 있었고, 또 조직적으로 통제할 수 있는 제도를 갖추었기 때문이었다고[20] 한다.

이러한 시대를 살았던 조식은 경상우도에 거주했던 재야 지식인으로서 재지사족이었다. 조식 자신은 직접 중앙정치에 참여하지 않고, 향촌사회에서 주로 활동하였기 때문에 지방정치에 대한 관심이 높을 수밖에 없었다. 성리학의 통치이념을 보급하고 실천하기 위해서 조식에게도 지방정치는 필요한 부분이었는데, 이를 위해서는 공론(公論)의 형성이 제일 중요하였다. 이에 조식은 지방정치의 문제점을 적시하였는데, 그것은 지방 행정체계의 복원을 통해서 향촌사회의 질서를 안정시키고자 하였다. 그런 방안을 살펴보면 다음과 같다.

먼저 유향소와 향약의 실시이다. 조식도 재지사족 중심의 향촌체제를 구축하고자 하였다. 그것은 사회 혼란 속에서 향촌사회를 안정시킬 필요성을 절감하고 있었기 때문이었다. 16세기의 사회 혼란 속에서 새로운 향촌사회를 만들기 위해서는 경상우도에서 재지사족 중심의 향약의 실시가 필요하였다. 16세기 후반의 향촌지배구조는 상층부의 결속과 하층부의 통제에 있었다. 이러한 입장은 당시의 향촌제도가 가지고 있는 공통적인 모습이었으며, 향촌지배 기구의 중심은 향약이 중심이었지만, 실제는 상호 복합적인 모습을 가지고 있었다고[21] 보아진다.

16세기에 지방정치 체제의 변동은 수령을 중심으로 하는 행정체계와 이에 영향을 주는 사림의 정치 참여라는 두 가지 측면에서 파악할 수 있다. 사림이 지방통치를 어떻게 파악하느냐 하는 문제는 민의 형편에 대한 이해에서 출발하여 국역의 운영과정을 어떻게 평가하는가의 문제였다.[22] 사림은 지방정치를 주도하기 위해서 지방정치의 운영방식을

---

20) 김인걸, 「16·17세기 在地士族의 '居鄕觀'」, 『韓國文化』 제19집, 서울대학교 한국문화연구소, 1997, 135쪽.
21) 김강식, 『임진왜란과 경상우도의 의병운동』, 혜안, 2001, 102-103쪽.

선택하고 이를 실현하기 위한 합법적인 조직과 기구를 만들어야 했는데, 16세기에는 유향소와 향약이 주목되었다. 사림은 수령을 견제하면서 지방 문제를 이끌어 갈 정치집단의 존재를 인정하고, 이를 조직화하는 것이 불가피하다고 보았다. 사림은 향론 수렴기구를 통하여 수령의 독단과 부정을 견제할 수 있었다. 이에 사족은 사족으로만 구성된 유향소의 한계를 극복하기 위해서 포괄적인 향촌조직을 필요로 하였고, 향도(香徒)라는 기존의 조직을 이용하고 향약의 내용을 민에 맞게 변용시켰다.

조선중기에 시행된 향약은 16세기 초에는 송나라의 여씨향약이 그대로 보급되었지만, 16세기 후반에는 조선의 현실에 맞게 재구성한 향약이 보급되었다. 조선중기의 향약은 송나라 향약의 덕업상권(德業相勸), 과실상규(過失相規), 예속상교(禮俗相交), 환난상휼(患難相恤)을 기본으로 했지만, 전통적인 계(契) 조직의 취지를 흡수하여 경제적 상부상조를 강조하고, 삼강(三綱)·오륜(五倫)의 덕목 중에서 효(孝)에 관한 덕목을 으뜸으로 내세우고 있는 것이 특징이다. 이것은 향약의 시행 목적이 가부장적인 가족질서의 안정과 농촌경제의 안정에 우선하였음을 의미한다. 이러한 측면은 환난상휼을 강조한 조선 향약의 특징으로 나타났는데, 그것은 무엇보다도 농민의 유리를 방지하기 위한 효과를 기대한 것이었다. 때문에 향약류의 시행에서 주목할 점은 조선 초기 이래 생활기반 속에서 존속하고 있던 촌계류(村契類) 등 기층민의 조직이 사족계(士族契)나 향촌계(鄕村契)의 하부구조로 편입되기도 했지만, 여전히 광범위하게 존속하고 있었다는 점이다.23) 즉 향도나 두레 등의 형태로 향촌사회의 하층민 조직으로 존속하였다는24) 점이다.

---

22) 한국역사연구회 조선전기 사회사 연구반, 앞의 책, 87-107쪽.
23) 『선조실록』 권7, 6년 6월(갑자). "각 고을마다 '향촌결계(鄕村結契)'로 표현되듯이 동계(洞契)는 광범위하게 실시되고 있었다."

16세기의 각 학파별 향촌자치관은 각 정파의 향당적 기반을 마련한
다는 측면에서 중요하였다. 이황의 예안향약, 이이의 해주향약이 대표
적이다.[25] 경상우도 조식의 경우 경상좌도의 이황과는 달리 향약 시행
의 뚜렷한 흔적은 보이지 않는다. 그렇지만 조식이 친구 구암(龜巖) 이정
(李楨, 1512~1571)이 하종악(河宗岳) 후처의 음행을 비호하자, 그와 절교하
고 문인 하항(河沆) 등을 보내어 하종악의 집을 부수었던 훼가출향(毁家黜
鄕)이라는 향약적 형벌을 최초로 시행하고 있음에서[26] 상당한 향촌통제
력이 있었음을 알 수 있다.

이처럼 조선중기에 향약류의 시행은 재지사족들이 향촌기반을 확
보·유지하기 위해서 학파나 지역을 뛰어넘어 광범위하게 실시되었다.
특히 경상우도에서는 재지사족들이 대지주인 경우가 많아서 향민의 노
동력 확보가 매우 중요하였기 때문에 향약류가 널리 보급되었으며, 향
약류의 시행을 선도한 곳이 경상우도였다는 점을 고려해야 한다. 16세
기 전후 경상우도에서 실시된 향약류를 살펴보면,[27] 조식의 제자로 성
주 한강(寒岡) 정구(鄭逑, 1543~1620)의 <계회입의(契會立議)>와 <사촌동계
서(沙村洞契序)>, 진주 송정(松亭) 하수일(河受一, 1553~1612)의 <동약서(洞約
序)>와 <금산동약서(琴山洞約序)>, 모촌(茅村) 이정(李瀞, 1541~1613)의 <원당
동약서(元塘洞約序)>, 합천 박인(朴絪)의 <삼리향약입의(三里鄕約立儀)>, 탁계
(濯溪) 전치원(全致遠, 1527~1596)의 <문약(門約)>, 거창 문위(文緯)의 <산제동
입원창규(山諸洞立院創規)>가 있다. 이들은 대부분 조식의 제자들이었다.

---

24) 정진영, 「16世紀 安東地方의 洞契」, 『嶠南史學』 창간호, 영남대 국사학회, 1985; 김
    무진, 「조선중기 士族層의 동향과 鄕約의 성격」, 『韓國史研究』 제55호, 한국사연구,
    1986; 박경하, 「倭亂 直後의 鄕約에 대한 研究-高坪洞 洞契를 중심으로-」, 『中大史論』
    제5집, 중앙대학교 중앙사학연구소, 1987.

25) 정진영, 「16세기 鄕村問題와 在地士族의 對應」, 『民族文化論叢』 제7집, 영남대학교
    민족문화연구소, 1986.

26) 『선조수정실록』 권3, 2년 5월(갑진).

27) 오세창 편저, 『鄕約資料集成』, 영남대 출판부, 1989.

조식의 경우 향약 실시와 관련하여 주목해야 할 사건은 16세기에 경 상우도 재지사족들이 행했던 훼가출향이라고[28] 할 수 있다. 이 사건은 진주의 사족들이 하종악의 후처가 음행을 한 사건을 처리하는 과정에 서 처음 시작되었다. 죽은 하종악의 후처가 음행을 하자 진주의 사족들 이 관아에 처벌을 요구하였지만 받아들여지지 않자, 고을의 풍기를 유 지한다는 목적으로 무리를 이끌고 가서 하종악 후처의 집을 부수고 그 여자를 마을에서 쫓아낸 사건이었다. 하종악의 전처는 조식의 죽은 형 의 딸이었다. 그럼에도 불구하고 조식의 친구 이정이 음부(淫婦)로부터 전답 등을 뇌물로 받고, 죽은 친구(하종악)를 저버렸기 때문에 의리상 친 구 이정과의 관계를 끊어버렸다.[29]

경상감사가 남의 집을 헐어버린 진주 유생(儒生)에 대하여 죄줄 것을 아뢰었다. 이보다 앞서 진주의 고 진사(進士) 하종악의 후처가 홀로 살 았는데, 음행이 있다는 소문이 마을에 자자하였다. 처사 조식이 우연히 그 일을 자기 문인 정인홍(鄭仁弘)·하항 등과 말하게 되었는데, 정인홍 등이 감사에게 통보하여 옥(獄)을 일으켜 다스리는 과정에서 몇 명이 죽었고, 조식은 또 자기 친구인 이정이 하(하종악)의 후처와 인척으로 그 일을 몰래 비호했다 하여, 서신을 보내 절교를 하면서 그의 죄상을 낱낱이 거론하였다. 그리고 하항 등은 그 옥사가 성립되지 않은 것을 분 하게 여긴 친구들을 데리고 하(하종악)의 집을 헐어버렸는데, 감사는 하항 등을 잡아 가두었다. 그러자 홍문관이 차자를 올려 그들을 신구(伸 救)했고, 또 옥사를 성립시키지 못했다는 이유로 추관(推官)들이 대관 (臺官)의 탄핵을 받아 파직당한 자가 많았는데, 이 일로 인하여 조정의 논의가 분분하였다. 상이 경연에 나아가 입시한 신하들에게 그 일에 대 하여 물으니, 대사헌 박응남(朴應男) 등이 아뢰기를, "집을 헐어버린 유

---

28) 관권에 의해 행해진 범죄인에 대한 출향(黜鄕)은 『경국대전(經國大典)』의 부민고소금 지법(部民告訴禁止法) 조항에 명문화되어 있던 제도였다.(『경국대전』 卷5, 刑典 訴冤 條(형전 소원조)) 이 사건은 진주 음부의 옥사(獄事)로도 알려져 있다.

29) 曺植, 『南冥集』 卷2, <與子强子精書>.

생들은 바로 무뢰배들이지 유생이 아닙니다. 만약 그 죄를 다스리지 않
으면 후일에 또 다시 그러할까 염려됩니다."하였고, 대신 홍섬(洪暹)도
그 논의를 옳게 여겼으나 그 일이 끝내 실행되지 않았다. 영남 선비들이
집을 부수고 고을에서 몰아내는 풍습이 이때부터 생긴 것이다.[30]

이러한 하종악 후처의 음행사건에서 주목할 점은 조식이 하종악 후
처를 훼가출향시키는 과정에서 문인 정인홍·하항 등을 통해서 문제를
제기하고 공론을 활용하였다는 점이다. 이 문제에 대해 조정에서는 훼
가출향시킨 인물들을 무뢰배라고 파악하고 있지만, 이때부터 훼가출향
이 생긴 점이 향촌지배와 관련하여 중요하다. 한편 조식은 합천군수를
역임한 이증영(李增榮)의 묘지명을 쓰면서 향촌사회를 안정시킨 덕목으
로 향약의 실시를 평가하고 있다. 이런 점은 향약의 실시가 조식이 살
던 경상우도에서 구체적으로 시행되고 있었음을 간접적으로 보여준다.

사람이 50세가 되어도 부모를 그리워하여 큰 길거리에서도 늘 이야기
하고 비석을 세우고 한다. 우리 부모라는 사람이 누구인가. 학사(學士)
이증영이다. 우리 갓난아이란 누구인가. 합천군 백성이다. (중략) 우리
에게 밭이 있으면 공이 농사를 짓게 해주고, 우리에게 뽕이나 삼이 있으
면 공이 옷을 만들어 입게 해주었다. 나라에서 중요한 징용이 있으면 관
아에서 스스로 대응하고, 백성들에게 굶주리는 기색이 있으면 자기 음
식을 밀어 고기를 먹여 주었다. 향약을 일으킨 것은 윤리를 돈독하게 하
려는 것이었고, 주포(周布)를 늘린 것은 백성들의 노역을 덜어 주려는
것이었다. 의지할 데 없는 백성들이 외로운 송아지 젖을 들이받는 것처
럼 덤벼도 노하지 않고 타일렀으며, 권문세가에서 뇌물을 요구할 때는
매번 빈 봉투를 보냈다.[31]

---

30) 『선조수정실록』 권3, 2년 5월(갑진).
31) 曹植, 『南冥集』 卷2, <李陜川遺愛碑文>.

이렇게 조식도 지방관이 향약을 시행하여 향촌사회를 안정시킨 부분을 평가해 주고 있다. 이것은 조식도 향약의 시행이 향촌사회의 안정에 중요한 부분임을 인식하고 있음을 보여준다고 파악할 수 있다.

2. 향민보호론

16세기에 이르면 향촌의 중소지주에서 성장한 사림도 상당한 양의 전민(田民)을 소유하였다. 전민 소유의 확대 과정은 훈구 세력뿐만 아니라 사림에게도 결과적으로는 국역체제의 기반을 해체·파탄시키는데 크게 기여하는 결과를 낳았다. 즉 국가의 공전(公田)과 공민(公民)을 점탈하는 것을 의미하였다고[32] 한다. 이에 향촌사회에서 전개되던 민의 유망 원인이 되기도 했던 사림의 전민 증식은 하층민의 저항과 중앙 정부와의 마찰을 야기하였다. 이에 16세기에 사림은 민의 상황이 어려운 처지라고 파악하였다. 사림은 민이 어려운 원인을 역의 과다한 부과, 역과 부세의 운영과정에서 나타나는 부정 때문이라고 생각하였다. 이에 사림은 민의 부담을 줄여 주어야 한다고 생각하여 군역과 공물의 부담과 전세의 부담을 줄이고자 했다. 실제 사림이 민의 부담과 관련하여 강조한 것은 역과 부세의 감면보다 역과 부세 운영과정의 부조리와 이에 대한 개선이었다. 조식이 <무진봉사(戊辰封事)>에서 서리망국론(胥吏亡國論)을 지적한 것은 이러한 점에서 매우 의미가 있다.

조선시대에 유교적 중앙집권체제는 관치행정(국가-감사-수령), 재지사족의 자치적 행정체계(경재소-유향소-면·리임), 양자 사이에 존재했던 향리계통(상계리-경저리-영리-읍리)이 서로 견제와 균형을 유지할 수 있었기 때문이었다고[33] 한다. 이러한 지방통치체제가 올바르게 작동하기 위해

---

32) 김성우, 『조선중기 국가와 사족』, 역사비평사, 2001, 98-106쪽.
33) 이수건, 『조선시대 지방행정사』, 민음사, 1989, 18쪽.

서는 목민관 수령의 역할이 중요하였는데, 그것은 근본적으로 향민보호를 위해서 필요하였기 때문이었다.

조식도 16세기의 사회경제적 변화 속에서 나타난 전민의 증식과 지주전호제 실시라는 변화 속에서 향촌사회의 질서를 안정시키고자 하였다. 이를 위해서는 모든 백성은 공민이라는 제민지배(齊民支配) 원리가 작동해야 했으며,34) 이러한 토대 위에서 향촌사회의 안정을 위해서는 먼저 유리·도망하는 향민을 향촌사회에 정착시킬 필요성이 있었다. 이에 사림들은 대부분 강력한 향민 보호책의 시행을 주장하였는데, 조식도 대민인식을 적극적으로 하였으며, 대민보호의 방안을 적극적으로 제시하였다.

조식은 명종대의 훈척과 공신들에 의해 자행되고 있던 전횡과 부패 속에서 일어나고 있던 민의 저항을 직접 목도하였기 때문에 그의 대민인식은 철저하였다. 그는 <민암부(民巖賦)>에서 "백성이 물과 같다 함은 예부터 있는 말이다. 백성이 임금을 추대하지만 나라를 뒤엎기도 한다."고35) 하였다. 조식은 현실정치의 모순을 직접적으로 지적하고 그것을 극복할 수 있는 힘을 민에서 찾았으므로 그의 민본사상을 엿볼 수 있다. 조식의 민본사상은 부패한 관료와 척신세력에 대한 비판의 근거가 되었으며, 사림정치에 정당성을 부여하는 것이라고36) 평가하였다.

조식은 백성들이 배를 뒤엎을 수 있는 이유를 현실 속에서 찾았다. 그 이유로 궁실의 광대함, 여알(女謁)의 성행, 조세의 과중함, 사치의 지나침, 가렴주구의 성행, 형륙(刑戮)의 자행을 들고 있다.37) 이처럼 조식이 현실정치의 모순을 시정할 주체로서 민을 주목한 것은 민의 주체적 지

---

34) 김성우, 앞의 책, 510-503쪽.

35) 曺植, 『南冥集』 卷2, <遊頭流錄>.

36) 신병주, 「南冥 曺植의 學風과 南冥門人의 활동」, 『南冥學研究論叢』 제3권, 남명학연구원, 1995.

37) 曺植, 『南冥集』 卷1, <民巖賦>.

위를 인정하고, 민을 기반으로 하여 척신세력과 부패한 관리를 추방하며, 공도론(公道論)을 기반으로 하여 등장하는 사림세력의 입지를 넓혀주는 것으로 혁명성을 내포하였으며, 국(國)과 가(家)의 분리를 주장하였다. 이것은 모두 향민을 보호하기 위한 전제 조건이기도 했다. 조식의 향민 보로와 관련된 언급을 소개하면 다음과 같다.

① 군민(軍民)에 대한 모든 정사와 국가의 기밀이 모두 서리의 손에서 나오므로, 실과 곡식을 관청에 바치는 데에도 뒷길로 돌려 바치지 않으면 통하지 아니합니다. 안으로 재물이 모이면 백성은 밖으로 흩어져, 열 명 가운데 한 명도 남아 있지 않을 것입니다. 심지어는 각자 맡고 있는 고을을 자기 물건처럼 생각하여, 문서를 만들어서 교활하게 자기의 자손 대대로 전합니다. 지방에서 바치는 것을 일체 가로막고 물리쳐서 한 물건도 상납할 수 없습니다. 그러므로 공물을 가지고 바치러 갔던 자가 그 온 가족의 가산을 다 팔아도 그것이 관청으로 들어가지 않고 개인에게로 돌아갑니다. 그래서 백 곱절이 아니면 받지를 않습니다. 그래서 해마다 바치는 공물을 계속해 바치지 못하고, 도주하는 자들이 잇달아 생깁니다. 창건 이래로 고을의 백성이 바치는 것이 문득 생쥐 같은 놈들이 나누어 가질 줄 어찌 생각이나 했겠습니까, 전하께서 한 나라를 독차지하는 부를 누리면서 도리어 이 서리들의 방납한 물품에 의뢰하고 계시다는 것을 어찌 생각이나 했습니까.

② 쌍계사와 신응사 두 절이 모두 두류산 한복판에 있어 푸른 산봉우리가 하늘을 찌르고 흰 구름이 문을 잠근 듯하여 마치 사람의 연기가 닿을 듯한 데도, 이곳 절까지 관가(官家)의 부역이 폐지되지 않아 양식을 싸들고 무리를 지어 왕래함이 계속 잇달아서 모두 흩어져 떠나는 형편에 이르렀다 절의 중이 고을의 목사에게 편지를 써서 세금과 부역을 조금이라도 완화해 주기를 빌었다. 그들이 하소연할 데가 없음을 안타깝게 생각해서 편지를 써 주었다. 산에 사는 중의 형편이 이러하니, 산촌의 무지렁이 백성들의 사정은 알 만하다 하겠다. 행정은 번거롭고 세금은 과중하여 백성과 군졸이 유망하여 아버지와 아들이 서로를 돌보지

도 못하고 있다. 조정에서 바야흐로 이를 크게 염려하고 있는데, 우리가 그들의 등 뒤에서 여유작약하게 한가로이 노닐고 있으니, 이것이 어찌 참다운 즐거움이겠는가.[38]

③ 예로부터 권신으로서 나라를 마음대로 했던 일이 있기도 하였고, 척리로서 나라를 마음대로 했던 일이 있기도 하였으며, 부인과 한관으로서 나라를 마음대로 했던 일이 있기도 하였습니다. 그러나 지금처럼 서리가 나라 일을 마음대로 했던 일이 있었다는 것은 듣지 못했습니다. 정권이 대부에게 있어도 오히려 옳지 못한데, 하물며 서리에게 있어서야 되겠습니까? 당당한 제후의 국가로서 조종의 이백년의 업적에 힘입어 공경대부가 앞뒤에서 서로 따르는데, 천한 서리에게 정권을 돌립니까? 이것은 쇠귀에도 들리게 해서는 안 될 것입니다.[39]

이처럼 조식은 <무진봉사>에서 서리의 방납(防納)과 전횡, 세금의 과중을 지적하고 이의 시정을 요구하였다. 조식은 이를 통해서 향촌사회 안정의 필요성을 역설하였는데, 이것은 향민의 안정을 위해서는 향민보호가 필요하다는 입장을 피력한 것이라고 할 수 있다.

사실 16세기에 이르면 사회경제적인 측면에서 민에게 직접적인 영향을 미치는 지주제의 발달과 농장제의 확대, 사무역을 통한 사상(私商)과 훈척계열의 치부 등으로 국가의 재정이 극도로 악화되고 있었는데, 이러한 모순 중에서 민에게 직접적인 영향을 크게 미친 것으로는 공납제(貢納制)의 문란과 징수 방법의 변경을 지적할 수 있다. 16~17세기의 지주제와 상업의 발달로 크게 변모한 제도는 공납제였다.[40] 16세기에 이르면 지주들의 민과 토지 모점(冒占), 관장(官匠)·관노(官奴)의 피역, 방군

---

38) 曺植, 『南冥集』 卷2, <遊頭流錄>.
39) 曺植, 『南冥集』 卷2, <戊辰封事>.
40) 고석규, 「16·17세기 貢納制 改革의 方向」, 『韓國史論』 제12권, 서울대학교 국사학과, 1985; 박현순, 「16~17세기 공납제 운영의 변화」, 『韓國史論』 제38권, 서울대학교 국사학과, 1997.

수포(放軍收布) 등으로 공물을 생산할 수 있는 기반이 약화되었다. 이에 각 관의 민에 대한 부정기적인 공물 징발은 줄어들 수밖에 없었다. 아울러서 공물 부과 방식에도 변화가 나타나서 15세기에는 공물이 신역 (身役), 군역, 요역(徭役) 등과 관련이 있었던 데 비하여, 16세기에는 노동력의 징발이 줄어드는 대신 공물이 현물 부세로 바뀌었다. 공물의 현물 납화는 부세운영의 변화라는 측면과는 별도로 유통경제의 기회를 넓혀 상업구조의 변화를 가져왔다. 이런 과정에서 일반화된 방납은 향촌사회의 공납제 현실의 변화를 초래하고 방납사주인(防納私主人)의 형성을 통해 확대되었지만, 경제외적인 강제가 작용하여 문제가 되기도 했다.[41] 더욱이 공납제의 현물납화는 본래의 취지와 달리 방납가의 상승을 가져와서 민의 부담을 가중시켰으며, 향촌사회의 동요를 촉진하였다. 당시의 유민이나 도적의 발생은 이러한 현실을 단적으로 보여준다. 16세기의 사림은 각종 공납제 개혁 방안을 개공안(改貢案)과 두방납(杜防納)으로 제시하고 있었다.[42]

이러한 현실에서 조식은 <무진봉사>에서 직접적으로 서리망국론을 주장한 것이다. 조식은 공물 징수 과정에서 방납의 폐해와 서리에 의한 농간의 폐해를 그대로 지적하였는데, 16세기의 지방통치 과정에서의 비리 구조를 그대로 직시하고 있다. 조식은 서리의 농간으로 공물가가 곱절로 늘어나고 민들이 도망하게 된 사정을 지적하고 시정을 국왕에게 촉구하고 있는 것이다. 조식은 이를 통해서 향민의 생존을 보호하고자 했으며, 나아가 향촌사회를 안정시키고자 했다.

---

41) 이지원, 「16 · 17세기 전반 貢物 防納의 構造와 流通經濟的 性格」, 『李載龒博士還曆 紀念 韓國史學論叢』, 한울, 1990.
42) 고석규, 앞의 논문.

III. 중앙정치

조선시대의 국가적 성격에 대한 다양한 논의에서 조선시대의 정치체제는 중앙집권적이라는 점이 공통적이다. 조선중기는 정치세력과 집단이 정치운영의 틀 속에서 자리를 잡으면서 이를 기반으로 정치 참여층이 확대되는 시기였다.[43] 사림은 중앙 정계의 청요직인 삼사(三司)에 진출하여 주자성리학에 입각한 왕도정치의 실현을 위해 언관언론을 적극적으로 활용하였다. 이에 따라 왕권의 절대성을 전제로 편제된 군신(君臣) 권력관계가 재편되기 시작하였다.

조선중기의 정치사의 주요 영역을 살펴보면, 정치세력은 공론 형성층의 확대로 삼사의 언관언론, 중외 유생층까지 공론 형성층으로 간주하게 되었다. 지방의 유생층이 조정의 중요 쟁점을 상소로 제기하면서 유력한 정치 참여층으로 등장하였다.[44] 정치구조는 통치기구의 재편으로 언관언론의 활성화, 낭관권(郎官權)의 형성, 비변사(備邊司) 체제의 등장이 있었다. 정치운영에서는 다양한 정치운영론이 등장하여 성학군주론(聖學君主論), 붕당론(朋黨論)이 펼쳐졌다. 이를 통해서 조선전기의 절대적 군신 권력관계가 상대적 군신 권력관계로 변화하였다. 16세기에 이르면 조선전기의 경국대전 체제는 언관언론의 활성화, 낭관권의 형성, 비변사체제의 대두 등으로 통치기구의 재편이 초래되면서 왕권 행사에 제약이 초래되었다고[45] 한다.

이처럼 조선의 정치체제는 전제 군주정이지만, 신분제사회였던 조선에서는 지배층인 사족이 정치를 주도하였기 때문에 사족중심체제가 전제되어야 했다. 이에 군신권력 관계의 변화와 유생층의 공론 참여, 왕권

---

43) 홍순민, 「정치세력과 정치운영」, 『한국역사연구입문』 2, 풀빛, 1995.
44) 김돈, 『조선중기 정치사 연구』, 국학자료원, 2009, 39-46쪽.
45) 김돈, 앞의 책, 46-54쪽.

의 위상 약화와 유생층의 붕당화가 진행되어 나갔다.[46) 16세기의 사림
의 치국관은 군주, 민, 관료 조직을 정치의 주체로 인식하였지만, 차별
성을 보이고 있었다. 이황와 이이는 애민사상을 표방하였지만, 군주의
도덕적인 수양을 통한 점진적인 방법을 택하였다. 그러나 이황이 도덕
적 교화를 중시한 데 비하여 이이는 현실적 모순을 적극적으로 경장(更
張)하고자 하였다. 사림 세력 사이에 나타난 국가관의 차이는 국가운영
방법에서 차별성을 가지면서 붕당정치의 기반으로 자리잡아 나갔다.[47)
조식의 정치체제는 군주제를 인정하되 적극적이며 급격한 현실개혁을
추구하며, 적극적인 대민인식의 토대 위에 백성이 직접 현실을 바꿀 수
있다는 혁명성을 전제로 한 것으로 정리할 수 있다. 조식의 중앙정치에
대한 견해는 다음 자료에 나타난다.

　　사신은 논한다. 세도(世道)가 쇠미해져서 염치가 모두 상실되고 기절
　(氣節)이 쓸어버린 듯하여, 유일(遺逸)이란 이름을 칭탁하고 공명을 낚
　는 자가 참으로 많은데, 어질도다. 조식이여! 몸가짐을 조심스럽고 조촐
　하게 하며 초야에서 빛을 감추었지만, 난초와 같은 향기는 저절로 알려
　지고 명망은 조정에 진달되어, 이미 참봉(參奉)에 차임(差任)되고 또 주
　부(主簿)에 임명된 것이 두 번 세 번에 이르렀지만, 이미 모두 머리를
　저으며 거절하였다. 지금 이 수령의 직임은 영광이라고 이를 만하여 특
　별히 제수한 은혜는 드물다고 이를 만한데도, 가난한 것을 편안히 여기
　고 스스로 도를 즐기면서 끝까지 나아가려고 하지 않았으니, 그 뜻을 높
　이 살 만하다. 그러면서도 세상의 일을 잊어버리는 데 과감하지 못하여
　소(疏)을 올려 의(義)를 지키며 당시의 폐단을 극력 논하였는데, 사연
　이 간절하고 의리가 강직하였으며 시대를 걱정하고 변란을 근심하여 우
　리 임금을 덕을 밝히고 백성을 새롭게 하는 곳으로 인도하려고 하였으
　며, 풍속과 교화가 왕도(王道) 정치의 경지에 도달되기를 바랐으니, 나

────────────────

46) 김돈, 『조선전기 군신권력관계 연구』, 서울대출판부, 1997, 233-300쪽.
47) 김강식, 앞의 책, 286-288쪽.

라를 근심하는 그 정성이 지극하다. 아, 마침내 뜻한 바를 대궐에 진달
은 하였지만 은거하던 곳에서 일생을 마쳤으니, 그 마음은 충성스럽고
그 절개는 고상하다. 오늘날과 같은 때에 이와 같이 염퇴(恬退)한 선비
가 있는데, 그를 높여 포상하거나 등용하지는 않고 도리어 그를 공손하
지 못하고 공경스럽지 못하다고 책망하였다. 그러니 세도가 날로 떨어
지고 명절(名節)이 땅에 떨어진 것이 당연하며, 위망의 조짐이 이미 이
루어진 것이다.[48]

이처럼 조식은 도를 중시하고 의를 중시하여 현실의 폐단을 개혁하
고, 왕도정치가 실현되기를 바라는 정치인으로 파악할 수 있다. 이에 조
식의 중앙정치에 대한 입장을 몇 가지 측면으로 살펴보면 다음과 같다.

1. 성학군주론

유교국가는 절대군주 중심의 국가권력과 이것에 대응하여 비판적 기
능을 수행하는 통치원리의 결합으로 성립되고 존속된 중층적 통치체제
에 입각해 있었다.[49] 이에 왕권의 절대성에 대한 이념을 유교가 제공하
면서 또 한편으로는 비판적 기능에 의해 간쟁(諫諍)과 경연(經筵)을 통한
왕권의 규제를 기반으로 하였던 절대군주의 국가권력은 사화 이후에
변화를 초래했다. 연산군의 비정으로 초래된 유교정치와 군신 권력관계
의 파탄은 사화를 거치면서 신료들에게 성리학적 명분과 의리에 입각
하여 군신 권력관계를 재정립하는 계기를 부여했다. 이런 현상은 국가
중심의 존재이자 질서체계인 왕과 왕실이 명분과 예를 상실한 경우 군
주의 교체를 모색하지 않을 수 없는 정치 상황이 신료들에 의해 제기된

---

48) 『명종실록』 권19, 10년 11월(경술).
49) 이태진, 「조선왕조의 유교정치와 왕권」, 『한국사론』 제23권, 서울대학교 국사학과, 1990,
   217-221쪽.

것이었다고[50] 파악한다.

16세기에 사림이 정치 주도세력으로 등장하면서 군주 스스로 자의적인 왕권 행사를 통해 유교정치를 파탄시켰던 경험을 통해 성학(聖學)을 군주학으로 의미를 확장시켰다. 정암(靜菴) 조광조(趙光祖, 1482~1519)가 제시한 지치주의(至治主義)의 정치운영론은 군주로 하여금 성학을 익혀 성인군주 또는 현철군주가 될 것을 요구하는 정치운영론이었다. 이러한 정치이념은 주자 성리학의 수용과 함께 조선에 전래되었지만, 16세기에 이르러 이를 체득하고 실천할 수 있는 담당층과 정치상황이 도래했던 것이다. 이후 군주제 하에서 신료 사이의 집단형성에 대한 합리화를 시도하고, 붕당의 형성 계기로 학연성을 강조하게 되었다고[51] 한다.

16세기에 이르러 사림에 의한 도학정치론(道學政治論)이 전개되는 과정에서 조식은 나름대로의 중앙정치에 대한 견해를 밝혔다. 조선중기의 수령과 재지사족으로 대별되는 공권(公權)과 사권(私權) 사이의 유착과 길항이라는 이중구조는 상호 간의 내적·외적인 요구에 따라 집권체제 내부의 국가권력과 지방세력, 공권과 사권의 상호 존립과 공존의 질서로 통일되어 나갔다. 현실정치의 권력관계를 포함하여 모든 것에 초월하는 통일적 질서인 성리학의 리(理)가 향촌 재지세력과 국가를 동일하게 개체화시키고 나아가 군신공치론(君臣公治論)이라는 정치론으로 귀결되었다. 이에 사림 자신의 수신(修身)도 중요하지만, 군주의 학문을 통한 치인(治人)도 중요하였다.

이에 따라 16세기에 다양한 성학군주론이 등장하게 되었다.[52] 대표적으로 이황과 이이의 성학군주론이 있다. 수기치인(修己治人)으로 집약되는 성리학의 정치이념은 사림의 도리와 직분을 규정하는 논리이자,

---

50) 김돈, 앞의 책, 1997, 233~300쪽.
51) 김돈, 앞의 책, 2009, 54~61쪽.
52) 김용곤, 「朝鮮前期 道學政治思想 研究」, 서울대학교 박사학위논문, 1994.

동시에 그들의 주체적 정치지향을 정당화하는 의미를 지니고 있었다. 이에 수기치인학은 성학이었으며, 이를 익혀야만 양반 사대부의 반열에 설 수가 있었다.

16세기에 사림에 의한 도학정치론이 전개되는 과정에서 조식도 나름 대로의 중앙정치에 대한 견해를 밝혔다. 조식은 정치제도에서는 절대군 주제의 입장이었지만, 중앙집권 관료제 속에서 사림의 정치 참여를 보 장하는 신권(臣權)을 보장하고자 하였다. 조식은 중앙정치의 요체를 군 주의 수신과 치인에서 찾는 성학군주론를 주장하였다.[53] 이에 군주는 의리를 바탕으로 한 인격의 수양이 중요하다고 군의(君義)라는 두 글자 로써 몸을 닦고 나라를 바르게 하는 근본으로 삼아야 한다고[54] 주장하 였다. 조식의 성학군주론에 대한 입장은 다음의 자료들에 나타난다.

① 근위병을 불러 모으고 나라 일을 정돈하는 것은 자질구레하게 형 벌을 정하는 데에 있지 아니하고 오직 전하의 한 마음에 달려 있습니다. 방촌의 사이에서 말이 땀을 흘리는 것처럼 노력하여, 만 마리의 소가 밭 을 갈아야 하는 너른 땅에서 공을 거두는 그 기틀을 나에게 있을 뿐인 데, 유독 전하께서 종사하시는 일이 무슨 일인지 모르겠습니다. 학문을 좋아하십니까. 풍류와 여색을 좋아하십니까. 활쏘기와 말달리기를 좋아 하십니까. 군자를 좋아하십니까. 소인을 좋아하십니까. 좋아하시는 바에 나라가 흥하느냐 망하느냐 하는 것이 달려 있습니다. 진실로 어느 하루 깜짝 놀라 깨달아, 팔을 걷어붙이고 학문에 힘쓰시면 홀연히 덕을 밝히 고 백성을 새롭게 하는 도리를 얻게 됩니다. 그렇게 하시면 덕을 밝히고 백성을 새롭게 하는 도리 안에 온갖 선이 갖추어지게 되고 온갖 덕화도 이로 말미암아서 나오게 됩니다. 이것을 들어서 시행하면 나라는 다 잘

---

53) 조식의 부정적 현실 극복 방안으로 성군론(聖君論)이 제시되었다. 아마도 이것은 성 군의 학문에 대한 조식의 기록이 직접적으로 나타나지 않기 때문이라고 추정된다. (정진영, 앞의 논문, 174-178쪽.) 하지만 본고에서는 실천을 중시한 조식의 분위기를 반영하여 성학군주론으로 표기하였음을 밝혀둔다.

54) 曺植, 『南冥集』 卷2, <謝宣賜食物疏>.

살게 할 수 있고, 백성은 화합하게 할 수 있으며, 위태로움은 편안하게 만들 수 있습니다. 요약해서 간직하기만 해도, 마음이 비지 않음이 없으며, 저울질이 고르지 않음이 없으며, 생각이 사특하지 않을 것입니다. (중략) 전하께서는 반드시 마음을 바로 하는 것으로써 백성을 새롭게 하는 요점으로 삼으시고, 몸을 수양하는 것으로써 사람을 쓰는 근본으로 삼으셔서, 왕도의 법을 세우십시오. 왕도의 법이 왕도의 법답지 않으면 나라가 나라답게 되지 못합니다.[55]

② 백성을 잘 다스리는 도는 다른 데에서 구할 것이 아니오라, 요점은 임금이 선을 밝히고 몸을 정성되게 하는 데에 있을 뿐입니다. 이른바 선을 밝힌다는 것은 이치를 궁구함을 이름이요, 몸을 정성되게 한다는 것은 몸을 닦는 것을 말합니다. 천성 안에는 모든 이치가 다 갖추어 있으니, 인·의·예·지가 그 본체이고, 몸은 이 마음을 담는 그릇입니다. 그 이치를 궁구함은 장차 쓰려는 것이요, 그 몸을 닦음은 장차 도를 행하려는 것입니다. 그 이치를 궁구하는 바탕이 되는 것은 글을 읽으면서 의리를 강명하고, 일을 처리할 적에 그 옳고 그름을 찾는 것입니다. 몸을 닦는 요체가 되는 것은 예가 아니면 보지도 듣지도 말하지도 움직이지도 않는 것입니다. 가슴 속에 마음을 간직해서 혼자 있을 때를 삼가는 것은 대덕(大德)이고, 밖으로 살펴서 그 행동에 힘쓰는 것은 왕도입니다. 그 이치를 궁구하고 몸을 닦으며, 가슴속에 본심을 간직하고 밖으로 자신의 행동을 살피는 가장 큰 공부는 곧 반드시 경을 위주로 해야 합니다. 이른바 경이란 것은 정제하고 엄숙히 하여, 항상 마음을 깨우쳐서 어둡지 않게 하는 것입니다. 한 마음의 주인이 되어 만사에 응하는 것은, 안은 곧게 밖은 방정하게 하는 것입니다. 공자께서 이른바, "경으로써 몸을 닦는다."라는 것이 이것입니다. 그러므로 경을 주로 하지 않으면 이 마음을 간직할 수 없고, 마음을 간직하지 못하면 천하 이치를 궁구할 수 없으며, 이치를 궁구하지 못하면 사물의 변화를 다스릴 수가 없습니다. 그러나 부부에서 시작해서 가정, 국가, 천하에 미치는 것은 다만 선과 악의 나뉨을 밝혀 자신이 성실해지는 데로 돌아가게 하는 데에

---

55) 曺植, 『南冥集』 卷2, <乙卯辭職疏>.

있을 뿐입니다. 아래로 사람의 일을 배우고 위로 하늘의 이치를 통하는 것이 또 학문에 나아가는 순서입니다. 사람의 일을 버리고 하늘의 이치를 말하는 것은 곧 입에 발린 이치이며, 자신에게서 돌이켜 보지 않고 들어서 아는 것만 많은 것은 곧 귀에 발린 학문입니다. 천하가 어지러이 떨어지니 수신을 할 이치가 전혀 없다고 말씀하지 마십시오. 전하께서 과연 경으로써 몸을 닦으면서, 하늘의 덕에 통하고 왕도를 행하셔서, 지극한 선에 이른 뒤에 그곳에 머무신다면, 밝음과 선을 밝히는 일과 몸을 정성스럽게 하는 일이 모두 진전이 있어, 자신을 닦고 남을 다스리는 일이 아울러 극진해질 것입니다. 이것을 정치 교화에다 베푸는 것은 바람이 일어나자 구름이 몰려가는 것 같으니, 아래 백성이 본받는 것이 반드시 이보다 더한 바가 있을 것입니다.[56]

이처럼 조식은 현실 중앙정치의 현실과 모순을 적확하게 진단하였다. 조식은 16세기 중앙정치의 핵심을 군주의 자질과 역량에서 찾았으며, 군주의 수신을 강조하고 방법을 제시하였다. 조식의 성학군주론은 조광조의 지치주의에 입각한 왕도정치에 접맥된다고[57] 한다. 조식은 성학군주론에서는 현실을 부정적으로 인식하였으며, 현실에서 필요한 것은 개혁이라고 하였다. 그리고 개혁의 주체는 군주 자신이므로 군의로 표현하였다. 조식의 현실 정치의 극복 방법은 성학군주론에서 군주의 수신으로 백성을 교화하여야 한다고 인식하였다.

이러한 조식의 정치이념은 의리정신을 통해서도 표출되었는데, 조식의 의리정신이 담긴 이론적 기반은 성리학이 담긴 『성리대전(性理大全)』 중심으로 하고, 실천적 기반은 수양의 방법이 담긴 『대학(大學)』을 중심으로 하였다. 1568년에 선조에게 올린 <무진봉사>에서 실용과 도를 강조하였다고,[58] 평가된다. 그리고 선을 밝히고 의리를 강명하여 도덕적

---

56) 曺植, 『南冥集』 卷2, <戊辰封事>.
57) 정진영, 앞의 논문, 181쪽.
58) 曺植, 『南冥集』 卷2, <戊辰封事>.

실천의 근거인 궁리(窮理)는 실천적 의리로 연결되고 있다고 보아진다.

한편 조식은 제왕학(帝王學)의 특수성 인정하고, 치인의 영역 독자성을 인정하였다고[59] 한다. 즉 군주가 마음을 수양하고, 수양의 방법은 명선(明善)은 궁리이고, 성신(誠身)은 수신라고 하였다. 나아가 조식은 선조에게 올린 <무진봉사>에서 경(敬)을 위주로 마음을 닦는 것이 바탕이 되어야 사물의 변화를 대처할 수 있다는 점을 강조하였다. 경을 중시하는 것은 명종대 이후 조광조의 학통을 계승한 입장이었다고[60] 평가된다. 아울러 조식은 <무진봉사>에서 심신을 닦는 것은 치용(治用)과 행도(行道)에 있음을 강조하였으며, 하학(下學)과 인사(人事)를 강조하는 입장이 정치에 반영되기를 바랐다.

이처럼 조식도 중앙정치의 핵심으로 성학군주론의 입장을 제시하였다. 이에 따르면 군주는 수신하여 도를 따르고, 행동하여 덕화를 이루며 왕도를 시행해야 한다고 주장하였다. 그런데 그 실천 방법으로서 성리학의 실천과 관련하여 백성들의 역할에 관심을 가졌던 점이 주목된다. 그것은 서리망국론으로 지적되었다. 이에 조식은 용인(用人)의 중요성을 언급하면서 권신, 척리, 부사, 서리에 의해서 정권이 농단되어서는 안 된다고 하였다. 서리에게 행정을 맡기면서 발생하는 폐단으로 백성들이 고통 받는 현실을 지적하였다. 이것이 결국 군주의 정치를 해치는 요인이라고 지적하였다. 이에 조식은 훌륭한 인재를 얻어야 군주의 이상인 왕도정치를 백성에게 전할 수 있는 덕화(德化)를 베풀 수 있다고 하였다. 이러한 모습은 다음의 자료들에 나타난다.

① 그러나 사람은 취하는 것은 솜씨로 하지 않고, 반드시 몸으로써 합니다. 몸이 닦이지 않으면 자기 마음속의 저울과 거울이 없으므로, 선

---

59) 박병련, 앞의 논문, 169쪽.
60) 신병주, 앞의 책, 8쪽.

악을 분별치 못하여 사람을 쓰고 버리는 데 실수하게 됩니다. 또 옳은 인물이 쓰이지 않으면 누구와 함께 도를 다스리는 일을 이룩하겠습니까. 옛날에 남의 나라 염탐을 잘하던 사람은 그 나라 국세의 강약을 보지 않고, 사람을 얼마나 잘 쓰고 못 쓰는가를 보았습니다. 이것으로써 천하의 일이 비록 극도로 어지럽고 극도로 잘 다스려지더라도 모두 사람이 만드는 것이지 다른 데에서 말미암는 것이 아님을 알 수 있습니다. 그러므로 자기 몸을 닦는 것이 다스림을 펴는 근본이며, 어진 이를 쓰는 것이 다스림의 근본입니다. 그리고 몸을 닦는 것은 또 사람을 쓰는 근본이 되기도 합니다. 성현의 천 마디 만 마디 말이 어찌 '자신을 닦고 사람을 쓰는 것' 밖에 있겠습니까. 옳은 인재를 쓰지 않으면 군자는 초야에 있고 소인이 나라를 마음대로 하게 됩니다.[61]

② 전하께서 크게 성을 내시어 하늘의 기강을 한 번 떨치시고, 재상과 얼굴을 맞대고 그 까닭을 추궁해야 할 것입니다. 그리하여 임금께서 결단하시기를 순임금이 사흉(四凶)을 제거하던 것과, 공자가 소정묘(少正卯)를 베던 것과 같이 하시면, 능히 지극히 악을 미워하는 법을 다할 수 있을 것이고, 백성들이 마음속으로 크게 두려워하도록 할 수 있을 것입니다. 만약 언관이 논박하여 마지않은 뒤에야 힘써서 억지로 따라간다면, 선악의 소재와 시비의 분별을 알지 못해서 그 임금의 도리를 잃게 됩니다. 어찌 임금이 그 도리를 잃고서 능히 사람을 다스릴 수가 있겠습니까. 까닭에 나의 밝은 덕이 이미 밝으면, 마음이 거울과 같이 밝아져, 비치지 않는 것이 없는 것과 같습니다. 덕과 위엄이 베풀어지면 초목도 모두 쏠리는데, 하물며 사람이겠습니까. 여러 신하가 두려워 다리를 떨면서 달려와서 왕명을 받들기에 겨를이 없을 것인데, 어찌 한 치인들 간사한 흉계를 품은 꾀가 있을 수 있겠습니까.[62]

그런데 조선중기에 사림들의 치국관은 붕당정치 성립의 직접적인 배경이었다. 조식의 치국관은 절대군주제를 인정하되 적극적이며 급격한

---

61) 曺植, 『南冥集』卷2, <戊辰封事>.
62) 曺植, 『南冥集』卷2, <戊辰封事>.

현실개혁을 해야 하며, 백성이 직접 현실을 바꿀 수 있다는 혁명성을
전제로 한 것으로 파악된다. 조식의 치국관은 국가를 정상화시키기 위
해서 국가 기강을 좀먹고 있는 외척정치와 그들을 둘러싼 간신들의 비
행을 과감하게 척결할 것을 지적하는 현실비판에서 출발하였다. 때문에
올바른 치국을 위해서는 덕치의 실현을 위한 인재의 등용이 중요한 문
제라고 파악하였다.

한편 조식의 <사단성현감소(辭丹城縣監疏)>는 척신정치의 폐단을 지적
한 것이지만, 나아가 국왕이 자신을 개혁할 의지를 갖고서 학문에 정진
하여 명덕(明德)을 밝히고 백성을 새롭게 해야 함을 강조하였다. 문정왕
후(文定王后) 사후에는 척신정치의 모순을 지적하면서 군신이 치도(治道)를
강명하고 정의가 서로 통하게 하는 것을 정치의 근본으로 파악하였다.
조식은 출치(出治)의 근본을 올바른 군신 관계에서 찾았는데, 그는 서로
간격 없이 상하가 소통하고 성의(誠意)가 상부해야만 군하(群下)가 진심
협력하여 각자의 포부와 경륜을 펼 수 있다고[63] 보았다. 이에 조식은
현실을 매우 위급한 상황으로 규정하고 구급(救急)이란 두 글자를 제시
하여 위기를 수습하고, 국정을 바로잡기 위해서는 지엽적인 미봉책이
아닌 획기적인 변통책을 실시해야 한다고 주장하였다.

2. 행정체계론

조선시대에 유교적 중앙집권체제가 지속된 것은 관치행정(국가-감사-
수령), 재지사족의 자치적 행정체계(경재소-유향소-면리임), 양자 사이에 존
재했던 향리계통(상계리-경저리-영리-읍리)이 서로 견제와 균형을 유지할
수 있었기 때문이었다고[64] 한다. 먼저 조식은 올바른 정치가 시행되기

---

63) 曺植, 『南冥集』 卷2, <乙卯辭職疏>.
64) 이수건, 『조선시대 지방행정사』, 민음사, 1989, 18쪽.

위해서는 행정체계의 파탄을 지적하여 시정하고자 하였다. 이에 대한 조식의 언급은 다음과 같다.

① 그 사람을 알지 못하면서 등용하여 다른 날 국가의 수치가 된다면, 어찌 죄가 보잘것없는 저에게만 있겠습니까. 헛된 이름을 바쳐 몸을 파느니, 알찬 곡식을 바쳐 벼슬을 사는 것이 낫지 않겠습니까. 제가 차라리 제 한 몸을 저버릴지언정 차마 전하는 저버릴 수 없습니다. 이것이 나아가기 어려운 첫 번째 까닭입니다. 또 전하의 나라일이 이미 그릇되어서, 나라의 근본이 이미 망했고, 하늘의 뜻은 가버렸으니, 인심도 이미 떠났습니다. 비유하자면, 큰 나무가 백 년 동안 벌레가 속을 먹어 진액이 이미 말라 버렸는데 회오리바람과 사나운 비가 어느 때에 닥쳐 올지 까마득하게 알지 못하는 것과 같으니, 이 지경에 이른 지가 오랩니다. 조정에 있는 사람 가운데 충성되고 뜻 있는 신하와 일찍 일어나 밤 늦도록 공부하는 선비가 없지는 않습니다. 하지만 이미 그 형세가 극도에 달하여 지탱할 수 없고 사방을 둘러보아도 손쓸 곳이 없다는 것을 알면서도, 낮은 벼슬아치는 아래에서 히히덕거리면서 우선 주색만을 즐기고, 높은 벼슬아치는 위에서 어름어름하면서 오로지 재물만을 늘리며, 물고기의 배가 썩어 들어가는 것 같은데도 그것을 바로잡으려고 하지 않습니다. 게다가 궁궐 안의 신하는 후원하는 세력 심기를 용이 못해서 끌어들이는 듯하고 궁궐 밖의 신하는 백성 벗기기를 이리가 들판에서 날뛰듯 하니, 가죽이 다 해어지면 털도 붙어 있을 데가 없다는 것을 알지 못합니다. 저는 이 때문에 은근히 생각하고 깊게 탄식하면서 낮에는 하늘을 우러러보며 탄식한 것이 여러 차례이며, 크게 탄식하면서 아픈 마음을 억제하며 밤에 천장만 쳐다본 지가 오래되었습니다.[65]

② 더구나 정치를 하는 것은 사람에게 달려 있고, 사람을 쓰는 것은 몸으로써 하고, 몸을 수양하는 것은 도로써 하는 것입니다. 전하께서 만약 사람을 쓰는 데에 몸으로써 하신다면 유악 안에 있는 사람은 사직을 보위하지 않는 자가 없을 것이니, 아무 일도 모르는 보잘것없는 저 같은

65) 曹植, 『南冥集』 卷2, <乙卯辭職疏>.

자가 무슨 소용이 있겠습니까. 만약 사람을 눈으로만 뽑으신다면 잠잘 때 이외에는 모두 속이고 저버리는 무리일 것이니, 이 경우에도 앞뒤가 막힌 보잘것없는 저 같은 자가 무슨 소용이 있겠습니까. 다른 날 전하께서 왕천하의 지경에 이르도록 덕화를 베푸신다면, 저는 마구간의 말석에서나마 채찍을 잡고 그 마음과 힘을 다해서 신하의 직분을 다할 것이니, 어찌 임금을 섬길 날이 없겠습니까.66)

③ 예로부터 권신으로서 나라를 마음대로 했던 일이 있기도 하였고, 척리로서 나라를 마음대로 했던 일이 있기도 하였으며, 부인과 한관으로서 나라를 마음대로 했던 일이 있기도 하였습니다. 그러나 지금처럼 서리가 나랏일을 마음대로 했던 일이 있었다는 것은 듣지 못했습니다. 정권이 대부에게 있어도 오히려 옳지 못한데, 하물며 서리에게 있어서야 되겠습니까. 당당한 제후의 국가로서 조종의 이백년의 업적에 힘입어 공경대부가 앞뒤에서 서로°따르는데, 천한 서리에게 정권을 돌립니까. 이것은 쇠귀에도 들리게 해서는 안 될 것입니다. 군민에 대한 모든 정사와 국가의 기밀이 모두 서리의 손에서 나오므로, 실과 곡식을 관청에 바치는 데에도 뒷길로 돌려 바치지 않으면 통하지 아니합니다. 안으로 재물이 모이면 백성은 밖으로 흩어져, 열 명 가운데 한 명도 남아 있지 않을 것입니다. 심지어는 각자 맡고 있는 고을을 자기 물건처럼 생각하여, 문서를 만들어서 교활하게 자기의 자손 대대로 전합니다. 지방에서 바치는 것을 일체 가로막고 물리쳐서 한 물건도 상납할 수 없습니다. 그러므로 공물을 가지고 바치러 갔던 자가 그 온 가족의 가산을 다 팔아도 그것이 관청으로 들어가지 않고 개인에게로 돌아갑니다. 그래서 백 곱절이 아니면 받지를 않습니다. 그래서 해마다 바치는 공물을 계속해 바치지 못하고, 도주하는 자들이 잇달아 생깁니다. 창건 이래로 고을의 백성이 바치는 것이 문득 생쥐 같은 놈들이 나누어 가질 줄 어찌 생각이나 했겠습니까. 전하께서 한 나라를 독차지하는 부를 누리면서 도리어 이 서리들의 방납한 물품에 의뢰하고 계시다는 것을 어찌 생각이나 했습니까.67)

---

66) 曹植,『南冥集』卷2, <乙卯辭職疏>.

④ 전하의 나라일이 이미 글러 한 가닥도 손댈 곳이 없는데, 모든 관원은 둘러서 보기만 하고 구원하지 않습니다. 이미 어떻게 할 수 없음을 알고, '어떻게 해아 할까.'라고 생각도 하지 않은 지가 오랩니다.[68]

⑤ 나라 근본은 쪼개지고 무너져서 물이 끓듯 불이 타듯 하고, 여러 신하들은 거칠고 게을러서 시동 같고 허수아비 같습니다. 기강이 씻어버린 듯 말끔히 없어졌고, 원기가 온통 나른해졌으며, 예의가 온통 쓸어버린 듯하고, 형정이 온통 어지러워졌습니다. 선비의 습속이 온통 허물어졌고, 공공의 도리가 온통 없어졌고, 사람을 쓰고 버리는 것이 온통 뒤섞였고, 기근이 온통 갈 데까지 갔고, 창고는 온통 고갈되고, 제사를 지내는 것이 온통 더럽혀지고, 세금과 공물을 온통 멋대로 걷고, 변경의 방어가 텅 비었습니다. 뇌물을 주고받음이 극도에 달했고, 남을 헐뜯고 이기려는 풍조가 극도에 달했고, 원통함이 극도에 달했고, 사치가 극도에 달했고, 공헌이 통하지 않고, 이적이 업신여겨 쳐들어오니, 온갖 병통이 급하게 되어 하늘 뜻과 사람의 일도 또한 예측할 길이 없습니다.[69]

이처럼 조식은 행정체계에서는 국가–수령–향리로 이어지는 구조를 말하였다. 그러나 실제 조선중기의 정치가 왕을 정점으로 하는 정상적인 위치가 아니라 척신과 권신들에 의해 좌우되고 있다고 파악하였으며, 말단의 서리가 모든 전형을 한다고 보았다. 이의 시정을 위해서는 국왕의 대리자인 수령의 파견, 인용 등용, 서리의 부정 방지를 주장하였다는데, 수령(목민관)의 역할 강조, 민(民)과 국(國)을 구별하여 민을 보다 중시하였다.

나아가 조식은 국가 위기를 타개하기 위해서는 왕이 먼저 학문에 힘써 덕을 밝히는 한편 소인(小人)을 배척하고 군자를 폭넓게 발탁하는 방

67) 曹植, 『南冥集』 卷2, <戊辰封事>.
68) 曹植, 『南冥集』 卷2, <謝宣賜食物疏>.
69) 曹植, 『南冥集』 卷2, <丁卯辭職呈承政院狀>.

안을 적극 모색해야 한다고 군자소인론(君子小人論)을 촉구하였다. 조식은 1555년(명종 10) 단성현감 사양의 상소에서 국가적 위기의 원인을 문정왕후를 후견인으로 하는 척신의 소인배들이 군주를 제쳐둔 채 온갖 부정과 비리를 자행한 데서 비롯된 것으로 파악하였는데, 이를 극복하기 위해서는 군주가 정국주도권을 장악하여 그들을 축출하고 군자들을 광범위하게 박탈해야 한다는 것이었다. 당시 군자가 지배하는 이상사회의 건설이 불가능하다고 파악한 조식은 제자교육에 매진하며 모순된 현실과 타협하지 말 것을 촉구하고, 대곡(大谷) 성운(成運, 1497~1579) 등 뜻있는 사람들을 만나 난국을 타개할 방도를 폭넓게 논의했다고[70] 한다.

다음으로 조식은 현실 중앙정치를 개혁하기 위해서는 성학군주의 통치를 실현하기 위한 인재를 발굴해야 한다고 주장하였다. 그는 척신정치 와해 후에는 구급으로 서리의 발호를 막고자 했다. <무진봉사>에서 척신정치의 권력 집중으로 야기된 각종 병폐를 위한 고제(古制)를 제시하고 선조의 분발을 촉구하고 관직에 나가기를 거절했다.

그러나 조식의 출처의리는 모순된 현실과의 타협을 거부하는 데 있는 것으로 현실참여를 근원적으로 거부하며 염세적 삶을 모색하는 것과는 거리가 있었다. 조식은 출사하지 않는 이유를 헛된 이름으로 모순된 현실에서 관직 생활을 하는 것보다는 계속 비판자적 입장을 취하였다. 이러게 된 현실의 근본적인 이유는 정치가 왕을 정점으로 운영되는 정상적인 위치에 있지 않고 척신이나 권신들에 의해서 좌우되고 있기 때문이라고 지적하였다.[71] 조식은 출처하지 않는 이유를 1555년에 올린 상소에서 스스로의 학문과 도덕적 실천이 부족한 점, 당시의 국정이 극도로 피폐하여 시대 상황이 도를 실천하기 어려운 점이라고[72] 밝히

---

70) 신병주, 앞의 책, 55-58쪽.

71) 曺植, 『南冥集』 卷2, <乙卯辭職疏>.

72) 曺植, 『南冥集』 卷2, <謝宣賜食物疏>.

고 있다.

한편 조식은 국방조차도 비리와 부정의 구조 속에서 적임자를 찾지 못하여 왜구의 침입을 당하는 현실을 비판하고 있다. 이런 모습은 다음의 자료에 나타난다.

① 또 제가 요즈음 보건대 변방에 일이 생겨 여러 대부가 제때에 밥을 먹지 못하지만, 저는 놀라워하지 않았습니다. 왜냐하면 이 일은 이십년 전에 터질 것인데, 전하의 신무하심에 힘입어서 지금에야 비로소 터진 것이지, 하루저녁에 생긴 것이 아니라고 생각했기 때문입니다. 평소에 조정에서 재물로 사람을 임용하니, 재물만 모이고 백성은 흩어져 버렸습니다. 그래서 마침내 장수의 자격에 합당한 사람이 없고 성에 군졸이 없어서, 외적이 무인지경에 들어오듯 했으니 이것이 어찌 괴이한 일이겠습니까. 이번에도 대마도 왜노가 향도와 남몰래 짜고 만고에 끝없이 치욕스런 짓을 하였건만, 왕의 신령한 위엄은 마치 한 모퉁이가 무너지듯 떨치지 못했습니다. 이는 옛 신하를 대우하는 의리가 혹 주나라 예법보다도 엄하여서 원수를 총애하는 은덕이 도리어 재앙으로 송나라에 더해진 꼴이 아니겠습니까. 세종께서 남쪽 오랑캐를 정벌하시고 성종께서 북벌하신 일을 보아도 어디에 오늘날과 같은 일이 있겠습니까.[73]

② 지금 고명한 덕을 지닌 임금이 보위에 있어 나라를 잘 다스리고 있는데도 섬 오랑캐가 난리를 일으키고 있다. 품어 안아 기르는 은혜를 베풀어 주는 데도 그들이 함부로 날뛰면서 일으키는 화란은 비할 바가 없을 정도이다. 아무런 까닭 없이 남의 나라 장수를 죽이고 나쁜 마음을 품고서 우리 임금의 위엄을 모독하였다. 제포를 자신들에게 돌려 달라고 요구하는 것은, 그것이 안 되는 일인 줄을 알면서도 우리 조정의 의사를 낱낱이 시험하려는 것이고, 대장경을 30부 인출해 가기를 요청하는 것은 이를 반드시 얻고자 함이 아니라 우리나라를 한 번 우롱해 보자는 것이다. 손뼉을 치고 뺨을 튀기며 지팡이를 어루만지는 동시에 눈

73) 曺植, 『南冥集』 卷2, <乙卯辭職疏>.

을 부라리면서 말하기를 "반드시 네 모가지를 뽑아 버리겠다"고 하면 비록 삼척동자라도 그것이 단순히 공갈하는 것인 줄을 알게 된다. 그런데 조정에서 당당하게 현명한 재상과 훌륭한 장수가 부지런히 나라 일을 계획하여야 하는데도 도리어 무서워 벌벌 떨면서 어찌 대처할 바를 모르고서 "상중이어서 정사를 논의하지 못한다."라고 거짓 핑계를 대고만 있다. 이런 때를 당하여 유독 적을 제압하는 말이나 적의 공격을 미리 준비하여 막는 계책도 없다는 말인가.[74]

더욱이 조식은 을묘년의 상소에서 조정의 굴욕적인 외교정책을 직접적으로 비판하고 왜구의 침략에 대비할 것을 촉구하였다.[75] 그런데 삼포(三浦)의 왜인이나 상경(上京) 왜인들을 단속하지 않아 그들이 왜구를 끌어들이고 국가 기밀을 누설하여 막대한 피해를 입히는 문제를 지적했다.[76] 그러나 이보다 앞서 해결해야 할 문제점으로 적임자를 장수로 등용하여 방비하지 않고, 부정한 방법으로 관리를 등용하기 때문이라고 지적하여 시정을 촉구하였다.

Ⅳ. 맺음말 : 조식 치국론의 시사점

조선중기의 16세기는 송나라에서 도입된 성리학이 조선성리학으로 정착되면서 사림의 등장하여 사회 전반에 걸쳐서 변화가 모색되던 시기였다. 즉 사림이 새로운 사회체제를 이상으로 내세워 수립해 나가는 과도기였다.[77] 특히 16세기에는 중앙정치에서 훈구의 권력남용과 지방

---

74) 曺植, 『南冥集』 卷2, <策問題>.
75) 曺植, 『南冥集』 卷2, <乙卯辭職疏>.
76) 『명종실록』 권19, 10년 11월(경술).
77) 오종록, 「16세기 조선사회의 역사적 위치」, 『역사와 현실』 제16권, 한국역사연구회, 1995.

정치에서 독단적인 권력운영이 문제점으로 대두하였다. 사족은 향촌 주
도권을 장악하기 위해서 향론정치체제를 만들어 나갔다. 사림은 향론을
결집할 수 있는 제도로 유향소, 향약, 서원 등의 설치 운동을 통하여 향
론을 수렴할 수 있는 기구의 정비를 하였다. 사림은 교화의 대상으로
민을 향약에 포함시켰다.[78]

이러한 사림파의 정치개혁 방향은 정치집단의 유용성을 강조한 구양
수(歐陽脩)의 붕당론, 군주의 붕당 참여를 촉구한 주자의 성리학적 붕당
설에 근거해 전개되었다. 16세기의 권력구조에서 훈구파의 독점적 양상
은 사림파의 도전에 대한 반작용에 기인하는 것이지만, 파탄에 이른 훈
구파의 국가경영에 대한 비판을 원천 봉쇄하려는 의도가 작용하고 있
었다. 이에 정치운영방식에도 변화가 생겨 공론 형성층의 성립과 함께
공론 수용가구도 마련되어 나가면서 붕당도 발생하였다.[79]

이와 같은 상황 속에서 살았던 16세기의 재야 지식인이자 재지사족
이었던 조식에 대한 평가는 다음의 자료에 잘 나타난다.

① 사신은 논하다. 조식은 일사(逸士)로 시골에 있었다. 비록 작록(爵
祿) 보기를 뜬 구름같이 여겼지만, 오히려 임금은 잊어버리지 않았다.
정성스럽게 나라를 근심하는 마음이 언사에 드러났고 간절하고 강직하
여 회피하지 않았으니, 명성을 거짓으로 얻은 자가 아니라고 말할 만하
다. 어진 사람이다.[80]

② 중종조에 천거로 헌릉참봉(獻陵參奉)에 제수되었으나 나아가지 않
았고, 명종조에 이르러 유일로 천거되어 여러 번 6품관에 올랐으나 모

---

78) 최이돈, 「사림 중심의 지방정치 형성와 민」, 『역사와 현실』 제16권, 한국역사연구회,
   1995, 191-210쪽.
79) 최이돈, 앞의 책, 251-266쪽; 설석규, 『남명학파 정치철학 연구』, 남명학연구원출판
   부, 2001, 93-112쪽.
80) 『명종실록』 권19, 10년 11월(경술).

두 나아가지 않았다. 다시 상서원(尙瑞院) 판관(判官)으로 불러들여 대전에서 상을 대하였는데, 상이 치란의 도와 학문하는 방법을 물으니, 응대하기를 '군신간은 정의가 서로 믿게 된 연후에야 선치(善治)를 할 수 있고, 인주(人主)의 학문은 반드시 자득(自得)을 해야 하는 것으로 남의 말만 들으면 무익합니다.' 하고, 드디어 고향으로 돌아갔다. 금상(今上)이 보위를 이음에 교서로 불렀으나 노병으로 사양하였고, 계속하여 부르는 명이 내리자 상소를 올려 사양하면서 '구급'이라는 두 글자를 올려 자기의 몸을 대신할 것을 청하고 인하여 시폐 열 가지를 낱낱이 열거하였다. 그 뒤 또 교지를 내려 불렀으나 사양하고 봉사를 올렸으며, 다시 종친부 전첨을 제수하였으나 끝내 나아가지 않았다. 신미년에 흉년이 크게 들어 상이 곡식을 하사하자 사례하고 상소를 올렸는데, 언사가 매우 간절하였다. 임신년에 병이 심하자 상이 전의를 보내어 치료하도록 하였으나 도착하기도 전에 죽으니 향년 72세였다. 부음이 알려지자 상은 크게 슬퍼하여 신하를 보내 사제(賜祭)하고 곡식을 내려 부의하였으며, 사간원 대사간을 증직하였다. 친구들과 제자 수백 명이 사방에서 찾아와 조상하고 사문(斯文)을 위하여 애통해 하였다.[81]

③ 조식은 도량이 청고하고 두 눈에서는 빛이 나 바라보면 세속 사람이 아님을 알 수 있었다. 언론은 재기가 번뜩여 뇌풍이 일어나듯 하여 다른 사람으로 하여금 자기도 모르게 이욕(利慾)의 마음이 사라지도록 하였다. 평상시에는 종일토록 단정히 앉아 게으른 용모를 하지 않았는데 나이가 칠십이 넘도록 언제나 한결같았다. 배우는 자들이 남명 선생이라고 불렀으며 문집 3권을 세상에 남겼다.[82]

이처럼 16세기의 성리학자 가운데서도 조식은 현실인식을 정확하게 했으며, 이에 대한 대책을 구체적으로 제시하였다. 다만 현실적으로 조식의 개혁론은 구체성과 현실성이 부족하다는[83] 평가를 받는다. 그러

---

81) 『선조실록』 권6, 5년 2월 8일(을미).
82) 『선조실록』 권6, 5년 2월 8일(을미).
83) 정진영, 앞의 논문, 180쪽.

나 조식은 4차례의 상소를 통해서 현실 문제를 적나라하게 지적하고, 개혁의 방향을 제시하였다. 특히 조식은 재야의 지식인이었기 때문에 아무런 주저와 두려움도 없이 자신의 주장을 펼칠 수 있었다.

구체적으로 조식은 1555년(명종 10)의 <을묘사직소>에서 훈척정치의 폐단을 지적하였으며, 1567년(선조 1) <정묘사직정승정원장(丁卯辭職呈承政院狀)>에서는 구급이라는 두 글자를 제시하여 나라를 부흥시킬 것을 주장하였다. 또 1568년(선조 2)의 <무진봉사>에서는 군주의 위학(爲學)과 치국의 근본과 군신관계 선정에 필요한 치정관을 말하고, 군주의 도는 명신(明善)・성신(誠身)・수기(修己)・용인(用人)에 있음을 말하면서 서리망국론을 언급하였으며, 1571년(선조 5)의 <사선사식물소(辭宣賜食物疏)>에서는 군의(君義)라는 두 글자로 수신 정국(整國)의 근본으로 삼아야 한다고 주장하였다.

이처럼 상소를 통해서 조식은 현실 개혁을 위해서는 미봉책보다 변통책을 실시해야 한다고 주장하여 현실사회의 모순을 적극적으로 해결하고자 했다. 조식은 4차례의 상소문에서 척신정치로 말미암아 나라의 근본이 무너졌으며, 천심과 인심도 떠나버려 손 쓸 곳이 없는 것이 현실이라고 지적하였다. 그리고 이러한 상황에 이르게 된 근본원인은 현실인식에 대한 긍정과 부정의 이유가 척신이나 안일한 관료에게 있는 것이 아니라 오직 군주 한 사람에 있다고 파악하였다. 때문에 조식은 현실인식을 적확하게 지적하고 이에 대한 대책을 주창했는데, 권력의 독점을 부정하면서 권력형 비리의 척결을 주장하였다. 구체적으로 조식은 명종에게 직접 왕도의 법이 바로서야 나라가 바로 선다고 직언하였다. 조식이 왕도정치의 수립을 촉구한 것은 무엇보다도 먼저 군주의 정국 주도권 확보를 통해서 소수의 척신정치 의한 권력의 독점을 배제하는 것이었다.

결론적으로 조식의 치국론이 오늘날의 사회와 국가에 던지는 의미는 무엇인가. 그것은 크게 정치적인 면과 사회적인 면으로 나누어 볼 수 있다고 생각한다. 조식은 중앙과 지방정치의 영역에 맞게 각각 달리 주장하여 제시하였다. 먼저 중앙정치에서는 위정자의 올바른 처신과 역할, 위정자의 수신과 솔선수범, 위정자와 신료들과의 소통의 중요성, 제도 시행의 엄정성, 국방의 자위성 확보와 주체적인 외교 문제를 내세웠다. 다음으로 지방정치에서는 향촌자치, 목민관의 솔선수범, 백성의 민생 안정, 행정관료의 부정부패와 비리 척결, 상하의 소통 문제를 주창하였다.

이런 점에서 조식의 치국론은 500년이라는 시간을 뛰어넘어 오늘날 우리에게 위기와 혼란을 어떻게 수습·정리할 것인가를 제시해 주고 있다고 생각한다. 16세기의 위급한 상황을 극복하기 위해서 조식은 구체적인 방안을 제시했다. 그것은 지방정치와 중앙정치가 원칙대로 시행될 수 있게 하자는 방안이었는데, 그러한 방안은 시대를 뛰어넘어서도 받아들여질 수 있는 원칙이었다. 즉 시대정신에 따라 만들어진 정치형태를 부정과 편법을 통해 왜곡시키지 않고, 올바른 방향으로 시행해 나가는 것이라고 할 수 있다.

참고문헌

曺植, 경상대학교 남명학연구소 역, 『남명집』, 理論과 實踐, 1995.

권인호, 『조선중기 사림파의 社會政治思想』, 한길사, 1995.

김강식, 『임진왜란과 경상우도의 의병운동』, 혜안, 2001.

김강식, 「16세기 후반의 대일 인식과 정치사적 의미」, 『역사와 경계』 제43집, 부산경남사
　　　 학회, 2002.

김기주, 「南冥 曺植의 사회변혁론-<戊辰封事>를 중심으로-」, 『남명학연구』 제29권, 경
　　　 상대학교 남명학연구소, 2010.

김돈, 『조선전기 군신권력관계 연구』, 서울대출판부, 1997.

김돈, 『조선중기 정치사 연구』, 국학자료원, 2009.

김성우, 『조선중기 국가와 사족』, 역사비평사, 2001.

김용곤, 「朝鮮前期 道學政治思想 研究」, 서울대학교 박사학위논문, 1994.

김윤제, 「南冥 曺植의 學問과 出仕觀-退溪 李滉과의 비교를 중심으로-」, 『韓國史論』 제
　　　 24권, 서울대학교 국사학과, 1991.

김인걸, 「16 · 17세기 在地士族의 '居鄕觀'」, 『韓國文化』 제19집, 서울대학교 한국문화연
　　　 구소, 1997.

김인걸, 「조선후기 재지사족의 <居鄕觀> 변화」, 『역사와 현실』 제11권, 역사비평사,
　　　 1994.

이상필, 「南冥學派 研究의 現況과 課題」, 『韓國人物史研究』 제2호, 한국인물사연구소,
　　　 2004.

이수건, 「南冥 曺植과 南冥學派」, 『民族文化論叢』 제2 · 3집, 영남대학교 민족문화연구소,
　　　 1982.

이수건, 「退溪와 南冥의 歷史的 位相」, 『韓國의 哲學』 제27호, 경북대학교 퇴계학연구소,
　　　 1999.

이태진, 『朝鮮儒敎社會史論』, 지식산업사, 1989.

이태진, 『증보판 한국사회사연구-농업기술 발달과 사회변동-』, 지식산업사, 2008.

박병련, 「南冥 曺植의 政治思想과 思想史的 위치」, 『정신문화연구』 제20권, 한국정신문화
　　　 연구원, 1997.

박병련, 「政治 · 行政學界의 南冥 및 南冥學派 연구동향」, 『南冥學研究論叢』 제10권, 남명
　　　 학연구원, 2002.

설석규, 『남명학파 정치철학 연구-조식학과 정치철학 연구-』, 남명학연구원출판부, 2001.

신병주, 「南冥 曺植의 學問 경향과 現實認識」, 『한국학보』 제16권, 일지사, 1990.

신병주, 「南冥 曺植의 學風과 南冥門人의 활동」, 『南冥學硏究論叢』 제3권, 남명학연구원, 1995.

신병주, 『남명학파와 화담학파 연구』, 일지사, 2000.

심홍수, 「남명 연구 성과의 회고와 전망-정치 분야에 대한 소고」, 『南冥學硏究』 제35권, 경상대학교 남명학연구소, 2012.

정진영, 『朝鮮時代 鄕村社會史』, 한길사, 1998.

정진영, 「南冥 曺植의 現實認識과 對應」, 『韓國의 哲學』 제27호, 경북대학교 퇴계학연구소, 1999.

최연식, 「조선시대 사림의 정치참여와 향촌자치의 이념」, 『한국정치외교사논총』 제27집, 한국정치외교사학회, 2005.

최이돈, 『朝鮮中期 士林政治構造硏究』, 일조각, 1994.

최이돈, 「사림 중심의 지방정치 형성과 민」, 『역사와 현실』 제16권, 역사비평사, 1995.

한국역사연구회 조선전기 사회사 연구반, 『조선은 지방을 어떻게 지배했는가』, 아카넷, 2000.

향촌사회사연구회, 『조선후기 향약연구』, 民音社, 1990.

평천하를 향한
남명(南冥) 조식(曺植)의 교육관[*]
-「학기유편(學記類編)」을 중심으로 -

신
창
호

Ⅰ. 머리말

조선 중기 유학에서 남명(南冥) 조식(曺植, 1501~1572)의 위치는 독특하다. 주지하다시피, 조선의 성리학자 대부분은 유학의 '수기치인(修己治人)' 이론에 충실하여, 명목상 자신을 수양한 후 국가 운영의 주체 세력인 관료로 진출했다. 하지만 조식은 주변의 기대에 떠밀리다시피 과거에 응시하긴 했지만, 평생에 걸쳐 관직에 몸담지 않았다. '학자 관료'가 아니라 순수한 야인(野人)이자 학인으로서, 이른바 처사(處士)로 남았다. 『서경(書經)』 <대우모(大禹謨)>에서 우(禹)가 묘족(苗族) 정벌을 앞두고 훈시한 "군자는 초야에 있고 소인은 높은 자리에 있다."[1]는 언급을 실천이라도

---

* 이 논문은 「남명 조식의 평천하 교육관 고찰」, 『남명학』 제23권(2018. 3)의 내용을 수정·보완한 것이다.
1) 『書經』, <大禹謨>, "君子在野, 小人在位."

하듯, 조식은 혼란한 현실에서 소인의 길로 나가지 않았다.[2]

이런 삶의 태도는 학문 사상적 측면에서 조식을 이해하고 정의내리는 데 깊이 고려할 사항이다. 조식은 주자학을 존숭하고 문신을 우대하던 학문 분위기 속에서 이에 구애받지 않았고, 당시로서는 이단시되던 불교(佛敎), 노장(老莊), 양명학(陽明學)은 물론이고 병서(兵書)까지도 수용하는 입장을 저서 곳곳에서 드러낸다. 이는 당대의 풍조를 비판하고 극복하는 동시에 새로운 학문 풍토를 조성하려는 개방적 의식을 표출한 것으로 이해할 수 있다. 특히, 성리학자들이 천도론(天道論)과 심성론(心性論)에 치우쳐 과도한 관심을 갖는 측면을 경계했기에 조식의 학문은 엄밀한 의미에서 경학(經學)이 아니다. 조식은 유학의 본원에 충실하여 그 실천 정신을 제대로 계승하려 했고 지나치게 형이상학으로 흘러 현실 대처 능력을 상실해가던 당시의 학문에 대해 현실성을 지닐 수 있도록 고민했다. 이런 점에서 남명학은 실천 윤리학 또는 경세학적 특징을 강하게 지닌다.[3]

조식은 다른 성리학자에 비해 많은 분량의 문집을 남기지는 않았지만, 학문적으로 엄격한 특징을 보인다. 조선유학사에서 조식과 동시대를 살았던 퇴계(退溪) 이황(李滉, 1501~1570)은 경(敬)에 집중했고 율곡(栗谷)

---

2) 조식은 20세(1520년, 중종 15년) 때 어머니의 강권으로 과거에 응시하여 생원진사시(生員進士試)와 문과 초시(文科 初試)에 합격했다. 그러나 다음 해의 생원진사시에 응시하지 않았고 문과 회시(文科 會試)에는 낙방했다. 25세 때 친구들과 산사에서 『성리대전(性理大全)』을 읽었는데, 노재(魯齋) 허형(許衡, 1209~1281)의 "出則有爲, 處則有守"라는 글을 보고 큰 깨달음이 있었다고 한다. 그 후 성인의 학문을 하되, 지엽적인 것은 버리고 육경(六經)과 염계(濂溪) 주돈이(周敦頤, 1017~1073), 횡거(橫渠) 장재(張載, 1020~1077), 명도(明道) 정호(程顥, 1032~1085), 이천(伊川) 정이(程頤, 1033~1107), 회암(晦庵) 주희(朱熹, 1130~1200)의 학문을 열심히 공부하여 몸소 실천하는 것을 삶의 핵심으로 일삼았다. 특히, 경의(敬義)의 실천을 중시했는데, 경의 두 글자를 하늘에 해와 달이 있는 것과 같이 보았다.(이성무, 「퇴계 이황과 남명 조식」, 『학술원논문집-인문·사회과학편』, 대한민국 학술원, 2008, 171-172쪽.)

3) 한국사상연구회, 『조선유학의 학파들』, 예문서원, 1997, 172-199쪽.

이이(李珥, 1536~1584)는 성(誠)을 중심으로 사상을 펼쳐 나간 것으로 일반적으로 정돈하고 있지만, 조식은 경(敬)과 성(誠), 그리고 의(義)를 내외(內外)의 관점에서 강조하는 유학에 충실했다. 의(義)를 강조하며 유학을 실천 학문으로 부각했다는 점에서, 조식의 교육 사상은 대부분의 연구자가 '실천 중심의 교육'으로 정돈해 냈다.[4] 그런데 조금만 진지하게 성찰해 보라. 과연 실천을 중심에 두지 않는 유학이 존재하는가? 이런 점에서 기존 연구의 분석·검토를 바탕으로 조식의 학문에 대한 해석의 지평 확장이 요청된다.

조식의 학문 사상과 교육에 대해 어떤 수식어를 붙이더라도 간과하지 말아야 할 것이 있다. 그의 학문은 『성리대전』을 읽은 후 깨달음에서도 엿볼 수 있듯이, 유학(특히 성리학)의 범주를 넘어서지 않는다는 점이다. 때문에 조식의 학문은 철저하게 성리학에 터해 점검해야 한다. 기존에 조식의 사상을 다룬 상당수의 연구가 조식이 주장한 독특한 이론이나 특정하게 강조한 부분을 구명한 것처럼 보인다.[5] 하지만 그 실제는 성리학의 본질을 재확인하고, 성리학의 근본에서 벗어나거나 한쪽으로 치우친 사유를 정상으로 되돌려놓으려는 조식의 의지 발현으로 이

---

4) 한상규의 「조식의 교육사상 연구」(중앙대학교 박사논문, 1990)를 비롯하여 채휘균의 「남명학파의 교육사상」(영남대학교 박사논문, 1999), 사재명의 「남명 조식 교육사상의 계승」(경상대학교 박사학위논문, 1999)에서 알차게 진행된 조식의 교육사상 연구 이후, 2000년대에 이루어진 대부분의 연구 작업은 조식의 교육사상을 '경의(敬義)'를 중심으로 하는 '실천 교육'으로 명명하는 경향이 짙다. 이는 정우락이 조식의 문학 연구 분석에서 지적한 것과 유사하게, 기존의 연구 결과를 제대로 검토하지 않고 인용하여 논의를 전개하다 보니, "동어 반복과 제자리 맴돌기"를 거듭하여 거의 공통적인 결론을 도출하고 있는 양상이다.(정우락, 「『남명학논총』을 통해 본 남명학파 문학연구의 과제 분석」, 『남명학연구논총』 제13권, 2004.)

5) 남명학 관련 연구는 1,000편이 넘는 논저가 발표되어 있는 데서 확인할 수 있듯이 양적으로 엄청나게 증가했다. 하지만 문제점으로 노출된 것은 조식 개인의 인격과 생애, 그리고 학문에 대한 찬양 일변도, 특정 영역에의 연구 집중, 연구 결론의 공통성 등도 드러났다.(송준식, 「남명학 연구성과의 회고와 전망(4)-교육연구」, 『남명학연구』 제35권, 2012.)

해하는 것이 정확하다. 그렇지 않은 여러 연구는 조식의 학문을 현대적 의미로 재해석해 낸 것이다.

본고는 기존의 연구를 바탕으로 조식의 학문을 재검토하고 성리학의 본령에 맞게 자리매김하려는 작업이다. 특히, 경(敬)과 성(誠), 그리고 의(義)의 의미와 맥락, 학문의 방법론을 재확인하고, 조식이 그것을 보다 강화하고 제자리에 위치시키려는 노력을 교육적으로 검토한다. 이는 종국적으로 유학의 궁극적 이상인『대학(大學)』의 평천하(平天下)를 모색하는 과정이라는 사실을 구명한다. 조식의 교육을 이해하기 전에 초기 유교에서 성리학에 이르는 유학 교육의 대강을 고찰하여 정돈하고, 거기에서 왜 '경(敬)-성(誠)-의(義)'의 구조가 강조되는지, 유학의 본령에 따라 조식의 의도를 점검한다. 그리고 그 학문의 과정이 개인의 내면적 안정에 터하여 사회적으로 확장되면서 궁극적으로 평천하를 지향하고 있음을 밝히려고 한다.

Ⅱ. 조식 교육관의 토대 ①: 유학 교육의 기본 관점

조식이 체득한 유학은 주자에서 집대성 되는 성리학이다. 공자가 초기 유학을 집대성(集大成)하기 이전부터 유학은 교육의 중요성을 강력하게 피력했고, 공자, 맹자, 순자를 거치면서 그 중요성을 강화해 왔다. 그리고 주자에 이르러 그 체계는 상당한 수준에서 정치와 교육, 삶의 전 과정을 수양해 나가는 양식으로 발전한다. 그 교육의 기초는 일상을 강조하는 삶의 학문이다. 그것을 상징적으로 드러내는 언표가 "일상생활에서 해이해진 마음을 바로잡는 일일뿐"[6]이라는 맹자의 한탄이다.

그 초기의 모습은『서경』에서 순임금이 호소하는 장면에 엿보인다.

---

6)『孟子集註』, <告子 上>, "學問之道, 無他, 求其放心而已矣."

"설(契)이여! 백성들은 서로 친하게 지내지 않으며, 오품(五品)을 따르지 않고 있다. 그대에게 사도(司徒)의 직책을 맡기니, 오륜(五倫)을 가르쳐 백성들이 너그러이 되도록 하라."[7] 제도가 제대로 정비되지 않았던 시대의 교육은 백성들 사이에 관계 정돈을 요청하는 가운데 진행되었다. 오품(五品)이라는 다섯 가지 등급 관계는, 부자(父子), 군신(君臣), 부부(夫婦), 장유(長幼), 붕우(朋友)라는 인간의 질서이고, 이후『맹자(孟子)』와『중용(中庸)』에 등장하는 오륜과 직결된다. 그것은 사도(司徒)라는 교육 담당관에 의해 백성을 교육하는 형식이다. 이런 제도로서의 교육이 강조된 이후, 교육에 관한 보다 풍부한 사유는『예기(禮記)』<학기(學記)>에서 발견된다.

> 좋은 생각을 내서 법도에 맞게 하고 착한 일을 추구하면, 조그마한 영예를 얻을 수는 있으나 많은 사람에게 감동을 주기에는 부족하다. 자기 몸을 낮추어 어진 사람에게 나아가고 처지를 바꾸어 멀리 있는 아래 사람의 마음을 헤아린다면, 많은 사람에게 감동을 줄 수는 있으나 백성을 감화시키기에는 부족하다. 군자가 백성을 감화시켜 아름다운 풍속을 이루려 한다면, 반드시 배움으로 말미암아야 한다. 옥은 다듬지 않으면 그릇으로 만들 수 없고, 사람은 배우지 않으면 도리를 알지 못한다. 때문에 옛날에 임금이 나라를 세우고 군주 노릇을 할 때 가르치고 배우는 일을 먼저 했다.[8]

가르침과 배움이라는 교학(敎學)은 군주와 백성 사이에 이루어지는 교화(敎化)[9]와 순종하는 백성으로서의 습관형성 행위이다. 군주는 자기 수

---

7)『書經』, <舜典>, "帝曰, 契, 百姓不親, 五品不遜, 汝作司徒, 敬敷五敎, 在寬."
8)『禮記』, <學記>, "發慮憲, 求善良, 足以謏聞, 不足以動衆. 就賢體遠, 足以動衆, 未足以化民. 君子如欲化民成俗, 其必由學乎. 玉不琢, 不成器, 人不學, 不知道. 是故古之王者, 建國君民, 敎學爲先."
9) '교화(敎化)'는 특수한 상황에 처한 개인의 입장을 고려한 교육 활동으로, 특정한 목적과 이데올로기를 일방적으로 주입하는 과정이다. 예를 들면, 유교나 기독교, 이슬람교 등과 같은 종교나 공산주의 국가에서 그들의 교리나 이론을 주입하여 국민들을 무장시키거나 의식화하는 경우를 말한다. 초기 유학에서 군주가 백성을 가르치는 형식은

양을 거친 교육자이고, 백성은 어리석은 상황에 처해 있는 피교육자[학
습자]로 자리매김 되어 있다. 군주와 백성은 두 차원으로 설명된다. 먼
저, 군주는 교화의 주체로서 덕망을 갖추어야 한다. 그것은 군주로서 당
연한 의무이자 도리이다. 군주는 인격체로서 완성된 인간이 되어야 하
고, 그것을 기반으로 백성을 교화해야만 했다. 이는 한 국가의 최고지도
자로서 통치를 위한 교도(矯導)의 과정이었다. 다음으로 백성은 어리석
고 부족하며 미숙한 존재였다. 따라서 천도(天道)의 덕망을 체득한 군주
로부터 인간의 도리를 깨우쳐야 하고 통치에 익숙해져야 하는 교육의
객체였다. 그들은 철저하게 교화의 대상이었고, 군주가 요청하는 습관
을 형성하여 일방적으로 따라야 하는 존재였다.

이런 점에서 유학의 초기 교육은 '교화'의 형태로 시행되었다. 군주
의 경우, 교육은 수기(修己)를 통해 자신의 직분(職分)을 정립하고 치인(治
人)을 통해 백성을 교화하는 작업이었다. 백성의 경우, 인간의 도리인
오륜을 주입받고 깨우치며 인간의 관계 질서를 파악해 나가는 인간 조
성 작용이었다. 초기 유학을 집대성한 공자는 이러한 사고를 바탕으로
다음과 같이 교육을 자리매김한다.

> 공자가 위나라에 갈 때, 염유가 수레를 몰았다. 공자가 말했다. "백성
> 들이 참 많기도 하구나!" 염유가 물었다. "백성들이 많아졌으면 무엇을
> 더해야 합니까?" 공자가 말했다. "부유하게 해 주어야 한다." 염유가 물
> 었다. "부유해졌으면 또 무엇을 더해야 합니까?" 공자가 말했다. "가르
> 쳐야 한다!"[10]

공자와 염유의 대화가 지시하는 핵심은 국가 통치의 기본 요건에 관

오륜을 중심으로 하는 윤리 도덕의 주입이라는 측면에서 교화의 양식을 담보하고 있다.
10)『論語集註』, <子路>, "子適衛, 冉有僕, 子曰, 庶矣哉. 冉有曰, 旣庶矣, 又何加焉. 曰富
之. 曰旣富矣, 又何加焉. 曰教之."

한 것이다. 국가의 구성 요건은 인구와 경제, 그리고 교육이라는 세 가지로 정돈된다. 그것을 전반적으로 운용해 나가는 큰 활동이 정치이다. 세 가지 요건 가운데 인구 증가와 경제적 부의 창출은 국가를 지속하기 위한 물질적 바탕이다. 인구 증가는 농사를 짓기 위한 노동력의 확보와 외적의 침입으로부터 보호하기 위한 군사력의 확보와 연관된다. 경제적 부의 창출은 생활의 안정이나 복지와 직결된다. 교육은 이를 바탕으로 진행되는 정신적 기초의 건설이다. 백성들을 통치하기 위해 그들이 윤리 도덕을 갖출 수 있도록 강변하는 수준의 교육으로서 교화이다.

교화가 강조되는 이유는 간단하다. 인간의 욕망(慾望) 때문이다. 『서경』의 심법(心法)[11]에서 '인심유위(人心惟危)'라고 했듯이, 인간은 사리사욕(私利私慾)으로 인해 스스로 삶을 위태롭게 만든다. 특히, 경제적 부의 창출을 통해 물질적 풍요를 누리게 되었을 때, 윤리 도덕적 측면의 정신적 황폐화를 가져오기 쉽다. 정신적 황폐화는 금수(禽獸)와 같은 영혼 없는 생활로 전락하기 쉽고, 물질적 향락에 빠져 인간의 존재 의의를 상실할 수도 있다. 공자의 인식은 인간의 가치, 인간만이 지닌 윤리 도덕적 질서를 교화를 통해 의식화하려는 열망이다.[12]

공자의 교육에 관한 인식은 맹자와 순자로 이어지면서 그 생명력을 이어간다. 익히 알고 있듯이, 맹자는 선단론(善端論)[13]을 주장했다. 맹자는 '군자삼락(君子三樂)'에서 '교육(敎育)'의 의미를 자리매김하기도 했지

---

11) 유학을 흔히 심학(心學)이라고도 하는데, 이는 16자(字) 심법(心法)이라고 하는 "人心惟危, 道心惟微, 惟精惟一, 允執厥中"이라는 『서경』 <대우모>의 구절에서 기원한다. 16자 심법은 인심(人心)과 도심(道心), 즉 인간의 마음과 하늘의 마음, 욕심과 순수심이라는 마음의 두 축을 표현한다. 유학은 인심도심(人心道心)의 이해와 파악에 따라 인간의 지향점을 지시해 주고, 천(天)[도심(道心)]의 질서에 인(人)[인심(人心)]의 무질서를 합치하려는 자기 조절을 강조한다.

12) 『論語集註』, <子路>, "富而不敎, 則近於禽獸. 故必立學校, 明禮義以敎之."

13) 일반적으로 맹자의 성론(性論)이나 심론(心論)을 '성선설(性善說)'로 이해하는 경우가 많다. 엄밀하게 말하면 그것은 "惻隱之心, 仁之端"과 같은 표현에서 확인할 수 있듯이, '선단(善端)'으로 이해하는 것이 정확하다.

만,14) '선단(善端)을 확충해 가는 과정'을 교육으로 인식한다. 모든 인간에게 단서로 자리하고 있는 사단(四端)을 확충해 나가는 일이 다름 아닌 교육이다. 맹자는 이를 인륜(人倫)을 밝히는 작업으로 명시했다.

> 옛날부터 상(庠)·서(序)·학(學)·교(校)를 설치하여 백성들을 가르쳤는데, 상(庠)은 '봉양한다'는 뜻이고, 교(校)는 '가르친다'는 뜻이며, 서(序)는 활쏘기를 '익히다'는 뜻이다. 하나라에서는 교(校)라 하였고, 은(殷)나라에서는 서(序)라 하였으며, 주(周)나라에서는 상(庠)이라 하였고, 학(學)은 하·은·주 세 나라가 공통적으로 쓴 명칭으로, 모두 인륜(人倫)을 밝히는 일이었다. 인륜이 위에서 밝으면 백성들이 아래에서 친해질 것이다.15)

맹자가 언급한 상·서·학·교는 중국 삼대 때의 학교이다. 그런데 시대와 나라는 다르지만 학교를 설치한 이념이나 본질은 공통적으로 '인륜을 밝히는 일'이었다. 인륜은 인간이 살아가는 데 필수적인 질서 체계, 이른바 오륜이다. 오륜은 부자유친(父子有親), 군신유의(君臣有義), 부부유별(夫婦有別), 붕우유신(朋友有信)으로 윤리의 끝자리를 따서 '친(親)·의(義)·별(別)·서(序)·신(信)'이라고도 한다. 이 가운데 부자유친과 군신유의, 장유유서는 인간관계에서 '상하 수직 질서'를 상징하고, 부부유별과 붕우유신은 '전후좌우 수평 질서'의 차원이다. 상하 수직 질서 중에서도 가정에서 혈육 간의 관계가 부자유친이고, 사회 조직에서의 약속 관계가 군신유의이다. 또 사회조직 전체의 일반적인 인간관계가 장유유서이다. 이 관계 질서를 형성하는 요인으로는 나이, 학문, 관직, 지위,

---

14) 『孟子集註』, <盡心 上>, "孟子曰, 君子有三樂, 而王天下不與存焉. 父母俱存, 兄弟無故, 一樂也. 仰不愧於天, 俯不怍於人, 二樂也. 得天下英才而敎育之, 三樂也. 君子有三樂, 而王天下不與存焉" 이 구절에서 '교육(敎育)'이라는 용어가 처음으로 등장하는데, 이는 교화(敎化)와 상당히 다른 양상을 보인다.

15) 『孟子集註』, <滕文公 上>, "設爲庠序學校, 以敎之, 庠者, 養也, 校者, 敎也, 序者, 射也. 夏曰校, 殷曰序, 周曰庠, 學則三代共之, 皆所以明人倫也. 人倫, 明於上, 小民, 親於下."

직업 등 다양한 기준이 있다. 그리고 때와 장소 등 상황에 따라 다르게 적용된다. 전후좌우 수평 질서 중에서 붕우유신은 사회적 관계이고 부부유별은 가정의 질서였다. 이 중 부부유별은 인륜의 시작16)이다. 왜냐하면, 모든 인간의 탄생은 부부(夫婦)에서 비롯되기 때문이다.

이처럼 오륜은 인간 사회의 질서 전반을 함축하고 있다. 그것은 교육이라는 제도적 장치를 통해, 공동체 내부 구성원 상호 간의 화합과 인륜 질서의 확립, 그리고 구성원들의 인격적 완성에 초점을 두었다. 오륜을 비롯한 다양한 유학의 덕목들은 사실 관계 중심적(relation-oriented)이고 역할 중심적(role-oriented)이다. 사회적 역할 관계 내에서 개인이 맡은 직분의 원활한 수행과 이를 통한 공동선의 실현을 목표로 삼는다.17) 이런 역할론은 오륜을 비롯하여 공자의 '정명(正名)', 맹자의 '노력자(勞力者)/노심자(勞心者)', 순자의 '분(分)'에서 잘 드러난다. 이는 인간이 수행해야 하는 마땅한 길인 인도(人道)를 의미한다. 인간은 길은 다름 아닌 인류의 본질이자 인간 생활의 특징을 표현한다.18) 이것을 구체적으로 밝혀 이해시키는 것이 교육의 핵심이다. 이런 점에서 맹자의 교육은 인간의 본질인 선(善)과 그를 바탕으로 덕목화한 오륜을 구체적으로 체득하여 생활에 적용하고 개인과 사회를 지속하는 데 있다. 도덕적 인간으로서 개인의 완성은 물론, 사회의 윤리 질서까지도 보장하려고 했다.

맹자의 사유에 반대한 순자는 맹자의 선단(善端)을 거부했다. 인간이 선천적으로 '도덕적 성향'을 지녔다는 데 상당히 소극적이었다. 왜냐하면 인간은 원초적으로 이기적 욕망을 지니고 있다고 판단했기 때문이

---

16) 『中庸章句』, 第12章, "君子之道, 造端乎夫婦, 及其至也, 察乎天地." 『周易』 <序卦傳下>, "有天地然後, 有萬物, 有萬物然後, 有男女, 有男女然後, 有夫婦, 有夫婦然後, 有父子, 有父子然後, 有君臣, 有君臣然後, 有上下, 有上下然後, 禮義有所錯. 夫婦之道, 不可以不久也, 故受之以恒."

17) 이승환, 『유가사상의 사회철학적 재조명』, 고려대학교 출판부, 1998, 142-147쪽.

18) 孫培靑, 『中國敎育史』, 上海: 華東師範大學出版社, 2000, 71쪽.

다. 그 욕망은 순자가 예(禮)를 들고 나온 근원이 되었다.

예는 무엇 때문에 생긴 것인가? 사람에게는 태어나면서부터 욕망이
있다. 욕망을 채우지 못하면, 끊임없이 그것을 추구한다. 욕망 추구에는
절제와 한계가 없다. 그러므로 서로 다투지 않을 수 없게 된다. 다투면
사회가 어지러워지고 어지러워지면 궁색해진다. 옛날 왕들은 그 어지러
워짐을 싫어하였다. 그러므로 예의를 제정하여 욕망에 일정한 한계를
긋고 사람들의 욕망을 길들였으며, 사람들의 욕구를 충족해 주었다. 욕
망이 재물 때문에 파탄되지 않도록 하고, 재물이 욕망 때문에 바닥나지
않게 하여, 이 양자를 서로 조화 있게 균형을 이루도록 했다. 이것이 예
가 생긴 까닭이다.[19]

욕망은 인간 유기체 속에 선험적으로 내재된 본질적 요소이다. 자크
라캉(Jacques Lacan, 1901~1981)에 의하면, 욕망은 어떤 만족으로도 제한되지
않는, 끝없이 영원한 결핍을 내부에 지니고 있다.[20] 인간은 끊임없이
욕망을 추구한다. 그런 가운데 개체적 욕망의 대결과 갈등은 사회적 혼
란을 야기한다. 사회의 안정과 지속을 위해, 외부에서 욕망에 제재를 가
하거나 조절해야 할 필요성이 대두된다.[21] 순자는 예를 욕망을 잘 길러
결핍을 충족시켜 주는 것[22]으로 이해했다. 욕망의 충족과 조절, 감시를
위한 사회 제도적 장치가 다름 아닌 예이다. 이런 점에서 예는 비뚤어
질 가능성이 있는 인간 존재를 올바르게 세우는 교육적 기능을 한다.
순자는 생각했다. "인간은 예가 없으면 살아갈 수 없다. 그러기에 선
(善)으로 남보다 앞서 실천하며 나아가 인도하는 일, 이것이 교육이다."[23]

---

19) 『荀子』, <禮論>, "禮起於何也. 曰, 人生而有欲. 欲而不得, 則不能無求. 求而無度量分
界, 則不能不爭. 爭則亂, 亂則窮. 先王惡其亂也. 故制禮義以分之, 以養人之欲, 給人之
求. 使欲必不窮乎物, 物必不屈於欲. 兩者相持而長. 是禮之所起也."
20) 김형효, 『構造主義의 思惟體系와 思想』, 인간사랑, 1992, 284쪽.
21) 권미숙, 「荀子 禮治思想의 社會思想的 含意」, 한국학대학원 박사학위논문, 1996, 64쪽.
22) 『荀子』, <禮論>, "禮者, 養也."

순자는 욕망을 조절하고 갈등을 줄이기 위해 예치(禮治)와 교육을 갈구했다. 예치는 궁극적으로 선을 지향하고 선으로의 회귀를 갈망하는 통치 행위이다. 교육은 욕망으로 점철된 인간의 성품, 그로 인해 드러나는 사회적 병리를 예(禮)라는 제도 장치 속에서 조절한다.

원시유학의 교육에 대한 의미 규정은 주자가 사서(四書) 유학을 집대성하는 과정에서 보다 확장되어 체계를 갖추면서 명확히 드러났다.『대학(大學)』과『중용(中庸)』을 통해 교육의 본질과 의미를 분명히 했다. 먼저,『중용』의 첫머리를 보자.

> 하늘이 명령한 것을 본성[성(性)]이라 하고, 본성을 성장시켜 가는 것을 길[도(道)]이라 하고, 길을 닦는 것을 가르침[교(敎)]이라고 한다.[24]

너무나 유명한『중용』의 머리 장, 이 세 구절은 유학 사상의 총 강령에 해당한다. '하늘이 명한 것을 본성'이라고 하는 것은 유학의 인본주의의 요체가 되는 진리이다. '본성을 성장시켜 가는 것을 길'이라고 하는 것은 유학이 진덕수업(進德修業)하는 공부의 요체가 되는 근본이다. '길을 닦는 것을 가르침'이라고 하는 것은 교화와 정치를 하는 요체가 되는 방법이다.[25]

'천명(天命)이 바로 성(性)'이라는 인식에서 볼 때, 인간은 하늘의 명령에 의해 자기 성품을 부여받았다. 인간의 성품이 하늘의 법칙과 질서를 고스란히 간직하고 있다. 이는 맹자가 말하는 인의예지신(仁義禮智信)이라는 덕(德)이 나에게 갖추어져 있는 것과 동일한 맥락이다. 하늘의 뜻은 하늘의 도리인 천도(天道)이다. 인간의 길인 인도(人道)는 하늘의 명령에

---

23)『荀子』, <勸學>, "人無禮則不生……以善先人者謂之敎."
24)『中庸章句』, 第1章, "天命之謂性, 率性之謂道, 修道之謂敎."
25) 김충렬,『中國哲學散稿』Ⅱ, 온누리, 1990, 191쪽.

따라 수행해 간다. 맹자 이후, 선함으로 규정된 본성은 당위적으로 따라
야 하는 사람의 기준이고 나아가 확충해야 하는 인생의 존재 근거이다.
여기에서 본성을 확충하는 양식, 때와 상황에 따라, 능력과 자질에 따
라, 절도 있게 하는 방법의 제도적 장치가 교육이다. 그러므로 주자는
그것이 "예악(禮樂)이나 형정(刑政)의 형태로 현실감 있게 드러난다."[26]고
했다.

『중용』은 텍스트 전체가 이 첫머리를 일관되게 풀어내며, 유학 교육
의 본질을 언급한다. 인간 존재는 하늘의 명령인 천도(天道)를 부여받았
다. 그 천도를 본받아 나아가는 것이 인간의 삶이다. 따라서 인간은 일
상생활 가운데 적절한 상황에 따라 대처해야 한다. 그 방식이 교육이다.
여기에서 천인합일(天人合一)을 추구하는 유학 교육의 본질이 드러난다.

이런 『중용』을 현실감 있게 구체적으로 표출한 것이 『대학』의 교육
론이다. 『대학』은 『중용』에서 제시된 '성(性)-도(道)-교(敎)'의 원리를 삼
강령(三綱領)으로 전환하여 설정하고 다시 세부적으로 팔조목(八條目)을 제
시한다.

> 교육의 길은 마음[본성]을 밝히는데 있고, 백성을 새롭게 하는 데 있
> 고, 가장 착한 곳에 그치는 데 있다"[27]

이 삼강령은 교육의 대전제를 본질적으로 언급한 대목이다. 세부적
으로 논의하면 다음과 같다.

---

26) 『中庸章句』, 第1章, "聖人因人物所當行者, 而品節之, 以爲法於天下, 則謂之敎. 若禮樂
刑政之屬是也"; 『중용』의 첫머리 "天命之謂性, 率性之謂道, 修道之謂敎"에서 맨 마지
막에 자리한 '교(敎)'를 주자는 '예악형정(禮樂刑政)'으로 드러난다고 했다. 이때, 교
는 일반적 의미의 교육(education)과는 상당한 거리가 있고, 『중용』 내부에서도 상황
에 따라 '교(敎)'의 의미가 다르게 읽히기도 한다.
27) 『大學章句』, 經1章, "大學之道, 在明明德, 在新民, 在止於至善" 교육을 강조하는 차
원에서 '큰 배움[대학(大學)]의 길'을 '교육의 길'로 강조하였다.

첫째, '마음을 밝히다'에 해당하는 명명덕(明明德)은 천도(天道)로 이미
부여된 착한 마음을 밝혀 깨닫는 일이다. 왜냐하면 마음은 사람이 하늘
에서 얻은 것으로 텅 비어 있는 것 같지만, 신비스런 작용이 있으며 어
둡지 않고, 모든 이치를 갖추고 있어 모든 일에 응할 수 있기 때문이
다.28) 마음은 인간 존재를 상징적으로 형용하는 언표이다. 인간은 맹자
의 주장처럼 세상의 모든 것을 갖추고29) 언젠가는 그것을 구현할 수 있
는 일종의 가능태이다. 이런 인간의 본질을 깨닫는 일이야말로 교육의
첫 번째 임무이다. 그것은 자각(自覺)하고 자증(自證)해야 하는30) 개인의
존재와 본질을 각성하는 실존적 깨달음이다.

둘째, '백성을 새롭게 하다'에 해당하는 신민(新民)31)은 군주가 자신의
존재를 깨닫고 백성을 변모시키는 일이다. 백성에게 다가가 그들을 새
로운 차원의 인간으로 개조하겠다는 의지이다. 군주로서 자신의 덕성을
밝힘으로서 백성에게 다가서는 일이다. 군주가 백성을 새로운 인간으로
교육하는 일은 군주의 의무 이행이자 책무성이다. 그것은 필연적인 사
회적 관심이자 백성에 대한 배려이다. 이것이 두 번째 교육의 본질이다.

셋째, '가장 착한 곳에 그치다'에 해당하는 지어지선(止於至善)은, 위의
명명덕(明明德)과 신민(新民)이라는 경지를 개인적·사회적으로 지속하는
일이다. 여기에서 말하는 가장 착한 경지는 군주가 지도자로서 착한 자
신의 '마음을 밝히고', 그것을 바탕으로 '백성을 새롭게 하는' 일이다.
다시 말하면, 군주에게 부과된 지도자로서의 마음, 지도자로서의 잠재

28) 『大學章句』, 經1章 註, "明德者, 人之所得乎天而虛靈不昧, 以具衆理而應萬事者也."
29) 『孟子集註』, <盡心 上>, "孟子曰, 萬物皆備於我矣."
30) 김철운, 「「大學」의 平天下思想에 관한 硏究」, 고려대학교 박사학위논문, 1998, 53쪽.
31) 『대학』 고본(古本)에는 '친민(親民)'으로 되어 있는데, 여기서는 정자(程子)가 '신민(新
民)'으로 해석했고, 주자가 이를 받아들인 그대로 이해한다. 『大學章句』 傳2章에서
"日新, 日日新, 又日新 …… 作新民 …… 維新" 등의 구절과 맞춘 것으로 볼 때 주자
의 의도가 상당히 의미 있다고 판단된다. 조식의 경우에도 양명(陽明)처럼 친민(親民)
을 주장하거나 별도의 의견을 제시하며 논란을 벌이지는 않았다.

능력을 가지고 지도자의 일에 충실하고, 지도자로서의 책무성을 다하는 것이다. 그런 군주의 모습은 다음과 같은 사회적 관계 질서 속으로 녹아든다.

> 군주가 되어서는 훌륭한 정치를 실천하는 데 힘을 쏟는다. 신하가 되어서는 공경한 행실로 정사를 보좌하는 데 힘을 다한다. 자식이 되어서는 효도하는 데 성의를 다한다. 부모가 되어서는 자식 사랑에 정성을 쏟는다. 타인과 사귐에는 믿음으로 삶의 관계를 지속한다.[32]

'가장 착한 곳에 그친다'는 지어지선(止於至善)은 군주의 정치와 교육에 대한 태도를 지적한다. 즉 명명덕(明明德)과 신민(新民)의 정치와 교육의 본질을 지속해 나가며 생명력을 지니도록 하는 작업이다. 이렇게 볼때, 교육은 군주가 자신의 본성이나 마음인 명덕(明德)이 착하다는 깨우침과 그것을 발현할 수 있다는 내면적 가치인식인 각성(覺醒)이 핵심이된다. 동시에 그 마음을 백성에게 펼쳐나가는 사회적·외면적 가치실현이라는 본질을 담지하고 있다. 이는 군주라는 지도자와 백성 사이의 조화를 꾀하는 일이다. 군주는 자각하는 존재인 동시에 백성을 통해 국가사회에 대한 책무성을 지니고, 백성은 군주로부터 받은 교육의 힘으로 자각의 길을 열어 나감으로서 국가에 대한 책무성을 지녀야 한다.

조식은 이 지점을 명확히 파악했다. 그것은 『대학』을 중시하며 그의 교육관을 다듬는 계기가 된다. 이런 점에서 대학 이전에 필수 과정인 소학(小學)을 조망하면서 대학의 지평을 확장하는 조식의 교육관을 고려할 필요가 있다.

---

32) 『大學章句』, 傳3章, "爲人君, 止於仁. 爲人臣, 止於敬. 爲人子, 止於孝. 爲人父, 止於慈. 與國人交, 止於信."

III. 조식 교육관의 토대 ②: 대학의 전제로서 소학

유학에서 교육은 기본적으로 공자의 육경(六經) 저술로부터 시작된다. 이는 공자가 그토록 그리워했던 주나라의 교육 전통을 정리한 것이었다. 육경은 서(詩)・서(書)・예(禮)・악(樂)・역(易)・춘추(春秋)이다. 육경은 사실 당시 인간이 사고와 행위를 전반적으로 녹여 넣어 언표한 인간 생활의 결정판이었다.

첫째, 시(詩)는 『시경(詩經)』으로 엮어지는 데, 인품 수양은 물론 인간과 자연 사이의 교제 방법[33]을 일러준다. 그리하여 인간의 지(知)・정(情)・의(意) 세 측면을 아울러 촉진 발달시켜 전인(全人)으로 나아갈 수 있게 해 준다.[34] 둘째, 서(書)는 『서경(書經)』으로 간추려지는데, 역사적 교훈, 특히 선왕들의 치적과 바른 정사를 통해 올바른 인간의 도를 일깨워 준다. 즉 교화의 방법과 다스림의 도리를 일깨워주는 것이다. 셋째, 예(禮)는 『예기(禮記)』나 『주례(周禮)』, 『의례(儀禮)』 등으로 편집되는데, "하늘의 법칙이자 이것이 땅에 마땅히 이루어져 인간이 행해야 할 사안"[35]이었다. 그러므로 국가와 사회생활의 유지에 중대한 작용을 하는 내용[36]으로 인식됐다. 넷째, 악(樂)은 단순한 음악이 아니라 시(詩)・가(歌)・무(舞)・곡(曲)이 전반적으로 내포된 종합예술이다. 이는 인간 정감의 조화와 중도(中道)를 통해 숭고한 인격을 이루게 하고, 건강한 사회의 바탕이 되는 교육[37]이었다. 중국 고대에서는 배움을 완성시켜 주는 교육[38]을 악(樂)

---

33) 『論語』, <陽貨>, "詩, 可以興, 可以觀, 可以群, 可以怨, 邇之事父, 遠之事君, 多識於鳥獸草木之名."
34) 康曉城, 『先秦儒家詩教思想硏究』, 臺北: 文史哲出版社, 1988, 290쪽.
35) 『春秋左傳』, 昭公25年, "夫禮, 天之經也, 地之義也, 民之行也."
36) 陳飛龍, 『孔孟荀禮學之硏究』, 臺北: 文史哲出版社, 1982.
37) 張蕙慧, 『儒家樂教思想硏究』, 臺北: 文史哲出版社, 1985.
38) 『禮記』, <樂記>, "廣樂以成其教也".; 『論語』, <泰伯>, "興於詩, 立於禮, 成於樂."

으로 보아 매우 중시했다. 다섯째, 역(易)은 『주역(周易)』으로 인간사의 길
흉정사(吉凶正邪)와 사물 이치의 정미함을 이해하여 인간이 해로움에 떨
어지지 않게 하는 방법을 일깨워 준다. 여섯째, 춘추(春秋)는 『좌전(左傳)』
이나 『곡량전(穀梁傳)』, 『공양전(公洋傳)』으로 대별되는데, 인간관계의 질
서와 포폄(褒貶)하는 일의 원칙을 보여주어 세상을 어지럽히지 않는 법
을 일러주는 것이었다. 이에 대해 장자(莊子)는 다음과 같이 언급하였다.

> 시(詩)는 사람의 마음을 나타낸 것, 서(書)는 세상의 일을 말한 것,
> 예(禮)는 사람의 행실을 말한 것, 악(樂)은 사람의 화합을 말한 것, 역
> (易)은 음양을 말한 것, 춘추(春秋)는 군신의 명분을 말한 것이다.39)

다시 말하면, 시(詩)는 인간의 사상과 감정, 서(書)는 역사적 기록을, 예
(禮)는 일상의 예의 법도를, 악(樂)은 화해를, 역(易)은 우주의 동력을, 춘
추(春秋)는 인간 상하의 질서를 표현하고 있다. 이처럼 육경(六經)은 일상
을 합리적으로 도모하는 데 필요한 적절한 조치인 수기치인(修己治人)의
포괄적 내용과 방법을 담고 있었다. 즉 전인으로서의 교육 전모를 골고
루 담은 교육 내용이었던 것이다.

이러한 육경은 육예(六藝)라고도 한다. 그러나 일반적으로 육예는 예
(禮)·악(樂)·사(射)·어(御)·서(書)·수(數)라고 말하는 데, 이는 육경(六經)
에 기초한 구체적 교육 내용과 방법론이다. 유교에서 학(學), 교육의 내
용은 주자가 『대학』과 『중용』을 구성하기 전까지는 이 육예(六藝)를 중
심으로 했다. 『논어(論語)』의 "학이시습지(學而時習之)"에서 학(學)의 내용도
육예이다.40) 또한 맹자의 인의예지(仁義禮智)의 명인륜(明人倫)도 육예의

---

39) 『莊子』, <天下>, "詩以道志. 書以道事. 禮以道行. 樂以道和. 易以道陰陽. 春秋以道名
    分."
40) 육예(六藝)는 주대(周代)에서 실천된 일종의 '문화교육(文化敎育)'이라고 볼 수 있다.
    엄격히 말하면, 공자(孔子)가 『논어』에서 말하는 육예는 육경교육(六經敎育)을 의미한다.

구체적인 내용을 펼치는 것이었고, 순자도 예(禮)로써 가지런히 하는 일을 교육의 내용으로 삼았다. 이런 육예는 소학의 기본 내용인 동시에 대학의 기초가 되는 교육이었다.

주자는 이 육례를 소학에 귀속시키고, 나아가 성인(成人)의 학문인 대학의 영역으로 확장했다. 때문에 『대학장구(大學章句)』 서문에서 유학 교육의 내용을 이렇게 구분했다.

> 사람이 여덟 살이 되면 ……모두가 소학(小學)에 들어가 물 뿌리고 쓸며, 응낙하고 대답하며, 나아가고 물러가는 절차와 예법·음악·활쏘기·말 몰기·글쓰기·셈하기의 글을 가르쳤다. 열다섯 살에 이르면 ……대학(大學)에 들어가 이치를 궁구하고, 마음을 바르게 하며, 몸을 닦고, 사람을 다스리는 방법을 가르쳤다.[41]

소학은 일상생활, 이른 바 일용(日用)의 실천적·형이하학적 도(道)이다. 그 속에 기본예절과 육예가 핵심적 내용으로 자리한다. 일상의 기초 방법이자 생활양식은 쇄소응대진퇴(灑掃應對進退)이다.[42]

첫째, '쇄소(灑掃)'는 새벽에 일어나서 방과 마루를 쓸고 닦으며 뜰에 물을 뿌리고 쓰는 등 청소하는 행위이다. 둘째, '응대(應對)'는 부모 혹은 어른을 비롯한 타인이 부르거나 어떤 일을 시키면 공손하게 대응하고 사안에 따라 대답하는 행위이다. 셋째, '진퇴(進退)'는 어른이 계신 곳에 나아가고 물러남, 그리고 돌아다님에 신중하고 경건하게 대처하는 일을 말한다. 이는 인간이 태어나서 가장 기본적으로 행해야 할 도덕적 기준이자 윤리적 규범에 해당한다. 그러므로 유학에서 가장 중요한 기초 교육의 내용이 된다.

---

41) 『大學章句』, 序, "人生八歲……皆入小學, 而教之以灑掃應對進退之節, 禮樂射御書數之文. 及其十有五年……皆入大學, 而教之以窮理正心修己治人之道."
42) 『大學章句』의 번역제씨 주석(番易齊氏 註釋)을 참고하여 재 정돈하였다.

다음으로 예악사어서수(禮樂射御書數)인 육예(六藝)의 경우, '예법[예(禮)]'은 법도를 익혀 예의범절(禮儀凡節)에 맞게끔 가르치는 작업이고, '음악[악(樂)]'은 소리의 높고 낮음을 잘 이해하여 조화(調和)의 의미를 깨닫도록 가르치는 일이다. 또 '활 쏘는 법[사(射)]'은 하나의 활에 네 개의 화살을 끼워 그것의 맞고 맞지 않음, 즉 마음을 바로 잡고 있느냐의 여부로 덕행(德行)을 살펴보는 작업이고, '말 모는 법[어(御)]'은 한 수레에 네 마리의 말을 끌게 하고 말 모는 사람이 고삐를 잡고 수레 위에 서서 제대로 몰아서 바른 길을 잃지 않도록 연습시키는 일이다. 그리고 '글쓰기[서(書)]'는 글을 쓰는 서체를 통하여 사람 마음의 바르고 비뚤어진 정도, 즉 마음의 획을 볼 수 있고, '셈하기[수(數)]'는 수를 계산하여 물건의 변화를 알 수 있게 함으로써 인간의 생활을 조절할 수 있는 공부이다. 이는 쇄소응대진퇴(灑掃應對進退)에 비해 이차적이고 응용의 영역이 가미된 지적(知的) 차원의 교육이다.

소학에서는 일의 순서와 생활 실천에서 볼 때, '쇄소응대진퇴(灑掃應對進退)'가 먼저이고 '예악사어서수(禮樂射御書數)'가 나중이다. 또한 이 둘은 삶의 기본인 예절 실천교육과 삶의 수준을 높여가는 예절을 인식하며 적용하는 지식 실천교육으로 대별해 볼 수도 있다. 삶의 교육은 사회적 생명력과 관련되며, 지식 교육은 사회적 생명력을 확장하는 기초 역할을 한다. 그것은 현실 운용의 과정에서 실천적인 측면과 이론적인 측면으로 구분해 볼 수도 있다. 그러나 이 둘은 늘 생활 속에서 상호 성찰되고, 전진 속에서 상호 맞물려서 순환되는 동시 구조를 안고 있다. 그것은 수기(修己), 즉 자기 수양에 국한해서이다.

그런데 소학을 바탕으로 하는 대학은 일용 생활의 형이상학적 도(道)로, 궁리(窮理), 정심(正心), 수기(修己), 치인(治人)이 핵심으로 떠오른다. 그 내용에서 이념적 본질이 명명덕(明明德), 신민(新民), 지어지선(止於至善)이고, 실천적 핵심이 격물(格物), 치지(致知), 성의(誠意), 정심(正心), 수신(修身),

제가(齊家), 치국(治國), 평천하(平天下)이다. 이 이론의 절차 가운데 이미 소학에서 이룩한 실천적 요소가 지평을 확장하면서 녹아들어 있다. 다시 말하면, '쇄소응대진퇴'와 '예악사어서수'의 기준과 법도, 지성의 체득이 이미 담보되어 있는 상황에서 이치의 궁구이다. 이를 간략히 대응시켜보면 다음과 같다.

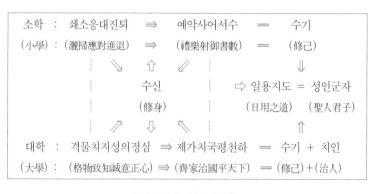

〈그림 1〉 소학-대학의 교육 구조

　소학과 대학은 대상으로 말하면, '아동'과 '성인'을 중심으로 상황과 때에 따른 교육의 내용이지만,[43] 일상의 운용 원칙이라는 면에서는 동일한 구조로 이해된다. 그러기에 주자는 그 구분을 다음과 같이 설명했다.

　소학(小學)을 마치면 자기 몸에 성현의 자질은 갖추게 된다. 그러나 성현들처럼 많은 지식과 견해를 터득하지는 못한다. 그러므로 대학(大

---

43) 일반적으로 소학(小學)은 '아동교육(pedagogy)', 대학(大學)은 '성인교육(andragogy)'의 내용으로 분별하고 있다. 그러나 논자가 볼 때, 아동/성인이라는 교육 대상적 구별보다는 우(愚)/현(賢)의 교육(education) 차원에 의한 구별이 타당하다. 어른일지라도 지혜롭지 못하고 어리석은 사람, 즉 무지몽매한 사람은 일상생활을 합리적으로 할 수 있는 기본 요건인 소학을 배우도록 하는 것이 정당하기 때문이다. 이런 점에서 아동용 교재로서 『소학』은 나이 어린 아동이 사용하는 것으로만 국한할 때, 그 내용상 난점이 있다.

學)에 들어가 사물의 이치를 궁구하고 앎을 지극하게 이루도록 해서 많
은 지식과 견해를 기르게 하는 것이다.[44]

사실 소학에서의 배움은 성현의 자질, 이른바 맹자가 말한 성선(性善)
의 가능성을 깨닫는 과정이었다. 그것을 구체적으로 응용하기 위한 세
계관의 형성은 대학 과정에서 터득할 수 있다. 주자는 그 구체적인 교
육과정을 대학의 8조목으로 정돈했다. 이런 교육을 통해 일상 운용의
원리와 법칙을 이론화 할 수 있었다. 이는 곧 유학 교육의 체계화를 의
미한다. 조식은 이를 철저하게 인식하고 조선 유학의 양식으로 지평을
확장해 내었다.

Ⅳ. 조식의 '경(敬)－의(義)' 교육 구조

앞에서 간략하게 언급했지만, 조식의 교육을 흔히 '실천' 중심의 교
육으로 이해하는 경우가 많다. 그것은 조식 이외의 여러 학자들이 실천
중심적이지 않고 이론 중심적이라는 암묵적 전제에서 강조된 표현이다.
'실천' 중심이라는 말을 조식의 학문이나 사상, 교육의 특성을 드러내
기 위한 언표로 채택할 수는 있겠지만, 그런 강조의 표현이 오히려 조
식의 학문을 오독(誤讀)하게 만들 수도 있다.[45]

---

44) 『大學章句』, 序, "古者小學, 已自是聖賢坯樸了. 且未有聖賢許多知見, 及其長也, 令入
大學, 使之格物致知, 長許多知見."
45) 조식을 실천 중심의 유학자로만 보고 다른 학자들을 이론 중심의 학자로만 볼 수 없
는 이유는 거의 같은 시기를 살았던 이황과 비교해 보아도 확인할 수 있다. 이황은
다양한 벼슬을 지내며 학자 관료로 처신했고 도산서당(陶山書堂)[도산서원(陶山書院)]
을 중심으로 교육활동을 전개했다. 반면, 조식은 야인 학자로서 산해정(山海亭)·뇌
룡사(雷龍舍)·계복당(雞伏堂)·산천재(山天齋)[덕천서원(德川書院)]를 중심으로 교육
활동을 했다. 두 학자 모두 성리학을 근본으로 학문과 정치, 인생, 교육을 실천해 나
갔다. 이 가운데 어떤 학자는 이론 중심적이고 어떤 학자는 실천 중심적이라고 했을
때, 오해의 소지가 있다. 성리학자들의 경우, 강조점에 따라 학문의 전개 양상이 조

조식의 교육관은 그의 문집인『남명집(南冥集)』은 물론 수제자 내암(來菴) 정인홍(鄭仁弘, 1535~1623)이 편집한 조식의 독서기인『학기유편(學記類編)』에서 충분히 가늠할 수 있다.『근사록(近思錄)』의 체재에 맞추어 편집한『학기유편』을 보면 조식은 철저하게 성리학에 심취해 있다. 기존의 여러 연구에서 조식의 교육을 '실천' 중심이라고 표현한 것은 이론만을 따지는 공리공담(空理空談)이 아니라는 점을 강조하기 위한 장치겠지만, 조식은 철저하게 성리학으로 무장한 학자이다.『학기유편』에서 정돈한 주자를 비롯한 선현들의 학문 이론 발췌에서 <용마도(龍馬圖)>, <심통성정도(心統性情圖)>, <소학대학도(小學大學圖)>, <경도(敬圖)>, <성도(誠圖)>, <심위엄사도(心爲嚴師圖)> 등 여러 그림은 이황의『성학십도(聖學十圖)』와 거의 다름없는 유학 이론의 진수를 담고 있다. 이런 점에서 조식 자신과 후학들이 언급한 '경의(敬義)', 특히 의(義)에 매몰되어 조식이 추구한 진정한 교육관을 오독(誤讀)해서는 곤란하다.

그렇다면, 경의(敬義)가 어느 정도, 어떤 차원에서 조식의 학문이나 교육의 중심에 놓이는지 그 근거를 확인할 필요가 있다. 사람은 짐승과 다르게 목적의식과 가치를 생명으로 한다. 그 핵심이 앞에서 살펴보았던『서경』과 공자, 맹자를 거치면서 형성되는 윤리 도덕, 이른 바 오륜이라는 관계의 질서이다. 경(敬)은 그 중심에 자리하는 마음 자세이자, 삶의 태도요 교육의 양식이다. 유학자들이 경의 태도를 자기 학문의 좌우명으로 삼은 것도 그런 이유 때문이다. 조식은 그것에 충실했다.[46]

금씩 달라질 뿐, 기본적으로 유학 이론에 기초하여 삶의 실천을 지향한다.

46) 조식은『周易』,「坤卦」<文言>의 "경이직내(敬以直內), 의이방외(義以方外)"를 그의 <패검명(佩劍銘)>에서 "내명자경(內明者敬), 외단자의(外斷者義)"로 표현했다. 이는 다양한 해석의 여지가 있지만 그 기본은 경(敬)과 의(義)를 강조하며 자신의 의지를 드러낸 학문 태도의 표출이다. 그리고 <송파자에게 보임>이라는 편지에서 "경(敬)을 성학(聖學)의 시작이 되고 끝이 되는 것이다. 초학자로부터 성현에 이르기까지 모두 경을 주(主)로 하여 도(道)에 나아가는 방편으로 삼는다. 학문을 하면서 경을 주로 하는 공부가 부족하면 학문을 하는 것이 거짓이 된다(敬者, 聖學之成始成終者. 自初學

유학에서 경(敬)의 맥락은 공자의 인간 지향에서 구체적으로 발견할 수 있다. 널리 알려져 있듯이, 자로가 군자(君子)에 대해 묻자 공자가 말하는 대목에서이다. 공자는 세 가지를 제시한다. 먼저, 경(敬)으로 몸을 닦고, 다음에 몸을 닦아 사람들을 편안하게 하며, 마지막으로 몸을 올바르게 잘 닦아 백성을 편안하게 살 수 있도록 하는 사람이 군자에 해당한다.[47] 공자는 수기(修己), 즉 수양의 문제에서 경(敬)을 지목했다. 자신의 '몸'을 잘 닦아서 정돈하라는 인간의 완성을 꾀했다. 그것은 사람다운 인격체를 형성하는 근본이자 일차적 문제였고, 사람들을 편안하게 만드는, 인간에 대한 배려였다. 모든 사람에게 그런 배려가 확장되게 할 때 군자의 경지에 이른다. 유학의 학문 논리가 그러하다.

이 경(敬)의 근원적 출처는 『주역(周易)』이다. 『학기유편』에서 '도의 통체를 논의함[논도지통체(論道之統體)]'의 과정에서 조식이 역(易)이나 천도(天道)를 이어 심성(心性)과 인설(仁說)을 자세하게 파악하려는 노력은, 그 무엇보다도 경의 문제를 고심하기 위한 것으로 이해된다. 성리학의 구조상 그것은 필연적일 수밖에 없다. 정인홍이 『근사록』의 체제에 따라 스승 조식의 평소 학문 활동을 정돈했다면 더욱 그러하다.

경을 인식할 때 유의할 점이 있다. 경(敬)은 의(義)와 더불어 인간의 내

以至聖賢, 皆以主敬爲進道之方. 學而欠主敬工夫, 則爲學僞矣)"라고 했다.(曹植, 『南冥集』 卷2, <示松坡子>) 조식과 동시대인 이황은 『성학십도(聖學十圖)』에서 <제팔심학도(第八心學圖)>, <제구경재잠도(第九敬齋箴圖)>, <제십숙흥야매잠도(第十夙興夜寐箴圖)>의 핵심가치를 '경'에 두었는데, 이는 <제일태극도(第一太極圖)>~<제칠인설도(第七仁說圖)>까지의 이론에 뒤이어, 경을 통한 마음 수양이 중요함을 강조한 것이다. 그러기에 이황은 <경재잠도(敬齋箴圖)>에서 "경은 성학의 처음과 끝이 된다(敬爲聖學之始終)"고 했다. 이이의 경우에도 『성학집요(聖學輯要)』 <수렴장(收斂章)>에서 "경은 성학의 처음과 끝이다(敬者聖學之始終也)"라고 하여, 유학의 핵심이 경에 있음을 강조했다.

47) 『論語集註』, <憲問>, "子路問君子, 子曰修己以敬. 曰如斯而已乎. 曰修己以安人. 曰如斯而已乎. 曰修己以安百姓. 堯舜, 其猶病諸". 『학기유편』 <존양(存養)>에는 "수기이경(修己以敬)"만을 적시했다.

면과 외면을 동시에 아우르는데, 『주역』에서 그것은 몇 가지 형태로 드러난다. 첫째, "경으로 안을 곧게 하고 의로 밖을 방정하게 한다." 둘째, "경을 중심으로 삼가면 패망하지 않는다." 셋째, "경을 중심으로 행동하면 허물이 없다."[48] 이러한 표현은 인간의 마음가짐과 행동거지를 묘사하는데, 일관된 의미로서의 경(敬)은 내면인 마음을 바르게 하는 작업이다. 이를 '정직(正直)'으로 보기도 한다. 마음이 바르면 삶이 순조롭고 다가올 일이 밝을 것으로 예측된다.

성리학에서 경(敬)은 공(恭)을 수반하는 형태로 일상에 적용된다. 왜냐하면 "겉으로 펼쳐지는 것이 공(恭)이고 내면의 마음에 보존되는 것이 경(敬)"[49]이기 때문이다. 이럼 점에서 경은 인간의 내면에 자리하는 마음 자세이자 중추이다. 공은 이런 마음이 행위로 펼쳐져 용모에서 겸손(謙遜)[50]으로 드러나고 의(義)로 향하는 길을 터준다.

> 신체가 엄정하고 용모가 단정함은 공(恭)의 뜻이다. 공(恭)은 경(敬)이 밖으로 나타나는 것이고, 경(敬)은 공(恭)이 마음에 보존되어 있는 것이므로 경과 공은 두 물건이 아니다. 이는 형체와 그림자의 관계와 같다. 공은 용모를 근본으로 하고 경을 일을 근본으로 한다. 어떤 일이 있어 마음에 두고 그 마음을 바꾸지 않고 행하는 것이 경이다. 공은 밖에 나타나고 경은 마음 가운데 자리 하므로 몸을 정성스럽게 하는 것으로 말하면 공이 비교적 긴요하고, 일을 행하는 것으로 말하면 경이 간절함이 된다.[51]

---

48) 『周易』, 「坤卦」 <文言>, "敬以直內, 義以方外".; 「需卦」 <象>, "敬愼不敗也".; 「離卦」 <爻辭>, "敬之無咎."

49) 曺植, 『學記類編』, <存養>, "程子曰, 發於外者謂之恭, 有諸中者謂之敬..".(『性理大全』 卷37).

50) 『國語』, <魯語 下> 註, "恭爲謙."

51) 『性理大全』 卷37, "身體嚴整, 容貌端裝, 此是恭底意. 但恭是敬之見於外者, 敬是恭之存於中者, 敬與恭, 不是二物. 如形影. 恭主容, 敬主事. 有事著心做, 不易其心, 而爲之是敬. 恭形於外, 敬主於中, 自誠身而言, 則恭較緊, 自行事而言, 則敬爲切."

이런 점에서 공(恭)과 경(敬)은 인간의 내·외면을 포괄하는 수양의 기본이다. 그러나 유학은 공자가 '수기이경(修己以敬)'을 강조한 것처럼, 경(敬)을 근본에 둔다.[52] 이는 내면적 성찰을 중시한다는 의미이다. 그러기에 공자는 나라 다스리는 도리를 말할 때 "일을 맡아서는 그 일을 마음에 새기면서 공경스럽게 하여 백성들에게 믿음을 주라."[53]고 했다. 또한 "일상에서 거처할 때 공손하고, 일을 집행할 때 본분에 충실하게 하며, 사람을 대할 때에 충실하라."[54]고도 했다. 그리고 제자 중궁(仲弓)이 "경을 잡고 살면서 간략함을 행한다."[55]고 했을 때 이를 적극 수긍했다. 이러한 공자의 태도는 일상생활에서 공경을 핵심가치로 인식한 것으로 이해된다.

맹자도 마찬가지이다. "어려운 일을 임금에게 충고하며 요구하는 것을 공(恭)이라 하고, 착한 일을 말하여 사악한 마음을 막는 것을 경(敬)이라 한다."[56]고 했다. 높은 사람에게 충고하며 요구하는 상황은 매우 조심스럽고 신중한 모습을 연출한다. 착한 일을 말하여 사악함을 막는 것은 진실한 마음에서 우러나온다. 그런 난제가 공경의 모습이다. 또한 "다른 사람을 마음으로 공경하는 사람은 사람들이 항상 공경해 준다."[57]고 하여, 마음과 마음이 연결되는, 불교식으로 표현하면 '이심전심(以心傳心)'에 비유할 수 있는 인간 상호간의 신뢰 체계임을 일러 주기도 한다. 뿐만 아니라 "공경은 폐백을 받들기 전에 이미 존재는 것이다."[58]고 하여, 외부적 물질이나 형식으로 부여되기 이전에 내면에 갖춰져 있는

---

52) 曺植, 『學記類編』, <存養>, "恭在外工夫, 猶淺. 敬在內工夫, 大段細密."(『性理大全』卷37).
53) 『論語集註』, <學而>, "敬事而信."
54) 『論語集註』, <子路>, "居處恭, 執事敬, 與人忠."
55) 『論語集註』, <雍也>, "居敬而行簡."
56) 『孟子集註』, <離婁 上>, "責難於君, 謂之恭. 陳善閉邪, 謂之敬."
57) 『孟子集註』, <離婁 下>, "敬人者, 人恒敬之."
58) 『孟子集註』, <盡心 上>, "恭敬者, 幣之未將者也."

내재적 가치이기도 하다.

　주자학의 알파와 오메가인『대학』과『중용』에서도 이와 동일한 논리가 전개된다.『대학』에서는 수신(修身)을 "두려워하고 공경하는 것"[59]이라 하여, 경(敬)을 제가(齊家)의 전제 조건으로 제시했고,『중용』에서는 "가지런하고 씩씩하고 적절하며 바르게 되는"[60] 인격을 갖추어야 충분히 경(敬)의 경지로 들어갈 수 있다고 했다. 이러한 경(敬)에 대해 성리학자들도 다양한 용어로 표현한다. "마음을 한 곳으로 모아 흩어지지 않게 하는 것"이라거나 "몸가짐을 가지런히 하고 태도를 삼가고 공경하는 것", 혹은 "늘 마음이 깨어 있게 하는 법"이라거나 "마음을 수렴하여 다른 사물을 허용하지 않는 것" 등으로 표현하지만[61] 그 요체는 비슷하다.

　주자는 이러한 '경(敬)'공부를 유학에서 가장 중요한 교육의 양식으로 인식했다. 때문에 '처음부터 끝까지 잠시라도 중단해서는 안 된다'고 강조했다.[62] 유학에서 학문[교육]은 주자의 말처럼, 이 '경(敬)'자 하나에 집중되어 있다고 해도 과언이 아니다. 수양의 제일 근거이자 근본으로서 경은 인간의 마음에 내재적 가치로 배어 있어야 한다. 그러기에 '경

---

59)『大學章句』, 傳8章, "之其所畏敬而辟焉."

60)『中庸章句』, 第31章, "齋莊中正, 足以有敬也."

61)『大學或問』, "程子於此, 嘗以主一無適言之矣. 嘗以整齊嚴肅言之矣. 謝氏之說, 則又有所謂常惺惺法者焉. 尹氏之說, 則又有所謂其心收斂不容一物者焉." 이는『학기유편』<경도(敬圖)>에 그대로 반영되어 있다. 전목(錢穆)은 이런 경(敬)을 여섯 가지 의미로 정리했다. 첫째는 외경(畏敬)과 유사한 형태이고 둘째는 마음을 수렴(收斂)함으로써 내면에 어떤 것도 남아 있지 못하게 하는 것이며 셋째는 한 가지 일에 전념(專念)하는 것이고 넷째는 반드시 일을 따라 점검하는 것이며 다섯째 항상 마음이 밝게 깨어 있는 상태이고, 여섯째는 몸가짐을 단정히 하고 태도를 엄숙하게 하는 일이다.(錢穆,『朱子新學案』(第2冊), 臺北: 三民書局, 1971, 298-335쪽); Wing-Tsit Chan은 "seriousness(眞摯性)"으로 영역하였다.(Wing-Tsit Chan, *A Source Book of Chinese Philosophy*, Princeton Univ. Press, 1963.) 이는 마음을 다잡고 긴장의 끈을 놓지 않는 주의(注意)에 해당한다.(김성태,『敬과 注意』, 고려대출판부, 1989.)

62) 曺植,『學記類編』, <存養>, "敬字工夫, 乃聖門第一義, 徹頭徹尾, 不可頃刻間斷."(『朱子語類』卷12,『性理大全』卷46)

(敬)'공부는 유학자에게 생명과도 같았고 인생에서 한 순간이라도 쉼 없이 전개되어야 하는 삶 자체였다. 그것이 이른 바 '거경(居敬)'이다. 유학의 교육은 거경을 일상생활에서 전개하기 위한 바탕을 마련하고 그것을 실천하는 작업이었다. 이런 자세는 조식 자신이 새긴 <명(銘)>과 <무진봉사(戊辰奉事)>에서 삶의 열망이자 교육적 소신으로 드러난다.

> 사악함을 막아 착한 마음을 보존하며, 말을 다듬어 자신을 세우라. 알찬 삶을 구하여 한결같은 추구하려면, 경으로 바탕으로 하여 들어가라.[63]

> 속에 마음을 보존하여 혼자 있을 때 삼가는 것은 하늘의 덕이고, 밖으로 살펴 그 행동에 힘쓰는 것은 왕의 도리입니다. 이치를 궁구하고 몸을 닦으며 속에 본심을 보존하고 밖으로 자신의 행동을 살피는 큰 공부는 경을 위주로 해야 합니다. 이른 바 경이라는 것은 정제하고 엄숙하여 항상 마음을 깨우쳐 어둡지 않게 하는 것입니다. 한 마음의 주인이 되어 모든 일에 응하는 것은 안을 곧게 밖은 방정하게 하는 일입니다. 공자가 이른 바 "경으로 몸을 닦는다"는 말이 이것입니다. 그러므로 경을 주로 하지 않으면 마음을 보존할 수 없고, 마음을 보존하지 못하면 세상 이치를 캐물어 탐구할 수 없으며, 이치를 캐물어 탐구하지 못하면 사물의 변화를 다스릴 수 없습니다.[64]

이런 조식의 열정은 학문의 과정에서 성실과 더불어 그대로 드러난다. 『학기유편』의 <학문을 하는 요체[위학지요(爲學之要)]>에서 <소학대학도>에 이어 <경도>, <성도>가 나란히 배치되고, '소학‒대학‒경・성'으로 이어지는 교육의 과정이 연속적으로 가지런히 정돈된 것은 그

---

63) 曺植, 『南冥集』 卷1, <銘>, "閑邪存, 修辭立, 求精一, 由敬入."
64) 曺植, 『南冥集』 卷2, <戊辰奉事>, "在心於內, 而謹其獨者, 天德也. 省察於外, 而力其行者, 王道也. 其所以爲窮修存省之極功, 則必以敬爲主. 所謂敬者, 整齊嚴肅, 惺惺不昧. 主一心而應萬事, 所以直內而方外. 孔子所謂修己以敬者, 是也. 故非主敬, 無以存此心, 非存心, 無以窮天下之理, 非窮理, 無以制事物之變."

런 측면을 잘 보여 준다. 조식은 주자의 '소학-대학의 연속체'를 교육의
요체로 그대로 이어받았다. 그리고『성리대전』을 비롯한『이정전서(二程
全書)』,『대학』65)의 이론을 교육의 목적과 내용, 방법으로 적극 받아들
인다. 그 논리의 시작은 다음과 같다.

> 주자가 말하였다. "이론이 먼저이고 실천이 나중인 것은 의심할 여지
> 가 없다. 그러나 여기에 얕고 깊으며 작고 큰 차이가 있다. 소학은 흐트
> 러진 마음을 거둬들이는 공부이다. 예악·사어·(서수)로 덕성을 기르
> 는데 이는 지식 가운데 얕은 것이며 실천 가운데 작은 것이다. 대학은
> 의리를 살피는 공부이다. 성의·정심·수신의 여러 가지 일을 이루어
> 가는데 이는 이론 가운데 깊은 것이며 실천 가운데 큰 것이다. 소학의
> 성취를 통해 대학 공부로 나아가려고 할 때 깊이 함양하여 실천하는 바
> 탕이 없으면 어찌 복잡한 일에 뒤얽힌 어지러운 마음을 가지고 여유 있
> 게 사물의 이치를 연구하여 참된 지식을 얻을 수 있겠는가?66)

이 독서 기록에서 조식은 무엇을 '학문하는 요체'로 삼았는가? 그 첫
단추를 눈여겨 볼 필요가 있다. 결코 '경(敬)·의(義)'만을 앞세운 실천이
아니다! '지(知)가 먼저이고 행(行)이 나중'이라는 의심할 여지가 없는 주

---

65) 조식이『대학』을 강조한 흔적은 다음과 같은 편지에서 두드러진다.『南冥集』卷2,
  <答仁伯書>, "『대학』으로 공부를 하면서 틈틈이『성리대전』을 한두 해 탐구하라.
  항상『대학』이라는 한 집에만 출입하게 되면 연나라나 초나라에 가더라도 본가로
  돌아와 머물게 된다. 성인이 되고 현인이 되는 것도 모두 이 집에서 벗어나지 않는
  다. 주자가 평생 힘을 얻은 것도 모두 이 책에 있었다(於今直把大學看, 傍探性理大全
  一二年. 常常出入, 大學一家, 雖使之燕之楚, 畢竟歸宿本家, 作聖作賢, 都不出此家內
  矣).";『南冥集』卷2, <示松坡子>, "『대학』은 여러 경전의 강령이므로 반드시『대학』
  을 읽어 훤히 꿰뚫어 알게 되면 다른 글을 보기가 쉬어진다(大學, 群經之綱統, 須讀
  大學, 融會貫通, 則看他書便易)."

66) 曺植,『學記類編』, <爲學之要>, "朱子曰, 知先行後無疑. 然有淺深小大. 小學是收放
  心. 禮樂射御, 養其德性, 知之淺, 行之小. 大學是察義理, 誠正修, 措諸事業, 知之深,
  行之大. 欲因小學之成, 以進大學之始, 非涵養踐履之有素, 豈能居然以雜亂紛糾之心,
  格物以致其知哉.."(『性理大全』卷48).

자의 공부법이다. 지는 이론으로 이해할 수 있고 행은 실천으로 대비할
수 있다. 주자와 여조겸(呂祖謙)이 『근사록』의 <도체(道體)>에서 인간 본
성의 근본과 도의 본체·체통, 학문의 강령을 논의했듯이, 조식도 『학
기유편』에서 그것을 아주 길게 언급한 것으로 보아, 그의 교육 전반에
서 매우 중요하게 자리매김 하였다. 그리고 본격적 교육론인 <학문을
하는 요체>에 들어서면서, 앎[지식; 이론]의 중요성을 다시 펼친다. 그
첫 대목이 '소학'과 '대학' 공부이다. 『학기유편』의 <소학·대학도>는
아래와 같이 분류·정돈한다.

小學	大學
收放心	察義理
灑掃應對進退 禮樂射御書數	窮理正心 修己治人
養其德性 涵養本源	措諸事業 進德修業
知之淺 行之小	知之深 行之大

〈그림 2〉〈소학·대학도(小學·大學圖)〉 1

'소학-대학'의 교육과정을 이해한 후, '경(敬)'은 '대학' 공부를 하는
가운데 개입한다. 동시에 중용(中庸)의 '성(誠)'을 간절히 요청하여 공부의
내면으로 융합한다. 그 과정은 『대학』의 팔조목에서 수신(修身) 이전의
격물-치지-성의-정심에 긴밀하게 녹아든다.

　　주자가 말했다. "학문의 실제는 실천에 있다. 이론적으로 알기만 하고
　　실천하지 못한다면 진정으로 배우지 않은 것과 같다. 그러나 실천하려
　　고 했지만 이치를 제대로 이해하지 못한다면 실천한 것이 또 제대로 열
　　매를 맺을 수 없다. 그러므로 대학의 공부는 뜻을 성실하게 하고 마음을
　　바르게 하는 것을 근본으로 하지만 반드시 사물의 이치를 궁구하는 것

과 앎에 이르는 것을 우선으로 한다." "뜻이 성실해지면 마음이 펼쳐지
는 것이 이미 온전해졌는데 무엇 때문에 다시 마음을 바르게 합니까?"
"마음 씀씀이는 본래 텅 빈 마음으로부터 나와야 한다. 마음을 비우면
마음 바탕이 치우침이 없고 씀씀이 또한 온전해 진다." "이는 비유하면
한 줄기의 대나무와 같은데, 대나무가 한 줄기라 하더라도 그 사이에 여
러 마디가 있는 것과 같다." "마음 씀씀이가 바르더라도 또 그 바탕을
바르게 하지 않으면 안 되는데, 이것이 뜻이 성실해지고 난 후에 마음이
바르게 된다는 말이다.[67]

이 과정에서 경(敬)은 '명명덕(明明德)-신민(新民)-지어지선(止於至善)'의 3
강령을 바탕으로 '격물(格物)-치지(致知)-성의(誠意)-정심(正心)'에서 '수신
(修身)-제가(齊家)-치국(治國)-평천하(平天下)'로 나아가는 팔조목의 구현 근
거이자 동력이 된다. 일종의 힘이자 생명력이다. 그런 경의 바탕이자 전
제로서 표리 관계를 이루는 것이 성(誠)이다. 성은 성리학에서 다음과 같
이 설명된다.

성(誠)이라는 글자를 자연의 질서 차원에서 논의하면, 오직 하늘의
명령이 조화로워 그치지 않는 것이다. 자연의 질서는 옛날부터 지금까
지 조금도 일그러짐 없이 흘러왔다. 그러기에 더운 여름이 가면 추운 겨
울이 오고, 해가 지면 달이 뜨고, 봄이 되면 싹이 나고 여름이 되면 무
성하게 자라며 가을이 되면 열매가 맺고 겨울이 되면 만물이 움츠리고
있다가 다음 해 봄을 준비한다. 원형이정(元亨利貞)이 종시(終始)로 순
환함이 늘 이와 같다. 진실한 이치가 그것을 주재한다. 하늘은 하루 낮
하루 밤을 움직여 한 바퀴를 돌며 또 한 도수를 지나간다. 해와 달, 별
자리의 운행이 예나 지금이나 변함없이 성실하니, 하늘의 이치가 이와

---

67) 曺植, 『學記類編』, <爲學之要>, "朱子曰, 爲學之實, 固在踐履. 徒知而不行, 誠與不學
同. 然欲行而未明於理, 則所踐履者, 又不知其果何事. 故大學之道, 雖以誠正爲本, 而必
以格致爲先. 意誠, 則心之所發, 已實 何暇於正心乎. 但心之用, 本自虛中發出. 虛其心,
則本體不偏, 妙用亦實. 譬如一竿竹, 雖一竿, 其間, 又有許多節. 心之用, 雖正, 而又不
可不正其體, 此意誠而心正."(『性理大全』 卷44; 『大學』 傳5章 註).

같다. 과일 또한 단 것은 늘 단맛이고, 쓴 것은 늘 쓴맛이며, 푸른 것은 늘 푸른빛을 띠고, 흰 것은 늘 흰 빛을 띠며, 붉은 것은 늘 붉은 빛을 띠고, 보랏빛은 늘 보랏빛을 띠며, 둥근 것은 늘 둥근 모양이고, 비뚤은 것은 늘 비뚤한 모양이다. 하나의 꽃과 잎사귀가 무늬 결을 서로 같이하여 늘 그렇게 변함이 없으므로, 사람의 힘으로 안배해서 될 일이 아니다. 모두 자연의 진실한 도리로 저절로 그러할 뿐이다.[68]

천도(天道)의 움직임인 자연의 질서 체계는 진실 그 자체로서 이치대로 운행한다. 일그러짐 없이 존재하고 운행한다. 그것이 성(誠)이다. 이 성은 하늘을 본받으려는 인간에게도 그대로 간직되었다.[69] 인간도 우주의 형상을 이어받은 소우주이므로, 우주적 진실은 내면으로 파고든다. 이것이 『중용』에서 이른바 천명(天命)으로서의 성(性)이다.[70] 여기에서 성은 인간의 도덕적 품성이 된다.[71] 그리하여 성(誠)은 『중용』의 "천명지위성(天命之謂性)-솔성지위도(率性之謂道)-수도지위교(修道之謂敎)"의 머릿장을 기초로 지(智)·인(仁)·용(勇)과 비은(費隱), 천도(天道)와 인도(人道)의 합일을 통해 참됨을 모색한다. 그것은 <소학·대학도>의 아랫부분에 차례대로 위치한다.

---

68) 『性理大全』卷37, "誠字, 本就天道論, 維天之命, 於穆不已, 只是一箇誠. 天道流行, 自古及今, 無一毫之妄, 暑往則寒來, 日往則月來, 春生了便夏長, 秋殺了便冬藏. 元亨利貞, 終始循環, 萬古常如此. 皆是眞實道理, 爲之主宰, 如天行一日一夜, 一周而又過一度, 與日月星辰之運行躔度, 萬古不差, 皆是誠實道理如此. 又就果木觀之, 甛者萬古甛, 苦者萬古苦, 靑者萬古常靑, 白者萬古常白, 紅者萬古常紅, 紫者萬古常紫, 圓者萬古常圓, 缺者萬古常缺, 一花一葉文縷相等, 對萬古常然, 無一毫差錯, 便待人力, 十分安排選造來, 終不相似, 都是眞實道理, 自然百然.."

69) 인간은 자연 질서의 명령인 필연적인 법칙을 지킴과 동시에 사회 질서인 행위 규범을 당위 법칙으로 지켜야 하는 운명을 지녔다. 이때 예(禮)-의(義)-염(廉)-치(恥)라는 성을 인식하고 경 공부로 나아가게 하는 윤리적이자 도의적인 요청을 하게 된다.(김충렬, 『유가윤리강의』, 예문서원, 1994, 97-109쪽.)

70) 『中庸章句』, 第1章, "天命之謂性."

71) 蕭兵, 『中庸的文化省察』, 武漢: 湖北人民出版社, 1997, 991쪽.

小學	大學

敬
明明德 新民 止於至善
格物 致知 誠意 正心 ─ 知
修身 齊家 治國 平天下 ─ 行

誠
(天命)性 (率性)道 (修道)敎
智 仁 勇
費隱
天道 人道

〈그림 3〉〈소학·대학도(小學·大學圖)〉2

경(敬)과 성(誠)은 이제 『학기유편』의 〈성도(誠圖)〉에서 융합되어 신뢰
[신(信)]을 근거로 필연적으로 의(義)[72]로 나아간다. 그 교육은 '경과 성'
의 관계 설정과 의미 부여를 통해 뿌리를 내린다.

    정자가 말하였다. "하나를 위주로 하는 것을 경(敬)이라고 하는데, 여
    기에서 하나는 성실[성(誠)]을 말한다. 성실하면 경하지 않음이 없다.
    성실하지 못했다면 경을 한 후에 성실하게 된다."
    주자가 말하였다. "성이라는 글자는 도리의 측면에서는 실제로 있는
    이치이고 사람의 입장에서는 실제로 그렇게 하려는 마음이다. 그것을
    유지하고 주재하는 것은 오직 경이라는 글자에 달렸다."

---

72) 의(義)라는 글자의 원뜻은 희생물로 바치는 양(羊)을 신의 뜻에 맞도록 톱 모양의 칼
   [我]로 법도에 따라 올바르게 자르는 것을 가리킨다. 여기에서 올바르대정(正)], 마땅
   하다[의(宜)]라는 의미가 생겨났다. 이때 의(宜)는 도매조(俎)] 위에 고기를 올려놓은
   형상을 나타내는데 의미와 발음 모두 의(義)와 통용된다. 의(義)는 오륜(五倫)과 오상
   (五常)의 하나로 사람이 당연히 행해야만 하는 도리로 여겨진다. 따라서 그 내용에
   따라 충의(忠義), 은의(恩義), 신의(信義), 도의(道義), 절의(節義), 의협(義俠) 등과 같이
   다른 덕목과 함께 사용된다.(溝口雄三·丸山松幸·池田知久, 김석근·김용천·박규
   태 역, 『中國思想文化事典』, 민족문화문고, 2003, 213-223쪽.)

장남헌이 말하였다. "성은 하늘의 도리이고 경은 인간이 하는 일의 근본이다. 경의 도리를 이루면 성이자 하늘이 된다."

진북계가 말하였다. "성실은 자연스럽게 그러한 것이고, 신뢰는 인위적으로 힘쓰는 일이다. 성실은 자연의 이치이고 신뢰는 인간의 마음이다. 성실은 자연의 도리이고 신뢰는 인간의 도리이다. 성실은 자연이 인간에게 부여한 명령을 말하고 신뢰는 자연으로부터 부여받은 인간의 본성을 말한다. 성실은 도리를 말하고 신뢰는 덕성을 말한다."

단서에 말하였다. "경이 게으름을 이기면 길하고 게으름이 경을 이기면 멸망한다. 의가 욕망을 이기면 순조로워지고 욕망이 의를 이기면 흉해진다."[73]

자연의 도리인 성(誠)은 그것을 본받아 나가는 인사의 근본인 경(敬)과 짝하여 신뢰[신(信)] 가운데 인간의 일에 힘써 나간다. 그것은 자연스럽게 의(義)로 연결되는 구조를 지닐 수밖에 없다. 왜냐하면 "경건한 마음가짐을 지니는 것은 의로움을 정밀하게 만드는 근거"[74]이기 때문이다. '경(敬)과 의(義)'의 관계는 비유하면, "경(敬)은 거울이고 의(義)는 이 거울을 통하여 비추는 것이다.[75]" 의(義)는 경(敬)으로 파고들어 경(敬)의 일부가 되어 있으면서 겉으로 표출되는 일종의 에너지이자 힘이다.

경과 의! 이 두 가지는 상황에 따라 적용하고 오랫동안 스스로 노력하는 가운데 힘을 얻는다. 의리와 관계되는 일 가운데 힘써 분별해야 하며 미리 분별하기 어렵다고 예측하여 근심해서는 안 된다. 유학을 공부

---

73) 曺植, 『學記類編』, <爲學之要>, "程子曰, 主一者謂之敬, 一者謂之誠. 誠則無不敬, 未至於誠, 則敬然後誠. 朱子曰, 誠字, 在道則爲實有之理, 在仁則爲實然之心. 其維持主宰, 專在敬字. 南軒張氏曰, 誠字, 天之道, 敬字, 人事之本. 敬道之成, 則誠而天矣. 北溪陳氏曰, 誠是自然, 信是用力, 誠是理, 信是心. 誠是天道, 信是人道. 誠以命言, 信以性言. 誠以道言, 信以德言. 丹書曰, 敬勝怠者吉, 怠勝敬者滅. 義勝欲者從, 欲勝義者凶."(『性理大全』卷37, 卷47).

74) 曺植, 『學記類編』, <爲學之要>, "五峯胡氏曰, 居敬, 所以精義也."

75) 曺植, 『學記類編』, <爲學之要>, "朱子曰, 敬比如鏡, 義便是能照底."

하는 학자들에게 이 일은 평생의 사업이다. 호운봉이 말했다. "홀로 있을 때 삼가는 것은 경으로 마음을 곧게 하는 일이고, 법도에 근거하여 헤아리는 것은 의로 세상의 일을 정당하게 처리하는 작업이다."[76]

경(敬)과 의(義)는 상황과 지속의 정도에 따라 힘을 확보한다. 그것은 평생을 지속해야하는 유학적 과업이다. 경(敬)은 홀로 있을 때 삼가는 '신독(愼獨)' 혹은 '근독(謹獨)'으로 내면의 곧음으로 자리매김 되고, 의(義)는 자나 컴퍼스로 재어보듯이 인간의 일을 헤아려보는 '혈구(絜矩)'의 길로 이해된다.

신독은 『대학』에서 매우 강조되는 교육적 덕목이다.[77] 격물(格物)·치지(致知)가 앎을 중심으로 하는 이론의 확장이라면, 성의(誠意)·정심(正心)은 마음의 조절과 성찰, 함양을 통한 인격의 확립과 체득이다. 그 핵심적 실천 방식이 신독(愼獨)이다. 이는 스스로 속이거나 스스로 유쾌하고 만족함과 직결되는 마음의 일이기 때문에 다른 사람은 알 수가 없고 자기만이 알 수 있는 영역이다. 자기 의지, 내면의 은미한 곳을 삼가거나 살피는 일이므로, 그것은 다른 사람에게 드러나 있는 곳이건 혼자 거처하는 곳이건, 보이는 곳이건 보이지 않는 곳이건, 크게 구애받지 않는다.

중요한 문제는, '뜻이 과연 진실한 마음에서 나왔는가?' '남들이 듣지도 보지도 못하는 곳에서 진실한 마음을 보존할 수 있는가?' 이런 물음에 대한 진지한 성찰과 자기 공부이다. 때문에 신독(愼獨)은 예로부터 미덕의 극치로 여겨져 왔고, 성의(誠意)의 실천양식을 표현하는 핵심 용어가 되었으며, 말과 행위가 부합되는 자각적·도덕적·수양의 방식으로

---

76) 曺植, 『學記類編』, <爲學之要>, "以敬義二字, 隨處加工, 久久自當得力. 義理之間, 只得力處分別, 不當預以難辨爲憂. 聖門只此便是終身事業. 雲峯胡氏曰, 謹獨是敬以直內, 絜矩是義以方外."(朱子, 『朱子語類』 卷69; 『大學章句』 傳10章).

77) 『大學章句』, 傳6章, "小人閒居, 爲不善, 無所不至, 見君子而后, 厭然揜其不善, 而著其善, 人之視己, 如見其肺肝, 然則何益矣. 此謂, 誠於中, 形於外, 故君子必愼其獨也."

대표된다. 그것은 자기 공부의 근저로 스스로를 조절하고 주도하는 진
지한 학습의 자세이다.[78]

敬　持天　愼　**敬**　絜　義　講　此
義　守德　獨　**以**　矩　以　學　八
偕　工王　　　**直**　方　工　個
立　夫道　　　**內**　外　夫　字
學　　　　　　　　　　一
者　　　　　　　　　　生
事　　　　　　　　　　用
　　　　　　　　　　　之
　　　　　　　　　　　不
　　　　　　　　　　　窮

〈그림 4〉 〈성도〉 (하단)

한편, 혈구(絜矩)로 상징되는 의(義)는 세상을 헤아리며 구체적으로 실
천되는 평천하의 길을 모색한다. 그 구체적 양식이 『학기유편』의 ＜성
도(誠圖)＞에 내재해 있다.

Ⅴ. 교육의 궁극으로서 평천하와 조식의 열망

조식의 경의(敬義)는 위에서 살펴본 것처럼, 경(敬)은 『대학』의 신독(愼
獨)으로 귀결되고, 의(義)는 혈구(絜矩)로 확장되었다. 그것은 조식이 전형
적인 성리학의 공부 방식을 고수하고 있음을 의미한다. 그렇다면 그런
공부는 왜 필요했던가? 성리학은 기본적으로 수기치인(修己治人) 혹은 내
성외왕(內聖外王)이나 성기성물(成己成物)을 꾀하는 학문 구조를 지니고 있

---

78) 신창호, 『『대학』, 교육의 지도자 교육철학』, 교육과학사, 2010.

다. 따라서 '수기·내성·성기'라는 개인의 수양을 근본으로 하여 '치
인·외왕·성물'을 궁극적 지향점으로 설정한다. 따라서 최종 목표는
개인의 수양에 그치는 것이 아니라 그것을 바탕으로 사회적 완성을 꾀
한다. 그 과정이 『대학』의 팔조목인 격물·치지에서 수신·제가·치
국·평천하로 나아가는 긴 여정이다. 그 종착지는 평천하(平天下)이다.

평천하는 사유의 방식에 따라 표현을 달리 할 수 있겠지만, 간단하면
말하면, 사람이 사는 공동체가 고르게 된, 평화로운 세상을 의미한다.
유학에서 정치를 하거나 학문을 하는 궁극적 이유는 세상을 바르게 이
끌어가려는 인간의 의지, 평천하를 지향하기 때문이다. 이런 점에서『대
학』의 궁극 목표는 공동체의 이상향인 지극히 좋은 곳, 바른 세상에서
어울리며 살아가려는 염원을 담고 있다. 이 최고의 이상향을 유학에서
는 대동(大同) 사회라고 한다.79) 문제는 대동 사회가 현실적으로 불가능
할 수 있다는 우려이다. 그것은 정말 이상향이다. 인간 사회의 현실에서
존재하기 어렵다. 그러다보니 유학은 대동 사회에 대한 차선책을 고려
한다. 그것은 조금 편안한 세상인 '소강(小康)' 사회이다.80) 유학은 어쩌
면 실현 가능한 소강 사회를 설정하는데 적극적이었을 수 있다. 이는
유학의 현실적 특색이기도 하다.

경의(敬義)의 교육을 펼치는 과정에서, 조식이 『대학』을 매우 중시한
것으로 판단된다. 조식의 논리대로 보면, 『대학』 팔조목의 격물치지(格物

---

79) 『禮記』, <禮運>, "大道之行也, 天下爲公. 選賢與能, 講信修睦, 故人不獨親其親, 不獨
子其子, 使老有所終, 壯有所用, 幼有所長, 矜寡孤獨廢疾者, 皆有所養. 男有分, 女有歸.
貨惡其棄於地也, 不必藏於己, 力惡其不出於身也, 不必爲己. 是故謀閉而不興, 盜竊亂
賊而不作, 故外戶而不閉, 是謂大同."

80) 『禮記』, <禮運>, "今大道旣隱, 天下爲家, 各親其親, 各子其子, 貨力爲己, 大人世及以
爲禮. 城郭溝池以爲固, 禮義以爲紀, 以正君臣, 以篤父子, 以睦兄弟, 以和夫婦, 以設制
度, 以立田里, 以賢勇知, 以功爲己. 故謀用是作, 而兵由此起, 禹湯文武成王周公, 由此
其選也. 此六君子者, 未有不謹於禮者也. 以著其義, 以考其信, 著有過, 刑仁講讓, 示民
有常. 如有不由此者, 在勢者去, 衆以爲殃, 是謂小康."

致知)에서 성의정심(誠意正心)에 이르는 수신(修身)의 과정은 성(誠)을 근거로 하는 경(敬)공부였다. 그 핵심에 신독(愼獨)이 자리하고 있다. 이는 군주나 성학을 공부하는 학자 개인의 인격 확립을 위한 교육의 실천양식이다. 수신(修身) 이후의 제가치국평천하(齊家治國平天下)라는 치인(治人)은 수신을 바탕으로 그것을 응용하는 차원이다. 이는 경(敬)을 바탕으로 하는 의(義)공부였다. 그 핵심이 혈구(絜矩)의 길이다. 군주나 성학을 공부하는 학자의 개인 교육을 바탕으로 사회 공동체적 정치 이상을 실현하는 길이다.

수신(修身) 이후에는 사물을 응접하고 사람을 대접하는 인간관계의 차원이 된다. 이는 성(誠)·경(敬)으로 바로 잡아야 하는 마음, 이른 바 직내(直內)를 중심으로 논의하던 수신의 과정과는 다르다. 자신의 수양을 넘어 나 이외의 다른 사람은 물론 여러 사물과의 관계 문제를 요청한다. 세상에 대한 관심과 배려, 이해를 통해 공동체의 건전한 실현을 고민하게 만든다. 그것이 의(義)를 통해 이른 바 방외(方外)를 중심으로 하는 치인의 길이다.

제가(齊家)에서 평천하(平天下)에 이르기까지, 공동체의 지속과 사회화는 군주의 자질과 백성의 반응이 관건이다. 제가(齊家)와 치국(治國)을 담보로 『대학』에서 구현하려는 최대의 공동체는 평천하이다. 평천하를 실현하는 원리가 다름 아닌 『대학』의 혈구(絜矩)이고, 혈구는 의(義)를 담보로 세상을 고르게 만드는 작업이다. 그 길은 다음과 같은 실천을 소망한다.

　　윗사람에게 싫었던 것으로 아랫사람을 부리지 말고, 아랫사람에게 싫었던 것으로 윗사람을 섬기지 말며, 앞사람에게 싫었던 것으로 뒷사람에게 먼저 하지 말고, 뒷사람에게 싫었던 것으로 앞사람을 따르지 말며, 오른쪽 사람에게 싫었던 것으로 왼쪽 사람을 사귀지 말고, 왼쪽 사람에게 싫었던 것으로 오른쪽 사람을 사귀지 말아야 한다. 이것을 '혈구(絜

矩)'의 길이라고 한다.81)

혈구의 길은 자기를 중심으로 상하전후좌우(上下前後左右)의 존재에 대해, 길고 짧고 넓고 좁고 크고 작고 할 것 없이 하나같이 방정하게 하는 작업이다. 이런 헤아림을 통해 상하사방이 고르고 가지런해져서 남거나 부족한 곳이 없게 만드는 일, 그것이 방외(方外)이고, 정의(正義)이다.

혈구의 길 가운데 큰 것은 '재물을 어떻게 쓰느냐'이다. 평천하에서 혈구를 쓰는 주체는 군주이다. 군주는 이미 '경이직내(敬以直內)'를 통해 덕망을 축적했다. 덕망이 있으면 사람이 모여들고 사람이 모여들면 땅을 이용하게 마련이다. 땅으로 농사를 지으면 재물을 생산해 내고 재물을 생산하면 반드시 쓰임이 있게 된다. 덕망의 획득은 이미 언급한 격물치지와 성의정심, 조식의 표현을 빌리면 '내명(內明)'의 수신을 통해 이루어졌다. 직내(直內)가 구현되었다. 혈구의 근본은 이 덕망을 삼가고 조절하는 과정에 있다. 그것이 헤아림이다. 덕망이 있게 되면 세상 사람들에게 감동을 주어 사람들이 모이게 되고, 사람이 모이면 덕 있는 군주의 땅은 사람이 모인만큼 넓어진다. 그리고 땅이 있으면 땅을 맡겨서 공물을 받게 될 것이니 그것이 바로 재물이 된다. 그 재물은 이제 나라를 운용하는 경비의 원천이 되어, '쓰임'이 있게 된다. 때문에 혈구의 실천 양식에서 "덕망은 근본이고 재물은 말단이다"82)

이때 재물은 세상을 평화롭게 하는 주요 관건이 된다. "재물을 긁어모으면 백성이 흩어지고 재물을 고르게 흩트려 나누면 백성이 모인다."83) 근본인 덕망을 소홀히 하고 재물을 모으기에 집착한다면 재물은 저절로 모이게 마련이다. 군주가 백성을 헤아리는 혈구의 길을 실행하지 못

---

81) 『大學章句』, 傳10章, "所惡於上, 毋以使下, 所惡於下, 毋以事上, 所惡於前, 毋以先後, 所惡於後, 毋以從前, 所惡於右, 毋以交於左, 所惡於左, 毋以交於右. 此之謂絜矩之道也."

82) 『大學章句』, 傳10章, "德者本也, 財者末也."

83) 『大學章句』, 傳10章, "財聚則民散, 財散則民聚."

하고 백성의 재물을 취함에 절제하지 못할 경우, 재물은 모인다. 반대로 군주가 혈구의 길을 실천하여 백성에게서 취함을 절제한다면 백성이 모인다.[84] 아울러 재물을 생산해내는 방식도 평천하를 위해 대단히 중요하다. 재물을 생산하는 데 큰 방도가 있다. 생산하는 사람이 많고 먹는 사람이 적으며, 생산하는 사람은 빨리하고 쓰는 사람은 천천히 하면 재물은 항상 풍족할 것이다.[85]

이런 실천의 양식은 국가 경제에서 생산과 소비, 노동, 수요와 공급 등 다양한 부분을 요약한 것처럼 느껴진다. 나라에 노는 사람이 없으면 일하는 사람이 많게 되고, 관리가 자리만을 꿰차고 앉아 있는 사람이 없으면 소비만 하는 사람이 적게 되며, 생산할 시기를 빼앗지 않으면 생산이 많아질 것이고, 수입을 헤아려 지출한다면 쓰임새가 느려질 것은 분명하다.[86] 이러한 공동체의 유지와 지속, 공동체 구성원에 대한 관심과 이해, 배려는 유학의 최고 덕목인 인의(仁義)로 착함을 일으킬 때, 가장 적절하다. 그래야만이 혈구(絜矩)의 양식을 최고조로 발휘할 수 있다. 그것이 평천하의 생활양식이요, 의이방외(義以方外)의 발현인 정의의 실천이다.

VI. 맺음말

조식은 학문의 큰 그림을 『대학』의 구조를 바탕으로 그려냈다. 대학은 주자학에서 학문의 기초이자 근본이다. 삼강령을 원리로 두고, 팔조목으로 실천을 모색한다. '격물(格物)·치지(致知)·성의(誠意)·정심(正心)-

---

84) 『大學章句』, 傳10章, "外本內末故財聚, 爭民施奪故民散, 反是則有德而有人矣."
85) 『大學章句』, 傳10章, "生財有大道, 生之者衆, 食之者寡, 爲之者疾, 用之者舒, 則財恒足矣."
86) 『大學章句』, 傳10章, "國無遊民, 則生者衆矣. 朝無幸位, 則食者寡矣. 不奪農時, 則爲之疾矣. 量入爲出, 則用之舒矣."

수신(修身)-제가(齊家)·치국(治國)·평천하(平天下)'의 과정은 '경(敬)-성(誠)-의(義)'의 구도에서 진행되면서 내면과 외면으로 구분하여 설명되면서도 교육의 연속체를 이룬다. 내면과 외면은 '직내(直內)-방외(方外)'의 구도에서 '신독(愼獨)-혈구(絜矩)'의 핵심가치를 안고 마음의 수양에서 평천하를 염원했다.

조식에게서 '경(敬)-의(義)'는 '내명(內明)'에서 '외단(外斷)'으로 나아가는 도식으로 압축되어 검(劍)으로 만들어 차고 다닐 정도로 자신의 좌우명이 되었다. 인간은 수양을 통해 도덕적 자아를 세상의 중심에 드러낸다. 내면적으로는 자신에게서 일어나는 사리사욕을 극복해야 하고, 외면적으로는 세상의 유혹과 자극으로부터 발생하는 악을 물리쳐야 한다. 그 가운데 제 각기 부여받은 직분에 따라 맡은 임무를 충실히 이행한다. 그렇게 함으로써 인류의 공동 이상인 지선에 이를 수 있다. 그것이 평천하이다.

조식의 평천하로 가는 교육의 길은 의외로 간단하다. 자신의 마음과 의지가 나의 모든 관능(官能)과 지체(肢體)를 주재하고 제어하여, 세상을 향해 나아가 평화를 쟁취하는 일과 상통한다. 여기에서 가장 중요한 것은 마음을 바로잡는 일, 이른 바 조심(操心)이요 구방심(求放心)이다. 그것은 자아를 만들고 지키는 공부와도 같다. 이 공부의 요체가 경(敬)이고, 그것을 밖으로 펼쳐내는 것이 의(義)이다. 더불어 사는 모든 존재와 원만한 관계를 이루고 세상의 일처리를 합당하게 하는 작업이, 다름 아닌 평천하를 향한 정의(正義)의 길이다.

참고문헌

『國語』
『近思錄』
『論語集註』
『大學章句』
『大學或問』
『孟子集註』
『書經』
『性理大全』
『荀子』
『二程全書』
『禮記』
『莊子』
『周易』
『朱子語類』
『中庸章句』
李珥, 『聖學輯要』
李滉, 『聖學十圖』
曹植, 『南冥集校注』, 上海古籍出版社, 2014.
曹植, 『南冥集』, 韓國文集叢刊 31.
曹植, 『學記類編』
曹植, 경상대학교 남명학연구소 역, 『남명집』, 한길사, 2001.
曹植, 경상대학교 남명학연구소 역, 『사람의 길 배움의 길: 학기유편』, 한길사, 2002.

溝口雄三·丸山松幸·池田知久, 김석근·김용천·박규태 역, 『中國思想文化事典』, 민족
　　문화문고, 2003.
권미숙, 「荀子 禮治思想의 社會思想的 含意」, 한국학대학원 박사학위논문, 1996.
김성태, 『敬과 注意』, 고려대출판부, 1989.
김철운, 「「大學」의 平天下思想에 관한 硏究」, 고려대학교 박사학위논문, 1998.
김충렬, 「南冥學의 要諦-敬義; 그 淵源 脈絡과 涵養踐履」, 『南冥學硏究論叢』 제1권, 남명
　　학연구원, 1988.
김충렬, 『中國哲學散稿』 II, 온누리, 1990.
김충렬, 『유가윤리강의』, 예문서원, 1994.
김충렬, 「神明舍圖·銘의 새로운 考釋」, 『南冥學硏究論叢』 제11권, 남명학연구원, 2002.

김형효, 『構造主義의 思惟體系와 思想』, 인간사랑, 1992.

박균섭, 「남명 조식의 교육사상 재검토」, 『인격교육』 제10권 1호, 한국인격교육학회, 2016.

사재명, 「남명 조식 교육사상의 계승」, 경상대학교 박사학위논문, 1999.

사재명, 「남명 조식의 교육사상에 관한 연구-『학기유편』의 「학기도」를 중심으로-」, 『南冥學硏究』 제1권, 경상대학교 남명학연구소, 1991.

사재명, 「남명 조식 교육의 계승-실천성의 강조」, 『南冥學硏究』 제19권, 경상대학교 남명학연구소, 2005.

사재명, 「조선 중기 남명의 교육이론 계승: 인간 본성 회복의 강조」, 『남명학연구논총』 제11권, 남명학연구원, 2002.

송준식, 「남명학 연구성과의 회고와 전망(4)-교육연구」, 『南冥學硏究』 제35권, 경상대학교 남명학연구소, 2012.

신창호, 『유교의 교육학 체계』, 고려대학교출판부, 2012.

신창호, 『『대학』, 유교의 지도자 교육철학』, 교육과학사, 2010.

오이환, 『남명 조식』, 예문서원, 2002.

유명종, 『남명 조식의 학문과 사상』, 세종출판사, 2001.

이상필, 『남명학파의 형성과 전개』, 와우출판사, 2005.

이성무, 「퇴계 이황과 남명 조식」, 『학술원논문집-인문·사회과학편』 제47권 1호, 대한민국학술원, 2008.

이승환, 『유가사상의 사회철학적 재조명』. 서울: 고려대 출판부, 1998.

이재현, 「남명 조식 교육사상의 사회과교육적 고찰」, 『사회과교과교육』 제16권 1호, 한국사회교과교육학회, 2009.

장승희, 「남명조식의 선비정신과 도덕교육」, 『도덕윤리과교육』 제36호, 한국도덕윤리과교육학회, 2012.

장윤수, 「남명 조식의 공부론과 인성교육의 연계성-'正直'의 덕목을 중심으로 하여-」, 『南冥學硏究論叢』 제22권, 남명학연구원, 2017.

정우락, 「『남명학논총』을 통해 본 남명학파 문학연구의 과제 분석」, 『南冥學硏究論叢』 제13권, 남명학연구원, 2004.

최해갑, 『남명철학과 교학사상』, 교육출판사, 1986.

채휘균, 「남명학파의 교육사상」, 영남대학교 박사학위논문, 1999.

채휘균, 「남명 敬과 義 교육사상」, 『南冥學硏究論叢』 제9권, 남명학연구원, 2001.

한국사상연구회, 『조선유학의 학파들』, 예문서원, 1997.

최재호, 「남명의 인성교육과 제자들의 실제적 실천」, 『南冥學硏究論叢』 제22권, 2017.

한상규, 「남명 조식 교육사상에서의 敬義 공부론」, 『南冥學硏究論叢』 제12권, 2003.

한상규, 「조식의 교육사상 연구」, 중앙대학교 박사학위논문, 1990.

康曉城, 『先秦儒家詩敎思想硏究』, 臺北: 文史哲出版社, 1988.

蕭　兵, 『中庸的文化省察』, 武漢: 湖北人民出版社, 1997.

孫培靑, 『中國敎育史』, 上海: 華東師範大學出版社, 2000.

張蕙慧, 『儒家樂敎思想硏究』, 臺北: 文史哲出版社, 1985.

錢　穆, 『朱子新學案』(第2冊), 三民書局, 1971.

陳飛龍, 『孔孟荀禮學之硏究』, 臺北: 文史哲出版社, 1982.

Wing-Tsit Chan, *A Source Book of Chinese Philosophy*, Princeton Univ. Press, 1963.

제 2 부
남명학의
대중화

남명학의 현대적 응용을 위한 제안

김
낙
진

Ⅰ. 머리말

2014년까지 축적된 남명(南冥) 조식(曺植, 1501~1572) 관련 연구 논문은 1,900여 편에 이른다고 한다. 2015년 봄 출간된 『선비문화』(제27호)는 이 사실을 전하면서, 이 "연구 논저들이 동어 반복과 제자리 맴돌기를 하고 있는 것이 아닌지, 일반 대중들의 생각과는 동떨어져 도서관의 창고에나 쌓아둘만한 내용은 아닌지를 점검하고 검토해 보아야 한다."[1]고 편집 후기에 썼다. 전반부는 저술을 많이 남기지 않은 조식을 대상으로 한 연구가 유사한 내용을 포장만 달리하면서 발표되고 있다는 비판으로 받아들여진다. 후반부는 학술적인 천착 이상으로 조식의 실천적 자세를 현대인의 삶에 적용하는 일이 중대한 과제이므로 연구 관행에 변화를 주어야 한다는 지적으로 이해된다.

현대에의 적용을 꾀한다면 지금까지의 연구물들이 현대인의 수요에

---

1) 『선비문화』 제27호, 남명학연구원, 2015, 162-163쪽.

맞게 재구성되어 있는가를 검토할 필요가 있다고 느낀다. 1,900여 편에 달하는 많은 글 중 철학관련 논문을 중심으로 대략 3~400편 정도를 읽은 처지에서 단언하기는 어렵지만, 연구들은 주로 그가 사용한 개념들과 이론의 구조, 남명학의 성격을 규명하는 데 초점을 맞추었으니, 과거 인물로서의 조식 연구에 머물러 있다. 그 중 여러 편의 논문이 실천 사상의 개념과 조식의 활동 및 의의를 소개하였으나, 그것들 역시 역사 사실들을 소개하는 차원에서 크게 벗어나지 못하여 현대화의 기초가 튼튼하게 마련되었다고 보기 어렵다.

남명학이 우리 시대에서 활용되기 위해서는 몇 가지 조건이 마련되어야 할듯하다. 조식과 현대 한국인 사이에는 큰 간격이 있다. 500여 년을 격하였다는 시간의 거리는 한 사람의 인간과 학자로서 그가 지향한 가치와 현대인의 그것 사이에 뛰어넘기 어려운 간격을 만든다. 원천적으로 조식의 시대와 우리 시대는 삶을 구성하는 요소들이 다르다. 같은 요소라고 하더라도 전체 사물들 속에서의 위치, 사람들이 그것들에 기울이는 관심과 부여하는 의미가 같지 않다. 마르틴 하이데거(Martin Heidegger, 1889~1976)를 원용하여 김용옥 교수는 세계내존재인 인간은 도구연관이라는 의미 체계의 장 속에 있으며, 연관 구조가 달라질 때 도구로서의 사물은 인간에게 그 의미가 달라지게 마련이라고 말한 바 있다.[2]

해석학의 관점에서 보면 우리가 남명학을 연구하는 것은 서로 다른 의미체계 사이의 대화이다. 여기에 실천철학의 관심을 더한다는 것은 조식의 철학사상 중 어떤 부분이 우리의 삶에 가치가 있어 다시 사용하겠다는 의지의 표현이다. 조식과 그의 사상에 대해 총체적이고도 객관적인 이해를 꾀하는 것이 목적이라면, 이것도 쉽지 않겠지만, 우리의 선입견적 지식을 바탕으로 대상의 의미를 이해하고, 이를 토대로 해석학

---

2) 김용옥, 『동양학 어떻게 할 것인가』, 통나무, 1991, 148쪽.

적 순환을 시도하면 된다. 이에 비해 실천철학적 관심을 기울인다는 것
은 현대인이 자신의 삶에서 어떤 문제점을 느끼고 조식과의 대화를 통
해 미래적 대안을 모색하겠다는 뜻이다. 잊고 살았던 중요한 가치들, 중
요하다고 여기지만 해결방법을 찾지 못하는 것들, 상상도 못했던 것들
을 그의 경험을 통해 알게 됨으로써 삶을 풍요롭게 하는 것이 현대화
작업의 핵심이다.

　그 중심에는 현대인이 있고, 남명학은 현대인이 느낀 문제점을 해결
하기 위한 지혜의 원천이다. 조식사상을 활용하여 현대의 문제를 해결
하는 것이지 조식의 철학사상을 있는 그대로 절대화하여 전수하는 것
이 조식 실천철학의 현대화가 아니다. 조식 및 그의 학문에 대한 객관
적인 이해를 꾀하는 고전학 차원의 연구를 넘어서서, 현대적 삶의 환경
과 학문적·상식적 성취를 고려하면서 현대인의 욕망과 관심 그리고
문제의식에 부응하는 형태로 조식을 재해석하여야 하는 이유가 여기
있다. 따라서 현대인의 문제가 무엇이고, 그것을 해결할 가능성이 조식
사상의 어디에 있는지를 개략적으로라도 설정하는 것이 출발 선상에서
요구된다.

　시대의 문제가 무엇인지에 대한 인식은 사람과 시공에 따라 다를 수
밖에 없으므로, 조식에게서 얻어낼 수 있는 유용한 것이 무엇인가의 판
단도 다를 것이다. 그런 만큼 관심은 상대적이다. 이것은 피할 수 없는
일이고, 이를 통해 수많은 접근 가능성이 점쳐지기에 유용한 것이기도
하다. 그러나 또한 다양한 해석의 가능성은 역설적으로 모든 사람에게
조식사상을 구성하는 모든 요소들이 있는 그대로 수용될 수 없으며, 특
정 요소들이 상대적으로만 의미 있음을 암시한다. 그러므로 문헌비평의
태도를 훨씬 뛰어넘는 철학사상에 대한 비판적 검토가 있어야 할 것이다.

　현대의 범인이 이 작업의 중심에 있다면 이와 함께 고려해야 할 것이
일상성이다. 선현 추숭사업이 일반적으로 그렇듯이 결과로 나타난 완성

된 인간으로 묘사되는 조식의 모습은 따를 수 있는 대상이라기보다는 불가능한 존재라고 느껴진다. 단편적인 일화에서 지혜를 찾는 경우도 있으나, 그것은 일회적 교훈을 줄 뿐 삶을 바꿀 수 있는 충격을 주지는 못한다. 논자가 볼 때 조식의 모범성에 앞서 그가 성취를 위해 일상생활에서 기울이는 각고의 노력 과정과 방법에 주목할 필요가 있다. 위대한 인격이 지닌 모범성은 일상적인 체험과 공부를 통해서 얻어진 결과이다. 그의 행동을 밟아가지 않으면서 어떻게 조식처럼 될 수 있는가?

본고는 조식 실천정신의 현대적 활용이 논의되는 시점에서 현대 한국인이 관심을 갖기 시작한 인간성장이라는 주제를 중심으로 남명학의 가용성을 탐색하면서, 이런 작업에서 고려할 점들이 무엇인가를 검토해 보고자 한다. 하나의 시론에 불과하나 논자가 보건대 조식이 보여준 자기성장의 모범성은 우리가 감당할 만하고 또한 보고 배워야 할 점이다. 이런 시도를 해야 500년 전의 조식, 완성된 인간으로서의 조식과 현대의 범인 사이에 있는 간격이 메워진다고 생각한다.

Ⅱ. 현대화에서 고려할 점들

조식사상의 현대화가 가능하기 위해서는 서로 의미연관 구조가 다름에도 불구하고 조식의 철학사상이 현대인의 관심과 욕망에 부합한다는 판단이 선행되어야 한다. 여기에는 동일성과 함께 차이성이 있음이 전제된다. 동일성이란 말에는 현대인이나 옛 사람이 지닌 욕망이나 불만이 일정 정도 같고, 또한 외형적으로 과거와 지금의 세상이 달라 보여도 궁극적으로는 사람 사는 방식이 유사하다는 판단을 포함한다. 욕망은 가치를 만들어 내거나 사물에 가치를 부여한다. 따라서 욕망이 같다는 말은 가치 있다고 여기는 것에 같음이 있다는 말이다. 이 시각에서 보면 조식 역시 우리와 마찬가지로 여러 욕망을 소유하고 충족을 꾀하면서 갈등과 번민의 시간을 가졌으며, 이를 극복하여 인격적 성취를 이루어낸 사람이다.

어쩔 수 없이 차이점도 있다. 처한 시공의 문물, 도구, 제도들이 다르다. 의식주의 기본 욕구는 같을지라도 무엇을 구체적으로 욕구하고 어떤 것에 더욱 높은 가치를 부여하는가는 그 사회의 역량과 제도에 따라 다를 수밖에 없다. 동일한 욕망이라도 사회체제에 따라 그것이 지닌 의미가 변형되고, 다른 욕망과 비교되면서 전체 속에서 비중이 달라진다. 조식이 오륜을 중심으로 형성된 인간관계의 도덕에 합당한 사람이 되고자 하였다면, 우리는 자유롭게 선택하고 결정한 욕망-목표를 추구한다. 성취의 정도에도 차이가 있다. 그는 진땀을 흘리며 성취하고자 노력하였다면, 우리는 삶의 번잡함으로 인해 특정 목표에 집중하지 못한다. 그는 자기성취를 위해 골짜기로 숨어들었지만, 우리는 자꾸 번화한 도심으로 나간다.

동일성은 시대를 뛰어넘어 현대인이 조식을 이해할 수 있음은 물론 그의 태도나 가치관을 현대인이 수용할 수 있는 실마리를 제공한다. 동일성에서 생기는 최소한의 실마리를 매개로 현대인과 조식은 대화를 하게 된다. 우리의 것과 그만이 지닌 것이 합해져서 해석학적 순환이 일어나면, 우리는 물론 조식도 예상하지 못했던 새로운 보편적 가치, 즉 널리 받아들여질 수 있는 가치 있는 삶의 양식도 찾을 수 있다. 그의 생각과 태도가 우리와 판연히 다르기만 하다면, 도서관 창고에나 있어야 한다.

다음으로 생각해 보아야 할 것이 조식의 모범성과 일상성이다. 72년을 생존하면서 보여준 조식의 다양한 면모 중 우리는 무엇을 모범으로 삼아야 할까? 흔히 거론되는 것이 임진왜란 당시 영남 의병장의 70% 정도가 조식의 제자라는 사실이다. 이런 관심과 평가에는 자기희생을 감수하면서 국가와 사회를 위해 헌신하는 태도가 가치 있다는 믿음이 내포되어 있다. 더욱이 현대인(청소년)이 자아 중심적이라는 비교까지 더해지면, 공동체를 위하는 헌신의 정신은 귀감이 될 만한 것임에 틀림없다. 그러나 이런 측면은 남명학의 일면일 뿐이기에 꼭 합당한 평가라고만 할 수 없을 뿐 아니라, 결과를 산출해 가는 성장과 교육의 과정이 소홀하게 취급됨으로써 조식과 현대인의 접점이 만들어지지 않는다.

　제자들의 의병활동, 나아가서 조식의 비정(秕政)에 대한 항의가 조식의 일면일 뿐이라는 것이 무슨 뜻인가는 내암(來庵) 정인홍(鄭仁弘, 1536~1623)과 복암(復庵) 조원순(曺垣淳, 1850~1903)이 그려내고자 하였던 조식상을 참고하면 짐작할 수 있다. 그들은 필사적으로 조식을 도학자(道學者)로 격상시키고자 하였는데, 도학자는 성리학 시대에 가장 완성된 인간을 가리키는 용어였다. 효·우·충·신(孝·友·忠·信)이 유교도덕의 골간이기는 하지만 그것의 실천만으로는 도학의 이름을 얻을 수 없다. 세계관적인 지식을 바탕으로 의(義)와 이(利), 또는 천리와 인욕을 명확하게 변석하면서 인격을 성숙시켜야 하고, 일상의 생활에서 도에 맞는 중용의 행위를 부단하고도 철저하게 실천해야 한다.[3] 지금 용어로 바꾸면 인식·수양·실천의 여러 조건들이 완벽에 가깝게 갖추어졌을 때 도학이라고 부른다. 정인홍과 조원순이 일절(一節)의 선비로서 조식을 평가함에 분노를 표하면서, 도학자로 조식을 평가하려 한 이유는 중용의 인격을 지닌 완벽한 인간으로 조식을 보고자 한 데 있었다.[4]

---

[3] 율곡(栗谷) 이이(李珥, 1536~1584)가 정의한 도학의 개념에 대해서는 이이, 『栗谷全書』卷2, <경연일기(經筵日記)>, 성균관대학교 대동문화연구원, 1992, 109쪽; 윤사순 역, 『경연일기』상, 삼성미술문화재단, 1986, 48쪽을 참고.

[4] 鄭仁弘, 『來庵集』, <南冥曺先生神道碑銘>, 한국문집총간, 1988, 458~459쪽, "世之人或認爲輕世, 或斥爲一節, 甚矣! 其不知道也. 嗚呼! 君子依乎中庸, 遯世不見是而不悔, 惟先生庶幾焉. 夫中之用, 無定體, 惟在時, 非衆人所能知."; 조원순의 조식 인식에 대해서는 김낙진, 「19세기 후반~20세기 초반 진주 지식인들의 남명 인식」, 『경남권문화』 제21호, 진주교육대학교 경남권문화연구소, 2012를 참고.

도학자라는 완성된 인간으로서의 조식상은 현대의 범인에게는 더욱 거리가 먼 인물로 비출 수 있다. 그러나 꼭 그렇지 만은 않다. 주자(朱子)에 의하면 유가의 도는 일용동정어묵지간(日用動靜語默之間)의 도, 즉 일상생활에 필요한 중용의 도이다. 도학자라는 호칭은 일상생활에서 겪는 욕망과 갈등을 극복하고 중용의 도와 덕을 체득하였으며 이것을 삶의 전 영역에 걸쳐서 실현해 간 사람임을 뜻한다. 목숨을 걸어야 하는 절의는 위험함에 비하여 일상에서의 중용은 그런 것이 아니기에 긴박함이 없다. 그러나 절의가 일시적인 것이라면 '평상시'로 표현되는 일상은 삶의 전부이다. 삶의 모든 시간 동안에 일관성 있고 수준 높은 성취가 있으면 그것을 인격이라고 부르기에, 일상에서의 자기성취를 위한 활동이 더욱 가치 있다. 다만 자질에 따라 절의를 실천하기도 하고, 중용의 덕을 완성하는 차이가 있다. 중용의 인격성취 위에서 환난에 대처하는 지혜와 용기가 발휘되므로, 조식의 권력에 대한 항거와 제자들의 의병활동은 도학적인 인격성취가 있음으로써 나타난 다양한 행위 중의 하나이다.[5]

이 일상은 우리의 삶이 전반적으로 이루어지는 곳이다. 그곳은 생물학적·사회적·윤리적 욕망을 지닌 인간들이 충족을 꾀하거나 충족되지 않음으로써 고통을 겪는 장소이다. 점심 한 끼를 먹을 때에도 여러 욕망들이 갈등하고, 긴박한 결핍 욕망과 큰 인간이 되려는 성장의 욕망이 갈등하기도 한다. 갈등하고 번민하는 내 마음과 몸의 문제점을 지각하고 그것을 해결할 수 있는 지혜를 가장 절실하게 깨달을 수 있으며,

---

5) 奇大升, 『高峰集』, <論思錄>, 한국문집총간, 1993, 201쪽. "中庸之道, 惟聖人爲之, 其下則當氣節牢落, 不畏强禦也. 平居正色直言, 然後臨難可以伏節死義." 송정(松亭) 하수일(河受一, 1553~1612)이 보여준 조식의 가르침에 대한 인식과 각재(覺齋) 하항(河沆, 1538~1590)과 매헌(梅軒) 하경휘(河鏡輝, ?~1592)의 순절에 대해서는 김낙진, 「16~17세기 진양하씨 가문의 성리학적 생활」, 『경남권문화』 제23호, 진주교육대학교 경남권문화연구소, 2013을 참고.

이 깨달음 위에 몸과 마음을 성장시키기 위한 지속적인 각고의 과정이 있게 될 곳이다. 이것에 성공하면 좋은 인격을 가지고 실패하면 보잘 것 없는 삶을 살아가게 될 것이므로, 일상은 말처럼 평범한 곳이 아니다.

이 일상이 조식이 강조한 바 있는 쇄소·응대·진퇴지절(灑掃·應待·進退之節)이라는 인생의 법도가 실천되는 하학(下學)의 공간이다. 조식은 바로 이곳에서 관념적 지식의 습득이 아닌 마음과 몸으로 진리를 깨달아 사람이 되고자[주인(做人)] 하였다. "학도를 위하여 경서를 강론하지 않았으며 단지 그들로 하여금 돌이켜 구하여 스스로 터득하게 하였다.(反求而自得之)"는 그는 "자기를 돌이켜 체험하고 실지(實地)를 밟는 것으로 힘써 반드시 경지에 도달함을 목표로 하였다."[6] 실지를 밟는 공부는 일상생활의 일사일물에서 하나하나 도를 깨우치고 절실하게 심신에 붙여 가는 공부이다.

철학을 비롯한 학문은 구체적인 생활 세계를 간단하게 추상화하여 정리하는 역할을 한다. 이성을 이용한 이런 작업을 통해 인간은 질서 잡힌 세계에 살게 된다. 그러나 이 학문방법은 자칫하면 공소화의 대가를 치러야 한다. 이론의 터전이었던 삶의 세계가 망각되어 이론과 현실이 분리되고, 이론이 주인이 되는 주객전도의 현상이 벌어진다. 학교에서는 추상 이론을 가르칠 뿐 구체적으로 응용하고 절감하는 공부를 가르치지 못한다. 우리 학계가 수입 일변도의 학풍을 벗어나지 못하는 가장 큰 이유는 자기가 살고 있는 현실의 의미를 주체적으로 각성하지 못하는 데 있다. 일상의 삶을 세심하게 들여다보는 것은 단지 학문방법만의 문제는 아니다. 생활 속에 문명이 요구하는 가치를 침투시켜 인격과 문화를 만드는 실천철학의 과제를 실현하는 곳이 일상이다.

---

6) 曺植, 『南冥集 四種』, <墓碑文(成運)>, 남명학연구원출판부, 2000, 5쪽. "以反躬體驗脚踏實地爲務, 求必踏夫閫域."

III. 일상에서의 거경

조식이 일상의 세계에서 하고자 한 일은 경·의(敬·義) 공부이다. 조식의 학문과 교육에서 가장 중요한 목표는 사람 되기[주인(做人)]인데,[7] 이 목표를 달성하기 위해 그가 일상에서 실천한 공부가 이것이다. 따라서 조식을 본받고자 한다는 것은 일상에서 경의 공부를 실천함으로써 자기 성장을 도모하는 방법을 찾는 일이 된다. 경의가 조식사상의 핵심임은 누차 강조되어 왔으니, 남은 과제는 경의하는 정신과 방법을 구체적으로 살펴보고, 현대화하는 일이다. 이 중 더욱 근본적인 공부는 성학(聖學)의 처음이자 끝이라는 경 공부이다.

경의 목적은 기본적으로 사욕(私欲)을 척결[극기(克己)]하는 데 있다. 이 공부는 현대인들에게는 어떤 의미가 있을까? 예로부터 지금까지 사욕이라는 말은 줄곧 사용되지만, 이 말의 내포와 외연에 고금의 이견이 있다. 현대인들은 경제적 이익 추구의 욕망을 가치중립적인 것으로 보는 근대 이후의 세계에 산다. 이로부터 비롯된 정치·사상·철학적 신념의 개별화 가능성을 자유라는 이름으로 정당화한다. 사적 욕망의 추구는 성취의 원동력이라 여겨지므로 장려되고 그것은 무한히 열려 있다. 공동체는 자유 실현에 필요한 도구이므로, 지나친 집단적 가치와 신념의 강제는 개인에게 동의 받지 못한다. 금지하고자 하는 것은 남의 자유를 해치는 욕망 추구 활동에 한정된다. 이에 비해 근대적 개인의식이 없는 조식은 공동체의 관계를 저해할 가능성이 있는 생각과 언행은 물론 선한 행동을 하더라도 결과를 계산하는 의도만 있어도 사욕이라고 평가하던 동기주의자이다. 사욕을 미워하는 것은 고금이 같지만, 버려야 할 사욕의 내용이 크게 다르다.

---

7) 曺植, 『南冥集 四種』, <行狀(金宇顒)>, 104쪽.

유학의 사욕 개념의 깊이와 넓이는 번다하리만치 다양한 욕망을 소
유한 현대인의 상상을 넘어선다. 사욕을 유발할 수 있는 마음현상도 이
미 이것에 포함된다. 세상을 멀리 넓게 보지 못하게 하고 현재의 일에
민감한 오감의 발휘와 두뇌활동을 하지 못하도록 저해하는 감정이나
욕망이 이에 해당한다. 과거의 사건에서 발생한 욕망과 감정이 현재화
되거나 미래의 결과를 미리 계산하는 마음들이 실타래처럼 얽히고설켜
실제와는 무관한 마음의 괴물을 만들어낸다면 사욕의 범주에 집어넣는
다.8) 신체의 나태함―만, 태, 해(慢, 怠, 懈) 등으로 표현된다.―도 마음의
긴장감을 떨어뜨리므로 경계의 대상이다. 심신의 에너지를 고갈시키고
사려를 교란시키는 마음현상들이 모두 사욕인 것이니, 비극적인 거악도
잠깐 동안에 일어나는 작은 불선한 생각이 씨앗이기 때문이다.9)

사심과 그것을 알아차리지도 못하는 무지는 남과 다투고 세상을 혼
탁하게 하면서, 궁극적으로 자아상실 즉 주체성의 상실을 결과한다. 맹
자의 표현을 빌려 '외물에 사역된다[역어물(役於物)]'고 묘사되지만, 외물
보다는 자신의 번잡한 욕망과 감정들에 의해 사유와 감정 활동의 주도
성이 상실된다고 보아야 한다. 조식은 "경의하면 마음속에 일물도 없
다"10)고 경의의 효과를 설명하였거니와, 이것은 아무 생각이나 정체성
도 없는 바보가 되자는 말이 아니다. 지금이 순간에는 쓸 데 없는 생각
을 버려 마음을 전일(專一)하게 함으로써 하고 있는 바로 그 일을 진실하
게 수행하자는 것이다.

조식을 비롯한 유학자들은 대상과 상황은 물론 자기마저도 장악하여

8) 『大學』, 학민문화사, 2000, 106쪽, "心纔繫於物, 便爲所動, 所以繫於物者, 有三. 事未來,
　 先有箇期待之心. 或事已應過, 又留在心下, 不能忘. 或正應事時, 意有偏重. 都是爲物所
　 繫縛, 便是有這箇物事到, 別事來到面前, 應之偏差了."
9) 薛瑄, 『讀書錄要語』, 국립중앙도서관 DB, 45쪽, "至大之惡, 由於一念之不善."
10) 曺植, 『南冥集 四種』, <行狀(鄭仁弘)>, 11쪽, "少間輒以敬義字, 疊疊爲門生言, 曰此二
　 字極切要, 學者要在用功熟, 熟則無一物在胸中, 尙未到這境界以死矣. 平生所存, 至此
　 益驗矣."

최선의 대응을 할 수 있는 명징한 마음의 상태가 주체성—주재—이 확보된 상태라고 본다. 사욕, 사심의 제거가 외물 또는 욕망과 감정에 사역되지 않고 외물을 부리는[역물(役物)] 주체성 확립의 조건이다. 개인이 가진 모든 욕망을 총합하여 그것을 의식화한 것이 내가 아니라, 번잡한 욕망들을 버림으로써 또렷한 내가 있게 된다고 보는 그는 우리와는 반대 방향을 선택하여 나간다. 이와 같은 경 공부가 현대인에게 호소력을 갖고자 한다면 이런 방향성에 동의하는 사람들이 늘어나야 한다.

　여기서 꾸준하게 제기되어 온 근대 이후의 문화에 대한 반성과 현재 활성화되고 있는 움직임에 주목해 보자. 지금 현대 문제를 해결하기 위한 대안으로 떠오르고 있는 생태학적 세계관은, 꼭 같은 것은 아니라고 할지라도, 동아시아의 전통적 세계관과 닮아 있다. 소유, 정복, 지배를 당연시하는 세계관을 반성하면서 등장한 이것은 에리히 프롬(Erich Fromm, 1900~1980)이 『소유냐 존재냐?』(1976)라고 물었을 때의 그 문제의식을 다시 제기한다. 최근 '느림'이 화두가 되면서 자기 존재에 관한 관심이 점차 고양되고, 그동안 홀대되었던 인문학의 수요가 증가한다. 소유의 전쟁에서 패배하지 않기 위하여 노심초사하면서 경쟁하고 갈등하며 분노하는 자아가 자기가 아님을 알게 되어, 자기 삶에 대한 주도성을 찾기 시작하였다. 또한 세계화는 경쟁을 가속화하고, 걸러지지 않은 너무 많은 정보는 정체성 혼란을 야기하는 것도 문제이다. 매일 같이 혁신을 역설하지만, 이는 내일 무슨 일이 일어나 삶이 어찌될지 모른다는 예측 불허의 상태를 초래하여 미래의 불안을 심어 놓는다.

　이에 삶에 지친 사람들을 겨냥한 명상 프로그램이 유행한다. 이것들은 주로 불교의 선이나 그것의 응용으로 행해진다. 유학의 경 공부는 본래 선불교의 영향 아래서 만들어진 것이지만, 논자가 보기에 불교의 명상과는 또 다른 가치를 지닌다. 유학은 쓸 데 없는 사심을 제거하고자 하되 현실성 없는 무소유를 지향하지 않고, 분노와 좌절 등 희로애

락애오욕의 감정을 부인하지 않는다. 소유의 욕망과 존재의 욕망이 균형 잡히도록 하고, 감정의 중화를 꾀한다. 세속의 삶을 긍정하고 해결해온 유학의 지혜에서 비롯된 중용의 정신이 유학의 장점이다. 요컨대 현대인과 유학은 완전히 다른 욕망의 세계에 제각기 갇혀 있다기보다는 점차 그 간격을 많이 좁히고 있다. 현대인이 미처 생각하지 못했거나 생각하더라도 해결방법을 잘 모르는 것에 대한 유학적 대응책을 제시할 여지가 여기서 생긴다.

조식에 관한 기록을 보면 그의 일상적인 행위들은 대부분 경 공부로 이루어졌다. 대곡(大谷) 성운(成運, 1497~1579)은 조식을 위해 지은 묘비명에 이렇게 기술하였다.

> 닭 우는 소리를 듣고 새벽에 일어나, 관을 쓰고 띠를 두르고 자리를 바르게 하고 시동(尸童)처럼 앉으면 어깨와 등이 꼿꼿하였으니 바라보면 마치 그림이나 조각 같았다. 책상의 먼지를 털어내고 책을 펴면 마음과 눈이 모두 책에 집중되었고 조용히 살피고 깊이 사색하였는데, 책 읽는 소리를 내지 않아 서실의 안이 고요하기가 마치 사람이 없는 것 같았다. 위엄 있는 거동이 점잖고 품위가 있어 저절로 법도가 있었으니, 비록 급하고 놀랄 때라도 항상 된 법도를 잃지 않아 매우 볼 만하였다.[11]

이것은 단편적인 하루 일과의 모음이 아니다. 성리학의 경 공부에 대한 체험을 가지고 있던 성운이 그의 앎을 바탕으로 조식의 일상을 요약 정리해 낸 서술이다.

조식이 어떻게 경 공부를 수행하였는지는 <행장>과 비문 그리고 제자들이 지은 <언행록>에 전해진다. 이것들은 단편적으로만 해석 인용

---

11) 曺植, 『南冥集 四種』, <墓碑文(成運)>, 5쪽, "聽鷄晨興, 冠頂帶腰, 正席尸坐, 肩背竦直, 望之若圖形刻像. 拂床開卷, 心眼俱到, 默觀而潛思, 口不作吾伊之聲, 齋房之內, 寂然若無人, 威儀容止, 舒遲閑雅, 自有準則, 雖在恩卒驚擾之際, 不失常度, 甚可觀也."

되어 왔고, 학계의 역작인 경상대학교 남명학연구소의 『국역 남명집』에서도 번역되지 않았으니, 남명학의 현대화를 꾀한다면 시급히 해결되어야 할 과제이다. 그런데 그렇게 된다하여도 그것들은 단편적인 증언들에 지나지 않아 체계성이 없다는 한계가 있다. 현대인의 이해를 돕고 실행을 유도하기 위한 체계화가 우선 필요한데, 『남명집』의 자료 부족으로 인해 이를 해결할 수 없다. 이때 타인과의 차이점을 우선적으로 강조하기보다는 일반성의 차원에서부터 조식을 이해해보는 것도 한 방법이다. 이 맥락에서 "우리 집(吾家)에 경의 두 글자가 있는 것은 하늘에 해와 달이 있는 것과 같아 영원히 바뀔 수 없다"[12]는 구절의 '우리 집'을 꼭 조식 집안 또는 사제 집단을 가리킨다고 볼 필요는 없을 듯하고, 우리 유가라는 정도로 해석할 수 있지 않을까 생각된다.

　이를 수긍하면 『남명집』의 자료 부족을 해결할 방법이 생긴다. 다른 학자들의 경 공부에 관한 정보를 활용할 수 있는 것이다. 논자가 볼 때, 경 공부의 정신과 방법을 일목요연하게 정리하여 놓은 글이 퇴계(退溪) 이황(李滉, 1501~1570)이 <성학십도(聖學十圖)>에 채용한 바 있는 경재잠(敬齋箴)과 숙흥야매잠(夙興夜寐箴)이다. 전자는 『성리대전(性理大全)』과 『심경부주(心經附註)』에도 실린 주자(朱子, 1130~1200)의 잠이므로 조식 역시 숙지하였을 것이다. 후자는 애매하다. 소재(蘇齋) 노수신(盧守愼, 1515~1590)에 의해 『숙흥야매잠해(夙興夜寐箴解)』가 만들어지기도 하였으나, 진백(陳柏)의 이 잠이 어떻게 유통되었는지는 불명확하다. 그러나 조식 정신의 현대화를 꾀하는 마당에 조식의 인지 여부는 중요하지 않다. 경 공부의 목적과 방법을 간추린 잠이므로, 조식의 생각을 보완하면 했지 저촉될 것은 없다. 이미 여러 번역본이 나와 있는 두 잠은 현대인들이 그대로 사용해도 정신 수양에 큰 도움이 된다고 논자는 느끼고 있다.

---

12) 曹植, 『南冥集 四種』, <言行總錄>, 415쪽, "先生特提敬義字, 大書窓壁間. 嘗曰吾家有　此二字, 如天之有日月, 洞萬古而不易. 聖賢千言萬語, 要其歸, 都不出二字外也."

경재잠은 표・리(表・裏)를 중요한 지분(地分)으로 삼되 동・정(動・靜)이라는 시분(時分)을 포함하면서 경 공부의 정신과 방법을 요약해 준다. 숙흥야매잠은 닭이 울어 잠에서 깨어나는 때부터 취침할 때까지의 각 시간대별(時分)로 해야 할 경 공부를 대략적으로 제시한다. 또 이 잠들은 유가의 장점인 생활 속에서의 경 공부라는 특색도 드러낸다. 경 공부는 정좌 수행을 포함하기는 하나 마음을 끊임없이 들여다보라고 하기보다는 일상생활에서의 행위, 즉 언행을 삼가고 타인을 공경하는 의로운 행위를 하면서 경 공부가 수행되기를 바란다.[13] 조식이 자경하기 위하여 만든 여러 명(銘)들―<좌우명(座右銘)>・<혁대명(革帶銘)>・<신언명(愼言銘)>・<금인명(金人銘)>―이 언행의 신중함을 기약하는 것들이고, <신명사도명> 역시 진실하고 미덥게 언어를 수식하여야충신수사(忠信修辭)] 함을 강조한다.[14]

이와 함께 생각해보아야 할 것이 조식의 경 공부는 그의 시대적 문맥에서 이루어졌고, 우리가 처한 상황은 다르다는 점이다. 그가 경을 행하던 주된 공간인 가정생활의 방식이 변하였다. 그가 공부로 일관할 수 있는 처지였다면 현대인 대부분은 경제활동에 종사하지 않을 수 없어 정신이 분산될 수밖에 없음도 다르다. 그러므로 특별한 계기를 마련하여 심신을 정화하는 사람을 제외하고는 학교나 직장(즉 일상)에서 경 공부를 할 수 있는 방안을 찾아 제시하여야 한다. 이때 조식은 물론 다른

---

13) 丁時翰, 『愚潭集』, 「謾錄」, 한국문집총간, 1994, 365쪽, "敬字雖通貫動靜, 而聖人之於敬, 每於動處言之. 如言出門如見大賓, 使民如承大祭, 非禮勿視聽言動, 及居處恭執事敬, 皆從動時說. 曾子臨沒之言, 亦以動容貌正顔色出辭氣爲先. 須於動時能敬, 然後靜時亦無不敬矣."

14) 경 공부와 의로운 행위가 결합하였을 때 그것을 성의(誠意) 공부라고 부르므로(朱子・呂祖謙 편・葉采 집해, 『近思錄』, 학민문화사, 1995, 83-84쪽, "明道先生曰修辭立其誠, 不可不子細理會, 言能修省言辭, 便是要立誠. 若只是修飾言辭爲心, 只是爲僞也. 若修其言辭, 正爲立己之誠意, 乃是體當自家敬以直內義以方外之實事."), 조식은 경의 차원에 머문 것이 아니라 성의(誠意)・정심(正心)의 차원으로 공부를 진행하였다고 보아야 한다.

학자들이 하였던 방법을 차용하여 사용할 수 있다. 조식은 성성자(惺惺子)를 패용하거나 물그릇을 들고 밤을 새웠지만, 우담(愚潭) 정시한(丁時翰, 1625~1707)은 산간을 소요하면서 몇 걸음을 걸었는지, 읽은 책의 장수가 얼마인지, 붓으로 쓴 글자 수가 얼마인지를 기록하고 있다.[15] 매사에 집중함으로써 사욕을 버리는 방법을 연습하고 생활화하였던 것이다. 특별한 계기가 마련되면 <숙흥야매잠>의 시분에 따라 경재잠의 내용을 실천해보는 것도 좋은 방법이다. 현대화된 명상 프로그램들을 참고하여 유학에 맞게 수정할 수도 있다.

현대인에게 조식의 특수성인 불퇴전의 기상은 꼭 배워야 할 자세이다. 성리학의 사욕 제거에는 근원을 찾아 제거[발본색원(拔本塞源)]하고자 하는 철저함이 있었고, 그것에서 조식은 타의 추종을 불허한다. 주자학자들은 인심과 도심의 갈등을 전쟁으로 비유하고 여기서 이기고 지는 것을 생사가 갈리는 길목[생사노두(生死路頭)]으로 이해하였는데, 조식의 <신명사도(神明舍圖)>가 바로 이 전투라는 이미지를 형상화하고 <욕천(浴川)>의 시가 그의 결의를 압축하고 있다. 경 공부는 결과를 빨리 성취하고자 하는 마음 없이 느긋하게 수행되어야 하기에 결의로 가득 찬 조식의 경 공부법은 비판의 대상이 되기도 하였으나, 초학자의 경우는 경 공부의 정신과 효과에 대한 믿음을 가지고 꼭 이루어내겠다는 굳센 의지가 있어야 한다.[16]

---

15) 丁時翰, 『愚潭集』, <敍述(趙沇)>, 393쪽, "登山必知步數, 對食必知匙數, 讀書必知算數, 臨帖必知字數, 而每事無放頓. 沇曰此無乃近於算珠之學耶? 先生曰當刻內作事, 何可忘却而不之察也?"

16) 김창협의 조식 비판과 그에 관한 논란에 관해서는 김낙진, 「중용의 관점에서 본 조식·이황의 인물평 논란」, 『남명학』 제19집, 남명학연구원, 2014, 315쪽을 참고. 주자는 이렇게 말하였다. "問敬齋箴後面少些從容不迫之意. 欲先生添數語. 曰如何解迫切? 今未曾下手, 便要從容不迫, 却無此理. 除非那人做工夫大段迫切, 然後勸他勿迫. 如人相戰, 未曾交鋒, 便要引退. 今未曾做工夫, 便要開後門. 然亦不解迫切, 只是不曾做. 做著時不患其迫切. 某常覺得寬緩底意思多耳."(『朱子語類』, 105:52)

Ⅳ. 결단과 의(義)로움의 추구

유가의 경 공부가 불교의 명상과 다른 점은 선악을 초월하는 초현세의 경지를 지향하지 않고, 현실생활에서 실천될 선(善)에 진실성 있게 집중하는 방법으로 사용한다는 데 있다. 경 이론의 정립에 있어 중요한한 가지 근거였던 『맹자(孟子)』의 "필유사언이물정(必有事焉而勿正), 심물망(心勿忘), 물조장야(勿助長也)."에 대한 정주의 해석에 이것이 잘 나타난다. "호연지기(浩然之氣)를 기르는 자는 반드시 의를 집적하는 것으로 일을삼고, 미리 기대하지 말며, 혹시라도 충족하지 못하면 단지 마땅히 일이있음을 잊지 말아야 하고 억지로 조장하지 말아야 하니, 이것이 의를집적하여 호연지기를 기르는 절도"라고 주자는 주석하였다. 반드시 일삼는다는 것이 의를 집적하는 것이라면, 결과를 기대하지 않는 등은 경공부의 요령이다.[17] 이 둘을 병진하는 것을 경의협지(敬義夾持)라고 한다.

그런데 유학 고유의 의로움을 강조할 경우 현대사회에서 경 공부의확장성이 약해질 가능성이 있다. 무엇이 옳고 그른가에 대한 생각은 고금에 걸쳐 다르기 때문인데, 개인주의 의식이 강한 현대인들은 개인이선호하는 가치(좋음)와 집단생활에 필요한 가치(옳음)를 구분한다. 집단생활에 필요한 옳음이 개인이 추구하는 좋음의 영역을 침범하지 않도록옳음의 영역을 최소화한다. 이에 반해 조식은 오륜생활을 의롭다고 여기는 시대의 사람이고, 개인적인 좋음과 집단생활에서의 옳음을 구분하지 않는다. 따라서 조식이 수용한 옳음의 내용을 현대생활에 그대로 가

---

17) 『孟子』 乾, <公孫丑 上>, 학민문화사, 2009, 225쪽, "此言養氣者, 必以集義爲事, 而勿預期其效. 其或未充, 則但當勿忘其所有事, 而不可作爲以助其長, 乃集義養氣之節度也." 정자는 필유사언을 경 공부로만 해석한 경우도 있으나(必有事焉, 有 事于敬也. 勿忘則是必有事也.), 집의해야 함을 또한 말하였다. 세주(細註)에 이르기를 "問必有事焉, 當用敬否? 程子曰敬只是涵養一事. 必有事焉, 須當集義. 只知用敬, 不知集義, 却是都無事也."라 하였다.

져다 쓰는 것은 무리이다. 그의 시대가 가졌던 가치관이 옳다는 상고주의의 입장에 설 수도 있지만, 그렇게 되면 조식사상의 응용에 반발이 있게 된다.

현대인에게는 옳음보다 좋음이 우선이기에, 조식사상의 현대적 변용을 꾀한다면 좋음의 의식을 출발점으로 삼아 점진적으로 옳음의 차원으로 이행하는 것이 설득력을 확보할 수 있다고 생각된다. 조식의 성장 과정이 이와 다르지 않았다. 조식의 일생에서는 여러 번에 걸쳐 역동적으로 선택을 감행하고 몰입해 가는 인간의 모습이 나타난다. 타고난 자질이 뛰어났던 조식은 자부심이 강했던 인물이다. 강한 자존감은 자신을 무겁게 여기도록 하지만, 자기보다 못한 사람이나 세속적 가치를 하시할 가능성도 높인다. 그 스스로 "오직 남에게 오만한 것으로 고상함을 삼았다. 사람에게만 오만하였던 것이 아니고 세상에 대해서도 오만한 마음이 있어서, 부귀와 재리(財利)를 보면 마치 지푸라기나 진흙처럼 멸시하였다"[18]고 고백하였다.

이런 성격을 지녔던 그는 남과 같아지는 것을 참지 못했다. 관례도 올리지 않은 나이에 "공명(功名)과 문장(文章)으로 스스로를 기약하여 일세(一世)의 위에 서고 천고(千古)에 앞지르고자 한" 그는 좌류문(左柳文)을 좋아하여 기이하고 고상한 문장을 추구하면서 세속의 문체를 좋아하지 않았다.[19] 이것은 취향만의 문제가 아니다. 남과의 차별화를 통해 자기를 과시하고자 하는 성향, 남이 간 길을 답습하지 않고 나만의 길을 가겠다는 의지가 내포되어 있다. 그의 행태는 자질의 고하와 추구하는 내용이야 다르겠지만 범인과 다를 바 없다.

---

18) 曺植, 『南冥集』, <言行總錄>, 414쪽, "先生自言余受氣甚薄, 惟以傲物爲高, 非但於人有所傲, 於世亦有所傲. 其見富貴貨利, 蔑如草泥, 俵忽矯擧, 浩嘯攘臂, 常若有遺世之像."

19) 曺植, 『南冥集』, <行狀(鄭仁弘)>, 7쪽, "未冠, 以功名文章自期, 有駕一世軼千古之意, 讀書喜左柳文字, 製作好奇高, 不屑爲世體."

이런 때에 과거공부를 위해 산사를 찾았던(25세) 그가 『성리대전』에 실린 노재(魯齋) 허형(許衡, 1209~1281)의 말을 보고 큰 충격을 받았음은 주지의 사실이다. 『성리대전』은 본래 과거응시자를 위해 호한한 성리설의 요점을 간추린 서적인데, 조식은 이 책에서 역설적으로 인생의 전환점을 마련한다. 아마 깨끗한 그릇에 물을 담아 밤새 들고 있는 수행을 한 것도 이때였을 것인데, 속학에 빠져 비양불기(飛揚不羈)하던 기상이 바뀌어 일상의 언행[동정어묵(動靜語默)]을 예전처럼 하지 않는[20] 변화가 나타났다. 그러나 아직 부족함이 눈에 띈다. 접시의 물을 들고 수행하는 것은 외물에 의존하는 단계로서, 마음이 도리와 합치하지 않은 수행의 도정에 있는 상태이다. 공명에 관심을 버렸다고는 하지만, 입신을 위한 과거를 완전히 단념한 것도 아니었다. 부모의 바람 때문이라고 기록들은 전하나, 아직 환경의 강압에서 벗어날 수 있는 역량이 부족하였다. 당대 문명이 제시한 이상적 가치와의 만남이 이루어졌으나, 집념을 가지고 수행함으로써 더욱 성숙될 시간이 필요했다.

37세에는 과거를 완전히 포기한다. 그의 친구들도 화를 입은 사화가 발생하자, 사욕 다툼의 소굴로 본 국가에 환멸을 느끼고 산림에 은둔하기로 한다. 이때부터 출처의리관이 명확히 정립되었을 것이다. 그는 유자였지만, 권력이 만든 현실의 질서를 긍정하지 않는다. 세상이 정의롭지 않더라도 정치적 기질이 다분한 사람은 권모술수를 배우고 이익을 얻을 것이나, 조식은 권력과 거리를 둔다. 동강(東岡) 김우옹(金宇顒, 1540~1603)이 조식의 <행장>에서 "세상일과 사절(謝絶)하였다"고 쓴 것이 이 거리 두기를 뜻한다.[21] 군주(명종)를 향해 "신은 전하에게 군신의 분수가 한 마디[일촌(一寸)]도 없다"[22]고 한 말에서 그가 설정한 거대한 거리

---

20) 曺植, 『南冥集』, <行狀(鄭仁弘)>, 10쪽, "自是, 刻意聖賢之學, 勇猛直前, 不復爲俗學所撓, 飛揚不羈之氣一頓點化, 動靜語默, 非復舊時樣子, 猶自以謂或未消了."

21) 曺植, 『南冥集』, <行狀(金宇顒)>, 101쪽.

를 짐작하게 된다. 그가 만년을 살았던 지리산 밑 덕산은 회피나 피난의 장소가 아니라, 불의에 대한 자존과 비판의 공간이었다. 다음과 같은 그의 글이 이를 잘 표현하고 있다.

> 선비로서 위로는 천자에게 신하 노릇을 하지 않고, 아래로는 제후에게 신하 노릇을 하지 않는 자가 있었으니, 그들은 비록 나라를 나누어 주더라도 이를 조그만 물건처럼 가볍게 생각하여 달가워하지 않았다. 그들은 품고 있는 포부가 크고 가지고 있는 능력이 무거워 일찍이 남에게 가벼이 자리를 허여하지 않았다. 용을 잡는 기술을 가진 사람은 희생을 잡는 부엌에 들어가지 않고, 왕도정치를 보좌할 수 있는 사람은 패도정치를 하는 나라에 들어가지 않는 법이다.23)

권력의 하수인이 되지 않고, 왕도로 상징된 이상을 붙잡고 그것과 하나가 되고자 한 그의 선택이 어떤 것이었는가가 이에 잘 나타난다.

이런 선택은 항상 후회 또는 감내해야 할 고통을 안겨준다. 기회를 잘 노린 선택은 영광을 가져다주기도 하지만, 가지 않은 길은 로버트 프로스트(Robert Frost, 1874~1963)가 노래한 것처럼 회한을 남기기도 한다. 죽음을 앞두고도 잠을 자듯이 돌아간 조식에게는 그런 선택을 후회한 흔적이 드러나지 않는다. 그보다는 어떤 길을 가지 않고 자기 길을 감으로써 감내하여야 했던 불편과 고통이 눈에 띈다. 출사하지 않음이 군신의 대의를 어긴다는 오해의 빌미가 되고, 궁벽한 산골에서의 가난을 감수한 일이 그것이다.24) 회한이나 고통을 감수하면서 어떤 선택들을

---

22) 曺植, 경상대학교 남명학연구소 역, 『남명집』, <戊辰封事>, 한길사, 2001, 328쪽.
23) 曺植, 『南冥集 四種』, <嚴光論>, 48쪽, "故士有上不臣天子, 下不臣諸候, 雖分國如錙銖, 有不屑焉. 彼其所挟者大, 而所辦者重, 未嘗輕與人許己也. 屠龍之技, 不入於犧庖; 佐王之足, 不踐於伯都."
24) 曺植, 『南冥集』, <行狀(金宇顒)>, 104쪽, "然而由道守義, 不肯自小以求用, 安貧固窮, 未嘗自屈以從俗, 故與世長辭, 巖穴終古, 使其未試於廊廟, 而經綸之業, 零落於烟霞."

누적하는 일생의 과정을 통해 한 사람이 만들어짐을 고려하면 조식이 그런 고통을 온몸으로 받아내었다. 내 안에 있는 서로 다른 욕망들끼리, 그리고 개인의 내면과 환경이 얼마나 강하게 부딪히고 마찰음을 내는가에 따라 인생에는 역동성이 생기고, 한 사람의 가치관과 인격의 성숙도가 드러난다. 조식이 우리와 크게 다를 바 없는 유소년 시절을 보냈다는 점에서 인간적인 측면을 보게 되고, 결단의 과정을 통해 획기적인 자기전변을 경험하고 고통을 감내하면서 현재의 자아를 초극해 가는 삶을 살았다는 점에서 모범성을 보게 된다.

현대의 개인주의는 가치에 대한 자기결정의 자유를 존중하므로 교육영역에서도 교사가 특정의 가치를 가르칠 수 없다고 주장한다. 이것에는 인성이라는 개념으로 포괄해야 할 심리학적 사실이 다양하게 있으며, 어떤 것에 더 큰 비중을 주기 어렵다는 가치중립적인 입장이 개재한다. 그러나 이와 같은 개인주의 의식으로 인해 공동생활에 대한 광범위한 무관심을 불러오거나 거대한 문명의 힘에 압도되어 좌절과 포기를 선택하는 사람들이 늘고 있다는 점에서, 이 시대에도 옳음에 대한 의식과 관심은 절실히 필요하다. 이를 설득할 수 있는 방법은 무엇일까?

논자의 생각으로는 옳음의 대안적 이상을 제시하는 데 치중하기보다는 부정적 현상에 대한 논의와 느낌으로부터 시작하는 것이 효과적이다. 예컨대 성장 중심의 패러다임을 생태학적 세계관으로 대체하게 된 것은 지구에서의 삶이 파멸로 귀결시킬지도 모른다는 위기감 때문이다. 논자는 조식 역시 이런 경험을 통해 세상의 옳음에 대한 관심을 갖게 되었다고 판단한다. 유교시대에 양반가에서 태어난 조식이 처음에는 도덕에 무관심하였다고 보는 것은 잘못이다. 그러나 그는 처음에는 자신의 자질과 성공에 대한 포부가 강했던 사람이지, 누구처럼 예닐곱 살 무렵부터 대학자의 자질을 보이면서 성현이 되겠다고 꿈꾸었던 사람은 아니다. 그러던 그가 허형의 격언을 만난 후 태도를 바꾸는데, 이때만하여도 관념적이고도 추상적인 의식을 소유한 학자의 자세를 가졌을 뿐이다.

37세 무렵 목격한 사화의 참상은 세상이 마음만 먹으면 고쳐질 곳이 아니라, 언제든지 개인을 파멸시킬 수 있는 것이라는 쓰고 매운 경험을 주었다. 그의 상소문에서 느껴지는 세상을 향한 분노는 이런 경험을 통해 생긴 것이라고 보인다. 그러나 그는 세상으로부터 회피하거나 파괴적인 도전을 꿈꾸지 않는다. 그보다는 세상에 대한 책임감을 강하게 갖고, 선비의 지남(指南)이 되고자 하였으며 격론을 통한 참여를 시도한다. 세상이 안전하고 정의로워지기 전까지 나의 안전과 정의도 없다는 깨달음이 있었을 것이다. 우리는 이런 경험과 느낌을 공유하면서 가정·직장·사회·국가 차원에서의 정의로운 삶의 방법이 무엇인가를 생각하고 토론해야 한다. 자유주의 문화 속에 살고 있으므로 합의하는 과정은 필수적이다. 이렇게 얻어진 옳다고 여기는 것에 집중하면서, 사심을 버리는 경 공부를 병행하는 것이 조식 사상 활용의 가장 기본적인 방법이다.

사람 되기는 결과만 놓고 본다면 특정 학문이나 종교가 추구하는 인간상을 얼마만큼 실현하였는가를 따지는 것이지만, 인생의 과정은 결코 단순하거나 순탄하지 않다. 많은 지식과 투철한 신념을 가지고 있다고 할지라도, 타고난 자질의 한계를 절감하면서 여러 욕망들이 갈등하는 내면을 지닌 개인들의 사람 되어 가는 과정은 벌거숭이의 실존적인 결단의 연속이다. 또한 세계내존재로서 인간은 환경과의 관계를 고려해야 한다. 세계는 가능성을 주기도 하지만 욕망을 굴절시키거나 좌절하기도 하는데, 여기서 어떤 선택을 하는가, 신념을 얼마나 어떻게 관철시켜 나가는가에 따라 사람됨이 결정된다.

V. 목표는 중용의 인격

사심을 제거하는 경 공부에 바탕을 둔 의로움의 추구는 순수함과 지속력, 그리고 집중도가 높았음을 지난 역사에서 확인하는 것은 어렵지 않다. 그러나 이에 대한 경계심도 있어야 한다. 소신이 강한 사람은 자신이 수용한 가치에 입각하여 남을 평가한다. 다른 입장을 지닌 사람을 모욕하고, 때로는 짐승이나 깃털처럼 가벼운 존재로 여겨 살상도 마다하지 않는 극단주의자가 됨을 우리는 지금 많이 경험하고 있다. 또한 옛 사람들이 그러했고 지금 사람들이 그러하듯이 변화에 대한 민감성이 떨어져 장애가 되기도 한다. 가치를 교육하는 사람들이 항상 염두에 두고 경계해야 할 점이다.

조식을 기절(氣節)의 선비로 폄하했던 사람들이 상상했던 조식 교육의 폐단은 이런 사실과 밀접한 관련이 있다. "세상을 가볍게 여기고 옛 사람에 오만했던" 조식이 "숭상한 것은 오로지 추상열일 벽립천인 여덟 글자뿐인데, 그 학문이 정인홍에 전해져 오로지 법가(法家)의 처참하고 각박하여 은혜 베풂을 모르는 인물을 배출하였다"[25]는 미수(眉叟) 허목(許穆, 1595~1682)의 비평은 자기의 의로움에 몰입할 경우 야기되는 사태에 대한 경험에 근거하고 있다. 이런 경우 유학은 어짊[인(仁)]이 부족하다고 평가하니, 자기를 확신하면서 각박하게 남을 공격함에 대한 예방책이 인(仁)의 덕성을 갖추는 데 있는 셈이다. 좀 더 정확히 말하면 인과 의의 중용을 꾀해야 하는 것인데, 서양인들이 사랑과 정의를 겸하고자

---

25) 許穆, 『記言』下, 여강출판사, 1986, 564쪽, "如南冥者, 能大言高行, 特立不顧, 不屈於萬乘之尊, 視富貴如浮雲, 輕一世而傲前古, 其所取尚, 專在於秋霜烈日壁立萬仞八字, 其志不爲不高, 而論其學則一傳而得仁弘, 仁弘之術, 專用法家, 慘刻無恩, 言必稱春秋之義, 正其法則其子可以廢母之惡, 去人倫之重而不顧, 至於身被極刑, 而猶不覺悟. 至今其人隱然尊師, 其心竊謂曰南冥之傳法在此. 此當迸諸四裔, 不與同中國者也. 南冥之末弊, 至於如此"

하는 것과 다르지 않다.

조식을 조명하는 일에서 이상할 정도로 약하게 취급되는 것이 그의 어진 면모이다. 그의 어진 성품에 해당하는 구절들을 두루 거론하여 왔음에도 불구하고, 벽립천인 추상열일로 상징되는 의리 실천을 중심으로 그의 인격을 파악하여 왔기에, 개념으로 정리하여 부각시키는 데 소홀하였던 것이다. 성운은 조식의 묘비명에서 인과 곧음[직:의(直 : 義)]의 덕을 함께 지녔다고 하였고,[26] 정인홍 역시 조식의 일상적인 도덕행위를 인의를 중심으로 설명하였으니, 조식의 인품 또한 인의의 겸비로 파악되어야 한다.

> 선생은 하늘이 준 자품이 이미 남달랐고, 극치(克治)에 힘써 오래토록 하였다. 의를 바탕으로 삼고 믿음으로써 성취하였다. 역량은 족히 만 길 산악과 같이 우뚝하였고, 신채(神彩)는 해·달과 빛을 다툴 만 하였다. 일체의 세속적인 가치들을 초개처럼 여기고, 이로써 남에서 바라지 않았다. "나는 인으로써 하고 의로써 하니 내 어찌 흡족하지 않으랴?"하여, 스스로를 가벼이 여겨 쓰임을 구하지 않았다. 엄격하고 맑고 준결하였으나, 온화하고 정성스러운 생각이 일찍이 서로 성취하지 않음이 없었다. 높이 밟고 멀리 이끌어갔으나, 사물을 사랑하고 세상을 걱정하는 마음을 일찍이 하루도 잊지 않았다.

'인으로써 하고 의로써 한다'는 말 뒤에 나오는 '엄격하고 맑고 준결함'과 '온화하고 정성스러운 생각', '높이 밟고 멀리 이끌어갔음'과 '사물을 사랑하고 세상을 걱정하는 마음'은 의와 인의 상세화된 표현으로 볼 수 있다. 이 글의 뒤에 연이어 나오는 어버이 섬김, 형제간의 우애,

---

26) 曹植, 『南冥集 四種』, <墓碑文(成運)>, 8-9쪽, "하늘이 그에게 덕을 주었으니(天與之德) 이미 어질고 곧았네(旣仁且直). 그것을 거두어 몸에 있게 하니(斂之在身) 스스로 씀에 부족함이 없었다네(自用則足). 남에게 베풀지 못해(不施于人) 은택이 널리 미치지 않았다네(澤靡普及). 시운인가 천명인가(時耶命耶)? 백성이 복 없음을 슬퍼하노라(悼民無祿)."

항상 온화한 얼굴과 말투로 비부야인(鄙夫野人)을 대했다는 접물(接物), 백성의 삶이 곤궁함을 염려하여 자기 몸에 병이 있는 듯 고통스러워하였고 그들을 걱정해 눈물을 흘렸다는 행위들도 인·의의 덕목을 염두에 두고 기술되지 않은 것이 없다.[27]

이런 압축 정제된 표현은 언행으로 드러난 모습과 그의 철학을 묘사한 것임에 틀림없다. 예컨대 치란의 도에 대해 묻는 군주에게 "(옛날) 군신의 사이에는 정과 의리가 있어 서로 믿음성이 있음으로써 틈이 없었다"[28]고 답한 것이 자기의 세계관과 인생관을 드러낸 실례이다. 『조선왕조실록』의 "무릇 천하의 인륜(人倫)은 친함[친(親)]과 의리[의(義)]뿐이다. 친하면 사랑하고 의리로는 공경하니, 친함에 의리가 없으면 금수와 같고 의리에 친함이 없으면 오랑캐"[29]라는 말과 같은 의미인데, 정이나 친함은 모두 인(仁)이라는 말의 다른 표현이다. 의가 서로 지켜야 할 의례(儀禮)의 거리를 만든다면, 인은 엄격한 군신의 사이도 친구의 경우처럼 심리적 거리감을 없애 도의를 강마할 수 있게 한다. 상호 소통을 여는 마음가짐이 인인데, 꼭 군신관계에만 한정되는 것이 아니라 인간관

---

27) 曺植, 『南冥集』, <行狀(鄭仁弘)>, 8쪽, "先生天資旣異, 克治力久, 義爲之質, 而信以之成. 力量足以岳立萬仞, 神采可與日月爭光, 一切世好, 視若草芥, 而不以此望於人. 以仁以義, 吾何慊乎, 而不自輕以求用. 方嚴淸峻, 而和易懇惻之意, 未嘗不相濟; 高踏遠引, 而愛物憂世之念, 未嘗一日忘. 其事親也, 晨必省昏必定, 終不或輟, 親老家貧, 菽水猶歡, 不欲爲祿仕, 執親之喪, 遵禮不愆; 其友睦也, 家藏盡以業兄弟, 一毫不自與, 與弟桓居共一垣, 出入同門. 年老無嫡嗣, 以承重付桓. 其接物也, 雖鄙夫野人, 必和顏溫語, 使得盡其情, 爲善必面稱, 有過輒導, 於相識之人, 不諱其病痛, 因投鍼劑, 使之自治; 雖踈遠, 不沒其長; 雖親愛, 不掩其短. 至於觀人之際, 視察之鑑, 斤兩之蘊, 有未易窺測者. 其不忘世也, 念生民困悴, 若恫瘝在身, 懷抱委褻, 言之或至嗚噎, 繼以涕下. 與當官者言, 有一分可以利民者, 極力告語, 覬其或施. 屢徵不起, 不見是而無憫, 人或認爲高抗不仕之人, 而不知初非潔身長往之士也."

28) 曺植, 『南冥集』, <行狀(鄭仁弘)>, 8쪽, "上問治亂之道, 爲學之方. 對曰古今治亂, 載在方策, 不須臣言. 臣竊以爲君臣之際, 情義相孚, 洞然無間, 此乃爲治之道. 古之帝王, 遇臣僚若朋友, 與之講明治道; 今雖不能如此, 必須情義相孚, 然後可也."

29) 『세조실록』, 12년 3월 23일(갑자).

계 전반에 걸친 지침이다.

사사로움을 제거하는 경 공부에 근거하여 갖추어진 어진 마음은 우선 세상을 널리 포용하는 마음이 되는데, 도량이라고도 한다. 이것을 중시하였으므로 조식은 당파심 없이 덕과 재주만 보고 인재들을 기용하여 정치하는 세상을 꿈꾸었다.[30] 사욕이 많은 사람은 세상을 넓게 그리고 멀리 볼 수 없다. 협량한 사람이 자신이 지닌 재주를 높이 생각하거나 자신이 선택한 옳음에 흡족해하면 남을 멸시하거나 해치게 된다. 조식은 세상을 크게 보는 것을 강조하였거니와 고명한 식견을 강조한 이유도 여기서 찾을 수 있겠다. "학문을 함에는 먼저 지식을 높고 밝게[고명(高明)] 하여야 하니, 마치 태산에 올라서 만 가지 사물을 내려다보는 것과 같은 경지에 이른 후에야 나의 행하는 바가 이롭지 않음이 없다."[31]

성리학자들은 경을 수행하여 사심을 제거하면 자연스럽게 어질고 의로워진다고 주장한다. 그러나 마음을 비우면 본성이 드러난다는 생각은 불교의 영향 아래 만들어진 본체론적 사고방식의 산물이다. 그럼에도 성리학자들이 위와 같은 확신을 가졌던 것은 그들의 진리와 올바름에 대한 시야가 단일하고 단순하였기 때문이다. 그들이 볼 때 양묵(楊墨)이나 불교의 주장은 과불급한 것이지, 유교와 대등하게 겨루면서 나름대로의 가치를 지니는 진리가 아니었다.[32] 그러나 진화론적 해석을 원용

---

30) 曹植, 『南冥集』, <行狀(鄭仁弘)>, 10쪽, "有人問使先生得行於世, 做得大事業否? 曰吾未嘗有德有才而不長, 豈得當了事? 但尊舊相獎後輩, 推拔大小賢材, 使之各效其能, 坐觀其成功, 吾或庶幾焉."

31) 曹植, 『南冥集』, <言行總錄>, 421쪽, "先生嘗謂學者曰爲學要先使知識高明, 如上東岱, 萬品皆低, 然後惟吾所行, 自無不利."

32) 다음과 같은 주자의 주장은 비판적으로 검토할 필요가 있다. "克己便要復禮. 但克己而不復禮, 則墮於空寂矣. 然人只有天理人欲兩途, 不是天理, 則是人欲, 卽無不屬天理, 又不屬人欲底."(『論語』地, 학민문화사, 2003, 404쪽.) 그는 유가적 천리와 인욕의 사이에 다른 어떤 가치 있는 것이 있음을 부정한다. 불교의 공적(空寂)이 있을 수 있음을 인정하지만, 그것은 타락한 것에 지나지 않는다. 이런 관점은 유교를 절대시하면서 불관용의 정신을 부추길 수 있다.

한다고 하더라도 경쟁(거리의 확보)과 협동(거리의 [무화(無化)])의 성향이 진화 과정에서 만들어졌다고 말할 수 있을 뿐, 꼭 집어서 인과 의의 성향이 사람들에게 갖추어져 있다고 볼 수는 없다.[33]

거경하면 세상에 대한 원망과 분노를 어느 정도 해소하면서 포용력이 생기는 정도의 소득을 얻을 뿐이다. 따라서 포용력을 신장하는 것에 더하여 적극적으로 어진 성품을 더하는 노력이 있어야 한다. 유가가 이 능력을 기르고자 사용한 것이 충서(忠恕)의 방법이다. 충서는 공감의 방법이니 자기를 미루어 남의 입장을 헤아리는 공감은 동서양에 걸쳐 도덕성을 기르는 방법으로 널리 주목되어 왔다. 보이지 않는 손이 지배하는 냉정한 시장경제사회를 예견하면서도 분별력 있는 관찰자의 합리적 공감 능력을 발전시키는 데 관심을 가졌던 애덤 스미스(Adam Smith, 1723~1790)가 그 한 예이다.[34] 조식이 "남이 상(喪)을 당했다는 소리를 들으면 고통이 자기에게 있는 것처럼 하여 달려가 기력을 다해 돕기를 물난리와 불난리에서 사람을 구출하듯이 하였고, 재력을 보태주기를 마치 쭉정이 버리듯이 할"[35] 수 있었던 것은 공감능력이 있었기 때문이다. 포용력 위에 공감능력을 갖추면 관계의 친소에 구애받지 않고 남의 고통을 자기 고통으로 받아들일 수 있으므로, 이 능력을 기르는 방법은 남명학의 현대화 작업에서 꼭 고려하고 보완해야 할 점이다.

공감능력이 있음으로써 남에 대한 책임감이 자랄 가능성이 생긴다. 예컨대 도에 어긋나는 행위를 하는 사람을 보면 책임을 개인에게 물어야 할까, 환경에 물어야 할까? 이것은 현대의 도덕철학도 완전히 해결

---

33) 본성이 있다는 전래의 학설은 거부하지만, 진화 과정에서 경쟁심과 협동심이 본성화 되었다는 주장에 대해서는 조너선 하이트, 황수민 역, 『바른 마음』, 웅진지식하우스, 2014, 341-395쪽을 참고

34) 마사 누스바움, 박용준 역, 『시적 정의』, 궁리, 2014, 159쪽.

35) 曹植, 『南冥集 四種』, <墓碑文(成運)>, 6쪽, "聞人遭死喪之威, 痛若在己, 狂奔盡氣, 如救水火, 轉出貨力, 猶棄秕稗."

하지 못한 논쟁거리이긴 하지만, 조식이라면 그 책임을 정치하는 사람, 학문하는 교사, 도덕을 가르쳐야 하는 어른에게 물을 가능성이 가장 높다. "어진 사람이라야 남을 좋아하고 미워할 수 있다"는 『논어(論語)』의 말대로[36) 인자한 마음을 바탕으로 일어나는 추상열일 같은 비판과 실천정신은 공정하게 사리분별을 하면서도 자기의 책임을 스스로 묻게 된다. 그의 추상열일이란 자기 지위와 입장에서 해야 할 일과 발언을 분명하게 함으로써 옳고 그름을 명증하게 구분하였다는 말이지 남에게 무서울 정도로 엄격하게 대했다는 말이 아니다. 세상에 대한 원망과 분노를 세상 개혁의 책임감으로 승화시킨 것이 조식의 선비정신이다. 옛 기록은 포용력, 공감능력, 책임감 등을 인이라는 하나의 개념 속에 모두 포함시켰지만, 이것들을 개념적으로 분석해야 단계적인 성취의 전략을 세울 수 있을 것이다.

인이 갖추어지고 의로움의 의식이 성장한 인격이 지향해야 할 목표가 중용이다. 인의의 겸비가 중용의 덕이고, 이것이 시중(時中)할 수 있는 기본조건이다. 정호(程顥)의 "구덕(九德)이 제일 좋다[구덕최호(九德最好)]"라는 말에 『근사록(近思錄)』의 주석자 섭채(葉采)는 다음과 같은 풀이를 달았다.

> 고요(皐陶)가 "행실을 함에 있어서 구덕이 있으니, 너그러우면서 장엄하고, 유순하면서도 꼿꼿이 서며, 삼가면서도 공손하며, 다스리면서도 공경하며, 익숙하면서도 굳세며, 곧으면서도 온화하며, 소탈하면서도 모나며, 강건하면서도 독실하며, 용맹하면서도 의를 좋아하는 것"이라고 하였다. 너그러우면서도 장엄하면 너그러움이 해이함에 이르지 않고, 온화하고 유순하면서도 꼿꼿이 서면 유순함이 나약함에 이르지 않는다. 삼가면서도 공손하면 소박하게 삼가면서도 질박함만 숭상하지 않는다.…다스리면서도 공경하면 가지런히 다스리면서도 문약(文弱)함만 일

---

36) 『論語』, 「里仁」, "子曰唯仁者能好人, 能惡人."

삼지 않는다.…37)

이에 의하면 강(의)·온(인) 양극의 감정을 함께 아우르는 것이 중용이다. 해이함, 나약함, 질박함, 문약함, 괴팍함 등이 과하고 불급한 성향이다. 이것들은 중용되어야 하니, 주돈이(周敦頤)의 <태극도설>에 등장한 이래 여러 유학자들이 거론한 인의중정(仁義中正) 또는 중정인의(中正仁義)가 이를 지시한다. 이것을 네 가지의 덕목으로 나열하여 읽고 해석하곤 하지만, 중은 마음의 본체가 균형 있음을 형용하고, 정은 작용이 시의적절함을 형용한다.38) 인·의를 겸하되 시(時)에 따라 비중을 달리할 수 있는 능력을 갖춤이 중용의 인품이다.

이 중용의 가치를 인정하고서 행해지는 인격 변화 공부가 변화기질(變化氣質)이다. 단기적으로 사심을 제거하는 데 만족하지 않고, 타고난 편향된 기질 자체를 바꾸어 인격화를 도모하는 것이 변화기질이고, 이것이 경의 공부의 궁극 목적이다. 이 중용을 고려하지 않는 교육이나 실천은 남명학 나아가서는 유교와 관련이 없는 것이다. 사심을 버려 널리 세상을 포용하고 정의로워지고자 하는 경 공부는 편향된 기질을 교정하여 인의가 겸비된 중용의 덕을 갖춤으로써 완성된다. 소유의 확대에 혈안이 됨으로써 타인에의 배려와 정의로운 사회에 대한 관심이 약화된 시대에 회복해야 할 정신경계가 이것이며, 이 공부를 통해 사랑,

---

37) 『近思錄』, 250-251쪽, "皐陶曰亦行有九德, 寬而栗, 柔而立, 愿而恭, 亂而敬, 擾而毅, 直而溫, 簡而廉, 剛而塞, 彊而義. 寬弘而莊栗, 則寬不至於弛; 和柔而卓立, 則柔不至於懦; 愿而恭, 則朴愿而不專尙乎質. 亂治也. 亂而敬, 則整治而不徒事乎文.…蓋游氣紛擾, 有萬不齊, 其生人也, 有氣稟之拘, 自非聖人至淸至厚至中至正, 渾然天理, 無所偏雜, 蓋自中人以下, 未有不濡於一偏者, 惟能就其氣質之偏, 窮理克己, 矯揉以歸于正, 則偏者可全矣."

38) 『孟子』坤, <盡心 上>, 723쪽, 세주, "慶源輔氏曰楊氏資質, 略偏於剛毅; 墨氏資質, 略偏於寬厚."; 『近思錄』, 22쪽. "或問周子不言禮智而言中正, 何也? 愚(李果齋)謂此圖辭義悉出於易, 易本陰陽, 而推之人事, 其德曰仁義, 其用曰中正, 要不越陰陽之兩端而已, 仁義而匪中正, 則仁爲姑息, 義爲忍刻之類, 故易尤重中正."

배려, 존중, 관용 등 최근 중시되는 덕성을 배양하는 다리를 놓을 수 있다.

VI. 맺음말: 보편 가치의 탐색

근현대문화의 근간에는 자유주의가 있다. 이것과 마찰하면서 유교는 100여 년 전부터 그 생명력을 다했다고 선언되었고, 지금도 무수한 충돌이 일어나 현대적 활용에 장애가 되고 있다. 따라서 지금 조식을 재해석하여 현대적 삶에 응용하겠다면 자유주의 사상과 공존을 도모해야 한다. 자유주의는 무엇보다 개인들이 자기 삶을 결정하면서 살 수 있고 또 그렇게 살아야 함을 주장하는 호소력이 짙은 사상이다. 여기에 더해 현재는 정보화·세계화로 인한 다원주의적 사고방식이 널리 유행하면서 무엇이 옳고 그른지를 혼란스럽게 한다.

이런 흐름에 개탄만 할 일은 아니다. 현대인들에게 자기욕망을 버리고 도덕성을 중시하자고 요구할 수는 없고, 오히려 개인의 욕망을 억압하거나 실현에 어려움을 겪게 하면 반사회적인 성격이 자라게 된다. 우리는 이런 변화를 유교 또는 조식사상으로부터 더욱 멀어지는 현상으로만 이해할 필요는 없다. 다만 임마누엘 칸트(Immanuel Kant, 1724~1804)도 강조한 바 있는 계몽이 진정으로 자유로운 삶의 조건이라고 한다면, 계몽되지 않은 개인들의 천박한 삶을 개선하는 데 조식 사상이 일정한 역할을 할 수 있을 것이다. 김충열 교수의 다음과 같은 말이 논자의 생각과 유사하다.

> 행동의 주체로서의 자아 인격을 형성하도록 하는 것이 앞으로의 도덕교육이 모색해야 할 문제라는 것이다. 이에 자율이라는 말은 인격형성을 전제로 하는 한에서 쓰여야 하고, 한 인간의 인격은 또한 이성을 바탕으로 성숙한, 말하자면 자유의지에 따른 자율적 선택과 그에 따른 자

기 책임을 질 줄 아는 주체적 인간이냐 아니냐에 따라 판단되어야 할
것이다.39)

평생 남을 구차하게 따르지 않았다40)는 조식의 자존적 지조와 자기
결정을 중시하는 자유주의 정신이 결합해야 진정한 개인이 된다고 논
자는 본다.

현재 진행되고 있는 다원주의의 흐름도 우리가 살아가면서 충분히
고려해야 할 또 하나의 삶의 조건이다. 전통사상을 활용하여 현대인의
삶을 수정한다고 하더라도 고쳐야 할 것과 주어진 상황은 다른 것임에
주의해야 한다. 현대의 조건에 맞추지 않거나, 현대의 수요에 응답하지
않는 전통사상은 생존할 길도 없고 더 이상 존재해야 할 이유도 없다.
이런 상황에서 필요한 것이 사회·국가의 통합을 위해 포용력의 범위
를 넓히는 태도이다. 그것은 옳음의 세계가 하나만 있다고 주장하는 것
이 아니라, 복수로 있을 수 있으며, 그런 생각을 지닌 사람들의 가치를
긍정하고 공서(共棲)를 인정하는 포용력이 있어야 한다. 그것은 사욕을
극복하면 자연스럽게 의롭고 어질어질 수 있다는 단일한 가치관에 얽
매인 과거의 통념을 비판적으로 포기하는 일이기도 하다.

다원화되는 시대에 우리가 어떤 자세를 취해야 하는지에 대해서는
여러 가지 충고들이 있지만, 아시아인 최초의 노벨 경제학상 수상자인
아마르티아 센(Amartya Sen, 1933~)의 말을 들어보자.

일상생활에서 우리는 우리 자신을 다양한 집단의 구성원으로 이해한
다. 우리는 그 모든 집단에 속해 있다. 시민권, 주거 소재, 출신 지역,
젠더, 계급, 정치관, 직업, 고용 형태, 식습관, 스포츠 취미, 음악취향,

39) 김충열, 『유가윤리강의』, 예문서원, 1994, 25쪽.
40) 曹植, 『南冥集 四種』, <行錄>, 107쪽, "謂宇顒曰吾平生有一長處, 抵死不肯苟從, 汝尙
識之."

사회 참여 등등은 우리를 다양한 집단의 구성원이 되도록 만든다.…이들 중 어느 것도 우리의 유일한 정체성이라거나 단일한 성원권 범주라고 간주될 수 없다.…우리 모두는 (물론 은연중에 그렇게 하는 것이지만) 우리의 다양한 소속 관계와 교제 관계들 중에서 어떤 것에 우선순위를 두어야 할지 끊임없이 판단하고 선택하고 있다. 우리가 속해 있는 상이한 집단들 중 어디에 우선순위를 부여하고 충실해야 할지 결정할 자유는 우리가 인지하고 존중하고 옹호할 이유가 있는 각별히 중요한 자유다.[41]

이는 개인의 정체성을 구성하는 요소들이 다원적으로, 복수로 있고, 삶의 현장에서 유연하게 정체성을 변형시킬 수 있으며, 그런 능력 있음이 더 생산적이라는 믿음을 보여준다. 이렇게 포용력이 있는 가운데 자기가 믿는 올바름을 위해 최선을 다하는 삶이 가능하다는 것이다. 자기 버림을 추구하는 경과 복수의 정체성이 있음을 인정하고 유연하게 적응하자는 이 말은 서로 달라 보인다. 그러나 그렇지 않다. 경은 나를 단순화시키는 것이기는 하지만 바보가 되는 공부는 아니다. 바로 그때그때 주의를 기울여하는 일 또는 정체성에 전념하자는 것이고, 일단 상황이 종료되면 다른 정체성에 전념하면 된다는 점에서 모순은 아니다. 여기에 조식사상은 경의 방법과 시중하는 중용이 지닌 의미를 더해줄 수 있다.

이렇게 조식과 현대인의 대화를 통해 새로운 보편가치를 찾아가는 시도가 시급하다. 이를 위해서는 유학에도 현대적 활용에 한계가 있음을 인정하고, 유학 이외의 사상에 대한 긍정적인 시선을 가져야 함은 물론 창의력이 더해져야 한다. 인간의 창의성이 무에서 유를 창조하는 것이 아니라, "서로 연관되지 않을 것처럼 보이는 두 개의 대상을 강제로 결합시키는 것"[42]이라면, 조식을 대표로 하는 유학의 사상과 외부의

---

41) 아마르티아 센, 이상환·김지현 역, 『정체성과 폭력』, 바이북스, 2010, 36-37쪽.

사상을 강제로라도 결합시켜 사고활동을 촉진시켜야 창의적인 결과물을 얻게 된다. 이것은 일종의 관념 연합의 방법을 사용하는 것이므로 어떤 연합을 시도하는가에 따라 방법은 무궁무진할 것이라고 예상된다. 이렇게 되면 조식이 지니는 고유성이 희석될 수 있으나, 어느 정도 희생을 감수해야 생명력을 되찾을 수 있다. 우리가 직면한 문젯거리는 다양하고, 해결의 방법도 무궁무진한데, 조식사상의 적극적 활용이 모색되어야 할 때이다.

---

42) 최인수, 『창의성의 발견』, 쌤앤파커스, 2011, 38쪽.

참고문헌

『論語集註』, 학민문화사, 2003.
『大學·中庸(章句)』, 학민문화사, 2000.
『孟子集註』, 학민문화사, 2009.
『朱子語類』.
奇大升, 『高峰集』
薛　宣, 『讀書錄要語』
李　珥, 윤사순 역, 『경연일기』, 삼성미술문화재단, 1986.
李　珥, 『栗谷全書』, 성대 대동문화연구원, 1992.
丁時翰, 『愚潭集』
鄭仁弘, 『來庵集』
曹　植, 경상대학교 남명학연구소 역, 『남명집』, 한길사, 2001.
曹　植, 오이환 편, 『南冥集 四種』, 남명학연구원출판부, 2000.
曹垣淳, 『復庵集』
許　穆, 『記言』, 여강출판사, 1986.

김낙진, 「19세기 후반~20세기 초반 진주 지식인들의 남명 인식」, 『경남권문화』 제21호,
　　　진주교육대학교 경남권문화연구소, 2012.
김낙진, 「16~17세기 진양하씨 가문의 성리학적 생활」, 『경남권문화』 제23호, 진주교육대
　　　학교 경남권문화연구소, 2013.
김낙진, 「중용의 관점에서 본 조식·이황의 인물평 논란」, 『남명학』 제19집, 남명학연구
　　　원, 2014.
김용옥, 『동양학 어떻게 할 것인가』, 통나무, 1991.
김충열, 『유가윤리강의』, 예문서원, 1994.
마사 누스바움, 박용준 역, 『시적 정의』, 궁리, 2014.
아마르티아 센, 이상환·김지현 역, 『정체성과 폭력』, 바이북스, 2010.
조너선 하이트, 황수민 역, 『바른 마음』, 웅진지식하우스, 2014.
최인수, 『창의성의 발견』, 쌤앤파커스, 2011.

영남의 삼산서원(三山書院)·
삼산구곡(三山九曲)과 덕산구곡(德山九曲)

최
석
기

Ⅰ. 머리말

구곡문화는 주자의 무이구곡(武夷九曲)을 본떠 산림에 은거하여 성명(性命)을 온전히 보전하며 천인합일을 지향하는 성리학적 사유에 의해 발달하였는데, 중국에서보다 오히려 조선에서 활짝 꽃을 피웠다. 성리학이 꽃피는 16세기 이후 학자들은 주거지 인근 산수에 구곡을 경영하여 주자의 정신을 본받아 천리를 관찰하며 천인합일을 지향하였다. 그리하여 16세기부터 일제강점기까지 이런 풍조가 이어지며 약 100여 개의 구곡이 조성되었다.[1]

---

1) 울산대곡박물관에서 펴낸 『자연에서 찾은 이상향 구곡문화』(2010)에 의하면 조선시대 경영된 구곡은 서울에 1곳, 경기도에 2곳, 황해도에 2곳, 강원도에 3곳, 전라북도에 5곳, 전라남도에 2곳, 충청북도에 25곳, 충청남도에 4곳, 경상북도에 29곳, 대구에 2곳, 경상남도에 3곳, 부산에 1곳, 울산에 1곳 등 총 81곳이다. 그러나 구곡 연구자들은 이보다 더 많은 100개 이상의 구곡이 조선시대 경영된 것으로 보고 있다.

남명(南冥) 조식(曺植, 1501~1572)이 만년에 은거하여 강학하던 덕산(德山: 현 산청군 시천면)은 조식의 유적이 산재해 있는 도학의 성지일 뿐만 아니라, 지리산 천왕봉에서 발원한 대원사 계곡의 시내가 흘러내려, 조선후기 이 지역의 학자들은 도학의 원류가 흐르는 곳으로 인식하였다. 이처럼 덕산은 조식이 만년에 은거한 곳으로서 산수가 빼어나 구곡이 설정될 만한 문화적·지리적 배경이 충분한데도 덕산구곡이 설정되지 못하였다.

그 이유는 무엇일까? 여러 측면에서 그 이유를 찾을 수 있겠지만, 필자는 다음과 같은 두 가지 점에 주목하고자 한다. 하나는 인조반정으로 북인정권이 몰락하면서 남명학파가 크게 위축되어 정치적·학술적으로 오랫동안 침체되었기 때문에 덕산구곡을 설정할 주체가 없었다는 점이다. 또 하나는 조선후기 경상우도의 학술적 침체로 인하여 이 지역 학자들의 구곡문화에 대한 이해가 타 지역에 비해 매우 부족했다는 점이다.

덕산에 덕산구곡이 설정되지 못한 것은 조식을 위해서도, 이 지역을 위해서도 안타까운 일이다. 그런데 아직까지도 이에 대한 인식이 매우 부족하여 아무도 문제제기를 하지 않고 있다. 지금이라도 덕산구곡을 설정하여 조식의 학문이 주자의 무이구곡에서 연원하였음을 널리 알릴 필요가 있다.

이는 억지 주장이 아니라 근세의 역사 속에서 그 정신을 찾을 수 있다. 19세기 죽오(竹塢) 하범운(河範運, 1792~1858)은 퇴계(退溪) 이황(李滉, 1501~1570)의 후손 광뢰(廣瀨) 이야순(李野淳, 1755~1831)의 요청으로 도산구곡시(陶山九曲詩)와 옥산구곡시(玉山九曲詩)에 차운하면서 덕산구곡시(德山九曲詩)를 추가해 삼산구곡(三山九曲)이라 명명하여 덕산에도 구곡이 있음을 알리고자 하였다. 또한 면우(俛宇) 곽종석(郭鍾錫, 1846~1919)은 덕산으로 들어가는 입구의 입덕문(入德門)을 소재로 조식의 도학이 없어질 것을 염려하여 <입덕문부(入德門賦)>를 지었는데, 그 중에 아래와 같은 내용이 있다.

夫昔者斯文之未喪也　　옛날 우리 도가 없어지지 않았을 적엔,

有若陶山夫子天降於江之左　하늘이 퇴도 선생 같은 분을 강좌에 내시고,

南冥先生壁立乎嶺之右　남명 선생을 강우지역에 우뚝 서게 하셨지요.

年同庚交同神　　　　　나이도 동갑에 정신적으로 교유하셨는데,

道同盛德同厚　　　　　성대한 도와 후중한 덕이 모두 같았지요.

洙泗乎海外　　　　　　그 연원이 바다 밖으로 수수(洙水)·사수(泗

　　　　　　　　　　　水)에 닿았고,

閩洛乎山南者否　　　　산남으론 멀리 낙양(洛陽)·민중(閩中)까지

　　　　　　　　　　　뻗쳤던 것을.[2]

　　　　　　　　　　　　　　　　-곽종석, <입덕문부>-

　곽종석은 조식을 우리나라의 도학을 연 인물로 보아 이황과 나이도 같고 도도 같고 덕도 같고 연원도 같다고 하였다. 또 조식의 도학이 후세에 면면히 전승되어 내려온 점을 부각시키며 덕천서원을 도산서원·옥산서원과 함께 거론하면서 영남의 도학이 회재(晦齋) 이언적(李彦迪, 1491~1553)·이황·조식 세 선생에게 발원하였다고 하였다.[3]

　곽종석의 이러한 인식을 통해, 우리는 남명학을 정당하게 평가하고 길이 전하기 위해 무엇을 어떻게 할 것인지 그 향방을 찾을 수 있다. 그 가운데 한 가지 일이 덕산구곡을 설정하여 산수에 깃든 조식의 정신을 복원하는 것이다. 필자는 조식의 도학을 널리 알리기 위해서는 하범운과 곽종석이 이황과 조식을 동등하게 본 시각을 바탕으로 덕천서원을 삼산서원으로 일컬어지게 하는 한편, 덕산구곡을 도산구곡·옥산구곡과 함께 삼산구곡으로 널리 알려야 한다고 생각한다. 또한 필자가 덕산구곡 설정을 제안하는 것은 주자학의 근본정신을 삶의 현장에 구현한 것이 바로 구곡으로 조선 성리학의 본질을 체험할 수 있는 장소적 의미

---

2) 郭鍾錫, 『俛宇集』 卷1, <入德門賦>.

3) 최석기, 「郭鍾錫의 <入德門賦>에 대하여」, 『남명학연구』 제47권, 경상대학교 남명학연구소, 2015.

가 크기 때문이다.

이 글에서는 먼저 공자로부터 주자로 이어지는 동아시아 산수인식의 전통, 조선시대 구곡문화의 전개, 영남의 삼산서원과 삼산구곡에 대해 살펴본 뒤, 덕산구곡 설정의 필요성, 설정의 논거와 구곡의 실체, 덕산 구곡 설정의 의의와 기대효과 등을 논구해 보고자 한다.

II. 산수인식의 전통과 구곡문화

1. 동아시아 산수인식의 전통

1) 공맹(孔孟)의 산수인식과 천인합일 지향

공자는 산수를 통해 인간의 본성을 설명하면서 "지혜로운 자는 물을 좋아하고, 어진 자는 산을 좋아한다. 지혜로운 자는 동적이고, 어진 자는 정적이다. 지혜로운 자는 즐거워하고, 어진 자는 오래도록 제자리를 지킨다."[4]라고 하였다. 공자의 이런 담론 이후, 산수는 인성을 비추어 보는 상관물이 되었고, 요산요수(樂山樂水)는 산수를 통해 나의 인지(仁智)를 성찰하는 의미로 인식되었다.

또 공자의 제자 증점(曾點)은 자신의 이상을 "늦은 봄날 봄옷이 완성되면 관을 쓴 어른 5~6인과 동자 6~7인과 함께 기수(沂水)에 가서 목욕하고 무우(舞雩)에서 바람을 쏘이고 시를 읊조리며 돌아오고 싶습니다." 라고 말하여, 공자로부터 인정을 받았다.[5] 증점이 말한 것은 초야에서 자연에 동화되는 삶을 지향하는 가치관이다. 이러한 증점의 가치관을

---

4) 『論語集註』, <雍也> 第23章, "知者樂水 仁者樂山 知者動 仁者靜 知者樂 仁者壽"

5) 『論語集註』, <先進> 第25章, "子路曾晳冉有公西華侍坐 子曰 以吾一日長乎爾 毋吾以 也 居則曰不吾知也 如或知爾 則何以哉 子路率爾而對曰……曰 莫春者 春服旣成 冠者五 六人 童子六七人 浴乎沂 風乎舞雩 詠而歸 夫子喟然歎曰 吾與點也"

후인들은 자연의 이치에 순응하며 사는 지취로 인식하여 풍영지취(風詠之趣)라 하였다.

공자는 또 시냇가에서 흘러가는 물을 보고 "흘러가는 것은 이와 같구나. 밤낮으로 쉬지 않고 흐르는구나."라고 하였는데,[6] 맹자는 이를 해석하여 "근원이 있는 샘물은 끊임없이 흘러나와 밤낮으로 쉬지 않고 흘러서 웅덩이를 채운 뒤에 흘러내려 사해(四海)에까지 이르니, 근본이 있는 것은 이와 같다. 공자께서는 바로 이 점을 취하신 것이다."라고 하였다.[7]

이러한 맹자의 해석에 따르면, 공자가 물을 보고 탄식한 것은 눈에 보이는 시냇물을 통해 그 근원을 생각한 것이다. 그것은 바로 공자가 산에서 인(仁)을, 물에서 지(智)를 읽어낸 사유이다. 그래서 맹자는 "물을 보는 데에는 방법이 있으니, 반드시 그 물결을 보아야 한다."[8]라고 하였다. 주자는 이 문구에 대해 "물결이 이는 여울을 보면, 그 근원에 근본이 있는 것을 알 수 있다."[9]라고 해석하였다. 사람이 눈으로 보는 물결은 현상이고 작용이다. 현상을 통해 원두처를 인식하고, 작용을 통해 본체를 꿰뚫어보는 것이 바로 맹자가 말한 물을 보는 방법이다. 이는 대상을 접하여 일어나는 감정에 이끌리지 말고 나라는 존재의 근원인 본성을 인지하고 그와 하나가 되는 삶을 지향하라는 것이니, 바로 천인합일을 가리킨다.

2) 주자의 산림은거와 천리체득

주자는 이런 공맹의 산수인식을 계승해 산수를 통해 천리를 관찰하고자 하였고, 산림에 은거하여 천인합일을 지향하였다. 주자는 41세 이

---

6) 『論語集註』, <子罕> 第17章, "子在川上曰 逝者如斯夫 不舍晝夜"
7) 『孟子集註』, <離婁 下> 第18章, "徐子曰 仲尼亟稱水曰 水哉水哉 何取於水也 孟子曰 原泉混混 不舍晝夜 盈科而後進 放乎四海 有本者如是 是之取爾"
8) 『孟子集註』, <盡心 上> 第24章, "觀水有術 必觀其瀾"
9) 『孟子集註』, <盡心 上> 註, "觀水之瀾 則知其源之有本矣"

후 산림에 정사를 경영하고 은거하는 삶을 택하였는데, 무이정사(武夷精舍)의 당명(堂名)을 인지당(仁智堂)이라 붙인 데에서 그런 정신을 확인할 수 있다.

주자는 인욕을 제거하고 천리를 보전하기 위해 무엇보다 나의 본원을 중시하였다. 그는 <관서유감(觀書有感)>이라는 시에서 다음과 같이 노래했다.

> 半畝方塘一鑑開　　　반 이랑 네모난 못에 거울 하나 만들어졌는데,
> 天光雲影共徘徊　　　그 속에 천광과 운영이 함께 배회를 하는구나.
> 問渠那得淸如許　　　너에게 묻노니 어찌하여 그처럼 맑단 말인가,
> 爲有源頭活水來　　　원두에서 활수가 흘러내림이 있기 때문이지요.
> ―주자, <관서유감>10)―

이 시는 천광·운영을 통해 늘 천리가 유행하는 것을 관찰하는데, 못의 물이 맑아 천광·운영을 비출 수 있는 것은 원두에서 활수가 흘러내리기 때문임을 노래한 것이다.

주자는 무이산에 은거할 적에 <무이정사잡영(武夷精舍雜詠)> 12수, <무이도가(武夷櫂歌)> 10수 등 수십 편의 시를 지었는데, <무이정사잡영>은 무이정사 주변의 풍물을 읊은 것이다. 그 중에 인지당을 노래한 시는 다음과 같다.

> 我慙仁知心　　　나는 인지의 마음을 부끄러워했는데,
> 偶自愛山水　　　우연히 절로 산수를 사랑하게 되었네.
> 蒼崖無古今　　　푸른 절벽은 예나 지금이나 변함없고,
> 碧澗日千里　　　푸른 시내는 날마다 천리를 흘러가네.
> ―주자, <무이정사잡영-인지당>11)―

---

10) 『晦庵集』 卷2, <觀書有感>.
11) 李光地 等編, 『御纂朱子全書』 卷66, <武夷精舍雜詠-仁智堂>.

이 시를 보면, 앞의 2구에서는 공자가 말한 요산요수의 인지지락을 추구하고자 하는 마음을 읽을 수 있으며, 뒤의 2구에서는 산수 속에 내재한 천리를 체득하고자 하는 정신을 읽을 수 있다. 주자는 이어 은구재(隱求齋)를 다음과 같이 노래했다.

> 晨窓林影開　　　　새벽 창가엔 숲의 그림자가 보이고,
> 夜枕山泉響　　　　밤중 머리맡엔 산속 샘물소리 들리네.
> 隱去復何求　　　　은거하러 왔으니 다시 무엇을 구할까,
> 無言道心長　　　　말없는 가운데 구도심이 장구하네.
> 　　　　　　　　　－주자, 〈무이정사잡영－은구재〉12)－

주자가 산림에 은거한 것은 구도를 위함이고, 그것은 천리를 체득하여 본원에 도달하려 한 것이다. 이러한 구도심은 〈무이도가〉 제5곡을 노래한 시에 "어여라, 노래 속에 만고로 치닫는 마음.[欸乃聲中萬古心]"으로 표현되어 나타난다.

주자가 추구하는 도는 성인의 마음과 하나가 되는 것인데, 그런 마음을 주자는 〈재거감흥이십수(齋居感興二十首)〉 중 제10수에서 다음과 같이 노래했다.

> 恭惟千載心　　　　공손히 천 년 전 성인들 마음 생각하니,
> 秋月照寒水　　　　밝은 가을달이 차가운 물에 비춘 것 같네.
> 魯叟何常師　　　　노나라 선생, 어찌 일정한 스승이 있었던가,
> 刪述存聖軌　　　　산삭하고 기술하여 성인들 자취를 보존하셨네.
> 　　　　　　　　　－주자, 〈재거감흥이십수〉13)－

이 시의 '추월(秋月)'은 밝음을 상징하고, '한수(寒水)'는 맑음을 상징한

---

12) 李光地 等編, 『御纂朱子全書』 卷66, 〈武夷精舍雜詠－隱求齋〉.
13) 『晦庵集』 卷4, 〈齋居感興二十首〉.

다. 즉 마음이 그처럼 밝고 맑다는 뜻이니, 본원을 회복한 성인의 마음이다. 이를 달리 말하면 극기복례하여 복기초(復其初)한 상태이다.

주자는 이런 사상을 담아 <무이도가>를 창작했다. 이후 주자학이 지배이념으로 정착되면서 주자가 경영한 무이구곡과 <무이도가>는 주자학의 원류로 인식되었다. 이로부터 구곡문화가 발달하기 시작했다. 그런데 중국에서는 크게 발전하지 못하여 구곡문화가 널리 분포되어 있지 않다. 반면 조선에서는 산림에 은거한 학자들에게서 구곡문화가 크게 유행하여 100여 개의 구곡이 경영되었고, <무이도가>에 차운한 시도 수백 편이나 된다.

2. 조선시대 구곡문화

1) 조선 선비의 산림은거와 천인합일 지향

조선시대 선비들은 공자로부터 주자로 이어지는 산수인식의 전통을 계승하여 산림에 은거해 천인합일을 지향하였다. 특히 16세기 사화기의 선비들은 출사를 꺼려하며 초야에서 위기지학에 전념하였다. 그 대표적인 인물이 명종 때 유일로 천거된 성수침·이항·성운·조식·조욱·김범 등이다. 또 과거를 통해 벼슬길에 나갔던 인물 중에서도 벼슬을 버리고 낙향하는 사람이 늘어났다. 이들은 주자의 정신을 계승하여 산림에 정사를 짓고 은거하였다. 이황이 도산서당 다락의 이름을 암서헌(巖棲軒)이라 붙인 데에서 그런 마음을 알 수 있다. 암서헌은 주자의 <운곡이십육영-회암(雲谷二十六詠-晦庵)>에서 취한 것이다.

憶昔屛山翁　　생각나는구나, 그 옛날 병산옹(屛山翁)께서,
示我一言敎　　나에게 일러주신 한 마디 그 가르침.
自信久未能　　오래도록 그 가르침 자신할 수 없었는데,

巖棲冀微效　　　　　　이제야 산림에 은거해 작은 효험 바라네.

-주자, <운곡이십육영-회암>14)-

'병산옹'은 주자의 스승 유자휘(劉子翬)를 가리킨다. 그는 주자에게 '원회(元晦)'라는 자를 지어주었는데, 그 자사(字詞)에 "나무는 뿌리에 정기를 간직해야 봄날 화창하게 피어나고, 사람은 몸에 덕을 쌓아야 정신이 내면에서 충만해진다.[목회어근(木晦於根) 춘용엽부(春容曄敷) 인회어신(人晦於身) 신명내유(神明內腴)]"라고 하였다. 주자는 이런 스승의 가르침을 한 동안 실천하지 못했다. 그러다 40세가 넘어 그 가르침을 따르기 위해 회암을 짓고 위와 같이 노래한 것이다. 이것이 주자가 산림에 은거하여 심성을 수양하고자 한 정신이다. 그리고 이황은 그 정신을 그대로 실천하고자 암서헌이란 이름을 붙인 것이다.

16세기 선비들은 사화를 경험하면서 출처의 문제를 심각하게 고심하였다. 그 대표적인 인물이 조식이다. 그는 "내 어찌 산을 탐하고 물을 탐하여 지리산 왕래하기를 번거로워하지 않은 것이겠는가. 평생 의도한 계획이 있었으니, 오직 화산(華山) 한 귀퉁이를 얻어 종신토록 살 곳으로 삼으려 했기 때문이다."15)라고 하여, 깊은 산속에서 생을 마칠 각오를 하였다. 그리하여 마침내 61세 때 천왕봉 밑 덕산(德山)으로 들어가 산천재(山天齋)를 짓고 날마다 자신의 덕을 새롭게 향상시키길 다짐하였다. 조식은 덕산으로 거처를 옮기면서 <덕산복거(德山卜居)>라는 시를 지었는데, 그 시에 "봄 산 어느 곳엔들 향기로운 풀이 없겠는가만, 내가 이곳으로 거처를 옮겨온 것은 천왕봉이 상제가 사는 하늘에 가까이 다가간 것을 사랑하기 때문일세."16)라고 하였으니, 천왕봉을 도반으로 삼아

---

14) 『晦庵集』 卷6, <雲谷二十六詠-晦庵>.

15) 曺植, 『南冥集』 卷2, <遊頭流錄>, "豈直爲貪山貪水 而往來不憚煩也 百年齋計 唯欲借得華山一半 以作終老之地已.."

16) 曺植, 『南冥集』 卷1, <德山卜居>, "春山底處無芳草 只愛天王近帝居."

천도에 도달하기를 희구한 것이다. 이를 보면 조식도 주자처럼 산림은
거를 본받아 천인합일을 지향한 것을 알 수 있다.

이처럼 조선시대 선비들은 산수에 묻혀 천리를 관찰하며 성명을 온
전히 하는 삶을 지향하였는데, 안의현 원학동에 은거한 갈천(葛川) 임훈
(林薰, 1500~1584)은 산수를 대하는 마음을 다음과 같이 언급하였다.

　　산수는 천지간의 하나의 무정물이지만, 산에는 후중한 덕이 있고 물
　에는 두루 흐르는 덕이 있으니 실로 사람의 인지지락에 근본이 되는 점
　이 있다. 그러므로 도를 구하는 세상 사람들은 요순과 공자에게서만 도
　를 구할 뿐만 아니라, 산수에 나아가서 도를 구하지 않은 적이 없다.17)

임훈은 책 속에서만 도를 구하지 말고, 산수에 나아가 도를 구해야
한다는 점을 말하고 있다. 즉 산수를 통해 천리를 체득하는 것이 중요
하다는 점을 언급한 것이다.

율곡(栗谷) 이이(李珥, 1536~1584)도 치재(耻齋) 홍인우(洪仁祐, 1515~1554)가
금강산 및 관동지방을 유람하고 쓴 <관동록(關東錄)>을 보고서 산수유
람의 본질이 인지를 체득하는 데 있다는 점을 언급하였으며,18) <우음
(偶吟)>이라는 시에서 "산수의 흥취를 찾아서가 아니라, 나의 참된 본원
을 온전히 하려는 것. 사물과 내가 하나의 본체로 합하면, 누가 주인이
되고 누가 객이 되리."19)라고 하여, 산수를 찾는 의미를 자신의 참된 본

---

17) 林薰, 『葛川集』卷3, <書兪子玉遊頭流錄後>, "山水者 天地間一無情之物 而厚重周流
　　實有資於仁智之樂矣 是以 世之求道者 不特於堯舜孔氏 而未嘗不之此焉."
18) 洪仁祐, 『耻齋遺稿』卷3, <遊楓嶽錄跋(李珥)>, "天壤之間 物各有理 上自日月星辰 下
　　至草木山川 微至糟粕煨燼 皆道體所寓 無非至敎 而人雖朝夕寓目 不知厥理 則與不見
　　何異哉 士之遊金剛自 亦目見而已 不能深知山水之趣 卽與百姓日用而不知自 無別矣
　　若洪丈 可謂深知山水之趣者乎 雖然 但知山水之趣 而不知道體 則亦無貴乎知山水矣
　　洪丈之知 豈止於此乎."
19) 李珥, 『栗谷全書』, 收拾 卷1, <偶吟>, "非探山水興 聊以全吾眞 物我合一體 誰主誰爲
　　客."

원을 찾는 것이라고 하였다.

　이를 통해 보면, 조선 선비들은 산수를 통해 인지를 체득하는 것을 학문의 본질로 인식하였음을 알 수 있다. 또한 조선 선비들은 산수뿐만이 아니라, 일상의 자연을 대하면서 천리가 유행하고 있음을 늘 인지하려 하였다. 그 대표적인 인식방법이 『중용(中庸)』의 '연비어약(鳶飛魚躍)'을 통해 천리를 살피는 것과 주자의 천광운영(天光雲影)을 통해 천리를 살피는 것이다.

　『중용』 비은장(費隱章)의 '연비어약'은 솔개가 날아서 허공에 떠 있고, 물고기가 연못에서 뛰노는 이치가 상하에 드러난 것을 말한 것이다. 비은장은 군자의 도는 용(用)의 측면인 비(費)만 있는 것이 아니고 체(體)의 측면인 은(隱)도 있음을 말한 것으로, 군자는 현상만 보지 말고 현상을 통해 그 이면의 이치까지 보아야 한다는 점을 말한 것이다. 이는 현상을 통해 근원이나 본질을 생각하는 사유이다.

　도산서원에서 정면을 바라볼 때, 왼쪽에 천연대(天淵臺)가 있고, 오른쪽에 천광운영대(天光雲影臺)가 있다. 천연대는 바로 '연비어약'에서 취한 명칭으로 허공에 떠 있는 솔개와 못에서 뛰노는 물고기를 통해 천리를 살피고자 하는 사유를 드러낸 것이다. 이황은 <천연대>에서 다음과 같이 노래했다.

> 縱翼揚鱗孰使然　솔개 날고 물고기 뛰노는 것 누가 그렇게 시켰는가,
> 流行活潑妙天淵　천지에 활발히 유행하는 이치 하늘과 못에 묘하구나.
> 江臺盡日開心眼　강가 언덕에서 온종일 마음의 눈을 열어놓고 보며,
> 三復明誠一巨編　명성을 말한 『중용』 한 편을 두서너 번 외워보네.
> 　　　　　　　　　-이황, <도산잡영병기-천연대>[20]-

---

20) 李滉, 『退溪集』 卷3, <陶山雜詠幷記-天淵臺>.

이황은 대의 이름을 천연대라 하고, 그 언덕에서 하루 종일 심안을 열어놓고 유행하는 천리를 관찰하면서 명선(明善)을 말미암아 성신(誠身)하는 내용의『중용』을 읊조리고 있다. 이것이 곧 천인합일을 지향한 공부다.

또 주자의 <관서유감>에 보이는 '천광운영'도 천리를 관찰하는 대상물이다. 집 근처에 연못을 파 놓고 그 못에 비친 천광·운영을 보면서 천리가 유행하고 있음을 한시도 잊지 않으려 한 것이다. 이는 나의 본성을 한 순간도 잊어버리지 않으려는 정신을 반영한 것이다. 이황은 도산서당 오른쪽 언덕을 천광운영대라 명명하고 다음과 같이 노래하였다.

> 活水天雲鑑影光　근원에서 활수 흘러내려 천광·운영이 못에 비추니,
> 觀書深喩在方塘　책을 보다가 깊은 깨달음이 네모난 못에 있었다네.
> 我今得在淸潭上　내 이제 맑은 연못가에서 그 뜻을 터득하였으니,
> 恰似當年感歎長　주자께서 그 당시 길이 감탄하신 것과 흡사하구나.
> 　　　　　　　　　　　　－이황, <도산잡영병기-천광운영대>21)－

이 시는 주자의 <관서유감>에 보이는 '천광운영'을 취해 노래한 것인데, 천광·운영처럼 눈으로 볼 수 있는 현상을 통해 도체를 언제나 인지하고자 하는 사유를 드러낸 것이다.

2) 구곡문화의 전개

16세기에는 주자의 <무이도가>에 차운하는 것이 유행처럼 번졌으며, 한편으로는 <무이도가>에 대한 해석을 두고 인물기흥(因物起興)의 서정시로 볼 것인가, 입도차제(入道次第)의 조도시(造道詩)로 볼 것인가 하는 논쟁이 일어나기도 하였다. 또한 무이구곡도(武夷九曲圖)가 전파되면서

---

21) 李滉,『退溪集』卷3, <陶山雜詠并記－天光雲影臺>.

무이구곡에 대한 관심이 증폭되었다. 무이구곡에 대한 관심은 이황에 이르러 본격적으로 나타났다. 이황은 『무이지(武夷志)』를 읽다가 <무이도가>에 차운하여 <한거독무이지차구곡도가운십수(閒居讀武夷志次九曲櫂歌韻十首)>를 지었다. 그리고 그의 문인 한강(寒岡) 정구(鄭逑, 1543~1620)도 <무이도가>에 차운하여 <앙화주부자무이구곡시운십수(仰和朱夫子武夷九曲詩韻十首)>를 지었다.

이황은 <무이도가>를 해석하면서 애초 학문으로 나아가는 차례를 노래하려는 의사가 없다고 생각해 입도차제로 본 석당(石堂) 진보(陳普, 1244~1315)의 『도가주해(櫂歌註解)』의 설을 견강부회한 것으로 보았다. 그는 <무이도가>에 차운하는 시를 지으면서 기본적으로 인물기흥의 흥(興)의 관점에서 차운하였다. 그런데 제9곡시를 지으면서 처음에는 극처(極處)로 보는 의경을 드러냈다가, 뒤에 극처에서 별도의 묘처(妙處)를 찾아야 한다는 의경으로 수정하였다. 이는 제9곡시에는 탁흥우의(托興寓意)한 점이 있다고 하여 흥으로 보지 않고 비(比)로 보아 조도적 관점으로 해석한 것이다.[22]

이황은 1564년 문인 이담(李湛)이 보내온 무이구곡도를 보고 발문을 지었는데, 귓전에 뱃노래가 들리는 것 같다고 하였다. 그리고 당대에 태어나 무이정사 인지당에서 주자를 모시고 날마다 도를 강론하고, 주자의 문인들과 은구재 등에서 생활하지 못한 것을 못내 한스럽게 생각하였다.[23] 정구도 이황이 발문을 쓴 무이구곡도를 가지고 있었으며, 『무이지』에 있는 무이산총도 및 무이서원도를 모사해 놓고 완상하였다.[24]

22) 최석기, 「무이도가 수용양상과 도산구곡시의 성향」, 『퇴계학논총』 제23집, 퇴계학부산연구원, 2014.
23) 李滉, 『退溪集』 卷43, <李仲久家藏武夷九曲圖跋>, “余昔在京師 求得數本 倩名畫摹來 由其元來疏略 傳亦未盡 吾友李君仲久 近寄一本來 滿目雲烟 精妙曲盡 耳邊怳若聞櫂歌矣 噫 吾與吾友 獨不得同其時 買舟幔亭峯下 輟棹於石門塢前 獲躋仁智堂 日侍講道之餘 退而與諸門人 詠歌周旋於隱求觀善之間 以庶幾萬一也.”
24) 鄭逑, 『寒岡集』 卷9, <書武夷志附退溪李先生跋李仲久家藏武夷九曲圖後>.

이처럼 16세기 후반 이황과 그의 문인들 사이에서 <무이도가>에 차운하고 무이구곡도에 관심을 기울이기 시작하였는데, 주자를 존모하는 마음으로 무이구곡과 무이정사를 상상하고 동경하는 것이 주류였다.

그런데 17세기 이후로는 무이구곡을 상상하고 동경하는 데서 그치지 않고 자신들이 머무는 공간에 직접 그와 같은 구곡을 경영하고자 하였다. 특히 서인계 학자들은 선현의 거처에 구곡이 없을 수 없다는 명분 아래 구곡을 경영해 이이의 고산구곡(高山九曲), 우암(尤庵) 송시열(宋時烈, 1607~1689)의 화양구곡(華陽九曲), 한수재(寒水齋) 권상하(權尙夏, 1641~1721)의 황강구곡(黃江九曲)으로 이어지는 계보를 형성했다.[25] 이 시기 서인계 학풍은 주자학을 절대 존신하는 쪽으로 경도되어 있었는데, 주자학의 정신세계를 생활공간에 직접 건설하고자 하였다.

송시열은 이이가 국문으로 지은 <고산구곡가>를 한역하였을 뿐만 아니라, <무이도가> 10수에 차운하는 형식을 빌려 서시는 자신이 짓고, 나머지 9수는 문곡(文谷) 김수항(金壽恒, 1629~1689)·삼연(三淵) 김창흡(金昌翕, 1653~1722)·권상하 등에게 나누어 짓게 해 <고산구곡시>를 창작하였다. 한편 곡운(谷雲) 김수증(金壽增, 1624~1701)은 강원도 화천에 농운정사를 짓고 곡운구곡(谷雲九曲)을 직접 경영하였다. 이처럼 17세기 율곡학파는 선현의 유적지에 구곡을 경영하거나 자신이 은거하는 곳에 구곡을 경영하여 독자적으로 구국문화를 형성해 나갔다.

그런데 이 시기에는 기호지방 학자들뿐만 아니라, 영남지방의 학자들도 독자적으로 자신이 살고 있는 곳에 구곡을 경영하였으니, 정구·부사(桴槎) 성여신(成汝信, 1546~1632)·수헌(壽軒) 이중경(李重慶, 1599~1678) 등이 경영한 구곡이 그것이다. 다만 이들은 서인계 학자들처럼 도통론적 시각을 전제하지 않고 자신들의 구곡을 경영하였다.

---

25) 윤진영, 「구곡도의 전통과 白蓮九曲圖」, 『자연에서 찾은 이상향 구곡문화』, 울산대박물관, 2010.

18세기로 넘어오면 학파를 불문하고 자신들이 생활하는 공간에 구곡을 경영하여 전보다 훨씬 더 많은 구곡이 만들어졌다. 독자적으로 구곡을 경영하는 풍조가 널리 유행하면서 이황의 후손 후계(後溪) 이이순(李頤淳, 1754~1832) · 이야순 등은 이황의 발자취를 따라 도산서원을 중심으로 도산구곡을 설정하였다. 이황은 도산 주변의 경관을 시로 노래하였지만 구곡을 경영하지는 못했다. 이를 안타깝게 여긴 후손들이 도산구곡의 경영에 나선 것이다. 이야순은 이이순이 먼저 설정한 구곡을 약간 수정하여 도산구곡을 재설정하고 주변 사람들에게 차운시를 요청하여 도산구곡을 공식적으로 인정받으려 하였다.[26]

이야순은 도산구곡을 설정하는 데서 그치지 않고, 옥산서원을 방문했을 때 옥산구곡 설정을 제안하였다. 이언적의 유적지가 있는 경주 옥산서원 근처에는 19세기 전반까지 구곡을 경영한 것이 없었다. 1823년 옥산서원을 방문한 이야순은 '선현의 유적지에 구곡이 없어서는 안 된다.'라고 하면서 구곡을 설정하자고 제안하여 그들과 함께 구곡을 경영하였다.[27]

19세기 후반 서양문물이 밀려오면서 도가 무너지는 것을 목격한 유학자들은 도를 지키는 것을 사명으로 인식해 산속 깊숙이 은거하는 풍조가 유행하였다. 이러한 분위기 속에서 위도의식(衛道意識)이 대두되어 그들이 은거한 계곡에 도를 보존한다는 명분으로 구곡을 경영하였다.

이상에서 조선시대 구곡문화의 전개양상을 간추려 보았는데, 16세기에는 주자학이 정착하면서 주자를 존모하는 마음으로 <무이도가>에

---

26) 최석기, 「도산구곡 정립과 도산구곡시 창작 배경」, 『한국한문학연구』 제53집, 한국한문학회, 2014.

27) 李鼎基, 『蒼廬集』 卷1, <玉山九曲敬次武夷九曲十首韻幷識>, "歲黑羊孟夏之初 漱石李健之野淳 自浩亭南下 歷數處 携南鳴應而東 過琴湖 冒雨底平廬 留一日……健之間 及武夷九曲 而曰 陶山有九曲 玉山 獨不可無九曲 盍爲之品定乎 僉曰諾 遂與溯上逐曲排準如數."

차운하는 시를 지어 무이구곡을 동경하다가, 17세기 이후로는 선현의 유적지가 있는 현실 공간에 구곡을 경영하고 구곡시를 창작하거나 자신이 살고 있는 인근의 계곡에 나아가 독자적으로 구곡을 경영하고 구곡시를 창작하는 양상으로 전개되었다. 이런 현상은 18세기 이후 더욱 활발하게 전개되었으며, 19세기 후반 서양문물이 밀려오면서 위도의식의 소산으로 더욱 구곡경영이 늘어났다.

3. 영남의 삼산서원과 삼산구곡

1) 영남의 삼산서원

여기서 말하는 '삼산서원'은 '산(山)' 자가 들어간 영남의 대표적인 세 서원 도산서원·옥산서원·덕산서원을 지칭한다. 도산서원은 이황을 제향하는 서원이고, 옥산서원은 이언적을 제향하는 서원이며, 덕산서원은 조식을 제향하는 서원이다. 덕산서원은 1609년 사액되면서 덕천서원으로 이름이 바뀌었다. 이 세 서원을 '삼산서원'으로 칭한 사례는 전에 없었다. 이 세 서원을 삼산서원이라 일컬은 것은 18세기 경상도 의령에 살던 의암(宜菴) 안덕문(安德文, 1747~1811)에 의해서이다. 그러므로 여기서 말하는 '삼산(三山)'이라는 명칭은 유형의 명산을 의미하는 것이 아니라, 이언적·이황·조식을 제향하는 세 서원을 상징적으로 의미하는 말이다.

안덕문은 과거를 포기한 뒤 산수에 지취를 두고서 선현의 발길이 닿은 곳과 선현을 모신 곳을 직접 보고 탐방하는 것을 노년의 지향으로 삼았다.[28] 그는 <삼산도지서(三山圖誌序)>에서 명산으로 일컬어지는 것은 그 산이 높기 때문이 아니라 그곳에 사는 사람을 통해서 이름이 높

---

28) 安德文, 『宜庵集』 卷4, 雜著, <東遊錄>, "余屯蹇於時 遂棄場屋之業 以桑楡暮景 寓之山水間 凡先賢杖屨之墟 俎豆之地 眼躅殆將遍矣."

아진 것이라고 전제하면서, 니구산(尼丘山)과 무이산(武夷山)이 중국의 오악보다 유명한 것은 공자와 주자 때문이라고 하였다. 그리고서 다음과 같이 말하였다.

> 영남 72고을은 산이 웅장하고 물이 아름다우며, 예로부터 인재의 보고라고 일컬어졌다. 도덕과 문장, 절의와 충효에 빼어난 분들이 앞뒤로 태어나 그분들이 사시던 곳에 제향하는 서원을 세워 당호와 편액을 걸어놓았으니, 어느 곳인들 남쪽 지방 사람들이 본보기로 삼아 존모할 대상이 아니겠는가. 오직 경주의 옥산서원, 예안의 도산서원, 진주의 덕산서원은 이언적·이황·조식 세 선생이 사시던 곳이며 제향을 받드는 곳이다. 그러니 이 삼산의 높은 경지에 올라가려면 이 세 현인을 말미암아 지향을 높이 해야 하지 않겠는가. 보잘것없는 나는 동방에서 태어나 자라 멀리 중국으로 가서 공자와 주자의 유적지를 볼 수 없으니, 이 삼산이 우리나라의 니구산과 무이산이 아니겠는가. 드디어 동쪽·남쪽 지역을 두루 유람하여 삼산서원의 원우(院宇)·대사(臺榭)·동학(洞壑)·임천(林泉)을 다 보았다. 화공에게 명하여 삼산서원을 그리게 하여 가운데 마루에 걸어두었고, 또 세 현인 문집 속의 시 약간 편에 차운하여 일상에서 늘 존모하는 마음을 붙였다.[29]

안덕문은 세 선생을 제향하는 옥산·도산·덕산을 니구산과 무이산에 비견하여 삼산이라는 명칭을 정립하였다. 그리고 세 선생의 경지에 오르기 위해서는 세 선생을 통해 정신지향을 높게 할 때 가능하다고 하였다. 이 점이 바로 안덕문이 삼산서원의 개념을 정립하고, 삼산서원을 탐방하여 직접 그 정신을 체득하려 한 것이다.

---

29) 安德文, 『宜庵集』 卷4, 序, <三山圖誌序>, "嶺之南七十二州 山雄而水麗 古稱人材之府庫 道德文章 節義忠孝 前後踵出 杖屨之所止 俎豆之所設 扁堂楣而揭院額者 何莫非南州人士所矜式而尊慕之哉 惟月城之玉山 宣城之陶山 晉城之德山 卽晦齋退溪南冥三先生 棲息尸祝之所也 之三山之高 非由三賢而高哉 藐余小子 生長偏邦 旣不能遠而之中國 得見二夫子遺墟 則三山乃我東之尼武也 遂遍東南 觀盡三山之院宇臺榭洞壑林泉 命畫工圖之 揭之中堂 又次三賢集中詩若干篇 以寓羹牆之慕云."

안덕문은 화공에게 삼산도를 그리게 한 뒤, <삼산도명(三山圖銘)>과 <삼산도지서>를 지었으며, 삼산서원을 유람하면서 모두 서원을 노래하는 시를 지었다.30) <삼산도명>은 옥산도(玉山圖)·도산도(陶山圖)·덕산도(德山圖) 3수로 되어 있으며, 각 편은 4언 16구로 되어 있다. 이 가운데 눈에 띄는 대목이 옥산·도산·덕산 삼산 모두 니구산·무이산과 같다고 노래한 점이다. 『의암집(宜庵集)』 권5에 실린 <삼산도명-옥산도>에서는 '니구산·무이산과 나란히 서서 푸르네.[尼岳武岑 並峙蒼綠]'라고 하였으며, <삼산도명-도산도>에서는 '니구산과 나란하고 무이산과 높이가 같네.[尼邱並峙 武夷同嶢]'라고 하였으며, <삼산도명-덕산도>에서는 '덕산·도산·옥산 세 봉우리 니구과·무이산과 한 가지 색깔일세.[陶玉三峯 尼武一色]'라고 하여, 세 선생의 학문이 모두 공자와 주자에 연원을 두어 다르지 않다는 점을 강조하고 있다. 특히 덕산에 대해 노래한 것은, 조식의 학문이 공자에서 주자로 이어진 정맥에 있음을 드러낸 것이다.

이는 기본적으로 세 선생의 연원을 공자와 주자에 두어 모두 도학자로 보는 의식이며, 또한 세 선생의 학문적 차이보다는 연원이 같은 데서 나왔다는 도통의식을 반영한 것이다. 그리고 더 나아가 경상우도의 조식이 경상좌도의 이언적·이황과 같은 반열에 있는 도학자임을 천명한 것으로, 조식의 학문을 이언적·이황과 동일한 정맥으로 본 것이다.

2) 영남의 삼산구곡과 덕산구곡

'덕산구곡'이라는 명칭을 처음 붙인 사람은 진주의 하범운이다. 하범운은 1823년 11월 1일 예안(禮安)으로 가서 도산서원에 분향하고 이황의 후손 이야순을 방문하였다. 그때 이야순은 하범운에게 자신이 지은 도

---

30) 安德文, 『宜庵集』 卷2에 <玉山書院>, <陶山書院>, <德山書院> 등의 제목으로 지은 시가 수록되어 있다.

산구곡시와 옥산구곡시를 보여 주며, 돌아가 차운시를 지어 보내라고
요청하였다. 하범운은 집으로 돌아와 이야순의 도산구곡시·옥산구곡
시에 차운하는 한편, 덕산구곡시 1편을 추가하여 삼산구곡시를 지어 이
야순에게 보냈다.

그는 이야순에게 삼산구곡시를 지어 보내며 덕산구곡을 도산구곡·
옥산구곡과 함께 거론하였는데, 서문에서 다음과 같이 말하였다.

　　지난 계미년(1823) 가을 나는 선조의 문집을 교감하는 일로 예안에
　가 수석정(漱石亭)에서 참봉 이장(李丈: 李野淳)을 배알하였다. -중략-
　내가 돌아가겠다고 고하자, 이장이 도산구곡과 옥산구곡의 제목을 손수
　써서 내게 주었다. 그리고 나로 하여금 화답해 보내라고 하였다. 그 분
　의 당부가 매우 간곡하여 학식이 천박하다는 이유로 거절할 수 없는 점
　이 있었다. 이에 한가한 날 하나하나 화답하고 덕산구곡 1편을 붙여서
　드디어 삼산의 구곡시를 완성하였다. 삼산에 구곡이 있는 것은 도학의
　원류의 성대함이 우리 영남에 있음을 보여주는 것이다.31)

하범운이 "삼산에 구곡이 있는 것은 도학의 원류의 성대함이 우리 영
남에 있음을 보여주는 것이다."라고 한 것을 보면, 그 역시 안덕문처럼
삼산서원의 세 선생을 우리나라 도학의 원류로 인식하고 '삼산'이라는
명칭을 쓴 것을 알 수 있다. 이는 안덕문이 삼산서원의 위상을 정립하
여 표장한 것과 같은 맥락에서 이해할 수 있다. 이 점이 바로 하범운이
덕산구곡을 도산구곡·옥산구곡과 나란히 드러내기 위해 삼산구곡시를
창작한 배경이다.

---

31) 河範運, 『竹塢集』 卷1, <謹步武夷櫂歌韻 作三山九曲 奉呈漱亭參奉李丈野淳案下 以
　備吾嶺故事 並小序>, "粤癸未冬 余以先集校勘之事 往禮安 就拜參奉李丈於漱石亭上
　李丈終日危坐 眷誨不倦 及告歸 手書陶山玉山二九曲題目 以贐之 使之和送 其意申申
　有不可以寡陋而孤之者 乃以暇日 逐一揩和 附以德山一篇 遂成三山九曲 三山之有九曲
　所以見道學源流之盛 在於吾嶺云."

앞에서 언급했듯이 '덕산구곡'이라는 명칭은 문헌기록상 하범운 이전에는 보이지 않는다. 그런데 하범운은 어떻게 덕산구곡시를 지으며 덕산구곡의 명칭을 명시한 것일까? 하범운의 덕산구곡시에 보이는 구곡의 명칭을 앞 시대 명암(明庵) 정식(鄭栻, 1683~1746)이 설정한 무이구곡(武夷九曲)의 명칭과 비교해 도표로 제시하면 다음과 같다.

차 례	정식의 무이구곡	하범운의 덕산구곡	비 고
제1곡	수홍교(垂虹橋)	수홍교곡(垂虹橋曲)	
제2곡	옥녀봉(玉女峯)	옥녀봉곡(玉女峯曲)	
제3곡	농월담(弄月潭)	농월담곡(弄月潭曲)	
제4곡	낙화담(落花潭)	낙화담곡(落花潭曲)	
제5곡	대은병(大隱屛)	난가암곡(爛柯巖曲)	명칭 개정
제6곡	광풍뢰(光風瀨)	광풍헌곡(光風軒曲)	명칭 수정
제7곡	제월대(霽月臺)	제월대곡(霽月臺曲)	
제8곡	고루암(鼓樓巖)	고루암곡(鼓樓巖曲)	
제9곡	와룡폭(臥龍瀑)	와룡폭곡(臥龍瀑曲)	

〈표 1〉

하범운이 '덕산구곡'이라고 칭한 것을 정식이 설정한 무이구곡과 비교해 보면, 제5곡의 명칭만 다를 뿐 나머지는 모두 동일함을 알 수 있다. 그렇다면 하범운은 정식이 설정한 구곡에 나아가 제5곡의 명칭을 난가암곡(爛柯巖曲)으로 바꾸고, 제6곡 광풍뢰(光風瀨)는 광풍헌곡(光風軒曲)으로 약간 바꾼 것을 알 수 있다. 즉 하범운은 이야순의 요청을 받고 도산구곡시·옥산구곡시에 차운하는 한편, 정식이 설정한 무이구곡의 명칭을 일부 수정해 덕산구곡의 명칭을 정하고서, 그것을 바탕으로 덕산구곡시를 창작한 것이다.

그런데 그의 덕산구곡시를 살펴보면, 정식의 무이구곡시와는 다른 것을 확인할 수 있다. 즉 하범운은 주자의 정신이 깃든 무이구곡을 노래한 것이 아니라, 조식의 정신이 깃든 덕산구곡을 노래한 것이다. 이 점이 정식의 무이구곡시와 하범운의 덕산구곡시가 확연히 구분되는 지점이다. 하범운이 지은 덕산구곡시의 서시와 정식의 서시는 다음과 같다.

> 潛德山中物感靈　　덕을 숨긴 산 속에 만물이 신령함을 느끼니,
> 神龍噓氣九淵淸　　신비한 용이 기운을 뿜어 아홉 못이 맑구나.
> 吾家敬義誰能會　　우리 유가의 경과 의를 누가 능히 이해하리,
> 千古眞詮續正聲　　천고에 전한 참된 지결에 정성을 이어 짓네.
> 　　　　　　　　　　-하범운, <덕산구곡>32)-

> 先生昔愛武夷靈　　주선생은 그 옛날 무이산의 신령함을 사랑했고,
> 又得眞源一樣淸　　또 참된 근원 얻었는데 한결같이 물이 맑았네.
> 千載遺音留九曲　　천년토록 남기신 노래 구곡시에 남아 있으니,
> 何如金玉發爲聲　　금옥의 악기가 내는 소리와 비교해 어떠하리
> 　　　　　　　　　　-정식, <무이구곡>33)-

　정식의 서시는 무이산과 무이구곡에 나아가 주자를 존모하는 시상을 드러내고 있다. 반면 하범운은 덕산과 덕산구곡에 나아가 조식을 존모하는 시상을 드러내고 있다. 정식은 조식을 제향하는 덕천서원 뒤의 구곡산(九曲山)에 무이구곡을 설정하고 은거하였지만, 그의 시에는 조식에 대한 언급이 거의 없다. 그의 무이구곡시는 오로지 주자의 정신을 본받고자 하는 내용으로 채워져 있다. 그런데 하범운의 서시는 남명학의 요체인 경의(敬義)를 천고의 진전(眞詮)으로 보면서 그 지결(旨訣)을 이으려는 생각을 드러내고 있다. 이를 보면 덕산구곡은 조식을 염두에 두고 지은 것이 분명하다. 이처럼 하범운의 덕산구곡시 서시는 정식의 서시와는

---

32)　河範運, 『竹塢集』 卷1, <謹步武夷櫂歌韻 作三山九曲 奉呈漱亭參奉李丈-野淳-案下 以備吾嶺故事-幷小序-德山九曲>.
33)　鄭栻, 『明庵集』 卷3, <敬-次晦庵九曲櫂歌詩>.

판이하게 다르다.

하범운의 덕산구곡시는 정식의 무이구곡에서 구곡의 명칭을 취하였을 뿐, 시상은 조식의 도학이 깃든 덕산구곡을 드러내는 데 초점이 맞추어져 있다. 그래서 굽이굽이 형승의 아름다움을 노래하기보다는 그곳에서 조식을 추숭하고 자기 시대의 쇠락한 문풍을 탄식하는 작가의식을 드러내고 있다. 특히 광풍·제월을 노래한 제6곡시와 제7곡시에 이런 시상이 분명히 드러나 있다. 제6곡시는 덕천서원 경의당을 거론하며 광풍제월의 흉금을 노래하고 있고, 제7곡시는 조식이 떠나 도가 쇠미해진 세상에 제월대에 홀로 앉아 있는 작자의 심경을 노래하고 있다.

하범운은 덕산구곡시를 지어 이야순에게 보낸 뒤, 이야순이 도산구곡을 재설정하고 도산구곡시를 지어 사람들에게 차운시를 요청한 것처럼 덕산구곡을 재설정하지 못하였고, 덕산구곡시를 주위 사람들에 보여주며 차운을 요청하지도 못하였다. 그리하여 덕산구곡이라는 명칭은 하범운에서 그치고 진주권 학자들에게 널리 알려지지 못하였다. 그것은 그가 지역의 여론을 주도할 만한 위치에 있지 못한 측면도 있지만, 학술이 매우 침체된 당시 이 지역의 분위기 속에서 조식의 정신과 발자취가 깃든 곳에 덕산구곡을 설정해야 한다는 인식이 전반적으로 부족했기 때문이며, 도산구곡을 재설정한 이야순처럼 덕산구곡 설정을 주도할 주체가 없었기 때문이다.

Ⅲ. 덕산구곡 설정의 필요성과 의의

1. 덕산구곡 설정의 필요성

예전에는 지리산 덕산동으로 들어가는 입구의 협곡을 '수양검음(首陽

黔陰)'이라 하고, 덕산으로 들어가는 문을 '두류만학문(頭流萬壑門)'이라 하였다.34) 그 협곡의 중간쯤에 있는 시냇가 바위에 조식이 '입덕문(入德門)'이라는 이름을 붙여놓았다. 입덕문은 '덕으로 들어가는 문'이라는 뜻으로, 도학군자의 정신이 깃든 곳으로 들어가는 관문을 의미한다. 그리고 그 아래에 조식의 문인 청강(清江) 이제신(李濟臣, 1536~1584)이 우거하던 곳이 있는데, 그 언덕을 도구대(陶丘臺)라 한다. 이곳이 덕산으로 들어가는 수양검음의 초입이다.

도구대에서 오른쪽 계곡을 따라 올라가면 조식의 유적지인 백운동(白雲洞)이 나온다. 이 백운동 입구에 조식이 손수 심은 3백여 년이나 된 소나무가 있어, 이곳을 유람하는 사람들은 조식을 대하는 듯 공경심을 일으켰다. 또한 1870년대 이 지역의 단계(端磎) 김인섭(金麟燮, 1827~1903) · 권헌기(權憲璣) · 만성(晩醒) 박치복(朴致馥, 1824~1894) · 월고(月皐) 조성가(趙性家, 1824~1904) 등 7인이 백운동을 유람하며 조식을 추모하였고, 1893년 금초(金樵) 김진호(金鎭祜, 1847~1924)는 백운동에 '남명선생장구지소(南冥先生杖屨之所)' 8자를 바위에 새겨 조식을 추모하였다.35) 백운동은 조식의 유적이 있는 데다 수석이 빼어나 이 지역 인사들의 유람장소로 각광을 받았다.

도구대로부터 백운동을 들렀다가 다시 입덕문을 거쳐 조식이 만년에 살던 산천재(山天齋)를 지나 덕천서원에 이르기까지, 그리고 덕천서원 앞 세심정(洗心亭) · 취성정(醉醒亭)에서 송객정(送客亭)을 거쳐 면상촌(面傷村)을 지나 대원사(大源寺)에 이르는 시냇가에는 구곡을 경영할 만한 명승 및 조식의 발자취가 많다. 그런데도 안타깝게 덕산구곡이 설정되지 못하였다. 1824년경 하범운이 덕산구곡을 포함해 삼산구곡시를 지었지만 덕산

---

34) 成汝信 撰, 『晉陽誌』 卷1, <山川>, "天王峯水 自法界寺 東流 由薩川村 達社祭峯下 東北流 爲薩川 又自鉏屹山 東流 由上流菴 達獐項洞 南流 爲三壯川 與薩川 合于兩堂村前 是謂德川 盤回屈曲 不深不淺 入首陽黔陰兩峽 中出德川遷 所謂頭流萬壑門者 此也"

35) 최석기, 『남명과 지리산』, 경인문화사, 2006.

구곡을 설정하지는 못하였다. 그 후 박치복·조성가 등이 백운동 경관을 노래하는 시를 지었지만 구곡을 설정하고 구곡시를 짓지는 못하였다.

또한 하범운의 덕산구곡시는 조식의 유적이 없는 구곡산 작은 골짜기에 정식이 설정한 무이구곡을 변용하여 지은 것이기에, 조식의 유적이 있는 입덕문·산천재·덕천서원·송객정 등 덕산의 주요 물굽이를 전체적으로 담아내지 못하였다. 즉 덕산에 산재한 구곡의 실체를 담아내지 못함으로써 명실상부한 덕산구곡이라고 할 수 없다. 후대 곽종석은 <입덕문부>를 지어 조식의 도학이 이황과 동등하고 그 연원이 공자와 주자로부터 비롯되었음을 천명하면서도 덕산구곡을 설정하고 덕산구곡시를 창작하지는 못하였다.

우리는 여기서 19세기 초 이야순이 도산구곡을 설정하고 도산구곡시를 새로 창작한 뒤 여러 사람들에게 차운시를 요청하여 도산구곡을 사회적으로 공인받으려 한 사실을 상기할 필요가 있다. 이런 관점에서 보면 비록 늦기는 하였지만 지금이라도 덕산구곡을 설정하고 덕산구곡시를 지어 덕산의 산수에도 구곡문화를 조성할 필요성이 대두된다.

덕산은 지리산 천왕봉에서 발원하는 깊은 골짜기의 시내가 양쪽에서 흘러내리고 산수가 수려하여 구곡을 조성할 만한 천혜의 자연경관을 갖고 있다. 게다가 조식의 유적지 및 조식의 후학들이 남명정신을 계승하려 한 정신이 깊게 스미어 있다. 그러므로 덕산구곡을 설정하면 덕산을 우리나라 도학의 성지로 만드는 데 크게 도움을 줄 것이다.

2. 덕산구곡 설정의 논거와 구곡의 실체

덕산구곡을 설정하기 위해서는 몇 가지 논리적 근거가 필요할 것이다. 이를 필자의 시각으로 제시하면 다음과 같다. 첫째, 조식의 정신과 유적이 깃들어 있는 곳이어야 한다. 둘째, 남명학을 계승한 후학들의 정신과 유적이 있는 곳이어야 한다. 셋째, 조식의 정신지향과 일치하는 장소적 의미가 있어야 한다.

이러한 논거에 의해 필자가 설정한 덕산구곡을 도표로 제시하면 다음과 같다.

차례	곡명	장소 및 논거	유적(상태)
제1곡	도구대곡 (陶丘臺曲)	산청군 단성면 자양리 구만마을 덕천강 가의 바위 언덕 조식의 문인 이제신이 스승을 따라와 은거하던 곳	도구대(훼손)
제2곡	백운동곡 (白雲洞曲)	산청군 단성면 백운리 백운동 계곡 '남명선생장구지소' 각자가 있는 용문폭포(龍門瀑布) 주위, 조식이 세 번이나 유람하며 은거지로 생각한 곳	남명송(없음) 각자(刻字): 남명선생장구지소
제3곡	입덕문곡 /탁영대곡 (入德門曲 /濯纓臺曲)	산청군 단성면 백운리 덕천강 가 언덕 도덕의 세계로 들어가는 관문, 조식이 명명.	각자(刻字): 입덕문 (入德門), 탁영대 (濯纓臺)
제4곡	고마정곡 (叩馬汀曲)	산청군 시천면 사리 마근담 시내가 덕천강과 만나는 곳 백이(伯夷)가 주 무왕(周 武王)의 말고삐를 잡고 간언한 곳(산천재 동편에 수양산(首陽山)이 있어 생긴 설화로 청렴한 사람의 은거지)	백사장(훼손)
제5곡	산천재곡 (山天齋曲)	산청군 시천면 사리 조식이 61세 이후 은거하여 장수(藏修)하던 곳	산천재 (山天齋)
제6곡	취성정곡 /덕천서원 (醉醒亭曲 /德川書院)	산청군 시천면 원리 덕산중고등학교 앞 시냇가 정자 조식의 후학들이 조식 정신을 기리고 계승하던 장소	취성정 (훼손, 세심정만 있음)
제7곡	송객정곡 (送客亭曲)	산청군 삼장면 덕교리 덕교마을 시냇가 조식이 문인 오건(吳健)을 전송하던 곳	송객정 터
제8곡	면상촌곡 (面傷村曲)	산청군 삼장면 평촌리 명상마을 조식의 문인 오건이 술에 취해 얼굴에 상처를 입은 곳	마을
제9곡	대원사곡 (大源寺曲)	산청군 삼장면 유평리 대원사 앞 계곡 조식이 찾은 장항동으로 후대 도의 근원지로 인식	사찰, 계곡

〈표 2〉

　제1곡 도구대곡(陶丘臺曲)은 구만마을 위쪽 덕천강 가에 우뚝 솟은 바위언덕의 물굽이를 말한다. 도구대는 도로를 내면서 깎아냈기 때문에 지금은 그 위용을 찾아볼 수 없다. 도구대 밑에는 덕천강이 고여 빙빙 도는 시퍼런 못이 있는데 이곳을 태연(苔淵)이라 했다.

　도구대는 조식의 문인 이제신이 은거하여 노닐던 곳이므로 붙여진 이름이다. 도구대라는 이름은 이제신의 호를 따서 붙인 것인데, 그가 도구라는 호를 쓰게 된 것은 옛날 중국의 도주공(陶朱公)처럼 자신의 재주를 숨기고 은거하고자 하는 심경으로 붙인 것이다. 도주공은 월왕(越王) 구천(句踐)을 섬겨 오왕(吳王) 부차(夫差)를 멸망시킨 범려(范蠡)다. 그는 복수를 한 뒤에 제(齊)나라로 가서 장사를 하여 큰 부자가 되었다. 제나라에서 그를 정승으로 삼으려 하자, 재물을 다 흩어버리고 도(陶) 땅으로 가서 스스로 도주공이라 하였다. 조식의 문인 하항(河沆)은 이제신을 "신인(神人)·이인(異人)·불기인(不羈人) 이 셋이 합해 하나가 된 사람이다."[36] 라고 평하였는데, 후대 이제신을 상징하는 말로 회자되었다. 이제신은 조식을 따라 이곳에 와서 은거하였는데, 그가 살던 곳이 덕산으로 들어가는 협곡의 입구에 위치하여 제1곡으로 손색이 없다. 또한 이곳은 수양검음 협곡의 입구에 해당하기 때문에 제1곡으로서 제격이다.

　제2곡 백운동곡(白雲洞曲)은 백운동 골짜기의 물굽이를 말한다. 백운동 계곡의 시내는 도구대 아래 태연으로 흘러든다. 백운동은 이 주위에서 보기 드물게 하얀 화강암 암반이 드러나 수석이 아름답다. 이곳은 흰 구름의 백색에 하얀 너럭바위의 백색이 더해지고 시내에서 튀어 오르는 하얀 물방울의 백색이 더해져 세 가지 백색 이미지를 갖춘 곳이다. 조식은 이 계곡을 특별히 사랑하여 세 차례나 발걸음을 하였다. 백운동에는 박치복·조성가·이도추(李道樞) 등이 지은 시에 12곡 또는 18곡의

---

36) 李濟臣, 『陶丘先生實記』 附錄 卷2, <輓詞(河沆 撰)>, "異人神人不羈人 三人合作一人身."

명칭이 전하는데, 대표적 명소는 1893년 금진호 등이 '남명선생장구지소'라는 각자를 새긴 용문폭포(龍門瀑布) 주위라고 할 수 있다.

또한 백운동 입구에는 조식이 심은 소나무가 있어서 이곳을 찾는 사람들은 그 소나무에서 조식의 천인벽립의 기상을 우러르곤 하였다. 안타깝게도 이 남명송(南冥松)은 일제강점기에 지각없는 어떤 사람이 베어버렸다. 백운동은 덕천강 본류가 아니고 도구대 바로 위에서 갈라진 지류에 위치해 있다. 그러나 구곡의 한 물굽이로 삼는 데에는 큰 문제가 없으니, 조선시대 설정한 구곡에도 그런 사례가 있기 때문이다.[37]

제3곡 입덕문곡(入德門曲)은 도구대에서 덕산으로 들어가는 협곡의 중간 지점 덕천강 가에 있는 물굽이를 말한다. 이곳은 수양검음이라 불리는 기다란 협곡 중간 지점에 우뚝한 바위가 강가로 불쑥 나와 관문처럼 생긴 곳이다. 지금은 바위언덕을 깎아 도로를 내서 그 원형을 찾아볼 수 없다. 입덕문에는 모정(慕亭) 배대유(裵大維, 1563~1632)가 쓴 '입덕문(入德門)'이라는 각자가 있었는데, 도로를 내면서 바위가 파손되었다. 그래서 지금은 그 글자를 그대로 모사해 돌에 새겨 도로 옆에다가 세워놓았다. 입덕은 송나라 때 정자(程子)가 『대학』을 '덕으로 들어가는 문'과 같다고 한 데에서 연유한 말로, 입덕문은 조식이 '도덕의 세계로 들어가는 관문'이라는 의미로 붙인 것이다.

입덕문 바로 옆에 탁영대(濯纓臺)라는 우뚝한 바위가 있는데, 그곳에 '탁영대(濯纓臺)'라는 각자가 있다. 탁영이라는 말은 중국 고대 민요 <창랑가(滄浪歌)>에서 연유한 것으로, 갓끈을 씻을 수 있을 정도로 물이 깨끗하다는 말이다. 즉 혼탁한 물이 흐르는 속세와 단절된 청정한 세계로의 진입을 암시한다.

제4곡은 고마정곡(叩馬汀曲)으로 마근담에서 흘러내린 시내가 덕천강

---

37) 예컨대 와은(臥隱) 장위항(張緯恒, 1678~1736)이 현 영주시 평은면 내성천 변에 설정한 운포구곡(雲浦九曲)의 제3곡 용추곡(龍秋曲)은 내성천 본류가 아닌 지류에 있다.

과 만나는 지점의 백사장이 있었던 물굽이를 말한다. 고마정은 백이·숙제가 주나라 무왕(武王)이 은나라 주왕(紂王)을 무력으로 정벌하려 하자, 말고삐를 붙잡고 무력정벌을 말린 백사장이라는 뜻이다. 마근담 계곡 동쪽에 수양산이 있어서 자연스럽게 이런 설화가 생겨난 듯하다. 그러니 실제로 백이·숙제가 말고삐를 붙잡고 간언한 곳이라기보다는 백이·숙제처럼 깊은 산속에 은거하며 청렴함을 지킨 사람이 살던 곳이라는 의미로 붙여진 이름일 것이다. 이러한 이미지는 인근에 살던 조식의 은거와 무관하지 않다. 사화기 덕산에 은거한 조식의 정신은 맹자가 성지청자(聖之淸者)로 칭송한 백이와 유사한 점이 있다. 이런 점에서 고마정곡은 청렴한 사람이 은거한 곳이라는 이미지를 강조하는 장치로, 조식의 도학을 상징하는 덕산구곡에 포함시켜도 전혀 어색하지 않다.

제5곡 산천재곡(山天齋曲)은 덕천강의 지류가 굽이돌아 흐르던 산천재 옆의 물굽이를 가리킨다. 조식이 은거할 당시 시냇가에 상정(橡亭)이라는 조그만 정자를 지었다고 한다. 실제로 불과 30전만 해도 산천재 바로 밑으로 흐르는 시천(矢川)의 지류가 있었다. 무이구곡이 그렇듯 제5곡은 산림에 은거한 주인공이 거주하는 정사가 있는 곳으로, 그 구곡의 중심에 해당한다. 예컨대 도산구곡의 제5곡은 도산서당이 있는 탁영담(濯纓潭)이고, 무이구곡 제5곡은 무이정사 앞의 물굽이이다. 산천재는 조식이 만년에 천왕봉을 도반으로 삼아 천인합일을 지향하던 곳이니, 덕산구곡의 제5곡이 되는 것은 이론의 여지가 없을 것이다.

제6곡 취성정곡(醉醒亭曲)은 중산리에서 흘러내린 시천과 대원사계곡에서 흘러내린 시내가 합류하는 곳 인근의 물굽이를 말한다. 이곳에 조식의 후학들이 세운 취성정이 있고, 그 옆에 세심정이 있고, 그 뒤에 조식을 제향하는 덕천서원이 있었다. 취성정은 지금 그 흔적을 찾을 수 없다. 조식의 문인들은 덕천서원을 창건하고 시냇가에 정자를 세웠다. 이 정자는 처음 하항이 세심정이라 명명했는데, 최영경(崔永慶)이 취성정으로 바꿨다. 취성정은 조식이 허리춤에 늘 차고 다니던 성성자(惺惺子)와 무관하지 않다. 즉 술에 취한 것처럼 사욕과 물욕에 사로잡힌 혼몽한 마음을 늘 밤하늘의 초롱초롱한 별처럼 깨어 있게 하라는 뜻이다.

취성정은 정유재란 때 소실되었고, 1611년 중수할 적에 취성정으로 현판을 걸었다. 그런데 『덕천서원지』에 의하면 1815년 세심정 북쪽에 취성정을 다시 짓고 이름을 풍영정(風詠亭)으로 바꾸었다는 기록이 보인다. 이에 의하면 세심정과 취성정은 별개의 정자인 것을 알 수 있다. 또한 '세심정 북쪽'이라고 하였으니, 취성정은 두 물줄기가 합류하는 지점 가까이에 있었던 것으로 추정된다.

제7곡 송객정곡(送客亭曲)은 삼장면 덕교리 덕교마을에 있었던 송객정 앞 시내 물굽이를 말한다. 『남명선생편년』에 의하면, 1564년 7월 오건이 덕산으로 조식을 찾아와 배알하고 떠날 때 조식이 산천재에서 십리나 떨어진 곳까지 나가 배웅하였으며, 후인들이 그곳의 나무를 송객정이라 불렀다고 한다. 오건은 1558년 문과에 급제하여 이듬해 성주훈도가 되었다. 1564년 성균관 학유에 제수되었는데, 상경하기 전에 조식을 찾아 뵌 듯하다. 19세기 경상우도 학자들은 대원사를 유람할 적에 이곳에서 사제지간의 아름다운 고사를 회상하면서 부러워하였다. 즉 당대에 태어나 조식의 제자가 되지 못한 것을 한스럽게 여긴 것이다.

제8곡 면상촌곡(面傷村曲)은 대원사 계곡과 밤머리재로 갈라지는 삼거리의 명상마을 앞 시내 물굽이를 말한다. 오건은 송객정에서 조식이 주는 전별주를 마시고 말을 타고 가다가 너무 취해 이 마을 앞에서 말에서 떨어져 얼굴에 상처를 입었다. 그리하여 마을 이름이 면상촌이 되었다. 그런데 지금은 그 음이 와전되어 명상마을로 되었다. 19세기 대원사 계곡을 유람하던 경상우도 학자들은 이 면상촌에 이르러 얼굴에 상처를 입은 오건을 부러워하며 자신들도 조식이 따라주는 전별주를 마시고 취하여 말에서 떨어지고 싶다고 하였다.

제9곡 대원사곡(大源寺曲)은 대원사 앞 시내 물굽이를 말한다. 대원사 계곡은 조식이 찾았던 장항동(獐項洞)이다. 조식 생전에는 대원사라는 명칭의 절은 없었던 듯하다. 조식의 문인 성여신 등이 처음 편찬한 『진양지』에 의하면 '장항동에 상류암(上流庵)이 있다.'고 하였는데, 아마도 이 상류암이 후대 대원사인 듯하다. 대원사곡은 조식의 발자취가 닿은 곳인데 남아있는 시문이 없다. 19세기 경상우도 학자들은 대원사의 이름이 대원(大源)인 점, 그리고 대원사 계곡의 물이 천왕봉 밑에서 발원하는 점에 의미를 부여하고, 한나라 동중서(董仲舒)가 "도의 큰 근원은 하늘에서 나온다."라고 한 말에 근거하여 이곳을 도체의 근원으로 인식하였다. 그리하여 대원사 계곡을 끝까지 거슬러 천왕봉에 오르는 구도여행을 하고자 하였다.

이러한 역사적 사실에 근거하여 덕산구곡을 위와 같이 설정하고, 조식의 정신이 깃든 도학의 원류가 흐르는 곳으로 그 의미를 부여하고자 한다.

3. 덕산구곡 설정의 의의와 기대효과

덕산구곡을 오늘날에 이르러 설정하는 것에 대해 무슨 의미가 있느냐고 반문할 수도 있다. 그러나 문화는 만들어가는 것이다. 경상북도 문경시 선유동에 있는 선유구곡(仙遊九曲)은 조선 후기 손재(損齋) 남한조(南漢朝, 1744~1809) 등이 은거한 곳이지만 구한말 유학자 외재(畏齋) 정태진(丁泰鎭, 1876~1956)이 1947년 선유구곡시를 지어 비로소 선유구곡으로 거듭났다. 또한 충청북도 괴산군의 선유구곡도 구한말 겸산(兼山) 홍치유(洪致裕, 1879~1946) 등이 구곡시를 지으면서 현재의 구곡으로 거듭났다. 도산구곡을 설정한 것이 2백 년도 채 되지 않았고, 문경의 선유구곡과 괴산의 선유구곡을 설정한 지는 1백년도 채 되지 않았다. 또한 우리나라

1백여 개의 구곡 중에 약 3분의 1 정도가 19세기 이후 경영된 것임을 감안하면, 오늘날 덕산구곡을 설정하고 경영하는 것도 별 무리가 없다고 생각한다.

덕산구곡을 설정하고 경영하는 일은 18세기 안덕문이 삼산서원을 정립하여 어느 한 학파에 치우친 경향을 극복하고 세 선생을 모두 존숭하는 영남문화를 새로이 만들고자 한 정신을 계승하는 일이며, 19세기 하범운이 이야순의 청으로 삼산구곡시를 지으면서 덕산구곡이 없는 것을 무안하게 여겨 정식의 무이구곡을 변용해 덕산구곡시를 지은 정신을 계승하는 일이다.

덕산구곡을 설정하는 의의는 다음과 같이 몇 가지 정리할 수 있다. 첫째, 영남의 삼산서원과 삼산구곡을 정립하는 일로 조선시대 영남 도학의 위상을 재정립하는 일이다. 둘째, 덕산구곡을 설정하고 경영하면 미래에는 조식 도학의 원류가 흐르는 유적지로서 주목을 받을 수 있다. 셋째, 조식이 추구한 '내명자경 외단자의(內明者敬 外斷者義)'의 세계관에 기초한 천인합일의 지향을 조식의 유적이 있는 현장에서 직접 체험할 수 있을 것이다.

덕산구곡을 설정하고 경영하여 명승지로 만들면 다음과 같은 효과를 기대해 볼 수 있을 것이다. 첫째, 조식유적지가 많은 덕산 일대를 명실상부한 도학의 성지로 정립할 수 있을 것이다. 둘째, 조식의 경의사상을 알리는 데 다양한 콘텐츠를 확보할 수 있을 것이다. 특히 경관이 수려한 산수자연 속에서 조식의 정신을 직접 체험할 수 있는 좋은 콘텐츠를 만들 수 있다. 셋째, 지리산의 위상과 가치를 더 제고할 수 있을 것이다. 지리산은 학덕이 높은 학자가 은거한 산이라는 이미지를 부각시켜 지리산의 명산문화를 정립하는 데 일조할 것이다.

Ⅳ. 맺음말

이 글은 덕산구곡의 설정이 왜 필요한지, 덕산구곡을 설정하는 근거는 무엇이어야 하는지, 덕산구곡의 실체는 구체적으로 어떤 장소인지, 덕산구곡 설정의 의의와 기대효과는 무엇인지를 논의하는 데 주안점을 두었다. 그러나 이것만을 논의하면 덕산구곡을 설정하는 문화적 배경에 대한 이해가 부족하기 때문에 앞에 공맹과 주자로 이어진 동아시아 산수인식의 전통과 구곡문화 및 조선시대 선비들의 산수인식과 구곡문화에 대해 개괄적으로 살펴보았다.

그리고 경상우도 지역의 학술이 극도로 침체된 조선 후기 이 지역의 학자들이 남명학을 이어가기 위해 노력한 것 중에 삼산서원을 정립하여 이언적·이황과 함께 조식을 추숭하고자 한 노력, 삼산구곡시를 지어 보내 도산구곡·옥산구곡과 함께 덕산구곡을 드러내기 위한 노력 등을 통해 무엇을 어떻게 하는 것이 남명학을 보전하고 계승하는 길인지를 찾아보려고 하였다.

이러한 이 지역 선현들의 정신을 계승하여 오늘날 뜻 있는 인사들이 우선적으로 해야 할 일이 덕산구곡을 설정하고 경영하여 덕산을 명실상부한 도학의 성지로 만들어나가는 것이다. 이는 남명학을 계승하고 체험할 수 있는 현장과 콘텐츠를 확보하는 중요한 일이다. 이를 통해 안덕문과 하범운이 추구한 영남의 세 선현을 함께 존모하는 새로운 학풍을 만들어나간다면 영남을 추로지향(鄒魯之鄕)으로 거듭나게 할 것이다. 그렇게 되면 영남이 중국 곡부(曲阜)나 무이산 못지않은 유학의 산실로 세계적인 주목을 받을 수 있을 것이다.

참고문헌

『論語集註』

『孟子集註』

『晦庵集』

郭鍾錫, 『俛宇集』, 아세아문화사 영인본, 1983.

成汝信, 『晉陽誌』

安德文, 『宜庵集』

李　穀, 『稼亭集』

李　珥, 『栗谷全書』

李　滉, 『退溪集』

李光地 等編, 『御纂朱子全書』

李鼎基, 『蒼廬集』

李濟臣, 『陶丘先生實記』

林　椿, 『西河集』

林　薰, 『葛川集』

鄭　逑, 『寒岡集』

鄭　栻, 『明庵集』

趙　穆, 『月川集』

曹　植, 『南冥集』

周世鵬, 『武陵雜稿』

河範運, 『竹塢集』

洪仁祐, 『恥齋遺稿』

울산대곡박물관, 「조선의 구곡 일람」, 『자연에서 찾은 이상향 구곡문화』, 울산대곡박물관, 2010.

윤진영, 「구곡도의 전통과 白蓮九曲圖」, 『자연에서 찾은 이상향 구곡문화』, 울산대곡박물관, 2010.

최석기, 『남명과 지리산』, 경인문화사, 2006.

최석기, 「16세기 학자들의 산수와의 소통」, 『동방한문학』 제65집, 동방한문학회, 2015.

최석기, 「郭鍾錫의 「入德門賦」에 대하여」, 『남명학연구』 제47권, 경상대학교 남명학연구소, 2015.

최석기, 「도산구곡 정립과 도산구곡시 창작 배경」, 『한국한문학연구』 제53집, 한국한문학회, 2014.

최석기, 「武夷櫂歌 수용양상과 陶山九曲詩의 성향」, 『퇴계학논총』 제23집, 퇴계학부산연
　　　구원, 2014.

〈德山九曲-用朱子武夷櫂歌韻〉

近帝壁立天王峯
出焉流焉德川淸
山名稱德水亦然
遡流入德棹歌聲

하늘에 닿은 우뚝한 두류산 천왕봉,
거기서 발원해 흐르는 맑은 덕천강.
산도 덕스럽고 물도 덕스러운 곳,
덕의 세계로 나가는 배 젓는 소리.

一曲江邊乘漁船
陶丘臺蘸苔淵川
陶丘臺空無消息
長峽萬壑鎖霧烟

일곡이라 강가에서 어선을 빌려 타니,
도구대 그림자가 태연 속에 잠겼어라.
도구옹 소식 없고 텅 빈 대만 남았는데,
긴 협곡의 만학문은 안개 속에 잠겼네.

二曲鋪白白雲洞
冥翁三踏舒德容
白玉白盤天藏籠
無累白雲鎖幾重

이곡이라 흰 구름이 서려 있는 백운동,
남명 선생 세 번 찾아 덕용을 펴신 곳.
하얀 물결 하얀 반석 하늘이 숨겨두어,
티 없는 흰 구름이 몇 겹이나 둘렀는지.

三曲入德君不見
造道關門閉數年
門內水淸可濯纓
洗塵淸潭切自憐

삼곡이라 입덕문 그대들은 보지 못하나,
도덕으로 들어가는 관문 수년째 잠겼네.
문 안의 물 맑아서 갓끈 씻기에 좋구나,
맑은 물에 씻고 나니 그리운 마음 간절.

四曲叩馬君亦聽
發源首陽淸川瀁
聞伯夷風廉者見
暗黑洞天月影潭

사곡이라 고마정을 그대들도 들었으리,
수양산서 흘러내린 맑은 시내 기다라네.
백이 풍도 들으면 청렴한 이 나온다지,
어두운 산속 동네 연못에 비친 밝은 달.

五曲山天德氣深　　오곡이라 산천재 덕스러운 기운 깊구나,
道伴天王興儒林　　천왕봉 벗 삼아서 우리 유학 일으킨 곳.
擎天支柱無人識　　하늘을 떠받친 천왕봉을 아는 이 없으니,
千石鍾聲動天心　　천석종 소리만이 하늘 향해 울려 퍼지네.

六曲醉醒院前灣　　육곡이라 취성정 서원 앞의 물굽이 위,
望見崇德掩門關　　멀리 숭덕사의 닫힌 내삼문이 보이네.
懸揭敬義堂磊落　　선생의 지결 걸린 경의당이 우뚝하니,
惺惺子聲醒中閑　　성성자 소리에 깨어난 마음 한가롭네.

七曲送客餞德溪　　칠곡이라 송객정은 오덕계를 보내던 곳,
作別行路更回看　　작별하고 떠나면서 고개 돌려 보았다네.
執手懇告大節處　　손을 잡고 간곡히 출처대절 일러주던 곳,
只有樹在空翠寒　　한 그루 나무만 남아 쓸쓸하게 푸르도다.

八曲面傷村豁開　　팔곡이라 면상촌이 넓고 크게 열렸구나,
大源谷水流瀿洄　　대원사 계곡물이 흘러와서 돌아가는 곳.
德溪落馬面傷景　　오덕계 낙마하여 얼굴 상한 그 옛날 일,
後進猶羨想像來　　후배들은 오히려 부러워하며 상상하였지.

九曲古庵天藏然　　구곡이라 대원암 계곡 하늘이 숨겨둔 곳,
出於天之大源川　　하늘에서 흘러온 큰 근원이 흐르는 시내.
願問根源肇開路　　조개동을 올라가며 도의 근원 물어 보리,
懷劍佩子在何天　　경의검 품고 성성자 차고 어디 계신지를.

남명학의 대중화와 인문정신 콘텐츠 발굴

최
은
주

Ⅰ. 머리말

과거 전통시대를 대상으로 삼는 연구는 1차적으로 문자의 장벽을 넘
어야만 한다. 대부분의 자료들이 한문으로 기록되어 있기에 그 시대의
실상에 조금이라도 접근하려면 한문 해독이 필수적이다. 그러나 이것은
겨우 토대를 다지는 데 불과하다. 해독의 바탕 위에서 관련 자료들을
수집하고 거기에 질서를 부여하는 노력을 더한 다음 최종적으로는 그
질서가 갖는 학문적 의미를 찾아내야하기 때문이다. 이러한 과정 속에
서 연구자는 자신의 전문성과 역량을 발휘하며 동시에 그것을 더욱 깊
고 세밀하게 다듬어 나간다. 학문 연구는 어디까지나 전문적 영역이다.
그 안에서의 연구 성과는 일반 대중을 의식하지 않는다. 새로운 자료,
새로운 사실, 새로운 결과, 새로운 의미 부여들을 끊임없이 축적하며 분
야의 전문성을 강화해나가는 것이 일반적이다. 이 지점에서 인문학자들
의 고민은 깊어진다. 인문학의 사회적 기능을 고려할 때 당대의 사람들
과 소통하지 못하고 의미 있는 메시지를 던지지 못한다면 그것은 인문

학의 책임과 역할에 소홀한 것이기 때문이다. 연구자들은 전문성의 깊이와 넓이를 지속적으로 확대해감과 동시에 그 성과를 사회적으로 보급하고 전파하며 대중과의 교감을 추구해야만 한다. 고립된 전문성을 극복하고 대중의 일상과 사유 속에 파고들어가 함께 호흡할 때 인문학의 사회적 역할과 소명을 제대로 실천할 수 있다. 현재를 진단하고 더 나은 미래로 나아가기 위해 과거의 역사를 끊임없이 반추하는 것, 시공간을 막론하고 인류는 이러한 행위를 계속 반복해왔다. 그래서 전통시대를 연구하는 인문학자들의 어깨는 더 무겁다. 문자 장벽에 가로막힌 과거의 이야기들을 어떤 의미와 메시지를 담아 어떤 방법으로 현대 사회에 옮겨다 놓을 것인가? 이 논문은 이러한 문제의식에서 시작한다.

　남명(南冥) 조식(曺植, 1501~1572)에 대한 연구는 1980년대 후반부터 본격적으로 시작되었다. 그 후 현재까지 조식과 남명학파를 포괄하는 '남명학' 연구가 활발하게 이루어져왔고, 관련된 수많은 연구 성과들이 축적된 상태다. 그 동안 '남명학' 연구 활동과 성과에 대해 총체적인 개괄 정리가 2차례 정도 있었다. 첫 번째는 2002년 사단법인 남명학연구원이 '남명학의 분야별 연구 성과 정리'라는 기획으로 남명학 연구의 분야를 문학·역사·철학·교육학·정치·행정학 분야로 나누어 연구 성과를 개괄한 것이다.[1] 이로부터 10년이 지난 2012년에 경상대학교 남명학연구소가 설립 20주년을 기념하면서 남명학 연구 성과를 종합적으로 또는 분야별로 정밀하게 검토하며 남은 과제들을 전망해보는 기회를 다시 마련하였다.[2] 이것이 두 번째에 해당한다. 이러한 과정 속에서 기왕

---

1) 남명학연구원이 간행하는『남명학연구논총』제10집(2002)에 다음과 같은 논문이 차례대로 수록되어 있다. 정우락,「남명 및 그 학파의 문학 어떻게 연구할 것인가」; 설석규,「남명학 연구의 성과와 과제-역사학 분야」; 권인호,「남명학 연구의 반성과 향후 과제-철학」; 사재명,「남명학 연구-교육학 1965-2002」; 박병련,「정치·행정학계의 남명 및 남명학파 연구동향」; 오이환,「南冥學關係旣刊文獻目錄 2002」.

2) 경상대학교 남명학연구소가 간행하는『남명학연구』제35집·제36집(2012)에 관련 논문 총 10편이 수록되어 있으며 그 목록은 다음과 같다. 강동욱,「남명학 연구의 발전

에 축적된 남명학 연구 성과에 대해 체계적으로 정리해보고 그 한계를 점검해 보는 동시에 나아갈 연구 방향과 목표를 가다듬고자 했던 것이다. 지금도 이 두 기관을 중심으로 조식과 남명학파에 대한 연구는 지속적으로 이루어지고 있다. 강동욱은 시기에 따른 남명학 연구의 발전 양상을 검토 분석한 후 마지막에서 다음과 같이 언급했다. "현 시점에서 남명학의 대중화가 무엇보다 중요하다. 남명학 연구 총서 발간 등 남명학연구소를 중심으로 여러 가지 사업들을 진행하고 있지만, 앞으로 좀 더 적극적으로 대중화에 나설 필요가 있다"[3] 지난 시간 동안 꾸준하게 축적된 남명학의 전문적 연구 성과를 어떤 방향과 방법으로 대중화해야 지금 현대 사회에서 의미가 있을까? 이것은 이 논문의 두 번째 문제의식이다.

넓게는 인문학의 사회적 역할과 책임 위에서 전문 지식의 대중화를 고민하고, 구체적으로는 '남명학'이라는 전문 지식을 보다 많은 대중에게 보급하고 전파할 수 있도록 지금 현대 사회에 알맞은 방향과 방법을 찾아보고자 하는 것이 본 논문의 목적이다. 이를 위해 먼저 남명학 대중화 작업의 현주소를 살펴보면서 그 성과와 한계를 점검해 볼 것이다. 다음으로 빠르게 변화한 대중의 요구에 어떻게 부응해야 파급력의 확산을 도모할 수 있는지 그 방법적 측면을 들여다보고, 그 속에서도 남명학의 대중화가 궁극적으로 현대 사회에서 무엇을 위해 무엇을 지향

사」; 윤호진, 「남명의 생애와 발자취에 대한 연구의 회고와 전망」; 김낙진, 「남명 조식 철학 사상 연구에 대한 회고와 전망」; 강정화, 「남명문학 연구의 현황과 과제」; 송준식, 「남명학 연구성과의 회고와 전망-교육연구」; 심흥수, 「남명 연구 성과의 회고와 전망-정치 분야에 대한 소고」; 장원철, 「남명학 연구성과의 회고와 전망-외국의 연구 사례에 대하여」; 손흥철, 「남명학 연구저술에 관한 간고-철학사상을 중심으로」; 김익재, 「남명학파에 관한 연구의 성과 및 그에 대한 회고와 전망-남명학파의 거시적 동향에 관한 연구를 중심으로」; 이정희, 「<남명학고문헌시스템> 개발과 그 성과」; 최석기, 「남명학 관련 문헌 번역의 현황과 과제」.

3) 강동욱, 앞의 논문, 23쪽.

해야 하는지 그 책임과 역할을 되새겨 볼 것이다. 여기에서 '남명학'은 좁은 의미의 남명학으로, 조식의 학문과 사상 등 그와 직접적으로 관련된 자료들로 그 대상을 제한했음을 밝혀둔다.

Ⅱ. 남명학과 대중의 만남 : 시작과 현재

남명학과 대중이 만날 수 있도록 근본적 기회를 열어준 것은 국역서의 간행이었다. 국역서 간행 이후 조식에 대한 연구가 본격화되었고, 오랜 시간 동안 전문적 연구 성과들이 지속적으로 쌓이면서 대중으로 시선을 돌릴 수 있는 여건도 같이 마련된 것이다. 한문으로 된 자료를 국역하는 것은 그 내용의 전문성이나 난해함과는 별개로 일반인들이 접근할 수 있도록 1차적 통로를 만들어 준다는 점에서 대중화의 첫 단계라고 의미를 부여할 만하다. 조식의 저술 또는 그와 직접적으로 관련된 기록들에 대한 국역은 일정한 성과를 이룬 상태다. 2012년 남명학 연구 성과들을 종합적으로 정리·검토하면서 이 국역 성과에 대한 부분도 함께 다루어졌는데, 이 논문들을 참고해서 재정리 해보면 다음과 같다.[4)]

연번	연도	책명	역자	출판사
①	1980	남명집	이익성	금호인쇄
②	1995	교감 국역 남명집	경상대학교 남명학연구소	이론과실천
③	2001	남명집	경상대학교 남명학연구소	한길사

〈표1〉 『남명집』 번역 현황

---

4) 최석기는 「남명학 관련 문헌 번역의 현황과 과제」(주석 3번 참조)에서 조식의 저술 『남명집』·『학기유편』 그리고 그의 전기 자료 및 연원록에 대한 국역 성과를 체계적으로 검토하며 향후 과제들을 제안하였다. 이 논문에는 조식 문인들의 저술에 대한 국역 성과도 함께 정리되어 있다. 손흥철은 「남명학 연구저술에 관한 간고-철학사상을 중심으로-」(주석 3번 참조) 2장에서 『남명집』의 판본 문제와 그 역주·번역본의 종류 및 특징에 대해 검토하면서 판본 교감 및 국역에 대한 지속적 보완의 필요성을 제기하였다.

①은 1967년에 간행된 정미신활자본의 『남명선생전집』을 저본으로 번역한 것이므로, 조식의 시문집(문집·속집) 5권2책, 『학기유편』 5권2책, 『남명선생편년(부록)』 1권1책이 모두 국역 수록되었다. ②는 경진판 계통의 마지막 판본인 을유후판의 『남명선생합집』을 번역저본으로 삼았으며, 문집과 별집 가운데 문집만 교감하여 번역한 것이다. 이 판본에 없는 조식의 시문까지 수집해 국역하고 '보유(補遺)'라는 별도의 장에 덧붙여 수록하였다. ②는 조식의 시문을 총정리해 누구든지 읽을 수 있도록 하자는 의도로 만들어진 것이기에 대중화로 한 걸음 더 나아갔다고 볼 수 있다. ③은 ②의 일부 번역 오류를 검토·수정하여 수정판으로 간행한 것으로, 2012년까지 7번 인쇄하였다.

연번	연도	책명	역자	출판사
①	1980	〈학기유편(學記類編)〉 번역 (『남명집』 수록)	이익성	금호인쇄
②	2002	학기유편, 사람의 길 배움의 길	경상대학교 남명학연구소	한길사

〈표 2〉 『학기유편』 번역 현황

조식은 『성리대전』 등 많은 책을 읽으며 학문에 몰두하였고 그 속에서 자신에게 절실한 긴요한 문구들을 뽑아 기록해 두었는데, 이것을 문인 내암(萊菴) 정인홍(鄭仁弘, 1535~1623)이 『근사록(近思錄)』의 체제에 따라 분류하여 편찬한 것이 바로 『학기유편』이다. ①은 1980년에 이익성이 국역한 『남명선생전집』에 수록된 것이고, ②는 경상대학교 남명학연구소에서 변개되기 이전의 정사본(丁巳本, 1617) 초간본을 저본으로 삼아 원래의 내용을 최대한 살려 국역한 것이다.

조식의 저술은 이즈음 모두 완역되었고, 이후 다시 번역을 시도한 사

례는 발견되지 않는다. 다만, 그의 저술 가운데 일부를 추려내어 번역을
시도한 조금은 더 대중적인 국역서가 간행되었는데 사례는 다음과 같다.

연번	연도	책명	역자	출판사	비고
①	2006	남명의 한시선	허권수	경인문화사	경상대학교 남명학연구소 남명학교양총서 3
②	2006	남명의 산문선	허권수	경인문화사	남명학교양총서 4
③	2008	남명 조식 시선	허경진	평민사	'한국의 한시' 48
④	2012	남명문집	오이환	지식을만드는지식	

〈표 3〉 『남명집』의 발췌 번역

　　조식의 생애와 그의 학문 연원 및 문인 제자를 알 수 있는 자료들에
대한 번역도 함께 이루어졌다. 초기에는 원문에 충실한 국역이 주로 이
루어졌다면, 뒤에는 대중을 위한 교양서 간행에 보다 중점을 두었다고
볼 수 있다. 조식의 연보 및 언행 기록에서 역사서에 기록된 조식의 행
적과 친구·제자·후학들이 기억하는 조식의 모습까지 관련 자료 등을
망라하고 정리·국역하여 그의 다양한 면모를 지금 이 시대에 생생하
게 옮겨다 놓은 것이다. 그 사례는 아래의 표와 같다.

연번	연도	책명	역자	출판사	비고
1	1978	남명선생편년 [초역(抄譯)]	최해갑	–	진주교육대학교 간행 『논문집』에 수록
2	1980	〈남명선생편년〉 번역 (『남명집』 수록)	이익성	금호인쇄	
3	1992	남명선생언행총록	김해문화원	김해문화원	

4	2009	조선왕조실록에 보이는 남명 조식 1·2	최석기	경인 문화사	남명학교양총서 13·14 -조선왕조실록 및 승정원일기 등에 기록된 조식의 기사를 뽑아 유형별로 정리하고 번역
5	2010	남명 그 위대한 일생	허권수	경인 문화사	남명학교양총서 15 -조식의 행장·묘갈명·신도비·묘지명·행록 등을 번역
6	2011	남명, 그 학덕을 그리며	허권수	경인 문화사	남명학교양총서 18 -조식의 제문과 만장을 번역
7	2011	남명선생편년	장원철·전병철	경인 문화사	남명학교양총서 19
8	2011	덕천사우연원록	이상필·공광성	경인 문화사	남명학교양총서 20

〈표 4〉 조식의 전기 자료 및 연원록 번역 현황

　　조식의 저술과 그의 행적을 둘러싼 다양한 기록들, 그리고 조식이 당시 교류하거나 영향을 주었던 사우(師友)들에 대한 이야기 등 그와 관계된 대부분의 자료들은 국역이 이루어졌다. 이를 통해 기록 문자가 달라서 발생하는 대중과의 1차 장벽은 무너진 셈이다. 그럼에도 불구하고 내용 자체와 원문에 충실한 국역이 주는 난해함은 여전히 대중과의 소통에 보이지 않는 장벽을 형성하고 있다. 보이지 않는 이 장벽을 걷어내기 위해 전문적 영역의 '남명학'을 쉽게 풀어 누구나 가볍게 읽을 수 있는 책들이 발간되기 시작했다. 2005년 경상대학교 남명학연구소는 『나의 남명학 읽기: 남명사상의 현대적 의미』를 시작으로 남명학교양총서 시리즈 간행을 출발시켰고 2017년 현재까지 29종을 간행하였다. 이 가운데 조식과 직접적으로 관련된 책은 총 17종으로 이 중 7종은 위에서 제시한 국역 사례에 들어가 있다. 이 시리즈는 시간이 흐르면서 자연스럽게 '넓은 의미의 남명학' 즉 조식의 제자 또는 그 영향을 받은 후학들에 대한 이야기로 주제가 확장되고 있다. 조식과 직접적으로 관련된 책들은 아래와 같다.

연번	연도	책명	저자	연번	연도	책명	저자
1	2005	나의 남명학 읽기	최석기	6	2007	남명과 그의 벗들	강정화
2	2006	남명의 인간관계	윤호진	7	2007	남명 정신과 문자의 향기	최석기
3	2006	남명과 지리산	최석기	8	2007	남명과 이야기	정우락
4	2006	남명문학의 현장	정우락	9	2008	남명과 퇴계사이	정우락
5	2007	남명의 삶과 그 자취	이상필	10	2013	남명과 지리산 유람	강정화

〈표 5〉 경상대학교 남명학연구소 남명학교양총서(경인문화사)

대중적 성과물들이 축적되면서 이와 더불어 대중을 대상으로 한 남명학 관련 강의 프로그램 운영도 활발해졌다. 특히 지리산을 중심으로 조식의 유적지가 있는 경남 지역에서 크고 작은 규모로 빈번하게 이루어지고 있으리라 생각된다. 지역의 관련 축제나 문화유적답사 등에서도 대중을 대상으로 한 다양한 형태의 특강과 교육·연수가 때마다 마련되어 운영 중이다. 2015년 경남 산청군은 '남명학'을 비롯한 선현들의 실천유학에 관한 자료를 수집·연구하고 이를 현대적으로 계승하기 위해 강의·교육·연수를 체계적으로 활성하려는 목적에서 한국선비문화연구원을 건립을 완료하였다. 그리고 2016년 4월 남명학진흥재단에 그 운영을 위탁하였으며, 이곳을 찾는 사람들은 조식의 학문과 정신에 기반을 둔 다양한 강의·연수 프로그램을 체험할 수 있다.

대중에게 조식을 알리는 성과로 또 하나 꼽을 수 있는 것은 매년 열리는 '남명선비문화축제'이다. 조식의 실천사상을 기리고 선생의 선비정신을 재조명하기 위해 조식 사적지인 산천재와 덕천서원 등에서 개최되는 지역대표민속축제이다. 기존의 추모제 성격에서 탈피해 전통축

제행사로 전환하여 대중들과 함께 '남명학'을 공유하고자 한 데에서 대중적 성과로서의 의미가 크다.

Ⅲ. 대중과 시선 맞추기: 변화와 도전

대중화를 위해서는 '대중의 요구와 취향'을 파악하는 것이 우선적 과제이다. 한문고전 분야에서의 대중화 작업은 여전히 일방향 소통에 머무르고 있다. 대중이 이해하기 쉽도록 현대화된 국역 작업을 추구하고 간추리거나 풀어 쓰는 교양서적을 간행하며 관련 교육연수 프로그램을 활발하게 운영하는 등 여러 분야에서 대중화 작업에 힘을 쏟고는 있지만, 일방적 전달에 무게를 싣고 있을 뿐 쌍방향 공감으로 확장되지 못하고 있는 것이 현재의 상황이다. 이 장에서는 '남명학의 대중화'가 어떤 기초 위에서 어떤 길로 나아가야 지금의 대중들과 보다 활발하게 교감을 할 수 있을 것인지 살펴보려고 한다. 지금은 대중과 시선을 맞출 때이다. 빠르게 변화하는 사회 문화적 환경과 그에 따른 대중의 성향을 제대로 파악해야 한다.

(1) 오프라인에서 온라인 중심으로, 시공간적 한계의 극복

인터넷이 개발 상용되기 시작한 지 불과 30년이다. 그리 길지 않은 시간인데 그 사이 세상의 모든 뉴스와 지식 정보들은 손 안에 들어오는 작은 스마트 기기를 통해 상호 전달되는 시대가 되었다. 남명학의 대중화도 이러한 디지털 사회로의 전환에 부응해야 파급력을 제고할 수 있다. 앞에서 살펴봤지만 남명학의 대중화를 위한 노력이 지속적임에도 불구하고 그 영향력과 파급력이 뚜렷하지 않은 것은 바로 이러한 시대

변화의 흐름을 따라가지 못하고 있기 때문이다. 이 부분에서 제일 시급한 부분은 바로 <남명학고문헌시스템>의 발전과 개선에 주력하는 것이다. 남명학 관련 각종 역사기록을 디지털화하여 원본은 영구보존하고, 내용은 연구자가 편리하게 활용하게 하기 위해 개발된 것이 바로 <남명학고문헌시스템>이다. 2011년 개발이 완료되었는데, 2012년에 이정희가 이 시스템의 개발과 관련하여 준비 과정부터 개발 목적·방법·과정·내용·성과까지 상세하게 정리하면서 남은 문제점들을 정리하고 그에 대한 향후 과제들을 제안한 바 있다. 그가 제안한 과제들 중에 다음과 같은 내용은 대중화로 나아가는 직접적인 통로가 된다.

> 셋째, DB이용의 저변을 확대하기 위해서는 전문연구자뿐만 아니라 다양한 이용자가 활용할 수 있는 컨텐츠를 확충해 나가야 할 것이다. 곧 인물정보, 서지정보, 유적지 정보, 유물정보, 지리정보 등의 다양한 컨텐츠를 개발하여 상호 유기적으로 결합시켜 나가야 할 것이다.
> 넷째, 시대 추세에 따라 연구자가 언제 어디서나 정보를 검색할 수 있는 유비쿼터스 환경을 구축하여야 할 것이다. 이를 위해 핸드폰 등으로 정보를 검색 열람할 수 있는 모바일시스템을 추가 개발하여야 할 것이다.[5]

국역서 및 대중교양 서적의 간행이나 관련 인문강좌 및 교육연수 프로그램 자체가 대중성을 지향하고는 있지만, 이러한 서적과 강의·연수 프로그램들은 시·공간적 제약이 심하다는 것에서 대중적 보급·확산이 수월하지 않다. 서적은 시간이 오래 지나거나 절판되면 구해보기 어렵고, 강의나 연수도 정해진 시간과 공간 안에서만 이루어지는 것이어서 한계가 분명하기 때문이다. 이러한 시공간적 제약을 근본적으로 돌파할 수 있는 것이 곧 남명학 관련 자료의 디지털 아카이브 구축 및 온

---

5) 이정희, 「<남명학고문헌시스템>의 개발과 그 성과」, 『남명학연구』 제36집, 경상대학교 남명학연구원, 2012, 136쪽.

라인 서비스 제공이다. 이것은 특히 지금과 같은 디지털 사회에서는 더욱 간과할 수 없는 과제임이 분명하다. 국역 성과를 비롯해 각종 전문 지식 정보들을 영구보존하기 위해 1차적으로 DB화하고 이것을 다시 체계적으로 재편집하여 전문연구자 뿐만 아니라 일반인들도 손쉽게 활용할 수 있도록 이용자 중심의 서비스 환경을 구축해야만 하는 것이다. 더 나아가 이용자가 언제 어디서나 시간과 장소에 상관없이 네트워크에 접속하고 정보를 검색할 수 있도록 모바일시스템도 함께 구축해야만 한다.

관련 자료들을 체계적으로 영구보존할 수 있는 온라인시스템 기반이 확립되면 이것의 활용성 증대를 위한 방안을 고민해야 한다. 지금 시대에서 대중적 확대 보급을 도모하려면 이 전문지식들을 바탕삼아 남명학 관련 이야기콘텐츠를 생산 축적하는 것이 시기 적절하다고 판단된다. 일반인들은 전문 지식으로의 접근이 쉽지 않고, 접근한다 하더라도 이해하는 데에 많은 어려움이 따른다. 그러므로 누구나 쉽게 읽고 이해할 수 있는 이야기로 재구성하여 그것들을 저장하고, 일반인들은 이 이야기들을 토대로 조식의 다양한 면모들을 알 수 있도록 만들어야 한다는 것이다. 자료보존 및 전문지식 아카이브에 이야기 저장소의 개념을 더하는 방법으로 전문연구자들 뿐만 아니라 대중들의 접근성 및 활용성을 함께 제고할 필요가 있다. 이미 여러 교양서들이 간행된 만큼 이러한 작업이 근본적으로 어려워 보이지는 않는다. 다만 온라인상에서 이야기 소재 및 유형 등을 어떻게 분류하고 배열할 것인지 고민이 이루어져야 할 것이다. 자료를 체계적으로 배열하고 전달이 쉬운 이야기로 가공하여 이용자의 접근성과 이해도를 높이는 것은 시대의 변화를 따라가야 마땅하다. 그러나 원문 자료와 역사적 사실 속에서 그 뿌리를 언제든지 찾아볼 수 있도록 하는 것은 시대의 변화와 무관하다. 결론적으로 말한다면 남명학의 디지털 아카이브 및 이야기 저장소는 전문성에 기반한 남명학 관련 역사문화 자료 저장소의 기능과 역할에 충실해 야 한다는 것이다. 온라인에 구축한 이 곳에 전문 연구자들이 전문 지식에 기반한 풍부한 콘텐츠들을 알기 쉽게 잘 정리해 놓으면, 극작가 ·웹툰 작가·게임 개발자 등 현장 창작자들이 활용할 수 있도록 그 길을 열어주는 형태가 가장 이상적이다. 만약 남명학 안에서 대중적 소재를 찾고 이것의 산업적 활용가치를 탐색해보려 한다면, 전문 연구자와 현장 창작자들 사이에 이러한 온라인 통로가 막힘없이 트여 있어야 한다.

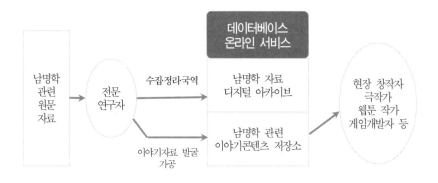

(2) 스마트폰 시대가 요구하는 대중과의 소통방식

2000년대 들어서면서 디지털 매체의 영향력이 급격하게 확대되고 이로 인해 문화를 소비하는 구조도 확연하게 바뀌었다. 초고속 인터넷 통신망과 모바일 플랫폼의 발달은 일 방향적인 매스미디어 플랫폼에서 양 방향성의 소셜 미디어 플랫폼으로 전환토록 하였고, 이에 따라 문화 생비자 즉 생산자와 향유자의 역할을 동시에 하는 사람들이 등장하였다. 말하자면 지금의 문화 소비자들은 이야기콘텐츠를 소비하는 동시에 재생산이 가능하고 이를 통해 이루어지는 파급 및 영향력의 범위도 고정되지 않고 매우 탄력적이라는 것이다. 지금은 이 소셜 미디어 플랫폼

을 이용하지 않으면 대중과의 소통이 어려운 시대이다. 이 안에서 개인
들은 텍스트, 이미지, 동영상 등 다양한 형태를 통해 자신의 생각과 의
견, 경험, 정보 등을 서로 공유하고 상호 관계를 형성하며 다시 이를 확
장해나간다. 이렇게 만들어지는 콘텐츠 중에서 더 많은 사람이 더 넓게
공유하려는 콘텐츠의 특성은 분명하다. 사람들은 복잡한 텍스트보다 간
단 분명하게 정리된 텍스트를 선호하고, 시각을 자극하는 이미지나 감
성을 건드리는 숏폼 동영상을 주로 공유한다.

　남명학이 대중과 활발하게 소통하기 위해서는 어떤 기초 위에서 어
떤 길로 나아가야 할지 해답은 분명해 보인다.

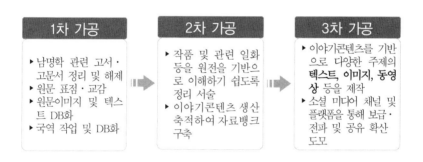

　날 것의 자료를 1차 가공하고 이것을 다시 보다 쉽게 이해할 수 있도
록 2차 가공해 이야기 콘텐츠를 생산한다. 그리고 이렇게 가공된 이야
기콘텐츠를 기반으로 다양한 그렇지만 쉽고 분명한 주제의 텍스트·이
미지·동영상 등으로 3차 가공을 시도하고, 이것을 소셜 미디어의 채널
이나 플랫폼을 개설해 보급 전파한다. 더불어 콘텐츠의 지속적인 공유
와 확산이 가능하도록 콘텐츠 형태를 끊임없이 진화시켜야 한다. 다만
유의해야 할 점은 소셜 미디어 안에서는 콘텐츠가 상호 공유되는 가운
데 개개인의 생각과 의견, 감정들이 덧붙여질 수 있으므로 그 내용이
본래의 의도와 달리 변형되거나 왜곡될 위험이 늘 따라다닌다는 사실

이다. 그러므로 지금 시대가 선호하는 형태의 콘텐츠 생산에 앞서 그 뿌리와 기초를 튼튼하게 다져야만 하는 것이다. 이러한 단계를 거쳐 생산된 콘텐츠는 마지막 형태가 아무리 변화하더라도, 그 뿌리를 언제든지 추적할 수 있도록 길을 열어둠으로써 본질 자체의 변형과 왜곡을 차단할 수 있다.

Ⅳ. 남명학과 인문정신 콘텐츠 발굴

앞 장에서는 변화한 시대에 대중과의 소통을 보다 활발하게 하기 위해 대중과 시선을 맞추어야 하며 그 시선을 어떻게 맞추어야 변화의 흐름을 따라갈 수 있는지 살펴보았다. 이 장에서는 이러한 소통과 교감을 추구하는 궁극의 목적 즉 '남명학의 대중화'가 현대 사회에서 무엇을 위해서 무엇을 지향해야 하는지 그 책임과 역할을 다하려면 어떤 콘텐츠가 중심이 되어야 하는지 고민해 보고자 한다.

(1) 조식, 그는 어떤 사람인가: 선명한 캐릭터의 형상화

남명학의 대중화에서 핵심은 결국 조식이다. 그가 어떤 인물인지 뚜렷한 이미지로 각인시켜야 그의 이야기에 힘이 실린다. 설명적이어서는 곤란하다. 근본은 진지하게 그러나 텍스트는 가볍게 이미지는 뚜렷해야 한다. 조식의 '칼'과 '방울'에 대한 이야기는 유명하고 또 그 자체로 흥미롭다. 이로 인해 조식은 '실천적 지식인'으로서의 면모가 크게 부각되어 있다. 이러한 면모와 관련된 이야기를 추출해서 쉽고 분명하게 재구성하고, 다시 다양한 형태(텍스트·이미지·동영상 등)로 가공해 소셜 미디어 안에서 공유하는 것이 가장 효과적일 것이다.

남명학 디지털 아카이브 (1차 가공)	▶ 조식의 『남명집』<패검가(佩劍銘)>, <언행총록(言行總錄)> －내명자경(內明者敬), 외단자의(外斷者義)<패검명>: 안으로 마음을 밝히는 것은 '경'이요, 밖으로 행동을 결단하는 것은 '의'다. ▶ 정인홍의 『내암집』<남명조선생행장(南冥曺先生行狀)>, 이이의 『석 담일기』<융경육년임신(隆慶六年壬申)>, 장현광의 『여헌집』 <이철명 (二鐵銘)>, 조긍섭의 『암서집』<남명선생패검가 봉정사손경지장(南冥 先生佩劍歌 奉呈嗣孫景止丈)>, 『진양속지』 등

남명학 이야기 저장소 (2차 가공)	▶ 늘 방에 꿇앉아서 사색하였는데 잠이 오면 칼을 어루만지며 졸음을 깨웠다. 칼자루에는 명(銘)을 써두었는데 '내명자경(內明者敬), 외단 자의(外斷者義)'라는 것이었다.(이이의 『석담일기』 중에서) ▶ 남명 조문정공의 칼이 두 자루 있는데, 길이는 한 자쯤 되고 자루는 무소뿔 및 상아로 만들었다. 자루에는 교룡(蛟龍) 두 마리를 새겼는 데 머리를 엇갈리게 하였다. 양쪽 옆에는 해서체로 '안으로 마음을 밝히는 것은 경이요, 밖으로 행동을 결단하는 것은 의다'라는 명을 새겼는데, 다룬 가죽으로 칼집을 만들었다. 아마도 평소에 차고 다니 시던 것일 터인데도, 그 광채가 마치 숫돌에서 새로 갈아낸 듯하다고 한다.(『진양속지』 중에서)6) <div style="text-align:right">*일부만 정리</div>

소셜 미디어 채널 및 플랫폼 (3차 가공)	▶ '경의검'과 관련된 교양서 내용의 텍스트 재편집 가공 －(예시) 『남명과 이야기』(정우락)에 칼과 방울에 대한 이야기와 설명이 수록 ▶ '경의검'의 이미지-복원된 유물, 『남명 정신과 문자의 향기』 (최석기)의 그림 등 ▶ 남명 조식 관련 다큐영상에서 '경의검' 부분 편집 가공 －(예시) KNN 특별기획 2부작 '남명 조식' 등

　　남명학을 가장 단적으로 보여주는 것이 바로 '안으로 마음을 밝히는
것은 경(敬)이요, 밖으로 행동을 결단하는 것은 의(義)대내명자경(內明者
敬), 외단자의(外斷者義)]'라는 여덟 글자 <패검명>이다. 조식을 언급하는
대중서적이나 인터넷 등에서 이 이야기는 매우 잘 알려져 있다. 1·2차

---

6) 정우락, 『남명과 이야기(경상대학교 남명학연구소 남명학교양총서 10)』, 경인문화사,
　　2007, 8쪽에서 재인용.

가공에서 기초 자료가 탄탄하게 확보되면, 3차 가공에서는 부담 없이 꽤 자유로운 형식으로 조식의 이미지를 형상화할 수 있다. 이것을 주제로 삼은 칼럼도 좋고, 텍스트를 정리해 이미지 슬라이드 영상이나 짧은 동영상을 제작해도 좋다. 위에 예시한 것처럼 이미 간행된 서적 또는 제작 다큐에서 관련 부분을 발췌 편집해 흥미와 관심을 자극하는 것도 가능한 방법이다.

남명학 디지털 아카이브 (1차 가공)	▶ 조식의 『남명집』<편년> ▶ 성운의 『대곡집』 <남명선생묘갈(南冥先生墓碣)>, 정인홍의 『내암집』 <남명조선생행장(南冥曺先生行狀)>, 권별의 『해동잡록』, 이익의 『성호전집』 <성성자(惺惺子)>, 이긍익의 『연려실기술』 <명종조고사본말(明宗朝故事本末)> 등

남명학 이야기 저장소 (2차 가공)	▶ 옛 선현의 초상을 그려 방 한 쪽에 붙여놓고는 눈으로 보고 마음으로 생각하며 숙연히 흠모하는 마음을 일으켜 마치 스승 앞에서 직접 가르침을 받는 것처럼 하였다. 일찍이 "학자는 잠을 많이 자서는 안 된다. 사색 공부는 밤이라야 더욱 몰두할 수 있어서이다."라고 하였다. 늘 스스로 금방울을 차고서 '성성자(惺惺子)'라고 하였으니 때때로 흔들려 잠을 깨워주기 때문이었다.(성운의 <남명선생묘갈> 중에서)7) ▶ 옷섶에 방울을 차고 '성성자'라 일컬었는데, 이것은 마음을 불러서 깨우치는 공부였다. 김우옹에게 이 방울을 주며, "이 물건이 맑은 소리로 사람을 깨우쳐 줄 줄을 안다. 차고 다니게 되면 매우 좋은 것을 알게 될 것이다. 내 귀중한 보배를 너에게 주나니 네가 능히 이것을 지니겠느냐?" 하였다. 우옹이 "이는 옛 사람이 옥을 차는 뜻이 아닙니까?"라고 물으니, 선생이 "실로 그러하다. 그러나 이것의 의미가 더욱 절실하니 이연평도 일찍이 찾은 것이다."고 했다. 또 뇌천(雷天)이란 두 글자를 써주었다. 요컨대 방울은 불러 깨우침을 딴 것이고, 뇌천은 대장괘(大壯卦)의 뜻을 딴 것으로 성찰하고 극기하는 공부를 힘쓰게 한 것이다.(<남명선생편년> 중에서)8)

소셜 미디어 채널 및 플랫폼 (3차 가공)	▶ '성성자'와 관련된 교양서 내용의 텍스트 재편집 가공 －(예시) 『남명과 이야기』(정우락)에 칼과 방울에 대한 이야기와 설명이 수록 ▶ '성성자'의 이미지 - 복원된 유물 등 ▶ 남명 조식 관련 다큐영상에서 '성성자' 부분 편집 가공 －(예시) KNN 특별기획 2부작 '남명 조식' 등

'경의검'과 '성성자' 이야기에는 그의 실천적 삶이 집약되어 있기에, 이 이야기를 다양한 형태의 콘텐츠로 전달하는 가운데 조식의 인격에 대한 이미지가 대중들에게 자연스럽게 각인될 수 있다고 생각된다. 소셜 미디어의 채널이나 플랫폼을 개설해 지금의 대중들이 선호하는 콘텐츠 형태로 가공하는 것은 그들의 감성을 자극해 1차적인 관심과 흥미를 유발하는데 유리하기 때문이다. 보다 많은 사람들이 읽고 보고 느낄 수 있도록 해야 하고, 그 순간에 그들이 관심을 불러일으킬 수 있어야 한다. 그들의 관심이 확장되고 깊어지면 자연스럽게 '남명학'을 알고 싶어 하는 마음이 일어나리라 기대하는 것이며, 그 때 '남명학 데이터 베이스'로 안내해 풍부한 이야기를 제공하고 궁극에는 그 속에서 그들이 스스로 삶의 지혜와 교훈을 깨달을 수 있도록 만들고자 하는 것이다.

(2) 조식, 그는 어떻게 살았는가?: 경험적 공감에서 얻는 감동과 지혜

조식이 어떻게 살았는지 그에 대한 구체적인 사례들도 이야기콘텐츠로 재구성하고 다시 다양한 형태의 콘텐츠로 가공하면 그 전달력이 배가된다. 다만 유의할 것은 이러한 사례들을 현대적 코드로 끊임없이 재해석해야만 한다는 점이다. 지금의 사회에 그리고 그 사회 속에서 살고 있는 대중에게 절실한 이야기가 무엇인지 생각해야 한다. 조식의 학문과 정신 그 자체의 위대함을 알리는 것이 아닌 무엇을 위해서 어떻게 살 것인지 치열하게 고민하고 반성하는 지식인의 모습을 담아내는 것이 필요하다. 그러한 지식인의 모습이 아버지로서 학자로서 스승으로서

---

7) 成運, 『大谷集』 卷下, <南溟先生墓碣>, "畫古聖賢遺像 張在座隅 目存而心思 肅然起敬 如在函丈間耳受面命之誨 嘗曰 學者無多著睡 其思索工夫 於夜尤專 以故常自佩金鈴 號 曰惺惺子 時振以喚醒."

8) 정우락, 앞의 책, 8쪽에서 재인용.

의 모습과 어우러질 때 그것을 접하는 대중은 자신의 기억과 경험을 토대로 더욱 깊이 공감할 수 있기 때문이다.

> 약포상공(藥圃相公)이 말했다. "젊었을 때 남명(南冥)을 뵈었는데 작별에 임하여 남명이 홀연히 '내 집에 소 한 마리가 있는데 자네가 끌고 가게.'라고 말씀하셨다. 내가 무슨 말인지 모르자 남명이 웃으며 말씀하시길 '자네의 말과 얼굴빛이 너무 민첩하고 날카로우니, 날랜 말[마(馬)]은 넘어지기 쉬운지라 더디고 둔한 것을 참작해야 비로소 멀리 갈 수 있으므로 내가 소를 준다고 하였네.'라고 하였다. 그 후 수십 년을 다행히 큰 잘못 없이 지낸 것은 선생이 주신 것이다."[9]

위의 일화는 약포(藥圃) 정탁(鄭琢, 1526~1605)과 조식 사이에 있었던 일이다.『덕천사우연원록(德川師友淵源錄)』과『연려실기술(燃藜室記述)』에 실려 있다. 누구의 시각으로 읽느냐에 따라 공감의 지점이 달라질 수 있다. 선생의 입장에서는 직설적인 훈계보다 적절한 비유를 통해 제자의 단점을 지혜롭게 깨우쳐주는 온화한 모습이 부각될 수 있다. 제자의 입장에선 자신을 깊이 파악하고 진정으로 인도해주는 멘토 같은 스승의 모습에 감동을 느낄 수 있을 것이고, 공부하는 사람의 입장에서는 총명하고 민첩한 재주보다 더 중요한 건 더디고 둔한 듯 오랜 시간 침잠하는 공부라는 것에 위안을 받을 수도 있을 것이다. 서로 다른 공감들이 교차하는 가운데 개개인의 경험, 의견, 생각들이 덧붙여지면서 이 이야기는 생명력을 얻게 된다. 남명학의 대중화에서 우리가 의도해야 하는 것이 바로 이러한 생명력 있는 이야기의 생산과 가공이다. 일방적인 교훈과 설명에는 공감하기 어렵다. 조식처럼 훌륭했던 선비가 어떻게 자기

---

9) 李肯翊,『燃藜室記述』卷18, <宣祖朝相臣>·<鄭琢>, "藥圃相公言 少時見南冥 臨別南冥忽曰 我有一隻牛 君可牽去 某不省 所謂南冥笑曰 君辭氣太敏銳 歷塊之足易於一蹶 參以遲鈍 乃能致遠 吾所以贈牛也 後數十年幸無大過 是先生之賜也."

를 수양했고 왜 사회에 분노했으며 무엇을 실천하며 살았는지에 초점을 맞추고 이러한 모습을 보여주는 다양한 이야기콘텐츠를 발굴해 생기를 불어넣고 공감을 불러일으키는 것이 지금은 필요하다.

조식이 58세 때 여러 벗들과 함께 지리산 쌍계사 방면을 유람하고 쓴 <유두류록(遊頭流錄)>에서도 여러 이야기들을 끄집어 낼 수 있다. 특히 이 유람록에서 그는 산수를 유람하며 경관을 접하거나 어떤 상황에 놓일 때마다 경험에 의한 깨달음을 통해 자신의 마음을 성찰하고 있기 때문에 이해와 공감이 더욱 직접적으로 와 닿는다.

> 밤이 되어 우점(郵店)으로 갔는데 겨우 말[두(斗)]만한 크기의 방 하나뿐이었다. 허리를 구부리고 방에 들어갔지만 다리를 펼 수 없었고, 벽은 바람도 막아내지 못하였다. 처음에는 답답하여 견딜 수 없을 것 같았으나, 잠시 후에는 네 사람이 머리를 맞대고 서로 베고서 단잠에 빠져 밤을 보냈다. 이를 두고 보면 사람의 습관이란 잠깐 사이에도 낮은 데로 치닫는 것을 알 수 있다. 앞서도 그 사람이고 뒤에도 같은 사람인데, 전날 청학동에 들어가서는 마치 낭풍산에 올라 신선이 된 듯 하였지만 오히려 부족하다 여겼었다. 도한 신응동에 들어가서는 바야흐로 요지(瑤池)에 올라 신선이 된 것 같았지만 도리어 부족하다 생각했었다. 그리고 은하수에 걸터앉아 하늘로 들어가거나 학을 부여잡고 공중으로 솟구치려고만 하였고, 다시는 인간세상으로 내려오지 않으려 하였다. 그러나 뒤에는 좁은 방에서 구부리고 자면서도 그것을 자신의 분수로 달게 받아들였다. 여기서 평소의 처지에 만족한다 하더라도 수양하는 바가 높지 않으면 안 되고 거치하는 곳이 작고 초라해서는 안 된다는 사실을 알 수 있다. 또한 사람이 선하게 되는 것도 습관으로 말미암고 악하게 되는 것도 습관으로 인한 것을 알 수 있다. 위로 향하는 것도 이 사람이 하는 것이고, 아래로 치닫는 것도 같은 이 사람이 하는 것이니 단지 한 번 발을 들어 어디로 향하느냐에 달려 있을 따름이다.10)

---

10) 최석기, 『남명과 지리산(경상대학교 남명학연구소 남명학교양총서 5)』, 경인문화사, 2006, 94~95쪽에서 재인용.

만족할 줄 아는 지혜는 현대 사회에서 행복하기 위한 노력으로 많이 일컬어진다. 그러나 만족으로 자신의 삶이 정체되어 버린다면 어느 순간에 다시 불만족 속에서 갈등과 고뇌하는 자신을 발견하게 된다. 만족할 줄 알되 더 나은 삶을 위해 끊임없이 자신을 단련하고 또 노력하는 것, 위의 이야기는 바로 이러한 지점에서 복잡하고 바쁜 세상을 사는 현대인에게 화두를 던져볼 수 있다. 행복해지기 위해서 얼마나 노력하고 있는가?

지금 우리의 공감과 이해를 불러일으키는 조식의 이야기들을 여기서 다 끄집어낼 수는 없다. 다만 잊지 않아야 할 것은 이것 역시 어떤 형태의 콘텐츠로 가공해서 전달해야 파급력이 더 강력할 수 있는가 하는 점이다. 보다 많은 사람들이 알 수 있도록 더불어 공감과 감동 속에서 스스로 성찰할 수 있도록 만들어야하기 때문이다.

(3) 나는 어떻게 살 것인가: 조식, 그가 주는 깊은 울림이 있는 글귀들

조식이 어떤 인물인지 그가 어떻게 살았는지에 대한 이해와 공감이 깊어지면 그의 말과 글에 감동과 설득력이 실리게 된다. 함축된 의미 속에 삶의 지혜를 담은 훌륭한 글귀들은 당연히 많다. 하지만 조식의 인격과 실천적 삶의 이야기들 위에 펼쳐지는 조식의 말과 글은 강한 울림을 기대할 수 있다는 점에서 보다 많은 대중과 더 넓게 소통하고 교감할 수 있게 된다. 그러나 이러한 글귀 역시 어떠한 형태의 콘텐츠로 가공하든 쉽고 짧게 또 분명하고 강렬해야 대중의 의식 속을 비집고 들어갈 수 있다. 지금의 대중은 일방적으로 전달하는 어렵고 복잡한 설명을 기다려주지도 않고 애써 이해하려는 노력도 굳이 하지 않기 때문이다. 이러한 측면에서 그의 <좌우명(座右銘)>은 그 자체로 콘텐츠로서 아주 적합해 보인다.

庸信庸謹	말은 항상 미덥게 행동은 항상 삼가며,
閑邪存誠	사악한 마음을 막고 정성의 마음을 보전하라.
岳立淵冲	산처럼 우뚝하고 연못처럼 깊으면
燁燁春榮	봄날의 영화처럼 빛나고 빛나리라

-조식, <좌우명>11)-

남명학에서 발굴할 수 있는 인문정신 콘텐츠는 풍부하다. 축적된 연구 성과와 오프라인에서 진행된 대중화 성과를 기반으로 현대적 시각에서 다양하게 접근해 보면 지금 우리 사회에 필요한 많은 이야기들이 누군가의 손길을 기다리고 있음을 알 수 있다. 지금 전문적 지식과 대중 사이에 필요한 것은 쉽고 간결한 '이야기'와 이를 효과적으로 전달할 수 있는 '디지털 콘텐츠'이다. 이를 통해 1차적으로 대중을 끌어들여야 '남명학의 대중화' 목적이 제대로 실현될 수 있는 것이다.

Ⅴ. 맺음말 : 현대사회의 인간성 위기와 남명학의 인문정신 가치 보급의 의미

남명학과 관련된 자료들을 1차 가공(원문이미지, 원문 및 국역 텍스트 등)하여 디지털 아카이브로 구축하고 이러한 풍부한 지식정보들을 2차 가공해 이야기 콘텐츠를 축적하는 것은 남명학의 대중화 기반을 다지는 것이다. 이 기반은 대중 서비스를 지향한다는 점에서 그 자체가 대중화 결과물이기도 하지만, 동시에 대중화 작업의 추진 동력과 탄력으로 작용하기에 그 의미가 크다. 온라인 DB는 지속적으로 확장 가능한 것이 가장 큰 장점이다. 그 활용성 증대를 위해 전문 연구자는 전문지식 정보와 이야기 콘텐츠를 끊임없이 축적해 나가야 한다. 그리고 이곳에 축

---

11) 曹植, 『南冥集』 卷1, <座右銘>.

적된 콘텐츠를 다시 가공해 직접적인 대중적 확산·보급을 도모해야
하는데, 이를 위해 지금 현 시대에 적합한 대중과의 소통방식을 고민해
야 함을 앞서 지적하였다. 스마트폰 시대에 어떤 방식이어야 대중들의
공감을 획득하고 그들이 다시 확대 재생산하는 것을 가능하게 하는 것
인지 그 방법적 측면을 탐색해 본 것이다.

남명학의 대중화 목적은 단순히 남명학을 알리는 것이 아니다. 보다
많은 사람들이 남명학을 알 수 있도록 만드는 가운데 그 안에서 공감과
감동을 느끼게 하고 다시 이로부터 스스로를 돌아보며 성찰할 수 있는
계기를 만들어주고자 함이다. 많은 사람들에게 남명학을 알리려면 지금
시대에 맞는 방법이 필요하다. 조식의 학문과 사상, 그리고 그의 실천적
삶은 변함없지만 그 안에 담긴 정신적 가치를 현대적 코드로 재해석해
지금 대중들이 이해하고 공감할 수 있도록 만들어야만 한다. 더불어 대
중들의 관심과 흥미를 끌어내야 하는데, 이는 대중의 무관심 속에서는
무엇을 위한 시도 자체가 불가능하기 때문이다. 지금은 대중들과 소통
하기 위해서 소셜 미디어 활용과 이 안에서 소비되는 디지털 콘텐츠 생
산이 필수적이다. 말하자면 내용의 본질은 변함없지만 그것을 전달하는
형태와 방법은 시대의 변화에 부응해야 한다는 것이다.

자본주의적 상업주의와 개인주의적 자유주의, 기술주의적 과학주의
의 시대로 요약되는 현대사회는 겉으로 드러나는 물질적 풍요로움에도
불구하고 정신적 빈곤으로 갖은 위기에 직면하고 있다. 인간성은 붕괴
되고 도덕성이 쇠락하면서 상상하지 못했던 인간성 상실의 범죄들이
끊임없이 발생하고 있는 것이 현실이다. 인문학 가치의 중요성을 논하
며 전통적 인간간과 가치관을 주목하는 것은 바로 이 때문이다. 남명학
의 대중화가 근본적으로 지향하는 목표 역시 바로 여기에 있다. 인간성
위기의 사회에서 '남명학'은 지금의 시대에 맞는 대중화의 방법으로 지
금의 시대에 필요한 인간관과 가치관을 정립하는 데 기여해야 할 것이다.

참고문헌

成運, 『大谷集』
曹植, 『남명선생집』

강동욱, 「남명학 연구의 발전사」, 『남명학연구』 제35권, 경상대학교 남명학연구원, 2012.
손홍철, 「남명학 연구저술에 관한 간고-철학사상을 중심으로-」, 『남명학연구』 제36권, 경상대학교 남명학연구원, 2012.
이정희, 「<남명학고문헌시스템>의 개발과 그 성과」, 『남명학연구』 제36권, 경상대학교 남명학연구원, 2012.
정우락, 『남명과 이야기』, 경인문화사. 2007.
최석기, 『남명 정신과 문자의 향기』, 경인문화사, 2007.
최석기, 「남명학 관련 문헌 번역의 현황과 과제」, 『남명학연구』 제36권, 경상대학교 남명학연구원, 2012.

'이야기 지도'로서
〈신명사도(神明舍圖)〉 읽기

김
대
진

Ⅰ. 머리말

고전과 첨단은 서로 새끼꼬기를 하듯 엉켜있는 관계에 있다. 첨단은 고전으로부터 마르지 않는 창작의 생명수를 얻고, 고전과 합작한 첨단은 고인이 남긴 자산을 보충하고 가공해서 쓰므로 공연한 시비를 줄이고 이론적 타당성을 얻을 수 있다.[1] 고전 역시 첨단이 선사한 새로운 옷을 입고서 구시대적이라는 폄훼의 안개를 헤치고 현시대 사람들의 구미에 맞게 재현되면서 그 가치를 되찾게 된다. 이렇듯 고전과 첨단은 홀로 존재하지 않으며 서로의 상관적 차이를 인정하는 가운데 새끼꼬기를 하듯 융화(融和)[2]된 모습으로 존재한다. 그 엉켜있는 모습은 대립이 아닌 차이를, 일치가 아닌 접목의 추구[3]를 뜻하며, 차이는 상대에게

---

1) 조동일, 「학문 후속세대의 자각과 작전」, 『국어국문학』 제140권, 국어국문학회, 2005, 7쪽.
2) 융화는 데리다가 말한 차이와 연기의 합성어인 차연(差延)의 의미와 다를 바 없다. 김형효, 『원효의 대승철학』, 소나무, 2007, 59쪽.

존재의 근거를 마련해주고 접목은 서로가 연기(緣起)의 끈을 맺고 있음을 나타낸다. 신화학자 질베르 뒤랑(Gilbert Durand,, 1921~2012)이 『신화비평과 신화분석』에서 오늘날 시청각 기술의 비약적인 발전과 이미지 문명의 폭발이 '신화의 귀환'이라는 도착적인 결과를 이끌어냈다고 주장하였듯이, 첨단과 고전은 차이와 접목을 동시에 추구하는 한 쌍이다.

배달겨레의 고전 중 성리학은 디지털 혁명으로 대변되는 오늘날 새로운 조명을 받고 있다.[4] 특히 성리학을 대표하는 핵심 개념인 '리(理)'와 '기(氣)'의 관계는 율곡(栗谷) 이이(李珥, 1536~1584)가 말하였듯이 하나이면서 둘이고 둘이면서 하나이대일이이 이이일(一而二 二而一)]. '리(理)'가 있으면 '기(氣)'가 있고 '기(氣)'가 있으면 '리(理)'가 있는 것으로, 그 둘은 '상즉(相卽)·상입(相入)', 즉 연기(緣起)의 논리로 이어진다. 이러한 연기성은 리기가 선형적이 아닌 비선형적인 관계를 지니고 있고, 개별적인 요소로서의 리와 기뿐만 아니라 리와 기가 이어진 전체를 고려하는 사유, 즉 부분과 전체를 동시에 고려하는 사유를 뜻한다. 비선형성 및 부분과 전체성을 모두 중요시 여기는 특성은 여러 조각글들이 링크라는 끈으로 연결되어 있어 자신이 선택한 경로에 따라 다르게 읽혀질 수 있는 전자말이야기[5]와 밀접한 관련이 있다. 하나의 조각글은 그 자체로서 독

---

3) 김형효, 「텍스트이론과 원효사상의 논리적 독법」, 『원효의 사상과 그 현대적 의미』, 한국정신문화연구원, 1994, 9쪽.

4) 목영해는 디지털시대의 정보양식이 성리학의 텍스트와 유사하다고 말하면서, 성리학이 유학으로서의 생명력을 유지하기 위해 디지털 정보양식으로 탈바꿈하여야 한다고 했다. 그리고 이렇게 거듭난 유학을 '신성리학'이라고 이름 붙였다.(목영해, 『성리학의 재해석과 교육』, 문음사, 2001, 34-35쪽.)

5) '전자말이야기'는 흔히 말하는 '하이퍼텍스트'를 우리말로 뒤친 것이다. 연구자는 전자말과 전자말 문학의 개념을 앞선 연구인 「저작도구를 활용한 전자말 문학교육 현장 연구」, 『문학교육학』 제27호, 2008에서 밝힌 바 있다. 전자말이란 입말과 글말에 이어 세 번째로 태어난 말로서 '전자를 부려서 입말 및 글말과 영상까지 싸잡아 주고받는 말'이고, '전자말 문학'이란 '시공간을 초월해서 사람들을 소통하게 하는 문학'이며 그 하위 갈래에는 전자말 노래·이야기·놀이가 있다. 본고는 그러한 앞선 연구를 디딤돌로 삼아 논의를 이어나가고자 한다.

립된 의미를 가지지만 다른 조각글과의 무수한 연결에 의해서 새로운
의미를 낳는다. '리좀'이라는 뿌리처럼 복선적으로 연결된 모든 조각글
들은 읽는 이의 선택에 따라 일부만 읽혀지지만, 모든 조각글 하나하나
가 의미의 확정을 기다리는 잠재성을 지닌 요소들이므로 작품으로서
파악하고자 할 때는 모든 조각글 전체로서 바라보아야 한다.

　이러한 성리학에 대해, 자신들만의 색깔을 가지고 있던 양촌(陽村) 권근(權
近, 1353~1409), 남명(南冥) 조식(曺植,1501~1572), 퇴계(退溪) 이황(李滉, 1501~1570),
이이, 화서(華西) 이항로(李恒老, 1792~1868), 한주(寒洲) 이진상(李震相, 1818~1886)
등의 조선조 성리학자들은 공통적으로 그들 스스로가 만든 그림(圖)으로
써 보여주며 설명[설(說)]했다.6) 이것을 도설(圖說)7)이라고 한다. 그들은
각자의 색깔을 지닌 형이상학적이고 추상적인 사상을 줄글 형태의 글
말만으로 표현하기에 한계를 느꼈다. 그래서 다수의 의미를 잠재적으로
품고 있는 전자말이야기 형태처럼, 그들은 글자를 담고 있는 여러 도형
들이나 도형으로 간주한 글자들을 그물망처럼 연결시키고, 그 줄을 따
라가며 읽으면 여러 가지 의미와 해석들이 가능한 도설로써 제시하였
다. 도식화의 첫 시도는 송대(宋代)의 주돈이(周敦頤)가 〈태극도설(太極圖
說)〉8)을 만들면서 시작되었다. 우리나라에서는 권근의 〈입학도설(入學圖
說)〉9)을 효시작으로, 조식의 〈신명사도〉, 〈학기도(學記圖)〉, 이황의
〈성학십도(聖學十圖)〉, 이이의 〈심성정도(心性情圖)」, 〈인심도심도설(人心道
心圖說)〉, 이항로의 〈복희팔괘방위지도(伏羲八卦方位之圖)〉, 『화서집(華西集)』,

---

6) 이임상, 『儒學論說圖解』, 경상대학교 사범대학, 1998, 3-11쪽.
7) 본고에서는 논의의 전개를 위해 다음과 같이 용어 정립을 하고자 한다. 도설(圖說)은
　도해(圖解)라고도 한다. 도설 속의 도(圖)는 다른 말로 상(象), 그림, 지도라고 부르며
　넓은 의미에서 이미지라고도 부른다.
8) 이애희, 「도설을 통해본 조식의 性理說」, 『한국사상사학』 제15집, 한국사상사학회,
　2000, 198쪽.
9) 한국사상사연구회, 『圖說로 보는 한국 유학』, 예문서원, 2003, 130쪽.

이진상의 <상제도(上帝圖)>, 『한주전서(寒洲全書)』 등이 도설을 담은 저작 또는 도설의 예이다.

이 글은 도설에 대한 현대적인 해석과 구체적인 읽기 방법을 제시하고자 하는 데 그 목적이 있다. 연구자는 먼저 도설(圖說)을 도(圖)와 이미지, 그리고 전자말 등과의 관련성 면에서 살펴본 뒤, 구체적인 논의의 대상 도설로서 도(圖)에 대한 견해를 밝힌 남명의 도설에 주목하고, 그의 여러 도설 중에서도 <신명사도>를 중심으로 읽기 방법을 제시하고자 한다. <신명사도>를 현대적으로 해석하고 읽기 위한 시각으로서는 최근 전자문화의 번성으로 태어난 '이야기 지도'라는 전자말 문학을 끌어오고자 한다.

Ⅱ. 도설(圖說)과 전자말

먼저 도설(圖說)의 도(圖)에 대한 견해를 살펴보자면, 성리학이 융성하기 이전 신라시대 의상(義湘, 625~702)으로 거슬러 올라갈 수 있다. 의상은 자신의 화엄사상을 <그림 1>에서처럼 '화엄일승법계도(華嚴一乘法界圖)'라는 그림[도인(圖印)]으로 표현하였다. 코끼리가 어떻게 생겼는지 모르는 사람을 위해 코끼리의 모양을 그려 보여 주었다는 글자 상(像)의 유래처럼, 의상은 대중들에게 마음속에서만 그려지던 법계(法界)에 대한 모습을 구체적으로 보여주고자 '법계도'를 만들었다. 법계도는 7언 30구 210자의 시로서 첫 글자인 법(法)과 마지막 글자인 불(佛)이 만나고 있으며 54개의 굴곡(각)을 지닌 형태로 되어 있고, 의상은 그것을 완성했을 때 자신의 이름을 명기하지 않았다. 그는 '법계도'에 대해, 도안의 인문(印文)이 하나의 길로 되어 있는 것은 여래의 일음(一音)을 표시하기 위해서이고, 그 길이 많은 굴곡(각)을 나타내고 있는 까닭은 중생의 기

욕(機欲)이 같지 않기 때문이라며 직접 설명하였다. 의상의 제자들이 의
상의 가르침을 모은 책인『법계도기총수록(法界圖記叢髓錄)』의 '서문기(序文
記)'에도 도(圖)에 대한 해석을 확인할 수 있는데, '도(圖)라고 하는 것은
상(象)이며, 전법계(全法界)가 한 몸인 것을 나타내기 위해 상(象)을 그렸으
며 그것을 다시 도(圖)라고 한다'로 기록되어 있다[10]. 이러한 해석들 중,
첫 글자와 마지막 글자가 만나 끊임없이 읽게 되는 순환성, 저자의 부
재성, 개별적인 30개의 구가 굴곡을 이루면서 한 몸이 된다는 부분과
전체를 동시에 고려하는 점 등은, 앞장에서 언급한 리기의 성리학 및
조각글들이 인드라 망처럼 한 데 엉켜 있어 그 속에서 누구나 자신만의
길을 찾으며 줄거리를 가지는 전자말이야기와 연관성이 있다고 볼 수
있다. 이 외에도 '법계도'를 사유의 가시화라는 측면에서 호르헤 루이
스 보르헤스(Jorge Luis Borges, 1899~1986)의 '미로 정원', 잡체시 중의 하나
인 회문시(回文詩), 물리학의 '홀로그램[11]' 등과 연관하여 살펴보는 활발
한 연구들이 이어지고 있다.

〈그림 1〉〈화엄일승법계도〉

---

10) 이기영,『한국의 불교사상』, 삼성출판사, 1989, 314-315쪽; 김두진,『의상 그의 생애
   와 화엄사상』, 민음사, 1995, 187쪽.
11) 김상일은 의상의 법계도가 부분 속에 전체 정보가 들어 있는 홀로그램과 유사하다고
   하였다. 자세한 논의는 그의 저서『현대물리학과 한국철학』, 고려원, 1991을 참고

성리학이 융성했던 조선조에 이르면, 조식[12]이 여러 성리설들을 수집해 놓은 『학기유편(學記類編)』에서 상(象)과 관련한 도(圖)에 대해 다음과 같은 기록을 읽을 수 있다. '소자가 말하기를 선천의 학문은 심법이다. 그러므로 그림은 모두 가운데로부터 일어나니, 온갖 변화와 온갖 일이 마음에서 생긴다.(邵子曰, 先天之學, 心法也. 故圖 皆自中起, 萬化萬事)', '선천은 형이상이고 후천은 형이하이다.(先天形而上, 後天形而下)'[13]라는 기록에서, 그림은 실체가 아닌 형이상학적 마음을 표현하는 것이라고 그 의미를 해석할 수 있다. 그리고 '상(象)은 형(形)의 정화가 위에 드러난 것이고, 형(形)은 상(象)의 체질이 아래에 머문 것이다.(象者, 形之精華 發於上者, 形者, 象之體質 留於下者.)'[14]라는 구절에서는, 상(象)은 형체가 있는 물질적 대상(物象)보다 한 차원 높은 것으로 원형(原形, archetype)의 의미를 가지다는 뜻으로 해석할 수 있다.

도(圖)에 대한 시각은 서양의 연구에서도 그 흔적을 찾을 수 있다. 동양에 '도설'이 있었다면 서양에는 '삽화'가 있었다. 글말의 한계를 극복하기 위해 '도설'이 만들어졌듯이, 서양에서는 글말이 '문화적 배경'을 고스란히 담아내지 못하는 한계를 극복하기 위해 '삽화'를 끌어왔다.

---

12) 조식은 신유년(1051년) 음력 6월 26일 진시(辰時)에 경상도 삼가현(三嘉縣) 토동(兎洞) 외가(外家)에서 태어났다. 25세 때 『성리대전(性理大全)』을 읽다가 원나라 허형(許衡)의 '이윤(伊尹)의 뜻에 마음을 두고 안자(顔子)의 학문을 배워, 벼슬길에 나아가면 큰 일을 해내고, 초야에 숨어살면 자신을 지키는 것이 있어야 한다. 대장부는 이와 같이 해야 한다'는 말에 이르러 크게 깨닫고, 이때부터 위기지학(爲己之學)에 뜻을 두어 성리학에 침잠하기 시작하였다. 그 후 김해의 산해정, 합천의 뇌룡정, 덕산의 산천재에서 제자를 교육하고 양성하는 데 힘썼다. 그는 도(道)가 실현되지 않는 당시의 정치적 현실에 회의를 느끼고 산림에 은거하면서 오직 처사로 자처하면서 구도(求道)와 제자교육에 일생을 보내었다. 그의 행적은 '좌도에 이황 우도에 조식'이라는 말을 남길 정도로 16·17세기 경상우도에 남명학파의 형성이라는 결실에 이르게 되었다. (曺植, 경상대학교 남명학연구소 역, 『남명집』, 한길사, 2001, 33~35쪽.)
13) 曺植, 경상대학교 남명학연구소 역, 『사람의 길 배움의 길: 학기유편』, 한길사, 2002, 47쪽.
14) 曺植, 경상대학교 남명학연구소 역, 앞의 책, 90쪽.

글을 읽을 때 맥락을 놓친다는 말이 있는데, 그 맥락은 논리적인 의미의 순서를 놓친다는 것이 아니라 그 어휘들이 담고 있는 '문화적 배경'을 놓친다는 것이다. 미하일 바흐찐(Mikhail Bakhtin, 1895~1975)이 사회가여러 계층으로 갈려져 있고, 그 계층마다 쓰는 언어가 다르다는 점을지적[15]하였듯이, '계층 언어'는 자신만의 '문화적 배경'을 함축하고 있다. 이 '문화적 배경'이 롤랑 바르트(Roland Barthes, 1915~1980)가 『S/Z』에서말한 '문화적 코드(맥락)'[16]이다. 문제는 이 코드를 어떻게 해독하느냐이다. 그래서 조식은 자신의 사상적 코드를 세인들에게 알려주기 위해〈신명사도〉 등의 도설을 이용하였고, 서양에서는 대중들에게 '삽화'를제시하여 그들의 문화적 코드를 환기시켰다.

대중들에게 제시된 도설과 삽화는 단순히 그들의 읽기 활동에 흥미를 불어넣는 작용을 하는 것이 아니다. 도설과 삽화 읽기는 언어의 내면에 담긴 코드를 확인하는 읽기 활동이다. 최초의 언어가 입말 이전의이미지라고 한 자크 데리다(Jacques Derrida, 1930~2004)[17]의 지적처럼, 언어에는 그 코드가 이미지로서 깔려 있으며, 도설은 그 이미지를 질서 있는 그림으로 나타낸 것이다.

도설의 그림[도(圖)]은 영상 이미지가 범람하고 있는 시대에 이미지의관점에서 재해석될 수 있다. 오늘날의 이미지 예술은 구체적인 대상을전달하는 것을 넘어 실재가 없는 이미지를 추구한다. 원본도 사실성도

---

15) 언어는 언어학적 방언들뿐 아니라, 사회・이념적 언어들, 즉 여러 사회집단의 언어들이라든가 여러 가지 '직업적', '장르적' 언어들, 여러 세대들의 언어들 따위로 분화된다.(미하일 바흐찐, 전승희 외 역, 『장편소설과 민중언어』, 창작과비평사, 2005, 78-79쪽.)

16) 문화적 코드는 어떤 지식이나 지혜의 인용이다. 이 코드를 찾아낼 때 우리는 인용된(물리학적・생리학적・심리학적・문학적・역사적 등) 지식의 유형을 지시하는 데 만족할 것이다.(롤랑 바르트, 김웅권 역, 『S/Z』, 동문선, 2006, 33쪽.)

17) 목소리의 출생증명서에 등록된 가시성은 순전히 지각적인 것이 아니고 의미를 만들어낸다.(자크 데리다, 김성도 역, 『그라마톨로지』, 민음사, 1996, 459-460쪽.)

없는 파생실재의 모델을 산출하는 시뮬라시옹 시대가 온 것이다.[18] 원전이 없는 이미지는 그 자체만으로도 아우라를 지니며 자연언어와 대등한 대접을 받는다. 그래서 시각언어라고 부른다. 의사소통 매체의 주된 요소는 자연언어에서 시각언어로 바뀌었다.[19] 시각언어는 영상과 이미지에 인간의 심리와 감성을 담고, 이미지를 대하는 사람으로 하여금 다양하게 읽을 수 있게 한다. 그래서 만약 이미지에서 하나의 의미만을 읽어낼 수 있다면 그것은 이미지가 아니라 기호로 전락한 것이다.[20]

이미지는 전자말에서 중요한 의미를 가진다. 말의 삼 형제 중 막내로 태어난 전자말은 입말·글말의 특징을 아우르면서 자신만의 고유 몫으로 시각적 이미지를 가진다.[21] 전자말의 이미지성에 대해, 김수업은 『배달말 가르치기』에서 전자말은 모습(그림, 영상)을 주고받는 것이므로 '보이기'와 '보기'로 할 것을 주장하였다.[22] 이에 동조하여 안동준[23]도 전자말이란 존재하지만 실체가 없는 이미지를 보이게 하는 말이며, 학생들에게 보여주는 데도 모르기 때문에 '보기'에 대한 교육과 훈련이 절실히 필요함을 강조하였다. 이처럼 전자말은 이미지로써 세상에 있는 사물뿐만 아니라 없는 사물까지 보여 준다. 이러한 이미지의 의미성에 대해, 전자말이 예술로서 승화된 디지털 아트[24]와 같은 영역에서는 하

---

18) 시뮬라시옹에서는 이미지가 원 실체를 가정하지 않고, 스스로 실체인 이미지 혹은 모델, 즉 시뮬라크르를 만드는 것이다.(장 보드리야르, 하태환 역, 『시뮬라시옹』, 민음사, 1992, 12쪽.)

19) 안동준, 「도교의 우언전 사유와 기술복제시대의 문화론」, 『도교문화연구』 제23집, 한국도교문화학회, 2005, 277쪽.

20) 엘리아데는 하나의 이미지를 한 가지 관계와 맺어줌으로써 구체적인 한 개의 용어로 해석하는 것은 이미지를 훼손시키는 것보다 오히려 더 나쁜 일이라고 하였다.(미르치아 엘리아데, 이재실 역, 『이미지와 상징』, 까치, 2007, 18-19쪽.)

21) 김수업, 『배달말 가르치기』, 나라말, 2006, 224-225쪽.

22) 김수업, 앞의 책.

23) 안동준, 「배달말교육 현장연구의 방향과 과제」, 『배달말교육』 제28호, 배달말교육학회, 2007, 103-104쪽.

24) 디지털 아트의 기본적인 특징으로 통제된 임의성을 꼽을 수 있다. 그것은 기존에 내

나의 화두로서 다루고 있으며, 기호학에서도 이미지를 심미적 쾌락이나 감동의 관점이 아니라 의미 작용의 관점에서 접근[25]하고 있다. 과거의 시각적 이미지는 늘 언어를 보좌하는 입장에 있었다면, 오늘날에는 언어와 상호작용 및 상호보완의 관계를 가질 정도로 격상되었다. 그러므로 전자말은 전자기술의 힘에 의해 말 속에 파묻혔던 이미지를 드러내주고, 사람들로 하여금 입말 또는 글말의 시대 때보다 더욱 활발히, 심지어 시공간을 초월하여 소통시키는 말이라 할 수 있다.

전자말에 친근함을 보이는 오늘날의 어린 세대들은 가상계와 실세계를 쉽사리 넘나들며 '전자말 문학'을 만들어낸다. 이성적 관점에서만 세상을 보려는 기성세대들은 가상계와 객관적 거리를 유지하려 하지만, 아직 영글지 않은 이성의 소유자인 전자말 세대는 유연하게 가상계를 대한다. 가상은 현실을 떠나서 존재할 수 없다. 근본적으로 가상은 현실에서 태어났으며 자라면서 점점 현실로 탈바꿈하거나 현실을 탈바꿈시킨다. 그 차원은 단순히 가상적이거나 현실적이지 않고 오히려 가상적이면서 동시에 현실적이다. 그래서 '가상현실'이라고 부른다.[26] 전자말 세대는 가상이라는 것을 알면서 태연하게 즐기며 실세계에 변화를 조각한다. 조각의 결과로서 드러난 예가 컴퓨터 게임과 같은 '전자말놀이', 하이퍼텍스트 소설과 같은 '전자말이야기', 그리고 릴레이 시 또는 하이퍼텍스트 시와 같은 '전자말노래'이다. 이처럼 전자말은 전자말 세대에 의해 노래·이야기·놀이의 세계를 넘나들며 '전자말 문학'으로 거듭난다.

재된 정보의 처리와 조합에 기초를 둔 임의성을 말한다. 가령 피아노와 같은 물리적인 오브제에 무한히 조합된 디지털 이미지들을 겹치게 하여 새로운 의미를 이끌어낸다. 또한 관객의 참여와 관객과의 쌍방향성을 유도함으로써 마침표가 없는 다양한 의미를 생산한다.(크리스티안 폴, 조충연 역, 『디지털 아트』, 시공아트, 2007, 8-15쪽.)

25) 마르틴 졸리, 김동윤 역, 『영상 이미지 읽기』, 문예출판사, 1999, 37쪽.
26) 김진석, 『이상 현실 가상 현실 환상 현실』, 문학과 지성사, 2001, 71-77쪽.

Ⅲ. 〈신명사도(神明舍圖)〉와 '이야기 지도'

남명학의 핵심은 '경(敬)'과 '의(義)'이고 '실천'을 중시했다는 것은 학계의 통설로 자리매김한지 오래다. '경·의·실천'은 조식이 성리학의 이기론과 격물치지론을 비판하면서, '실천'과는 거리가 멀다고 생각하여 마련된 것이다.[27] 조식은 이러한 자신의 사상을 〈신명사도〉라는 그림으로 집약해서 드러내었다. 그런데 〈신명사도〉를 해석함에 있어 핵심어인 '경·의·실천'의 작용 양상에 대해서 기존 연구들의 이견이 분분하다. 최석기는 기존의 연구들이 '경·의'와 '실천'의 맥락적 관계를 파악하지 못한 점을 비판하면서 그 관계를 규명하고자 했다.[28] 그는 '경'은 '존양(存養)'에, '의'는 '성찰(省察)'에, '실천'은 '심기(審幾)·극치(克治)'에 해당되고, 다시 '존양·성찰'은 묶어서 '지(知)'에 해당되며 '심기·극치'는 '행(行)'에 해당된다고 하였다. 그리하여 '행(실천)'은 '지(경·의)'의 바탕 위에서 가능한 것이고, '지'는 다음 단계의 '행'을 위해 전제되는 것이라고 하면서 결론적으로 '경·의'를 '실천'보다 우선시하였다. 이와 다르게 채휘균은 '경'과 '의'가 실천적인 성격을 모두 내포한 것으로 파악하여, '경'은 마음의 보존과 수양을 통하여 마음과 행위의 올바름을 실천하는 것이고, '의'는 인식을 통하여 사물과 상황의 올바름을 판단하고 선택하여 그것을 실천하는 것으로 보았다.[29] 그래서 '경·의' 안에 '실천'이 부분 집합으로 들어가 있는 것이다. 김충열은 문목공(文穆公) 한강(寒岡) 정구(鄭求, 1543~1620)의 제문 중 '선생님은 성실과 신의를 근본으로 하고, 정신 수양[경(敬)]과 정의 실천[의(義)]을 위주로 수련하

---

27) 박기용 외, 『조식의 학문과 교육』, 진주교육대학교 진주문화교육연구원, 2002, 41쪽.
28) 최석기, 「南冥의 神明舍圖·神明舍銘에 대하여」, 『남명학연구』 제4권, 경상대학교 남명학연구소, 1994, 156-189쪽.
29) 채휘균, 「남명의 공부 개념에 대한 연구」, 『동아인문학』 제5집, 동아인문학회, 2004, 69쪽.

여…'을 인용하고, 세인들이 남명학을 '의'에 편중한 행동 철학이라고 간주하는 것을 경계해야 한다고 말하며, '의'를 '실천'과 동일한 개념으로 파악하고 있다.[30)

살펴본 세 연구들은 모두 '경·의·실천'의 상호작용 양상에 대해 다른 의견들을 내놓고 있다. 이 연구들 이외에도 〈신명사도〉와 〈신명사명 (神明舍銘)〉을 언어 구조와 연관시켜서 살펴본 연구, 조식의 〈신명사도〉 제작을 도식화 교육의 차원에서 살펴보고 이것을 직관교수의 선구자인 요한 아모스 코메니우스(Johann Amos Comeniu, 1592~1670)와 비교한 연구 등도 있었다.[31) 이 같은 다양한 해석이 가능한 까닭은 〈신명사도〉를 구성하는 요소들이 서로 연결된 채 많은 의미를 함축하고 있기 때문이다.

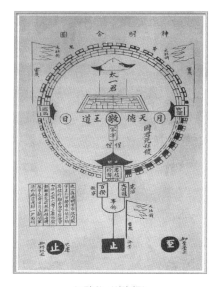

〈그림 2〉 〈신명사도〉

30) 김충열, 『남명 조식의 학문과 선비정신』, 예문서원, 2008, 95~96쪽.
31) 조일규, 「남명의 신명사도·명과 언어구조」, 『논문집』 제18집, 평택대학교, 2004; 사재명·전영국, 「남명 조식의 교수법의 Comenius적 접근」, 『남명학연구논총연구』 제13권, 남명학연구원, 2004.

함축된 형태를 살펴보자면, <신명사도>가 넓게는 다양한 의미를 표출하는 상징적 이미지로서 작용하기 때문이지만, 구체적으로는 '태일군·백규·대장기·귀·몽' 등의 요소들이 이야기 마디(노드, node)로서 작용하여 '이야기 지도(Story Map)'를 이루기 때문이다. <신명사도>는 <그림 2>처럼 원곽을 기준으로 그 안팎에 이야기 마디들이 배치되어 있다. 원곽 안에는 '태일군, 총재, 신명사, 성성, 왕도, 천도, 일, 월, 국군 사사직'이 있으며 모두 '경'과 연관이 있는 마디들이다. 원곽 밖에는 '의'와 관계하는 '백규, 치찰, 대사구, 극치, 귀, 몽, 대장기, 심기, 사물, 지(止), 지(止), 지(至)'가 있다. 그리고 원곽 건물 자체에도 '구관, 이관, 목관, 승추, 수사, 충신'이 있다. 그림으로서 설명이 부족한 틈은 왼쪽 하단의 '신명사명(神明舍銘)'을 제시하여 보완하였다. 이러한 요소들이 조식이 밀하는 심성의 원리를 이루는 것이며, 이야기 지도 내에서 서로 관계 짓고 움직이면서 이야기를 만들어낸다.

이야기 지도란 이야기를 구성하는 이야기 마디(node, 조각글)들이 그물망처럼 엮어진 채 나열된 것을 말한다. 이 마디들은 서로가 연기(緣起)의 끈으로 이어져 있기 때문에 서로를 엮는 방식이 다를 때마다 다른 이야기들이 구성되어 나온다. 이야기 지도는 전자말 문학의 하위 갈래인 전자말이야기 또는 전자말놀이의 밑그림, 즉 설계도에 해당된다. 그래서 전자말이야기·전자말놀이는 거미줄처럼 무수히 뻗어나가는 것이 아니라, 이야기 지도라는 틀 안에서 무한히 움직이는 것이다. 특히 전자말이야기의 진위 여부도 그 안에 있는 이야기 지도의 유무로 판별할 수 있다.

이야기 지도와 관련하여 인간의 인지 과정에 대한 서양의 연구들을 살펴보면, 인간은 자신의 머릿속 기억 창고에 저장된 것들을 맥락으로 삼아 여러 개의 인식의 층들이 겹쳐진 형태로 사고한다고 한다. 그리고 이러한 인간의 인지 과정은 전자말이야기 읽기와 관련이 있으며, 전자말이야기를 읽을 때 이야기 지도가 중요한 구조적 단서로서 작용한다고 한다.[32] 우리나라에서는 장노현이 이야기 지도에 해당하는 말로 '원 (原) 텍스트'라는 말을 사용하였는데, '원 텍스트'는 인간 사유 그 자체 이고 표현 및 전달되기 이전의 형태로서 '머릿속의 텍스트'라고 하였 다.[33] 그리고 전자 기술의 발전으로 탄생한 전자말이야기가 '원 텍스 트'를 충실하게 반영할 수 있다는 가능성을 언급했다. 장노현의 지적처 럼 이제 형이상학적인 이념을 쏟아내는 인간의 사유와 가상의 텍스트 는 볼 수 없는 것이 아니라 전자말의 도움으로 실세계에서 볼 수 있게 되었다.

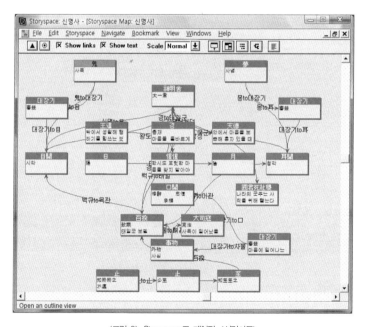

〈그림 3〉 Storyspace로 재현된 〈신명사도〉

32) Jean-Francois Rouet· Jarmo J. Levonen, "Studying and Learning with Hypertext: Empirical Studies and Their Implications", in Jean-Francois Rouet(Eds), *Hypertext and Cognition*, LEA, 1996, 5-18.

33) 장노현, 『하이퍼텍스트 서사』, 예림기획, 2005, 120-122쪽.

이야기 지도는 글말 문학과는 달리 일직선으로 연속해서 써내려가는 것이 아니다. 조각글들을 만들고 그 글들이 하나의 네트워크를 이루도록 해야 한다. 이러한 창작 작업을 위해서는 반드시 Storyspace[34]와 같은 저작도구가 필요하다. 연구자는 <신명사도>가 이야기 지도임을 구체적으로 드러내기 위해 'Storyspace'를 활용하여 <그림 3>처럼 만들어 보았다.

<그림 3>을 보면 하나의 조각글은 두 부분으로 이루어져 있는데 상단부에는 조각글의 제목이, 하단부에는 제목과 관련된 내용이 적혀 있다. 모든 조각글들은 이야기 지도를 만드는 사람의 의도에 따라 화살표로써 연결된다.

〈그림 4〉 '경'의 조각글

〈그림 5〉 '백규'의 조각글

〈그림 6〉 '신명사'의 조각글

34) 현재 Eastgate Systems, Inc에서 판매하고 있는 Storyspace는 전자말이야기를 만드는 대표적인 저작도구로서, 전자말이야기의 고전이라고 칭송 받는 마이클 조이스의 『오후, 어느 이야기(afternoon, a story)』에 사용된 도구이다. 이 도구로 인해 전자말이야기가 세상에 알려지기 시작하였고 전자말이야기의 대중화에 큰 기여를 하였다.

예를 들어 '경'이라는 제목의 조각글을 출발점으로 삼아 읽는다고 했을 때, '경'의 조각글 내용은 〈그림 4〉와 같다. 모든 조각글 본문에는 이야기 지도를 만드는 사람의 의도에 따라 다른 조각글과 연결되도록 링크를 걸 수 있는데, 그 흔적이 밑줄 친 부분이다. 연구자는 밑줄 친 부분처럼 두 군데에 링크를 걸어보았다. 그래서 '마음을 올바르게 주재'라는 부분을 클릭하면 〈그림 5〉처럼 '백규'의 조각글로 이동하고, '태일군 보좌'를 클릭하면 〈그림 6〉처럼 '신명사'의 조각글로 이동한다. 그리고 '백규'와 '신명사' 조각글도 다른 조각글들과 연결될 수 있는 흔적이 밑줄로서 남아있다.

이러한 방식으로 'Storyspace' 버전 〈신명사도〉내의 모든 조각글들은 연결되며, 〈신명사도〉 속의 이야기 마디 역시 이러한 논리로 연결될 수 있다.

Ⅳ. '이야기 지도'로서의 〈신명사도〉 읽기

'Storyspace'로 제작된 〈신명사도〉 내의 연결된 선을 따라 읽으면 자신만의 줄거리를 품은 이야기가 만들어진다. 김우옹이 조식의 〈신명사도〉를 보고 천군(天君)을 주인공으로 하는 〈천군전(天君傳)〉이라는 소설을 지었음은 널리 알려진 사실이다. 그런데 그의 창작을 '이야기 지도'와 연관 짓자면, 김우옹은 〈신명사도〉를 읽을 때 '천군'이라는 인물을 출발점으로 삼아 그를 중심으로 자신이 선택한 경로에 따라 읽은 것이라 볼 수 있다. 그래서 그의 〈천군전〉은 이야기 지도로서의 〈신명사도〉가 품고 있는 여러 이야기 중의 하나라고 볼 수 있다.

연구자는 이러한 점에 착안하여, 〈신명사도〉를 천군과 같은 선인을 주인공으로 삼지 않고, 악역을 담당하는 '귀(鬼), 몽(夢), 사물(事物)'을 주인공으로 삼아 그들이 싸움에서 승리한다는 내용으로 읽어보았다. 물론 이러한 이야기는 본래 조식이 <신명사도>에서 의도하는 바와는 다르지만, 이야기 지도로서 <신명사도>를 대했을 때 얻을 수 있는 이야기임을 밝혀두고자 한다. 연구자가 읽은 <신명사도>에 대해, 등장인물들의 구체적인 심리묘사나 대사 등은 생략하고 그 줄거리만 제시하자면 다음과 같다.

> 태일군은 자신의 세 가지 공약인 천덕, 왕도, 국군사사직을 지키고자 하는데, 이를 위해서는 경(敬)과 백규, 대사구[35]라는 세 충신의 역할이 중요하다. 경은 원곽 안에서 총재가 되어 주관하고, 원곽 밖에서는 백규가 주관하여 대사구와 함께 적들과 싸운다. 적들의 본체는 귀(鬼), 몽(夢), 사물(事物)이며 그들의 최종 목표는 신명사를 차지하는 것이다. 본래 태일군을 만나기 위해서는 '지(止)·지(止)·지(至)'의 의미처럼 '지어지선(止於之善)'의 경지에 이르는 것이 정상적인 방법이지만, 귀, 몽, 사물은 무력으로 성 안으로 들어가 그의 자리를 빼앗으려 한다. 그들은 사람의 모습으로 둔갑하여 3개의 대장기, 백규, 대사구와 대적한다. 3대3의 싸움이라는 첫 번째 관문이다. 적들은 이 싸움에서 이겨야만 구관·이관·목관이라는 두 번째 관문에 도달할 수 있다. 첫 번째 관문을 통과한 귀, 몽, 사물은 두 번째 관문에서도 전투를 맞게 된다. 특히 구관에서의 싸움이 가장 치열한데, 그곳에는 승추를 중심으로 수사, 충신이 버티고 있다. 말하기[구(口)]는 밤낮과는 관계없이 이루어지므로 구관(口關)에서는 항시 전투가 일어나고, '보기'를 관장하는 목관(目關)에서는 낮[일(日)]에, '듣기'를 관장하는 이관(耳關)에서는 밤[월(月)]에 싸움이 벌어진다.[36] 두 번째 3대3의 싸움에서 귀, 몽, 사물

---

35) 대부분의 <신명사도>에 관한 해석에서는 경과 백규 두 사람을 중심으로 해석하지만, 연구자는 <신명사도>에서 '총재(冢宰), 백규(百揆), 대사구(大司寇)' 세 글자를 감싸고 있는 사각형의 모양이 거의 일치한다는 점에서 그와 같이 해석하였다.

36) <신명사도>의 '일(日), 월(月)'에 대한 학계의 해석은 여러 가지가 있었다. 연구자는 눈으로 볼 수 있기에 '낮[일(日)]과 보기[목(目)]'를 함께 묶고, 볼 수 없기에 듣기가 중요해지므로 '밤[월(月)]과 듣기[이(耳)]'를 함께 묶고, 말하기[구(口)]는 밤낮 또는 보기,

이 이긴 후 드디어 원곽 안으로 진입하는데 성공한다. 그리고 마지막으로 최종 목적지인 신명사에 이르기 위해 신명사 앞을 지키고 있는 경과 최후의 싸움을 벌이게 된다. 총재인 경과의 싸움에서 이긴 귀, 몽, 사물은 태일군을 감금하고 그들의 목표를 달성하게 된다.

위의 이야기에서 알 수 있듯이 연구자는 마치 전자말놀이의 공성전(攻城戰)[37]과 같이 〈신명사도〉를 읽어 갔다. 그리고 〈신명사도〉 안에 '3'이라는 숫자가 숨어 있음[38]을 발견할 수 있었는데, 조식은 〈신명사도〉를 견고하게 만들기 위해 공통점이 있는 요소들을 정확히 3개씩 등장시킨 것으로 추측된다. '3'은 동서를 막론하고 신화에 등장하는 숫자로 '조화와 완성'이라는 의미를 지니고 있다.[39] 그러나 누구나 쉽게 알아볼 수 있도록 '3'개를 일렬로 배열시키지는 않았다. 이것은 이야기 지도의 본래 특징인 인간의 비선형적인 사고 유형을 나타낸 것으로 볼 수 있다. '3'의 구도로 연구자가 읽은 〈신명사도〉의 이야기 지도를 재배치하면 아래 〈그림 7〉과 같다.

듣기와는 관계가 없으므로 '일(日), 월(月)이 생략되었음'의 방식으로 해석하고자 한다.

37) 공성전(攻城戰)이란 적의 전략적 요충지인 성(城)을 함락하는 것으로 전자말놀이에서 많이 구현하고 있는 설정이다. 대표적인 예로 '천상비', '루니아전기', '리니지' 등이 있으며 특히 '루니아전기' 대표 카페인 '루니온'에서는 게이머들을 모아 공성전을 대회로서 실시하기도 하였다.

38) 귀·몽·사물이라는 세 명의 주인공, 총재·백규·대사구라는 세 명의 충신, 세 개의 대장기, 왕도·천덕·국군사사직이라는 세 개의 공약, 구관·이관·목관이라는 세 개의 성문, 일(日)·월(月)·일월과 관계없는 항시라는 세 개의 시간대, 그리고 신명사도 밑에 있는 지(止), 지(止), 지(至) 등이 그 예이다.

39) 3의 구도로 이루어진 우리 주변의 신화에는 '삼족오'를 비롯해서 단군신화에 등장하는 세 개의 천부인(풍백, 우사, 운사(風伯, 雨師, 雲師)), '천지왕·대별왕·소별왕'이 등장하는 제주도 '천지왕본풀이' 등 무수한 예들이 있다. (조현설, 『우리신화의 수수께끼』, 한겨레출판, 2007, 269-276쪽.)

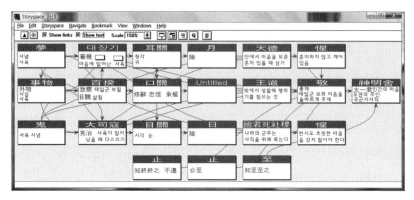

〈그림 7〉 '3'의 구도로 본 〈신명사도〉의 이야기 지도

<그림 7>에서처럼, 왼쪽부터 '몽(夢)·사물(事物)·귀(鬼)'이라는 첫 번째 세로 줄부터 '성(惺)·경(敬)·성(惺)'까지 총 여섯 개의 세로 줄로 배열해보았다. 네 번째 세로 줄 '월(月)·Untitled·일(日)'에서 가운데 'Untitled'은 구관(口關)과 관련 있는 것이다. 앞의 각주에서 밝힌 것처럼 말하기(口)는 밤낮 또는 보기·듣기와 상관없이 항상 일어나는 것이므로, '일(日)·월(月)이 생략되었다'는 뜻에서 'Untitled'40)로 하였다. 그리고 맨 아래 '지(止)·지(止)·지(至)'41)는 <신명사도>에서 유일하게 가로로 보여준 것이므로 그대로 두었다.

<신명사도>는 조식의 사상을 시각적으로 맥락화 시킨 것이다. 그 맥락 속에서 제공되는 선택 사항과 같은 변수들은 읽는 이로 하여금 자신만의 이야기를 가지도록 한다. 이야기 지도 안에는 움직이는 다양한 이야기들이 살고 있다. 이러한 읽기가 기존의 글말 읽기와 다른 점은 읽

---

40) 'Untitled'는 Storyspace를 다루면서 사용자가 조각글의 제목을 정하지 않을 때 초기값으로서 자동적으로 정해지는 이름이다.

41) 학계에서는 아직 '지(止)·지(止)·지(至)'의 해석에 대해 여러 이견들을 보인다. 이 글에서는 앞서 제시한 조일규(2004)의 의견을 수렴하여, '경이 도달하고자 하는 경지가 지어지선(止於之善)이고 이 경지에 이르러야 태일군을 볼 수 있다'라는 뜻으로 정리해두고자 한다.

는이가 이야기를 만들면서 읽는다는 것이다. 나아가 이야기지도 만들기의 경우 글말의 쓰기와 비교하자면, 소설과 같은 글말 문학 쓰기는 '발단·전개·위기·절정·결말'의 내면 구조를 생각하면서 쓰는 것이지만, 이야기 지도 만들기는 글의 내면 구조를 시각화하면서 쓰는 것이다.

V. 맺음말

첨단 과학기술 시대의 전자말 문학은 전자 문명에 의해 갑작스럽게 태어난 것이 아니다. 그것은 고전이라는 과거의 끈과 동조하여 서서히 등장한 것이다. 조식의 사상이 MMORPG(Massive Multi-player Online Role Playing Game), 애니메이션, 손전화, UCC 등을 좋아하는 전자말 세대와 소통하기 위해서는 남명학을 해석하는 코드의 전환이 필요하다. 이 글은 도설에 대한 '이야기 지도'로서의 현대적 해석을 시도하고 구체적인 읽기 방법을 제시하는 데 그 목적이 있다. 연구자는 도설을 그림, 이미지, 전자말 등과의 연관성에 대해 살펴보고, 구체적인 도설로서 조식의 〈신명사도〉에 주목하여 이야기 지도로서 살펴본 뒤 그것을 읽을 수 있는 방법을 제시하였다.

조식의 사상은 교육적인 측면에서도 활발한 연구가 이뤄지고 있다. 조식의 사상을 '시청각 교육' '직관 교육' '하학상달과 실천 중심의 교육' '학습자 중심의 교육' 등으로 연구한 다수의 기존 연구들이 있다. 하지만 여기서 한 걸음 나아가 수업의 전략적 차원으로 흡수되어야 할 필요성이 있다. 그가 자신의 사상과 사고체계를 〈신명사도〉라는 이야기 지도로써 표현하였듯이, 전자말 문학교육에서 수업의 목표로서 '자신의 머릿속 생각을 이야기 지도로서 드러낼 수 있다', '이야기 지도를 통해 자신의 이야기를 만들면서 읽을 수 있다'로 재현할 수 있다. 이것은 기존의 글말 문학교육이 내세운 '적극적이며 능동적으로 읽고 쓸 수 있다'를 구체적으로 실천하고 하학상달한 것이다. 이처럼 고전과 현대의 부단한 소통을 추구하는, 교육적인 측면에서의 후속 연구를 기대해 본다.

참고문헌

曺植, 경상대학교 남명학연구소 역, 『남명집』, 한길사, 2001.
曺植, 경상대학교 남명학연구소 역, 『사람의 길 배움의 길: 학기유편』, 한길사, 2002.

김대진, 「저작도구를 활용한 전자말 문학교육 현장 연구」, 『문학교육학』 제27호, 한국문
　　학교육학회, 2008.
김두진, 『의상 그의 생애와 화엄사상』, 민음사, 1995.
김상일, 『현대물리학과 한국철학』, 고려원, 1991.
김수업, 『배달말 가르치기』, 나라말, 2006.
김진석, 『이상 현실 가상 현실 환상 현실』, 문학과 지성사, 2001.
김충열, 『남명 조식의 학문과 선비정신』, 예문서원, 2008.
김형효, 「텍스트이론과 원효사상의 논리적 독법」, 『원효의 사상과 그 현대적 의미』, 한국
　　정신문화연구원, 1994.
김형효, 『원효의 대승철학』, 소나무, 2007.
롤랑 바르트, 김웅권 역, 『S/Z』, 동문선, 2006.
마르틴 졸리, 김동윤 역, 『영상 이미지 읽기』, 문예출판사, 1999.
목영해, 『성리학의 재해석과 교육』, 문음사, 2001.
미르치아 엘리아데, 이재실 역, 『이미지와 상징』, 까치, 2007.
미하일 바흐찐, 전승희 외 역, 『장편소설과 민중언어』, 창작과 비평사, 2005.
박기용 외, 『조식의 학문과 교육』, 진주교육대학교 진주문화교육연구원, 2002.
사재명・전영국, 「남명 조식의 교수법의 Comenius적 접근」, 『남명학 연구논총연구』 제13
　　권, 남명학연구원, 2004.
안동준, 「도교의 우언적 사유와 기술복제시대의 문화론」, 『도교문화연구』 제23집, 한국도
　　교문화학회, 2005.
안동준, 「배달말교육 현장연구의 방향과 과제」, 『배달말교육』 제28호, 배달말교육학회,
　　2007.
이기영, 『한국의 불교사상』, 삼성출판사, 1989.
이애희, 「도설을 통해본 조식의 性理說」, 『한국사상사학』 제15집, 한국사상사학회, 2000.
이임상, 『儒學論說圖解』, 경상대학교 사범대학, 1998.
자크 데리, 김성도 역, 『그라마톨로지』, 민음사, 1996.
질베르 뒤랑, 유평근 역, 『신화비평과 신화분석』, 살림, 1998.
장 보드리야르, 하태환 역, 『시뮬라시옹』, 민음사, 1992.
장노현, 『하이퍼텍스트 서사』, 예림기획, 2005.

조일규, 「남명의 신명사도·명과 언어구조」, 『논문집』 제18집, 평택대학교, 2004.
채휘균, 「남명의 공부 개념에 대한 연구」, 『동아인문학』 제5집, 동아인문학회, 2004.
최석기, 「南冥의 神明舍圖·神明舍銘에 대하여」, 『남명학연구』 제4권, 경상대학교 남명학
    연구소, 1994.
크리스티안 폴, 조충연 역, 『디지털 아트』, 시공아트, 2007.
한국사상사연구회, 『圖說로 보는 한국 유학』, 예문서원, 2003.
Jean-Francois Rouet·Jarmo J. Levonen, "Studying and Learning with Hypertext:
    Empirical Studies and Their Implications", in Jean-Francois Rouet(Eds), *Hyp
    ertext and Cognition*, LEA, 1996, 5-18.

〈신명사도(神明舍圖)〉의 학습심리적 함의*
- 인간정보처리론의 관점을 중심으로-

사 황
재 영
명 신

Ⅰ. 머리말

조선시대의 교육은 성리학의 이론을 담은 유교경전이 주된 교재였다. 그러한 교재는 일상생활과 밀접한 관련을 가지고 있다. 이는 일상에서 실천적 행동의 윤리를 담은 측면들로서 학습자의 학습경험을 강조하고 있음을 보여준다. 특히, 조선시대의 도학(道學)적 전통은 도식화를 통하여 근본개념을 함축적으로 제시하여, 학문체계에 대한 핵심적인 이해를 제시하는 방법에 많은 관심을 기울여 왔다. 그 선구적 업적으로 여말선초 양촌(陽村) 권근(權近, 1353~1409)의 『입학도설(入學圖說)』을 들 수 있고, 16세기 중반에는 퇴계(退溪) 이황(李滉, 1501~1570)의 〈성학십도(聖學十圖)〉와 남명(南冥) 조식(曺植, 1501~1572)의 〈학기도(學記圖)〉가 출현하게 되었다. 이후에도 이러한 도식화 경향은 계속 나타나고 있음을 볼 수 있다.[1]

* 사재명(제1저자)・황영신(교신서사)

1) 사재명 외, 「남명 조식 교수법의 Comenius적 접근」, 『남명학연구논총』 제13권, 남명학

조선 중기 조식은 자신의 수양을 위한 학문을 하였지만, 동시에 후학을 양성하는 실천 교육자였다. 그의 실천지향적 학문의 성격은 경(敬)과 의(義)를 바탕으로 한 반궁체험(反躬體驗)과 지경실행(持敬實行)의 특징을 보여준다. 특히, '하학이상달(下學而上達)'의 학문적 자세와 교육의 실천은 오늘날의 학습심리에 시사하는 바가 적지 않다고 할 수 있다.

특히, <신명사도(神明舍圖)>는 조식이 61세 되는 해에 지은 것으로,[2] 이는 조식의 학문 요체인 경과 의를 핵심으로 삼아 실천하는 모습을 함축적으로 표현한 그림이다. 이 신명사도의 안쪽에는 그림을 보조적으로 설명하는 <신명사명(神明舍銘)>도 있다. 이는 언어로 표현하기 어려운 측면은 시각적인 그림으로 그리고, 그림으로 설명하기 부족한 부분은 명(銘)이라는 문자로써 상호 보완한 것이다.

<신명사도·명>을 포함한 조식의 저작물로는 『남명집(南冥集)』을 비롯하여 독서차기 형식의 『학기유편(學記類編)』이 전한다. 그 중에서도 <신명사도>는 조식의 학문성향을 가장 잘 나타내 주는 자료 중의 하나이다. <신명사도>는 조식의 심학(心學)과 도설(圖說)을 근거로 삼아, 인간의 심성을 밝히는 이미지이며, 인간의 행위를 이루는 몸과 마음의 구조 및 그 상호관계를 정형화한 것이라고 할 수 있다.

이러한 조식의 <신명사도>는 교육심리학에서 인간정보처리론의 학습심리와도 서로 통할 뿐만 아니라, 서구의 이론보다도 무려 400여 년이나 앞서 교육에 활용되었던 학습심리의 관점이라는 측면에서 연구의 의의가 있다고 할 수 있다.

그동안 <신명사도>와 관련한 선행연구들은 <신명사도>의 고찰을 비롯하여, <신명사도>와 <신명사명>에 대하여, 심의 개념과 신명사도의 구조, <신명사도·명>의 새로운 고석, 심성도설(心性圖說)의 도상학(圖

연구원, 2004, 150쪽.
2) 曹植, 『南冥集』, 附錄 卷1, <年譜> 61歲條.

像學)적 의미와 심성우언(心性寓言)소설, 〈신명사도·명〉과 언어구조를 중심으로 이루어져 왔다.3) 그리고 조식의 교육적인 측면에서의 연구는 공부론, 교육사상의 계승, 교육방법론의 현대 교육적 의미, 교육원리와 방법, 공부론에서 지행의 의미, 유아인성교육의 수업모형 탐색 등이 있었다.4)

이러한 〈신명사도〉와 조식의 교육과 관련한 선행연구들을 분석해 본 결과는 다음과 같았다. 첫째, 선행연구들은 주로 역사 및 철학적인 관점에서 접근하였거나, 교과과정의 적용에 머물러 있었다. 둘째, 선행연구들은 교수 및 학습 측면을 구분하지 않고 〈신명사도〉가 교육에 주는 시사점을 도출하였다. 셋째, 교육적 접근을 함에 있어서도 주로 교사 중심 교육의 관점을 은연중에 유지하였다고 볼 수 있다.

이 같은 〈신명사도〉와 관련한 선행연구들을 검토해 본 결과, 첫째 〈신명사도〉에 대한 심리학적 접근의 필요성을 갖게 된다. 심학과 관련한 동양철학에서의 접근은 1980년대부터 시작하여 이미 30여 년이나 지난 지금까지도, 여타 성리학자들과 같이 마음의 수양과 보존에 초점을 두어 이루어져왔던 것이 사실이다.5) 그러나 〈신명사도〉에서 수양이란 마음으로 몸을 주재하여 유교문화와 도의를 학습하고 신체화하는 것이고, 이를 통해서 성인의 마음 또는 인격을 성취하는 것을 목적으로 삼는 것이다. 결국 이는 인간의 마음을 잘 보존하여 올바른 행위의 실

3) 전병윤(1991); 최석기(1994); 이상필(1998; 2005); 정순우(2001); 금장태(2002); 강신표(2002); 김충렬(2002); 허원기(2002); 조일규(2004); 전병철(2009; 2010) 참조
4) 정순우(1999); 사재명(1999); 정낙찬(2002); 한상규(2005); 채휘균(2007); 이재현(2009); 김영숙(2014) 참조
5) 조식의 교육에 관한 연구의 시발점은 해방 후 1947년에 출간된 이만규의 『조선교육사』가 그 효시라고 할 수 있다. 그는 여기서 조식의 교육이념은 '교육상 가치나 유학방면에서 이황보다 진정한 것이었고, 공자학의 바른 길에 가까운 것'이라고 평가하였다. 이 책이 발간된 지 18년 뒤에는 이원호(1965)의 「남명 조식의 교육사상 연구」, 석사학위 논문이 최초의 학위논문으로 알려져 있지만, 논문의 내용은 전해지지 않고 있다.

천을 표상하는 것이라 할 수 있다. 그런데 인간의 마음과 행동에 관련
하여 심리학적 이론의 시각에 근거하여 접근한 연구는 찾아볼 수 없었다.

이는 인간의 마음과 몸의 행동에 대하여 완벽한 모델을 구성하고 있
는 조식의 <신명사도>에 대한 심리학적 접근이 거의 외면되어 왔다고
해도 과언은 아니기 때문에, <신명사도>에 대한 심리학적 접근에서의
연구에 주목해 볼 필요성이 제기된다. 특히, 이는 유교의 심리학과 관련
된 연구는 비교적 관심이 적고 연구자가 부족할 뿐만 아니라, 이에 대
한 연구의 편수도 부족한 탓에 기인한 것으로 보인다.[6] 조식의 학문은
다른 유학자들처럼 수양의 내재적 원리에만 머무르지 않고, 의(義)의 실
천적 행위를 강조하였는데, 이는 그의 성리학의 특징이기도 하다. 이에
비해, 조식의 학문과 쌍벽을 이루는 이황의 경우는 심리학의 측면에서
다수의 연구접근이 이루어져 왔다.[7]

둘째, 교육의 실제는 가르치는 행위[교수]와 배우는 활동[학습]이 상호
작용하여 이루어지는 것이나, 현대의 교육은 학습자 중심의 교육이 주
도적인 흐름이다. 따라서 교수와 학습을 구분하여 접근하되, 먼저 학습
자의 학습에 초점을 맞추어 연구를 진행할 필요가 있을 것이다.

이에 본 연구에서는 위에 제시된 두 가지의 조건을 충족하기 위하여,
즉 조식의 <신명사도>에 대해 심리학적인 접근을 하되, 학습에 초점을
맞출 수 있는 근거가 될 수 있는 이론을 학습심리의 관점 중에서 최근

---

6) 김문준 외, 「한국사상 철학: 동양철학과 심리학 융합 연구의 동향과 과제」, 『한국사상
   과 문화』 제67권, 한국사상문화학회, 2013, 160쪽.
7) 한덕웅, 「한국 유학의 4단 7정 정서설에 관한 심리학적 실증연구」, 『한국심리학회지:
   일반』 제20권, 한국심리학회, 1997, 40-79쪽; 한덕웅, 「한국 유학의 심리학적 기초와
   현대 심리학적 의의: 퇴계·율곡과 다산의 심리학을 중심으로」, 『한국심리학회지』 제
   16권, 한국심리학회, 1997, 1-40쪽; 이는 이황의 4·7론을 정서과정설의 입장에서 고
   찰하거나 이황의 성리학을 사회심리학적으로 접근하기도 하였다. 또한 이황의 심학을
   중심으로 한국 성리학에서의 심적 자기조절 방법으로 고찰하기도 하였고, 1995년에는
   제3회 퇴계학국제학술회의에서 이황 심학의 실증적 연구 방향을 모색하기도 하였다.

의 이론으로 상정되고 있는 인간정보처리이론을 중심으로 접근하기로 하였다. 인간정보처리론(Human Information Processing Theory; HIP)은 오늘날 인간학습을 검토하고 설명하는 지배적인 관점이다.[8] 또한 조식이 학습자를 수동적인 수용자로 보지 않고, 개별적이며 능동적인 존재로 보았다는 것은, 학습에서 학습자의 비중을 크게 생각하였다는 것이다. 이는 인간정보처리론의 핵심요소라고 볼 수 있다. 이러한 점은 인간정보처리론을 중심으로 〈신명사도〉를 살펴보는 것의 타당성을 확보할 수 있을 것이다.

따라서 본 연구는 조식의 〈신명사도〉에 나타난 인간마음의 특징과 작용에 대한 관점을 인간정보처리론의 관점에서 학습심리적 함의를 살펴보는 것이 목적이다. 그러기 위해서 우선, 〈신명사도〉의 의미와 인간정보처리론과 정보처리모형을 살펴본 다음, 〈신명사도〉에 있어서 학습심리의 요소와 정보처리모형을 비교해 보기로 한다. 그럼으로써 〈신명사도〉가 지니는 학습심리적 함의를 인간정보처리론에 기초하여 살펴보고자 한다.

Ⅱ. 〈신명사도〉와 인간정보처리론의 학습심리

1. 〈신명사도〉의 의미

〈신명사도〉는 인간의 마음구조와 작용을 경(敬)과 의(義)의 영향과 관련하여 그림으로 표현한 것이다. 이는 인간이 밖으로부터 들어오는 사회문화의 자극이 감각기관을 통하여 마음의 작용이 일어나서 지극한 선(善)의 경지에 도달하는 것을 이미지화한 것이다. 이는 임금이 나라를

---

8) 문선모,『교육심리학의 이해』, 양서원, 2012, 211쪽.

잘 다스려 지치(至治)를 이루려는 그림으로 묘사한 것이다. 마음의 작용을 임금의 궁궐에 비유한 것은 마음의 조절이 국정의 운영만큼 복잡하고 어려움을 표현한 것이라고 볼 수 있다. 결국, 인간의 마음이나 국정의 운영은 마음 다스리기에 달려있는 것이라고 생각된다.

〈그림 1〉〈신명사도〉

<그림 1>에서 보는 바와 같이, <신명사도>는 담장과 마음의 집이라는 형태를 구상하여 만든 도상이다. 조식은 부단히 자신을 수양하는 목적으로써 이 도상을 그린 것이다. 그는 일찍이 <신명사도>를 그리고 이어서 명(銘)을 지었다. 안으로는 마음을 잡아 함양하는 실체를 드러내고, 밖으로는 성찰하여 극복하는 공부를 밝혔으니, 겉과 안이 일치한 모양과 동정(動靜)이 서로 함양되는 이치가 그림을 보면 일목요연하여 모두 볼만 하였다.

이는 조식이 스스로 체득한 바를 손수 그린 것이다. 선유(先儒)들이 논한 천도(天道), 천명(天命), 심(心), 성정(性情), 리기(理氣) 등과 학문하는 차례와 덕에 들어가는 맥락을 손수 그린 그림이 한 두 개가 아니며, 모두 지극히 분명하였는데 이 또한 남에게 보이려고 한 것이 아니었다. 항상『논어(論語)』,『맹자(孟子)』,『중용(中庸)』,『대학(大學)』,『근사록(近思錄)』등과 같은 책을 연구하여 그 근본을 북돋우고 그 취향을 넓혔으니, 그 중에 나아가 더욱 자기에게 절실한 부분은 다시 사색을 더하였다.[9] 그 명(銘)에 이르기를,

---

9) 曺植,『南冥集』, <行狀(鄭仁弘)>, "嘗作神明舍圖 繼爲之銘 內以著操存涵養之實 外以明省察克治之工 表裏無間之體 動靜交養之理 按圖了然 有目皆可見 此先生所自得而手摹畫者也 以至先儒所論天道天命心性情理氣等處與爲學次第入德路脈 手自圖畫者 非一二而皆極分明 亦不以示人 常繹論孟庸學近思錄等書 以培其本 以廣其趣 就其中尤切己處更加玩味."

"태일진군(太一鎭君)이 명당(明堂)에서 정사를 펴니, 안은 총재(冢宰)
가 주관하고, 밖은 백규(百揆)가 살핀다. 추밀이 출납할 때 충신(忠信)
으로 꾸민 말씀, 사자부(四字符) 드러내고 백물기(百勿旂) 세웠구나. 아
홉 구멍의 사특함도 이목구(耳目口)에서 시발하니, 낌새 보아 물리치고
나아가 섬멸하라! 단폐(丹陛)로 나가 복명(復命)하니 요순(堯舜)시절
일월이라, 세 관문 막아두면 청야(淸野) 끝이 없으리니, 하나로 돌아가
시동(尸童) 같고 연못 같네!"10)

라고 하였다. 이는 원래 군왕이 나라를 잘 경영하는 것에 인간의 마음
다스림을 묘사한 것이다.

〈신명사도〉는 기본적으로 마음과 몸의 관계에 바탕한 것으로 수련
과 관련이 있으며, 나라를 다스린다는 이중적인 의미를 내포하고 있다.
특히, 인간의 마음작용과 몸의 행동이 나오도록 하는 구조와 기능에 대
한 해명을 보여주는 것이 바로 〈신명사도〉라고 할 수 있다.

교육의 측면에서 보면, 〈신명사도〉는 자신의 수양이나 교육에 적용
한 학습자료이다. 조식은 교육의 목적과 내용을 일목요연하게 시각적으
로 제시하여, 학습의 효과를 극대화하려고 하였다. 그 방법이 바로 〈신
명사도〉인 것이다. 이는 학습자가 사회문화의 자극을 통해서 들어오는
다양한 정보를 마음의 작용을 통해서 바람직한 행동으로의 변화를 가
능하도록 하는 것을 시사해 준다.

이러한 〈신명사도〉는 감각기능, 마음의 구조와 작동의 체계 또는 그
구성의 요소와 그 요소들의 관계에 대한 구체적인 형상으로 나타내고
있다.

---

10) 曹植, 『南冥集』 卷4, 補遺, 〈行狀(金宇顒)〉, "嘗模畫神明舍爲圖 以寓目存警 其銘曰
太一眞君 明堂布政 內冢宰主 外百揆省 承樞出納 忠信脩辭 發四字符 建百勿旂 九竅
之邪 三要始發 動微勇克 進敎廓殺 丹墀復命 堯舜日月 三開閉塞 淸野無邊 還歸一 尸
而淵."

2. 학습심리의 관점: 인간정보처리론 및 정보처리모형

학습심리(Learning Psychology)는 학습과정의 심리적 이해를 위해 다양한 학습의 원리와 법칙의 발견에 중점을 두는 심리학의 한 분야이다. 인간의 행동은 대부분 학습된 행동이므로 학습의 연구가 심리학의 가장 중요한 연구 영역이다.

20세기 초반까지의 학습심리학은 행동주의 또는 자극-반응이론이 발전하였다, 근래에는 학습에 대한 인지주의 즉, 인간정보처리론의 학습이론이 더욱 지배적으로 제시되고 있다. 인간정보처리론(Human Information Processing Theory: HIP)은 오늘날 인간학습을 검토하고 설명하는 지배적인 관점이다. 인간정보처리론은 인간을 능동적인 존재로 가정한다. 이 이론은 사람들이 어떻게 환경 사태에 주의를 기울이고, 학습할 정보를 약호화하여 그 정보를 기억에 있는 지식과 관련을 짓고, 기억에 새 정보를 저장하고, 그리고 필요할 때 인출하는지에 관심을 갖는다.[11] 인간정보처리론은 인간의 내부의 인지과정에 초점을 맞추는 이론으로서, 외부의 자극이 인간의 내부로 들어올 때, 그 자극에 따라 그대로 반응하는 것이 아니라, 내부의 과정을 거친 후에 반응으로 나타낸다는 것이다. 따라서 행동을 변화시키기 위해서는 외부의 자극 그 자체가 아니라, 내부의 과정을 변화시켜야 한다고 보았다.

인간정보처리론은 입력, 정보처리기제, 출력의 형태로 나타나며, 이는 컴퓨터의 처리과정과도 유사하다. 또한 컴퓨터와 인간은 구조와 기능면에 있어서도 유사성을 가지고 있을 뿐만 아니라, 인간정보처리론은 인간의 인지과정을 컴퓨터의 프로그램 조작에 비교될 수 있다. 이는 <그림 2>와 같다.[12]

---

11) 문선모, 앞의 책, 211-212쪽.
12) 문선모, 『학습이론』, 양서원, 2008, 196-198쪽.

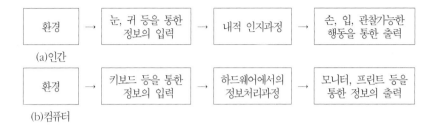

〈그림 2〉 인간과 컴퓨터의 정보처리과정 유사성

위의 〈그림 2〉에서 살펴본 것처럼, 인간의 정보처리과정은 크게 환경으로부터의 자극 혹은 정보의 입력(input) ⇒ 뇌에 의한 인지처리과정 ⇒ 관찰 가능한 행동으로 나타나는 출력(output)이며, 컴퓨터의 정보처리과정은 키보드 등에 의한 정보의 입력 ⇒ 하드웨어에서 일어나는 처리과정 ⇒ 스크린, 프린터에 의한 출력이다.

인간정보처리론의 이론 체계를 가장 명백하게 드러내 주고 있는 것이 정보처리모형이다. 정보처리모형은 Atkinson과 Shiffrin(1968)이 개발한 인간기억모형에 근원을 둔다. 이를 표준기억모형이라고 한다. 정보처리모형은 유기체가 환경으로부터 어떻게 정보를 받아들여 어떤 과정을 거쳐 처리해 나가며, 어떻게 산출해 내는가 하는 일련의 과정을 구조적으로 잘 설명해 주고 있는데, 이 모형은 학습심리학 분야의 수많은 실증적 연구들을 통해 그 타당성을 입증 받고 있다.

정보처리모형은 기본적으로 외부로부터 들어온 정보가 저장되는 정보저장고와 각 정보저장고로부터 정보가 이동하는 것과 관계된 인지처리과정이라는 두 가지로 구성되어 있다. 감각기억, 단기기억, 장기기억은 정보저장고이고, 화살표 위아래에 표시되어 있는 주의집중이나 시연(rehearsal), 약호화(encoding), 인출 등은 인지처리과정을 의미한다. 정보처리모형은 〈그림 3〉과 같다.[13]

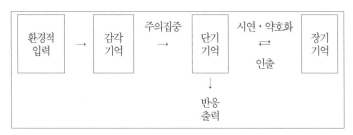

〈그림 3〉 정보처리모형

정보처리모형에서 환경으로부터 입력되는 정보를 처리하는 기억체계를 구성하는 최초의 정보저장 공간은 감각기억이다. 감각기억에 있던 정보는 주의집중 과정을 거쳐 단기기억으로 들어가게 된다. 단기기억 내로 들어온 정보는 다양한 시연과정을 거치거나 약호화되어 장기기억 속으로 이동하게 된다. 장기기억 속에 저장된 정보는 학습자가 필요로 할 때, 단기기억으로 인출되어 관찰이 가능한 행동으로 나타내게 되는 것이다.

인지처리과정은 어떠한 정보가 특정 저장고에서 다른 저장고로 이동하는 내적이고 지적인 활동을 뜻한다. 주의집중은 감각기억에서 단기기억으로 정보를 이동시키는 역할을 한다. 주의집중은 자극에 반응하는 것을 의미한다. 주의집중의 독특한 특성은 그것이 선택적이라는 것이다. 감각기억에 들어온 수많은 자극들은 주의를 기울이지 않으면 곧 상실된다. 따라서 학습은 주의집중부터 시작되는 것이다. 시연은 정보를 소리 내어 읽거나 속으로 되풀이하거나 간에, 그것의 형태와 관계없이 계속해서 반복하는 것을 의미한다. 약호화는 새로운 정보가 기존의 정보에 다양하게 통합되는 변환과정이다. 인출이란 장기기억에서 정보를

---

13) Richard C. Atkinson·Richard M. Shiffrin, "Human memory: A proposed system and its control processes", in Kenneth W. Spenc·Janet T. Spence (Eds.), *The psychology of learning and motivation: Advances in research and theory Vol. 2*, New York: Academic Press, 1968.

찾아내는 탐색과정이다. 이러한 정보처리모형은 외부에서 쉽게 관찰할
수 없는 인간 내부의 인지 및 학습과정을 모형화하였다는 점에서 그 의
의를 찾을 수 있다.

3. 〈신명사도〉와 정보처리모형 비교

〈신명사도〉는 인간 개인의 심리 행동적 작동과정을 보여주는 그림
이다. 이는 외부의 사물 자극과 내부의 마음의 작용으로부터 행위의 실
천에 이르기까지 일련의 입력과 출력의 과정을 보여주고 있기 때문이
다. 〈신명사도〉의 이러한 측면을 정보처리모형과 비교해 보면 〈그림
4〉와 같다.

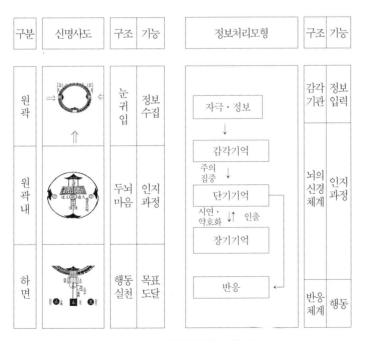

〈그림 4〉 〈신명사도〉와 정보처리모형 비교

<신명사도>는 원곽(垣郭), 원곽내(垣郭內), 그리고 하면(下面)으로 구성되어 있다.[14]

먼저, 원곽은 인간의 신체적 외부로부터 일어나는 모든 일을 감지하는 기관을 의미한다. 이를 감지하는 감각기관은 인간의 눈, 귀, 입의 신체에 해당하며, 이들은 주로 정보수집의 기능을 담당한다. 여기서 화살표는 자극이 들어오는 방향의 표시이다.

원곽내는 인간의 두뇌 및 마음에 해당하는 것으로, 이는 원곽으로부터 수집된 정보를 처리하는 인지과정의 역할을 담당하게 된다.

하단은 정보수집의 기능을 담당하는 원곽과 수집된 정보를 인지처리하는 원곽내를 거쳐서 궁극적으로 인간이나 국가가 지향하는 행동의 실천적 목표를 보여주는 것이다. 하단은 인간과 국가의 궁극적인 지향처로서 개인적으로는 바람직한 실천적 행동을, 국가적으로는 이상적이고 정의로운 목표를 지향하는 것으로 볼 수 있다.

한편 정보처리모형을 살펴보면,[15] 자극 혹은 정보는 인간의 눈·귀 등의 감각기관을 통하여 감각기억을 거쳐 단기기억에 저장되며, 시연 또는 약호화 과정을 통하여 장기기억 속에 저장된다. 그리고 필요한 정보는 장기기억으로부터 단기기억으로 인출되어 반응으로 나타나는 것이다.

이 두 모형을 비교해 볼 때, 다음과 같은 공통점을 찾아볼 수 있다. 우선 정보를 수집, 정리 및 분석의 과정을 통해서 실천적 행동이나 처리된 정보를 출력한다는 점이다. 또한 이 두 모형의 대상은 인간 외부의 자극정보를 가치론적으로 정보를 처리함으로써, 올바른 실천적 행동

---

14) 최석기, 「남명의 '신명사도'·'신명사명'에 대하여」, 『남명학연구』 제4권, 남명학연구소, 1994, 155쪽; 여기서 원곽(垣郭)은 <신명사도> 중앙·상단의 성곽처럼 둥그렇게 둘러쳐진 원을 가리킨다.

15) Richard C. Atkinson·Richard M. Shiffrin, "The control of short-term memory", *Scientific American Vol. 225*, America: Springer nature, 1971.

을 도출하는데 있다. 그리고 외부의 자극에 대한 정보처리, 그리고 이를 출력하는 인지의 과정이 일회성에 그치는 것이 아니라, 부단한 반성적인 사고과정과 피드백이 존재한다는 측면에서 그 공통점을 찾아볼 수 있다.

그러나 정보처리모형은 학습자의 감정, 느낌과 같은 개인의 정서적 요소와 학습이 일어나는 사회적 맥락을 고려하지 않았다는 점과 학습자가 스스로 지식을 구성한다는 점을 충분하게 강조하지 않았다는 측면에서 비판을 받기도 하고,16) 정보처리론적 관점은 인간의 사고과정을 단순하게 정보를 처리하는 기계론적인 모형으로 설명하고 있다고 비판을 받기도 한다.17) 그러나 이러한 비판의 측면이 있음에도 불구하고, 〈신명사도〉와 인간정보처리론의 상호 공통하는 측면이 더욱 포괄적이기 때문에, 인간정보처리론의 관점에서 〈신명사도〉의 학습심리적 함의는 이를 극복할 수 있게 해 준다.

따라서 〈신명사도〉와 정보처리모형을 비교해 본 결과에 의하면, 입력된 정보에 대해 내부의 과정을 거쳐서 수행으로 나타나는 과정이 거의 동일하다고 볼 수 있었다. 〈신명사도〉를 정보처리모형에 기초하여 학습심리의 요소들을 분석해 보면 〈그림 5〉와 같다.

---

16) Paul D. Eggen·Donald P. Kauchak, *Educational Psychology: Windows on classrooms*(8th ed.), New York: Pearson Education, 1992, 227; 송인섭 외, 『교육심리학』, 양서원, 2013, 233쪽; 신종호 외 역, 『교육심리학』, 학지사, 2011, 362-364쪽.
17) 김제한 외, 『교육심리학』, 양서원, 2013, 148쪽.

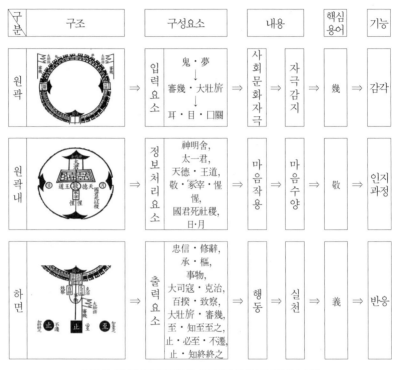

구분	구조	구성요소	내용		핵심용어	기능
원곽		입력요소	鬼·夢 / 審幾·大壯旂 ↓ 耳·目·□關	사회문화자극 ⇒ 자극감지	幾	⇒ 감각
원곽내		정보처리요소	神明舍, 太一君, 天德·王道, 敬·冢宰·惺惺, 國君死社稷, 日·月	마음작용 ⇒ 마음수양	敬	⇒ 인지과정
하면		출력요소	忠信·修辭, 承·樞, 事物, 大司寇·克治, 百揆·致察, 大壯旂·審幾, 至·知至至之, 止·必至·不遷, 止·知終終之	행동 ⇒ 실천	義	⇒ 반응

〈그림 5〉 정보처리모형에 기초한 〈신명사도〉의 학습심리적 요소 분석

　　〈신명사도〉에 보이는 그림 자료들은 문자 기록들의 표상을 넘어, 다양한 상상력을 부여해 주기도 한다. 예컨대, 그림에 배치된 사각형의 □ 모양은 이·목·구와 같이 대상이 구체적으로 확인가능 한 것을 나타내 주기도 하며, 원형의 ○ 모양은 원곽, 경, 일월, 지(止), 지(至)와 같이 구체적으로 모양을 정하기 어렵고, 시간에 따라 변할 수 있는 성질을 가진 것으로 생각해 볼 수 있겠다.

　　먼저, 원곽의 구조를 구성하는 문자는 (A) 귀·몽 ⇒ (B) 심기·대장기 ⇒ (C) 이관·목관·구관이 있다. (A)와 (B)는 인간의 신체 외부에서 일어나는 모든 일들을 말하며, 이는 기미(幾微)로써 미세한 움직임까지도 포착하여 살피는 개념으로 이해할 수 있다. 그리고 (C)는 (A)의 외부적 정보를 (B)라는 기미 또는 낌새를 통해서 감지되는 사물에 대한 정보를 감지하고 입력하는 감각적 기능을 가지고 있다. 내용적인 측면에서 볼 때, 이는 사회문화의 자극을 감지하는 것으로 보인다. 여기서의 핵심용어는 기(幾)이며, 기능의 측면에서는 감각기능을 수행한다.

원곽내를 구성하는 문자는 마음의 집인 신명사(神明舍), 마음의 집을 주재하는 태일군(太一君), 총재는 언제나 성성(惺惺)하는 경(敬)으로 마음을 다스리고, 인간 수양의 목표인 천덕·왕도, 사직과 운명을 함께하려는 국군사사직, 그리고 원곽의 시각기관인 목관과 청각기관인 이관과 관련한 일·월이 있다. 내용의 측면에서는 마음의 작용을 통해서 마음을 수양하는 것이다. 여기서의 핵심용어는 인간의 마음을 잘 유지하려고 부단히 애쓰고 있는 총재인 경이다. 기능의 측면에서는 인지과정을 수행한다. 여기까지의 그림을 정리해 보면, 우선 외부에 존재하는 사회문화의 자극이 인간의 감각기관인 시청각기관을 통해서 내부의 마음작용으로 인지처리되는 과정을 상징적으로 보여준다.

그리고 하면을 구성하는 문자는 충신·수사, 승·추, 사물, 대사구·극치, 백규·치찰, 대장기·심기, 지·지지지지, 지·필지·불천, 지·지종종지이다. 내용적인 측면에서는 행동을 실천하는 것을 보여준다. 여기서의 핵심용어는 백규가 인간의 사심이나 사욕을 치찰(致察)하는 기준으로서의 의(義)이다. 그리고 기능의 측면에서는 반응에 해당한다고 할 수 있다. 여기까지의 그림을 정리해 보면, 마음의 작용으로 볼 수 있는 인지처리과정을 통해서 행동과 실천으로 나타나는 반응의 모습을 상징적으로 보여준다.

이상과 같은 전체적인 그림의 구도를 정리해 보면 다음과 같다. 〈신명사도〉는 정보수집 기능의 원곽과 인지과정 기능의 원곽내를 통해서, 하면의 실천적 행동으로 나아가는 것을 상징적으로 보여주는 것이다.

이는 조식의 궁극적인 학문의 방법이 존양-성찰-심기-극치-지어지선의 기본적 구도를 설정하고 있는 것으로 이해할 수 있겠다.[18]

따라서 인간정보처리론의 학습심리적 측면에서 바라보는 <신명사도>는 사회문화적 자극과 관련되는 원곽의 감각기능, 마음의 작용과 관련되는 원곽내의 인지기능, 그리고 행동의 실천과 관련되는 하면의 반응기능에 각각 해당하는 것으로 정리해 볼 수 있다.

III. 〈신명사도〉의 학습심리적 함의

<신명사도>와 인간정보처리론의 학습심리 비교를 통하여, <신명사도>를 인간정보처리론의 관점에서 조망하는 학습심리적 함의는 첫째 학습자 내부의 인지과정을 이해할 수 있는 학습심리모델을 제시하였다는 점, 둘째 인간의 학습과정에 있어서 효과적인 학습방략을 제시해 주었다는 점, 그리고 셋째 학습자를 능동적인 정보처리자로 간주하였다는 점을 들 수 있다. 이를 살펴보면 다음과 같다.

1. <신명사도>는 학습자의 복합적인 내부의 인지과정을 객관적으로 이해하고 연구할 수 있는 학습심리모델을 제시해 주고 있다.

이는 외부의 사회문화적 자극이 인간 내부의 마음작용을 통해서 어떻게 정보처리 되어 행동으로 실천되는가에 대한 일련의 과정을 보여주는 모델이라고 할 수 있다. <신명사도>를 통해서 살펴볼 수 있는 학습심리모델은 사회문화적 자극(S)에 대한 감각기능으로서의 원곽, 감각기관을 통해서 들어오는 정보를 마음작용으로 처리하는 원곽내(O), 그리고 마음의 작용을 행동으로 나타내는 과정을 하면(R)으로 설정하고

---

18) 최석기, 앞의 논문, 188쪽.

있고, 이에 각각 해당 개념을 배치하고 있다. 이러한 세 가지 측면의 개념을 살펴보면 다음과 같다.

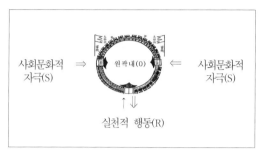

〈그림 6〉 학습심리모델

첫째, <그림 6>의 원곽은 <신명사도>에서 보듯이 외부의 사회문화적 자극을 눈과 귀와 입으로 지각하는 감각기관을 말한다. 그림을 바라보는 입장에서 볼 때, 원곽 밖의 왼쪽에는 귀(鬼)자를, 오른쪽에는 몽(夢)자를 두었다. 그리고 귀와 몽자 아래에는 각각 대장기(大壯旂)와 심기(審幾)를 배치하였다. 이는 외부의 귀와 몽으로부터 들어오는 자극의 기미를 감지하고 파악하는 것을 보여주고 있다.

이를 두고 한강(寒岡) 정구(鄭逑, 1543~1620)는 조식의 <제문>에서 사욕을 이겨내기를 엄하게 하는 것으로는 구규(九竅)의 간사함을 섬멸하여 간특한 소리와 어지러운 빛이 감히 행여 범접하지 못했으며, 본성을 보전하고 지키기를 치밀하게 하는 것으로는 삼관(三關)으로 들어오는 것을 막아 부질없고 잡된 생각이 감히 행여 싹트지 못하게 하였다. 마음은 항상 귀신이 앞에서 주시하는 것처럼 엄숙하고, 살아 있는 용과 범처럼 활력이 넘치면서도 언제나 고요하게 지냈다[19]고 한다.

---

19) 曹植,『南冥集』卷3, 附祭文, <祭南冥曺先生文(鄭逑)>, "克己之嚴 則廝殺九竅之邪 而姦聲亂色 罔敢或干 保守之密 則閉塞三關之入 而閑思雜念 罔敢或萌 肅然常若鬼神之

동강(東岡) 김우옹(金宇顒, 1540~1603)은 조식의 <언행록>을 통해서, 일찍이 자굴산(闍堀山) 명경대(明鏡臺)를 사랑하여 오가며 깃들어 지내신 것이 몇 해였다. 항상 문을 닫아걸고 홀로 앉아 책을 읽으면서 새벽까지 이르고 말없이 고요히 앉아 해가 질 때까지 이르니, 절의 중이 말하기를 "거처하는 방에 종일토록 고요하여 소리가 없고 다만 때로는 손가락으로 책상을 두드리는 소리가 약간 들릴 뿐이니, 이로 인하여 아직까지 글을 읽는 줄 알았다"[20]고 하면서 이와 관련한 수양법을 회고하고 있다.

둘째, <그림 6>의 가운데 그림인 원곽내(O)에서 마음의 작용은 외부의 사회문화적 자극을 수용하여 정보처리하는 인지활동의 역역이라고 할 수 있다. 정보처리기능으로서의 마음의 작용에 해당하는 요소는 신명사, 태일군, 천덕·왕도, 경·총재·성성, 국군사사직, 일·월이 있다. 원곽내의 성성이란 마음이 항상 맑게 깨어 있어서 흐리거나 어지럽지 않은 상태를 말한다.

이를 두고 조식은 경과 의를 드러내어 창 벽에 크게 써 놓고 일찍이 말하기를, "우리 집에 이 두 글자가 있는 것은 하늘에 일월이 있는 것과 같으니, 만고에 이르도록 바뀌지 않을 것이다. 성현의 천만 마디 이야기의 귀결점은 모두 이 두 글자를 벗어나지 않는다"[21]고 하였다.

마음을 일깨우는 공부의 도구로서 성성자(惺惺子)는 제자 김우옹에게 전수되었는데, 이는 옷의 띠 사이에 있으면 무릇 몸을 움직일 때에 경계하고 책망하여 매우 경외할 만하니, 그대는 경계하고 두려워하여 이 방울에게 죄를 얻음이 없도록 하라[22]는 것이었다. 이는 성성자라는 방

參於前 生龍活虎長在沖漠之中 起居衣帶之間."

20) 金宇顒, 『東岡集』 卷17, <南冥先生言行錄>, "嘗愛闍崛山之明鏡臺 往來棲息者累年 常關門獨坐 看書達曉 靜黙終暑 有寺僧言其所處之室 終日寂然無聲 但時聞以手指抵 書案微有聲 因知其尙讀書也."

21) 曹植, 『南冥集』, <行狀(鄭仁弘)>, "特提敬義字 大書窓壁間 嘗曰 吾家有此兩箇字 如 天之有日月 洞萬古而不易 聖賢千言萬語 要其歸 都不出二字外也."

울을 통해서 꾸준한 마음수양과, 경(敬)을 통한 순수한 마음의 유지를 강조하는 학습법을 보여준다.

몸을 닦는 요령에 대해서 조식은 1568년의 〈무진봉사〉에서 이치를 궁구하는 바탕이 곧 독서를 하여 의리를 밝혀서 현실에 적용할 때의 타당 여부를 구하는 것이요, 몸을 닦는 요령은 예가 아니면 보지도 듣지도 말하지도 행동하지도 않는 것이다. 그 요령을 마음속에 간직하여 홀로 있으면서도 스스로 성찰함은 천덕(天德)이요, 이것을 밖으로 성찰해서 힘써 행하는 것이 왕도(王道)이다. 그렇게 되도록 하는 공부는 반드시 경을 위주로 해야 되겠다. 이른바 '경'이란 늘 자기가 처해 있는 환경을 가지런하고 조용하게 하고, 자기의 마음을 늘 밝게 깨어 있게 하여 그 일념이 주인이 되어 만사를 제어함을 말한다. 이른바 내심을 바르게 해서 행동 표현을 방정하게 한다는 것이다. 공자가 이른바 경으로써 몸을 닦는다고 한 것이 이것이다. 이런 까닭에 정신수양을 위주로 하지 않고는 마음을 보존할 수가 없고, 마음이 보존되지 않으면 천하의 이치를 궁리해 낼 수가 없으며, 이치를 밝혀내지 않고서는 사물의 변화를 조절할 수가 없다[23]고 하였다.

마음이 안정된 경우의 사례에 대해서 조식은 전하께서 과연 기꺼이 경으로써 몸을 닦아, 천덕에 달하고 왕도를 실행하여 반드시 지선(至善)의 경지에 이른다면, 마음이 밝아지고 몸이 정성스러워지면서 만물과 나 자신이 함께 어울리게 될 것이며, 이를 정치와 교화에 시행한다면 마치 바람 부는 대로 구름이 가듯 백성들이 더욱 열성스럽게 따라와 줄

22) 金宇顒, 『東岡集』 卷17, 〈南冥先生言行錄〉, "此物在 汝衣帶間 凡有動作 規警誚責 甚可敬畏 汝其戒懼 無得罪於此子也."
23) 曺植, 『南冥集』 卷2, 〈戊辰封事〉, "其所以爲窮理之地 則讀書講明義理 應事求其當否 其所以爲修身之要 則非禮勿視聽言動 存心於內 而謹其獨者 天德也 省察於外 而力其行者 王道也 其所以爲修存省之極功 則必以敬爲主 所謂敬者 整齊嚴肅 惺惺不昧 主一心而應萬事 所以直內而方外 孔子所謂修己以敬者 是也 故非主敬 無以存此心 非存心 無以窮天下之理 非窮理 無以制事物之變."

것24)이라고 하였다.

반면, 마음이 안정되지 않은 경우의 사례에 대해서 조식은 지금의 형편을 말한다면 우선 임금 자신의 심성이 안정돼 있지 않아 정사는 사사로이 처리되는 것이 많고, 그러다 보니 법령을 공포하여도 백성들은 이에 거부반응을 나타내어 나라의 기강이 서지 않은 지가 여러 대이다. 하온지라 비상한 위엄을 떨치지 않고서는 이미 흩어져서 뒤죽박죽이 된 세태를 끌어 모을 수가 없고, 큰 장맛비로 축여주지 않고서는 칠년 가뭄에 말라 있는 풀잎을 윤택하게 할 수가 없다25)고 하였다.

셋째, <그림 6> 아랫부분의 하면(R)의 그림은 마음의 작용을 행동으로 나타내는 반응이라고 볼 수 있다. 앞서 언급된 외부의 사회문화적 자극(S)은 감각기관인 원곽을 통해서 원곽내(O)로 들어온다. 원곽내(O)에서는 정보처리기능으로서의 마음의 작용이라고 할 수 있는 인지활동이 왕성하게 일어나게 된다. 그리고 원곽내에서의 마음의 작용 결과는 하면(R)에서 몸의 행동으로 나타나는 실천의 모습을 보여주게 된다. 이로써 본다면, <신명사도>는 사회문화의 자극(S) ⇒ 마음의 작용/인지과정(O) ⇒ 실천의 행동(R)으로서 인간정보처리이론의 모형 틀을 보여준다고 할 수 있다.

정보처리기능으로서 하면(R)에 해당하는 요소는 충신·수사, 승·추, 사물(事物), 대사구·극치, 백규·치찰, 대장기·심기, 지·지지지지, 지·필지·불천, 지·지종종지가 있다. 이러한 요소를 바탕으로 하는 조식의 마음은 의(義)와 관련되어 행동이 실천되는 모습을 보여준다. 『학기유편』의 <역서학용어맹일도도(易書學庸語孟一道圖)>에서 지지(知止)는 몸과

---

24) 曺植, 『南冥集』 卷2, <戊辰封事>, "殿下果能修己以敬 達天德行王道 必至於至善而後止 則明誠竝進 物我兼盡 施之於政敎者 如風動而雲驅 下必有甚焉者矣."

25) 曺植, 『南冥集』 卷2, <戊辰封事>, "由今言之 王靈不擧 政多恩貸 令出惟反 紀綱不立者 數世矣 非振之以不測之威 無以聚百散糜粥之勢 非潤之以大霖之雨 無以澤七年枯旱之草."

마음이 머무는 곳을 아는 것이다. 또한 여기에는 방외(方外)와 직내(直內)가 각각 이원적으로 배치되어 있다. 방외는 의이방외(義以方外)를 의미하며 행의(行義)의 실천의 의미를 지닌다.

행동이 올바른 실천으로 이행되기 위해서는 우선 옳고 그름에 대한 가치론의 판단이 선행되어야 한다. 이는 인간 내부의 마음이 외부 사회 문화의 자극과 접촉하여 정보처리과정이 이루어지는데, 이 때 올바른 방향으로의 행동실천의 결과는 바로 하면(R)으로 살펴볼 수 있기 때문이다.

이와 관련하여 조식은 〈혁대명(革帶銘)〉에서 하면의 구관(口關)과 관련하여, 조식은 항상 혁대를 묶으면서 명(銘)하기를 "혀는 새는 것이요, 가죽은 묶는 것. 살아 있는 용을 잡아 묶어, 깊은 곳에 감춰두라"[26]고 하여 입을 통해서 나오는 출력요소의 신중함을 강조하였던 것이다.

그리고 마음과 몸의 관계에 대해서, 조식은 〈무진봉사〉에서 임금이 나라를 다스리는 길은 남에게서 구하는 데 있지 않고, 임금 자신이 선을 밝히고 몸을 정성스럽게 하는 데 그 요점이 있는 것이다. 이른바 선을 밝힌다는 것은 이치를 궁구함을 말함이요, 몸을 정성스럽게 한다 함은 몸을 닦는 것을 말한다. 사람의 본성과 감정 속에 모든 이치가 갖추어져 있으니 인의예지가 곧 그 본체요, 모든 선(善)이 모두 그 본체로부터 나온다. 마음은 이치가 모이는 주체요, 몸은 마음을 담는 그릇이니, 그 이치를 궁구함은 장차 실용에 쓰려 함이요, 몸을 닦는 것은 장차 도리를 행하고자 함[27]이라고 하였다.

내암(來庵) 정인홍(鄭仁弘, 1535~1623)은 조식의 〈행장(行狀)〉에서, 옛날

---

26) 曹植, 『南冥集』 卷1, 銘, 〈革帶銘〉, "革者緤 舌者紲 縛生龍 藏漠冲."
27) 曹植, 『南冥集』 卷2, 〈戊辰封事〉, "爲治之道 不在他求 要在人主明善誠身而已 所謂 明善者 窮理之謂也 誠身者修身之謂也 性分之內 萬理備具 仁義禮智 乃其體也 萬善皆 從此出 心者 是理所會之主也 身者 是心所盛之器也 窮其理 將以致用也 修其身 將以 行道也."

성인들의 미묘한 말과 같은 뜻 중에 사람들이 쉽게 깨달을 수 없는 것은 주자(周子), 정자(程子), 장자(張子), 주자(朱子)가 서로 이어 천명하여 남김이 없다. 학자들은 그 알기 어려움을 근심하지 말고 단지 실천하지 않음을 근심해야 할 뿐[28]이라고 하여 실천을 강조하였다.

인간의 바람직한 행동과 관련해서는 의(義)가 작용하게 된다. 여기서 의는 경의검(敬義劍)으로 표출되어 나타나는데, 이는 확고부동한 마음으로 불의와 타협하지 않는 강인한 행동의 모습을 <패검명(佩劍銘)>의 '경이직내(敬以直內), 의이방외(義以方外)'[29]를 통해서 그 상징성을 보여준다. 이렇듯 경과 의는 서로 내외와 짝을 이루는 것으로서, 원곽내(O)의 경이 지향하는 바는 바로 하면(R)의 의(義)라고도 할 수 있다. 일반 유학자들과 달리, 적어도 조식에게 있어서 실천적 행동을 강조하였다고 하는 표현은 바로 이러한 의(義)와의 관련성 때문이다.

2. <신명사도>는 인간의 학습과정에 있어서 도식화라는 효과적인 학습방략을 제시해 주고 있다.

<신명사도>는 인간의 행위를 이루는 몸과 마음의 요소들의 구조 및 그 상호관계를 도식화한 것이다. 그 구성은 어떤 대상의 내용을 압축 간결하게 하여 사실적 그림[도회(圖繪)]을 부분적으로 배열하고, 선이나 기호들을 합하고 구성하여 그 관계와 뜻을 쉽게 이해할 수 있도록 하였다. 대상의 내용을 압축 간결하게 하여 선이나 형태로 기호를 구성하여, 전체의 관계와 또한 수량적 관계를 쉽게 파악할 수 있게 그린 것이다. 이는 정보처리론에서 정보를 학습하거나 기억할 때, 도표, 그림 등 다양한 시각 자료를 활용하거나 마인드 맵 등을 그려보는 것이 효과적인 학

---

28) 曹植, 『南冥集』, <行狀(鄭仁弘)>, "從古聖人微辭奧旨 人不易曉者 周程張朱相繼闡明 靡有餘蘊 學者不患其難知 特患其不爲已耳."

29) 曹植, 『南冥集』 卷1, 銘, <佩釖銘>, "敬以直內 義以方外."

습방략[30]이라고 제시하고 있는데, 이와 일맥상통한다고 볼 수 있다.

유학의 그림들은 대체로 유학의 원리나 경전의 내용, 그리고 인간의 심성에 관한 것으로 보인다. 유학의 원리나 경전의 내용에 관한 이론들은 그 의미가 폭넓을 뿐만 아니라, 이를 언어 문자적으로도 표현하기가 쉽지 않다. 그럼에도 불구하고 조식의 〈신명사도〉는 외부 사회문화의 자극과 마음의 작용으로서의 인지과정, 그리고 실천적 행동으로 나타내는 인간의 학습과정을 문자와 그림으로 작성한 것이다. 이러한 〈신명사도〉의 제작은 학습자의 학습 매개물로서의 그림의 가치가 인정되는 중요한 측면이라고 할 수 있다.

마음을 일정한 공간처럼 표상한 그림[도(圖)]이 〈신명사도〉이다. 여기서 마음은 신명(神明)의 집인데, 이는 외부의 자극으로부터 마음이 작용하는 가상의 공간에 위치하면서, 밖으로는 행동으로 실천되는 것을 의미하는 그림이다. 마음이란 비실물적 존재이지만, 〈신명사도〉에서는 그러한 마음을 공간적으로 도상화하면서 하나의 마음모델을 제시해 주고 있다.

여기서 마음에 관한 내용을 그림으로써 표현하는 것은 인간의 마음에 관한 일정한 형상화이며 일정한 모형을 제시하는 것이라고 할 수 있다. 이는 유학의 개념과 원리에 입각하여 이루어진 것이므로 유학적 원리에 입각한 마음의 모형으로 간주될 수 있다. 이는 경험의 표상방식이 천인관계, 이기론, 체용(體用)의 사고범주, 경의 원리 등으로써 이루어진다는 점, 그리고 그것을 통해서 심(心), 성(性), 정(情), 의(意) 등의 마음 관련 개념들이 위상을 가지게 된다는 점이다. 유학자들의 그림 자료들은 유학자들의 마음 이해에 기초가 된 은유와 영상도식, 혹은 상상적 구조화의 틀과 내용을 암시하고 있다.

---

30) 문선모, 앞의 책, 248-254쪽.

조식의 학문은 경과 의에 바탕하면서 반궁체험(反躬體驗)과 지경실행(持敬實行)을 강조하였다. 그는 학습할 때, 시청을 하는 데는 마음의 작용에 대한 뒷받침이 있어야 할 것을 강조하였다. 『학기유편』에는 마음의 작용과 형상에 대하여 아래와 같이 기록하고 있다.

> "이목(耳目)으로 보고 듣고 하는 것은 곧 마음의 작용으로 가능한 것이며, 형상(形象)만으로 되는 것이 아니다."31)
> "상(象)이란 형(形)의 정화(精華)로서 위에서 발하는 것이며, 형이란 상의 체질로서 아래에 남는 것이다."32)
> "선천(先天)의 학문은 심법(心法)이다. 그러한 까닭에 도(圖)는 모두 복판에서 일어났는데, 만화(萬化)·만사(萬事)가 마음에서 난다."33)

여기서 상(象)은 형체의 정화된 것으로 규정된다. 상은 형태의 허잡한 것을 제거하고, 그 형태의 중요한 요소만을 추려서 알기 쉽게 한 것이다. 형태란 요소만으로 간결하게 그려진 상(象)에다 살을 붙인 것인데, 이는 이미지를 도식화하는데 기본적인 원리가 되며, 마음모델을 이해하는 기초를 제공해 준다.

특히, 시각자료의 교육적 활용은 현대교육의 기반을 형성하는 새로운 교수법에 여전히 유효하다고 할 수 있다. 조식은 도설(圖說)과 명(銘) 등의 시각적 자료를 제자교육에 활용함으로써 어문중심교육의 단점을 보완하는 학습지도법을 개발하였다. 이는 오늘날의 교육현장에서도 여전히 유용하게 적용되어 활용되고 있다.34)

---

31) 曹植, 『學記類編』卷上, <爲學之要>, "耳目之視聽 卽其心也 豈有形象 然 耳目 猶有 形象 心何嘗有物."
32) 曹植, 『學記類編』卷上, <論道之統體>, "象者 形之精華發於上者 形者 象之體質留於 下者."
33) 曹植, 『學記類編』卷上, <論道之統體>, "先天之學 心法也 故圖皆自中起 萬化萬事 生 乎心也."
34) 사재명, 「남명 조식 교육사상의 계승」, 경상대학교 박사학위논문, 1999, 27-28쪽.

〈신명사도〉는 학습에서 학습자 중심의 인지학습방략을 설계할 수 있도록 도움을 준다. 이는 학습자에게 주어진 정보를 효과적으로 처리할 수 있도록 인지학습방략이 전달되거나, 그것을 효과적으로 개발·활용되도록 교수-학습전략이 모색되어야 할 것을 시사해 준다.

〈신명사도〉는 문제를 정확하게 인식하는 것을 중요시한 것으로 보인다. 이는 사실에 근거하여 내면의 의미까지도 파악할 수 있어야 올바른 판단을 내릴 수 있기 때문이다. 문제를 정확히 인식한 후에는 어떻게 해결할 것인가를 고민해야 한다. 이는 주지한 바와 같이, 원곽내(O)의 경(敬)의 과정을 통해서 진지하게 성찰함으로써 그에 대한 해결방법을 찾을 수 있을 것이다.

그리고 학습자는 주어진 정보를 효율적으로 정보처리하여, 그 결과에 대해서 학습자에게 기억될 수 있도록 해야 한다. 다시 말해서 이는 약호화 및 저장, 인출 활동을 촉진시키기 위해서는 다양한 기억향상 전략이나 인지전략의 교수 및 연습이 필요하다는 것이다. 이러한 측면에 바탕하여 학습심리학에서는 학습자의 기억을 향상시키기 위한 인지전략이나 학습전략이 꾸준히 개발되고 활용되어 왔다.

교사는 교수-학습 상황에서 학습자의 학습과정을 일련의 정보처리 과정으로써 보다 체계적으로 파악할 수 있는 안목을 제시해 주어야 하는데, 이러한 측면에서 볼 때, 〈신명사도〉는 교사뿐만 아니라, 학습자에게 있어서도 유용한 활용가치를 지닌 것으로 보인다.

따라서 이러한 〈신명사도〉를 인간정보처리론의 관점에서 바라볼 때, 〈신명사도〉는 학습자가 스스로 학습 할 수 있는 방법을 습득할 수 있도록 도와 줄 수 있을 것이다. 이를 위해서 교사는 학습자가 학습하고 있는 주제에서 관련성을 찾을 수 있도록 도식을 부단히 발달시킬 수 있어야 할 것이다. 이는 수업 장면에서 교사가 학습자에게 정보를 제공할 때, 교사는 과도한 정보를 제공하지 말아야 하며, 지식을 획득한 후에는 이를 적극적으로 이해할 수 있도록 질문 등을 통해 학생 스스로의 인식을 점검하고 정보망을 연결시킬 수 있도록 도움을 주어야 할 것이다.

3. 학습장면에 있어서 학습자를 수동적인 정보의 수용자로 보지 않고, 능동적인 정보처리자로 간주하였다.

수양을 한다는 것은 학습자의 능동적이고 적극적인 마음과 자세가 없이는 가능하지 않을 것이다. 이는 자아를 수양해 가는 과정에서 스승의 역할이 중요하긴 하지만, 궁극적으로 수양이란 스스로 새로운 경지를 열어나가는 창조적 과정이고 실존적 과정이라고 할 수 있다. 그 누구도 그 길을 대신 열어줄 수가 없다. 지식과 이론도 그 길을 가는데 있어서 도움말에 불과하다. 이론과 지식을 많이 아는 것이 곧바로 수양을 높은 단계로 이끄는 것은 아니다. 조식은 학문의 이론에 천착하는 것이 실존의 변형을 보증해 주는 것이 아님을 너무나 잘 알고 있었다. 그래서 그는 수양의 과정과 방법에서 자득(自得)을 무엇보다 강조하였던 것이다.[35]

조식의 <원천부(原泉賦)>에서는 수양의 중요성에 대한 인식을 잘 보여주고 있다.[36] 이는 마치 큰 근원이 있는 물이 끝없이 천지 사방으로 흐르는 것처럼, 인간도 그 본원을 잘 함양해야 한다는 것을 시사해 주고 있다.

---

35) 장승구, 「南冥 曺植의 수양론과 그 특성」, 『남명학보』 제7호, 남명학회, 2008, 20쪽.
36) 曺植, 경상대학교 남명학연구소 역, 『남명집』, 한길사, 2001, 149-153쪽; <원천부>에는 "큰 근원이 곤륜산에서 발원하여, 온 천지 사방에 가득 퍼진다. 큰 물결 하늘에 닿을 듯이 도도히 흘러가면, 결코 물길을 바꾸거나 흐리게 할 수 없나니. 태양이 땅을 태울 듯이 강력히 내리쬐더라도, 누가 한 바가지의 물인들 줄일 수 있으랴! 또한 군자가 선의 단서를 미루어 극진히 하는 데는, 근본을 세우는 것이 무엇보다 중요하다. 또한 학문이란 쌓지 않으면 두터워지지 않으니, 비유컨대 오줌을 받아놓고 바다를 묻는 것과 같다. 진실로 신령한 뿌리가 마르지 않으면, 천하를 적시고도 마르기 어려우리. 덮어놓지 않은 샘의 차가운 물을 보라. 아무리 퍼내어도 여전하지 않은가!"라고 하였다.

조식은 마음의 체득을 중시하는 학습법을 강조하였다. 마음으로 체득하기 위해서는 고요히 앉아서 자신의 마음을 수양하는 정좌(靜坐)의 수양법을 조식은 중시하였다. 이는 정좌를 통해 경으로써 마음을 다잡고 깨어있는 상태로 유지하는 것은 사욕의 공격으로부터 자기를 지키고, 나아가 의를 실천하기 위한 기반을 조성하는 것이다.[37] 이렇듯 〈신명사도〉는 조식의 수양론의 체계와 특성을 잘 보여주는 것이다. 경과 의로써 존양성찰을 하고, 사욕의 기미를 살펴서 힘써 다스려서 마침내 지선의 경지에 도달하는 것을 보여준다.[38]

학습자를 능동적인 정보처리자로 간주하여, 조식이 학습자들에게 적절한 습성의 교육, 몸의 행동, 개인의 능력차 등을 고려한 교육을 강조하였다는 것에 대한 제자들의 기록을 살펴보면 다음과 같다.

정인홍은 조식의 〈행장〉에서, 평소 거처할 때 처자와 섞여 지내는 것은 옳지 않다. 비록 자질이 훌륭하더라도 습성에 빠져들면 끝내 바른 사람이 될 수 없다[39]고 하여 인간의 습성교육의 일단을 언급하기도 했다.

김우옹은 조식의 〈언행록〉에서, 조식선생이 옛말을 들어 우옹에게 가르쳐서 "몸을 행하는 처음에 마땅히 금옥(金玉)처럼 하여 작은 티끌의 더러움도 받아서는 안 된다."[40]고 하여 몸의 행동에 대한 교육을 강조하였다. 행동과 관련해서는 대장부의 행동거지는 무겁기를 마치 산악과 같이 하여 우뚝하게 만인(萬仞)의 높이로 서서, 때가 이르거든 펼쳐야 바야흐로 허다한 사업을 해낼 수 있다[41]고 하였다. 그리고 개인 능력과

---

37) 손병욱, 「남명 '敬義' 사상의 기저로서의 정좌수행」, 『남명학연구논총』 제2권, 남명학연구원, 1992 참조

38) 김충렬, 『남명 조식의 학문과 선비정신』, 예문서원, 2006, 301-338쪽.

39) 曹植, 『南冥集』, 〈行狀(鄭仁弘)〉, "恒居不宜與妻孥混處 雖資質之美 因循汨溺 終不做人矣."

40) 金宇顒, 『東岡集』 卷17, 〈南冥先生言行錄〉, "先生擧古語誨宇顒曰 行己之初 當如金玉 不受微塵之汚."

41) 金宇顒, 『東岡集』 卷17, 〈南冥先生言行錄〉, "丈夫動止 重如山岳 壁立萬仞 時至而伸

관련해서는 침잠한 사람은 모름지기 강극(剛克)으로써 사업을 이루나니, 천지의 기(氣)는 강한 까닭으로 무슨 일이든지 논하지 않고 모두 뚫고 지나갈 수 있다. 그대는 역량이 얕고 엷으니 모름지기 남이 한 번 하거든 자기는 백 번 하고, 남이 열 번 하거든 자기는 천 번 하는 공부를 하여야 거의 가능할 것[42]이라고 하여 개인차에 따른 학습을 강조하였다.

IV. 맺음말

이 연구의 목적은 <신명사도>를 인간정보처리론의 관점에서 학습심리적 함의를 도출하는 것이다. 우선, <신명사도>의 의미와 인간정보처리론 및 정보처리모형에서 학습심리적 관점을 살펴본 다음, <신명사도>와 정보처리모형을 비교해 보았다. 그럼으로써 <신명사도>가 지니는 학습심리적 함의를 인간정보처리론에 기초하여 살펴보았다. 이제 이를 정리하면 다음과 같다.

<신명사도>는 자신의 수양이나 교육에 적용한 학습자료이다. 조식은 교육의 목적과 내용을 일목요연하게 시각적으로 제시하여, 이를 달성하려는 학습의 효과를 극대화하려고 하였는데, 그 방법이 바로 <신명사도>였다. 이는 학습자가 사회문화적 자극을 통해서 들어오는 다양한 정보를 마음의 작용을 통해서 바람직한 행동으로의 변화를 가능하도록 하는 것을 도식화한 것이다. 이러한 <신명사도>는 감각기능, 마음의 구조와 작동의 체계 또는 그 구성의 요소와 그 요소들의 관계에 대한 주체적 형상을 표상한 것이다.

인간정보처리론은 입력, 정보처리 기제, 출력의 형태이다. 이 이론의

方做出許多事業."

42) 金宇顒, 『東岡集』卷17, <南冥先生言行錄>, "沈潛底人 須剛克做事 天地之氣剛 故不論甚事 皆透過 公力量淺薄 須做人一己百人十己千底工夫 庶可耳."

체계를 가장 명백하게 드러내 주고 있는 것은 정보처리모형이다. 이 모형은 유기체가 환경으로부터 어떻게 정보를 받아들여 어떤 과정을 거쳐 처리해 나가며, 어떻게 산출해 내는가 하는 일련의 과정을 구조적으로 잘 설명해 주고 있다. 이 모형에서 환경으로부터 입력되는 정보를 처리하는 기억체계를 구성하는 최초의 정보저장 공간은 감각기억이다. 감각기억에 있던 정보는 주의집중 과정을 거쳐 단기기억으로 들어가게 된다. 단기기억 내로 들어온 정보는 다양한 시연과정을 거친 후 약호화되어 장기기억 속으로 이동하게 된다. 장기기억 속에 저장된 정보는 학습자가 필요로 할 때, 단기기억으로 인출되어 관찰이 가능한 행동으로 산출된다.

〈신명사도〉와 정보처리모형의 구조와 기능을 살펴보면 다음과 같다. 먼저, 〈신명사도〉의 원곽은 인간의 눈, 귀, 입의 구조에 해당하며, 주로 정보수집의 기능을 담당하게 된다. 원곽내는 인간의 두뇌와 마음에 해당하는 구조이며, 수집된 정보를 처리하는 인지과정의 역할을 담당하며, 그리고 하단은 인간의 신체에 해당하는 것으로서 수집된 정보를 바탕으로 인지과정을 거쳐서 몸의 행동으로 표출되는 기능으로 볼 수 있다. 한편, 정보처리모형에서 자극 혹은 정보는 인간의 눈, 귀 등의 감각기관을 통하여 감각기억에 들어온 후 단기기억에 저장된다. 단기기억에 저장된 정보는 시연 또는 약호화 과정을 통하여 장기기억 속에 저장되며, 인출이 필요한 정보는 장기기억으로부터 단기기억으로 이동하여 반응으로 나타난다.

이 두 가지의 모형은 정보를 수집, 정리 및 분석의 과정을 통해서 실천적 행동이나 처리된 정보를 출력한다는 측면에서 그 유사점을 찾아볼 수 있다. 〈신명사도〉의 대상은 인간 외부의 자극정보에 대한 가치론적 정보처리를 통해서 올바른 행동을 도출하려는데 있다. 이는 일회성이 아닌 부단한 숙고와 피드백이 존재한다는 점에서도 공통점을 찾아볼 수 있다. 또한 학습자를 수동적인 수용자로 보지 않고 적극적이며 능동적인 정보처리자로 간주함으로써 수업상황에서 학습자가 차지하는 비중을 크게 보았다. 교사들이 수업상황에서 학습자들의 학습과정을 일련의 정보처리과정으로써 보다 체계적으로 파악할 수 있는 안목을 제시해 주었다.

그러나 정보처리모형은 학습자의 감정, 느낌과 같은 개인의 정서 요소와 학습이 일어나는 사회의 맥락을 고려하지 않았다는 점과, 학습자가 스스로 지식을 구성한다는 점을 충분하게 강조하지 않았다는 측면에서 비판을 받기도 하고,[43] 정보처리론의 관점은 인간의 사고과정을 단순하게 정보를 처리하는 기계론적인 모형으로 설명하고 있다고 비판을 받기도 한다.[44] 이러한 비판의 측면보다는 <신명사도>와 인간정보처리론의 상호 공통하는 측면이 더욱 포괄적이기 때문에, 인간정보처리론의 관점에서 <신명사도>의 학습심리적 함의는 이를 극복할 수 있게 해 준다.

이상과 같이 <신명사도>의 인간정보처리론의 관점에서의 접근은 오늘날의 교수·학습에 매우 유익하다고 할 수 있다. 이제 <신명사도>에서 찾아볼 수 있는 학습심리적 함의는 다음과 같다.

첫째, <신명사도>는 학습자의 복합적인 내부의 인지과정을 객관적으로 이해하고 연구할 수 있는 학습심리모델을 제시해 주고 있다. 이는 외부 사회문화의 자극이 인간 내부의 마음작용을 통해서 어떻게 정보처리되어 행동으로 실천되는가에 대한 일련의 과정을 보여주는 모델이라고 할 수 있다. 즉, 사회문화의 자극(S)에 대한 감각기능으로서의 원곽, 감각기관을 통해서 들어오는 정보를 마음작용으로 처리하는 원곽내

---

43) Paul D. Eggen·Donald P. Kauchak, 앞의 책, 227쪽; 송인섭 외, 앞의 책, 233쪽; 신종호 외 역, 앞의 책, 362~364쪽.

44) 김제한 외, 앞의 책, 148쪽.

(O), 그리고 마음의 작용을 행동으로 실천하는 과정을 하면(R)으로 나타낼 수 있다.

둘째, 〈신명사도〉는 인간의 학습과정에 있어서 도식화라는 효과적인 학습방략을 제시해 주고 있다. 〈신명사도〉는 인간의 행위를 이루는 몸과 마음의 요소들의 구조 및 그 상호관계를 도식화하였다. 정보를 학습하거나 기억할 때, 도표나 그림 등의 다양한 시각 자료를 활용하거나 마인드 맵 등을 그려보는 것이 효과적인 학습방략이므로, 〈신명사도〉는 학습자가 스스로 학습할 수 있는 방법을 습득할 수 있도록 도와 줄수 있을 것이다. 이는 학습자에게 주어진 정보를 효과적으로 처리할 수 있도록 인지학습방략이 전달되거나, 그것을 효과적으로 개발·활용되도록 교수-학습전략이 모색되어야 할 것을 시사해 준다.

셋째, 학습장면에 있어서 학습자를 수동적인 정보의 수용자로 보지않고, 능동적인 정보처리자로 간주하였다. 수양을 한다는 것은 학습자의 능동적이고 적극적인 마음과 자세가 없이는 가능하지 않을 것이다. 경과 의로써 존양성찰을 하고, 사욕의 기미를 살펴서 힘써 다스려야 한다는 것은 학습의 시작부터 마지막까지 학습자의 능동적 자세가 필요함을 시사해 준다고 볼 수 있다.

향후, 〈신명사도〉의 학습심리적 함의를 바탕으로, 다양한 심리학의 이론 모색이 필요하다고 할 수 있다. 그리고 조식의 전체적인 사상이나 심학에 대한 다학문적인 접근 또한 필요하다고 할 수 있다. 이 같은 일련의 작업은 기존의 조식에 대한 역사적 철학적 측면에서의 검토와 함께 조식사상에 대한 보다 체계적이면서도 종합적인 이해를 가능하게 할 것이다. 이는 과거 선조들의 교육론에 그치는 것이 아니라, 오늘날 학습자의 심리특성을 이해하고, 현장교육에의 적용가능성을 가늠해 볼수 있는 계기가 될 것으로 기대된다.

참고문헌

金宇顒, 『東岡集』
曹 植, 『南冥集四種』, 南冥學研究院, 2000.
曹 植, 『學記類編』(萬曆 丁巳本).
曹植, 경상대학교 남명학연구소 역, 『남명집』, 한길사, 2001.
曹垣淳, 『復菴集』
許 愈, 『后山集』

강신표, 「「신명사도명」의 새로운 이해」, 『남명학연구』 제14권, 남명학연구소, 2002.
권오영, 「남명의 心學과 남명 학맥의 심학 계승」, 『남명학』 제15권, 남명학연구원, 2010.
금장태, 「남명의 心개념과 神明舍圖의 구조」, 『남명학보』 창간호, 남명학회, 2002.
김문준 외, 「한국사상 철학: 동양철학과 심리학 융합 연구의 동향과 과제」, 『한국사상과
　　　문화』 제67권, 한국사상문화학회, 2013.
김영숙, 「남명의 「신명사도명」에 근거한 유아인성교육의 수업모형 탐색」, 『남명학연구』
　　　제42권, 남명학연구소, 2014.
김제한 외, 『교육심리학』, 서울: 양서원, 2013.
김충렬, 「神明舍圖・銘의 새로운 考釋」, 『남명학연구논총』 제11권, 남명학연구원, 2002.
김충렬, 『남명 조식의 학문과 선비정신』, 예문서원, 2006.
문선모, 『교육심리학의 이해』, 서울: 양서원, 2012.
문선모, 『학습이론』, 서울: 양서원, 2008.
사재명 외, 「남명 조식 교수법의 Comenius적 접근」, 『남명학연구논총』 제13권, 남명학연
　　　구원, 2004.
사재명, 「남명 조식 교육사상의 계승」, 경상대학교 박사학위논문, 1999.
손병욱, 「남명 '敬義' 사상의 기저로서의 정좌수행」, 『남명학연구논총』 제2권, 남명학연구
　　　원, 1992.
송인섭 외, 『교육심리학』, 양서원, 2013.
신종호 외역, 『교육심리학: 교육 실제를 보는 창』, 서울: 학지사, 2011.
유권종 외, 『유교적 마음모델과 예교육』, ㈜한국학술정보, 2009.
이상필, 「구암 이정의 학문 표적-「신명사부」의 분석을 중심으로-」, 『남명학연구』 제23권,
　　　남명학연구소, 2007.
이상필, 「남명학파의 형성과 전개-사상과 학맥의 추이를 중심으로-」, 고려대학교 박사학
　　　위논문, 1998.
이상필, 「후산 허유의 남명학 계승과 그 의의-「신명사도명 혹문」의 성립을 중심으로-」,

『남명학연구』 제19권, 남명학연구소, 2005.

이재현, 「남명 조식 교육사상의 사회과교육적 고찰」, 『사회과교육연구』 제16권 1호, 사회
　　과교육연구회, 2009.

장승구, 「南冥 曺植의 수양론과 그 특성」, 『남명학보』 제7호, 남명학회, 2008.

전병윤, 「南冥 曺植의 神明舍圖 考察」, 『남명학연구』 창간호, 남명학연구소, 1991.

전병철, 「19세기 강우지역 학자들의 '신명사도명' 해석과 그 의의」, 「남명학연구』 제30권,
　　남명학연구소, 2010.

전병철, 「지리산권 지식인의 마음 공부-'신명사도명' 관련 남명학파 문학작품에 나타난
　　재해석의 면모와 시대적 의미-」, 『남명학보』 제28권, 남명학연구소, 2009.

정낙찬, 「남명 교육방법론의 현대 교육적 의미」, 『남명학연구논총』 제11권, 남명학연구원,
　　2002.

정순우, 「南冥 工夫論에 나타나는 超越과 關與의 두 흐름」, 『남명학연구』 제9권, 남명학
　　연구소, 1999.

정순우, 「后山 許愈의 「神明舍圖銘或問」 研究」, 『남명학연구』 제19권, 남명학연구소, 2001.

조일규, 「남명의 신명사도・명과 언어구조」, 『논문집』 제18권, 평택대학교, 2004.

채휘균, 「남명의 공부론에서 '지행'의 의미」, 『교육철학』 제25권, 한국교육철학회, 2007.

최석기, 「남명의 '신명사도'・'신명사명'에 대하여」, 『남명학연구』 제5권, 남명학연구소,
　　1994.

한덕웅, 「한국 유학의 4단 7정 정서설에 관한 심리학적 실증연구」, 『한국심리학회지: 일
　　반』 제20권 1호, 한국심리학회, 1997.

한덕웅, 「한국 유학의 심리학적 기초와 현대 심리학적 의의: 퇴계・율곡과 다산의 심리학
　　을 중심으로」, 『한국심리학회지』 제16권 1호, 한국심리학회, 1997.

한상규, 「남명 조식의 교육원리와 방법」, 『교육사상연구』 제13집, 교육사상연구회, 2005.

허원기, 「心性圖說의 圖像學的 意味와 心性寓言小說」, 『남명학연구』 제20권, 남명학연구
　　소, 2002.

山岸俊男, 『文化を實驗する-社會行動の文化・制度的基盤』, 東京: 勁草書房, 2014.

石川幹人, 『審と認知の情報學-ロボットをつくる・人間を知る』, 東京: 勁草書房, 2010.

Richard C. Atkinson・Richard M. Shiffrin, "Human memory: A proposed system and its
　　control processes", in Kenneth W. Spenc・Janet T. Spence (Eds.), *The
　　psychology of learning and motivation: Advances in research and theory Vol. 2*,
　　New York: Academic Press, 1968. 89-195.

Richard C. Atkinson・Richard M. Shiffrin, "The control of short-term memory", *Scientific
　　American Vol. 225*, America: Springer nature, 1971.

Paul D. Eggen・Donald P. Kauchak, *Educational Psychology: Windows on classr
　　ooms(8th ed.)*, New York: Pearson Education, 1992.

남명학파의 문화공간과 그 활용방안

- 한국선비문화연구원 일원을 중심으로 -

손
병
욱

Ⅰ. 머리말

본고는 2010년 8월에 건립기공식을 가진 뒤 5년여의 공사를 거쳐서 2015년 9월 주요시설을 완공하고, 2016년 4월 1일을 기하여 본격적인 출범을 시작한 한국선비문화연구원(이하 한선원으로 약칭함)의 활용방안 모색을 집필목적으로 삼고자 한다. 이곳 일원이 앞으로 남명학파의 특성을 가장 잘 드러낼 수 있는 공간적 중심센터가 된다고 보고, 여기에 대한 기존의 하드웨어(hardware)적 접근을 바탕으로 하여 소프트웨어(software) 적으로 유의미한 활용방안을 모색하여 그 대강을 제시해 보고자 하는 것이다. 따라서 본고의 내용은 크게 세 가지로 구성될 것이다.

첫째, 하드웨어적인 접근으로서 앞으로 남명학파의 공간적인 중심센터가 될 수밖에 없는 한선원 일원에 어떤 문화공간이 포진하고 있으며 어떤 행사가 개최되고 있는지에 대하여 개관할 것이다. 나아가 한선원이 위치한 곳의 환경·장소적 의미에 대해서도 고찰하고자 한다.

둘째, 이러한 하드웨어를 제대로 활용하기 위한 방안으로서 한선원을 중심으로 한 이 일대의 소프트웨어가 무엇이어야 하는지에 대하여 고찰할 것이다. 남명(南冥) 조식(曺植, 1501~1572)의 정신을 경의사상을 중심으로 하는 '참선비 이념'과 '강하면서도 선한 문화국가 이념', 그리고 '조화와 포용의 정신'으로 정리해 보고자 한다.

셋째, 이러한 하드웨어와 소프트웨어를 어떻게 활용할 것인가의 문제이다. 실천적 선비정신에 대한 연구의 장으로 활용하는 방안 외에도, 인성교육의 장으로 활용하는 방안, 문화관광적인 전시체험(展示體驗)의 장으로 활용하는 방안, 통일한국의 전야기(前夜期)를 사는 현재의 관점에서 미구(未久)에 다가올 통일한국시대에 바람직한 통일문화 확산을 위한 장으로 활용하는 방안 등에 초점을 맞추어 살펴보고자 한다.

Ⅱ. 한선원 일원의 남명학파 문화공간[하드웨어] 고찰[1]

1. 한선원 일원의 문화공간과 행사 개관

한선원 일원은 과히 남명학의 메카라고 불러도 전혀 손색이 없을 정도로 남명학 관련 주요 시설물들이 대거 포진하고 있다. 이러한 시설물들을 '조식 사적지(史蹟地)'라고 명명 했을 때, 대표적인 것을 꼽는다면 조식 만년의 강학(講學)공간이자 수장처(修藏處)인 산천재(山天齋)와 우암(尤庵) 송시열(宋時烈, 1607~1689)이 지은 신도비(神道碑), 조식묘소, 가묘(家廟)인 여재실(如在室), 1576년 문인들에 의해서 세워진 덕천서원과 세심정(洗心亭), 조식 탄신 500주년을 맞이하여 설립·추진되어 2004년 문을 연 남

---

1) 아래의 내용은 손병욱, 「한국선비문화연구원의 효율적 운영방안 고찰」, 『남명학』 제15집, 남명학연구원, 2010, 136-142쪽, 169-174쪽의 내용을 대폭적으로 수정·보완하여 재정리한 것임을 밝혀 둔다.

명기념관(南冥紀念館) 등을 들 수 있다.

한선원 일원에서는 여러 가지 행사가 정기적・부정기적으로 개최되고 있다. 가장 대표적인 것으로는 지금까지 42회째 지속적으로 개최되고 있는 '남명선비문화축제'를 들 수 있다. 이외에도 남명기념관에서는 경상대학교 남명연구소가 주최하고 산청군이 후원하는 선비대학이 매년 개설되고 있으며, 남명문화강좌도 꾸준히 개설되어서 활용도를 높이고 있다. 그리고 덕천서원에서는 희망자들을 대상으로 하는 일종의 '서원스테이' 수련회가 매년 여름방학을 이용하여 개최되고 있다.

2. 산청권역에서 본 이곳의 환경・장소적 의미

한선원이 자리잡은 시천면 사리(絲里)일대는 산청군의 남부권역에 속하는 곳이다. 이웃한 삼장면과 단성면 역시 같은 남부권역이다. 이곳에는 산청군내에서도 다른 지역에 비해서 비교적 풍부한 역사・문화자원을 보유하고 있다.

이곳 한선원 주변에는 산청군 남부권역의 대표적인 관광지들이 두루 분포하고 있어서 많은 관광객들이 찾아오고 있고, 앞으로 이러한 추세는 해를 거듭할수록 더 강화될 것이다. 좀 더 구체적으로 살펴보자.

이곳에서 국도 20호선을 따라 시천면 중산리 방면으로 가보자. 중산리는 지리산 천왕봉으로 등산하고자 하는 이들이 산 정상부근에 위치한 법계사(法界寺)를 거쳐서 가장 손쉽게 천왕봉까지 오를 수 있는 최단거리 코스가 시작되는 곳이다. 이곳 중산리에서는 천왕봉을 잘 조망할 수 있고 계곡을 비롯한 주변경치가 빼어나다. 경상남도 자연학습원을 비롯하여 야영장 등이 주변에 두루 분포하고 있다.

이곳 시천면 사리에서 국도 59호선을 따라 삼장면 방면으로 가보면 대원사(大源寺)가 나온다. 이곳 대원사는 역사가 오랜 고찰로서 특히 비구니 사찰로 유명하다. 그리고 산청이 낳은 근대 한국불교(조계종 중심의 한국 선불교)의 대표적인 선지식이었던 성철스님(1912~1993)의 출가지(出家地)이기도 하다. 이곳으로부터 시작되는 천왕봉까지의 등산 코스는 지리산 종주코스의 일부이면서 중산리-천왕봉 간 코스와는 전혀 다른 느낌을 준다. 따라서 등산객들이 즐겨 찾는 곳이다. 그 외에도 삼장면 대포리에 위치한 내원사(內院寺)와 내원사 계곡이 있다.

이곳 한선원에서 국도 20호선을 따라서 진주방면으로 곧장 오다가 보면 단성면 남사 예담촌을 거치게 된다. 이곳은 전통한옥마을로 유명하며, 근년 농촌 전통테마 마을로 지정된 후, 전통혼례, 국악연주를 비롯한 다양한 행사와 풍부한 볼거리, 그리고 전통적인 양반문화(兩班文化)에 대한 직접적인 체험 등을 소재로 하여 많은 관광객들을 유치하고 있다.

남사 예담촌은 전통한옥마을로서는 드물게도 예(禮)와 악(樂)을 겸비한 마을로 자리매김 되고 있다. 바로 마을 안에 유림독립기념관과 기산기념관 및 국악당(國樂堂)이 자리잡고 있기 때문이다.

유림독립기념관은 이 마을 출신으로 구한말 거유(巨儒)였던 면우(俛宇) 곽종석(郭鍾錫, 1846~1919) 선생의 생가 터(지금의 이동서당(尼東書堂)) 옆에 부지를 확보하여 최근에 건립이 완공됨으로써 문을 열었다. 일제식민지 치하에서 유림대표 137인이 연명하여 한국의 독립을 청원하는 독립청원서, 일명 파리장서(巴里長書)를 1919년 프랑스 파리에서 개최된 파리강화회의에 보냈고, 이 바람에 일제의 검거선풍이 불어서 서명한 분들이 체포되어 옥고를 치르고 고초를 겪었다. 이는 당시 유림의 기개와 의기를 만방에 널리 선양한 사건이었다. 선비들이 일제의 국권침탈에 좌시하지 않고 행동으로서 매운 지조를 잘 드러냈기에, 이곳 유림독립박물관은 시비와 선악을 엄격하게 구별하여 불의를 배격하려는 유교적 예(禮)의 정신과 이 예에 바탕한 행의(行義)의 본보기로서의 면모를 과시하고 있다.

남사에는 특이하게도 근대 한국 국악계의 태두인 기산(岐山) 박헌봉(朴憲鳳, 1906~1977) 선생을 기념하는 건물이 두 곳에 지어져 있다. 하나는 그의 생가 터에 지은 기산기념관이고 다른 하나는 기산국악당(岐山國樂堂)이다. 엄격한 구분에 따른 예의범절이 강조되어온, 그래서 양반문화의 체취가 짙게 배여 있는 이곳에 이러한 차별을 넘어서서 너와 나, 그리고 우리의 하나 됨을 지향하는 정신의 상징인 악의 세계가 공존하고 있음은 매우 특이하고 희유한 일이 아닐 수 없다.

그리하여 이곳은 예와 악의 조화가 바로 유교적 선비정신임을 분명히 알려주고 있으며, 이곳에서의 체험을 통해서 예와 악의 조화정신을 체득할 수 있도록 해 주고 있다. 그러고 보면 '예담촌'이라는 이름도 의미심장하다. 그냥 보면 옛날의 담장으로 둘러싸인 전통한옥마을이라는 정도의 의미인 것 같지만, 그 속살을 깊이 들여다보면 이 명칭에는 또 다른 의미가 들어있음을 알게 된다. 곧 '예를 담론하는 마을'이라는 의미이다.

이때의 예에는 유교적인 '예(禮)' 외에도 『소학(小學)』, <입교(立敎)>편에서 강조하는 군자육예(君子六藝)의 예(藝)의 의미도 들어있다. 곧 예(禮)·악(樂)·사(射)·어(御)·서(書)·수(數)가 그것이다. 그러고 보면 이 예 속에는 예·악·서·수라는 문적(文的)인 요소뿐 아니라 사·어라는 무적(武的)인 요소도 포함된다. 또한 예술로서의 '예(藝)'의 의미도 내포하고 있다. 여기에는 음악적인 요소와 함께 미술적인 요소가 포함될 것이다. 따라서 이 이름 속에는 앞으로 음악과 미술 분야 전문 예술인들이 터 잡고 살면서 왕성한 담론을 펼칠 곳이라는 의미가 들어있다. 이처럼 예담촌의 예 안에는 예, 예악, 문적인 요소, 무적인 요소, 그리고 예술적인 요소 등이 함의되어 있으므로 결국 문·무·예의 의미가 모두 들어있다고 하겠다.

양반마을, 전통마을은 많지만 이렇게 예와 악을 겸비한 마을은 한국

에서 이곳 남사가 유일하다고 생각된다. 그만큼 소중한 곳이 아닐 수
없다. 그래서 최근 이 마을은 '한국에서 가장 아름다운 마을 1호'로 지
정된 바 있다. 그런데 남사마을의 이러한 이면에는 어떤 정신이 자리
잡고 있는 것일까? 조식 정신과는 어떤 관련이 있는가? 탐구해볼 만한
가치가 있다고 하겠다.

그리고 이 마을을 지나서 원지 방면으로 가다가 보면 현대 한국불교
계에 큰 영향을 미친 성철스님의 고향인 단성면 묵곡 마을이 경호강 건
너편에 자리 잡고 있다. 이 마을의 스님 생가 터에는 스님 열반 후 겁외
사(劫外寺)라는 사찰이 건립되어 내려오고 있다. 최근에는 겁외사 근방에
'성철스님기념관'이 건립되어서 문을 연 바 있다. 인근에 있는 단성면
운리의 단속사지(斷俗寺址)에 임진왜란 이전까지 많은 고승대덕과 중요한
인물들을 배출하면서 한국 불교사에서 그 위상이 돋보였던 통일신라이
래의 고찰 단속사가 복원된다면 이곳은 과거 찬란했던 불교문화의 영
광을 되살릴 수 있는 장소로 자리매김 될 것이다. 이곳 단속사지는 과
거 조식이 서산(西山) 휴정(休靜, 1520~1604)의 제자인 사명당(泗溟堂) 유정(惟
政, 1544~1610)을 만나 시를 지어 주었던 곳이기도 하다.[2]

3. 지리산권역에서 본 이곳의 환경·장소적 의미

현재 한선원이 자리 잡고 있는 이곳은 산청군의 남부권역에 속하지
만, 지리산 국립공원 지도상에서는 동남부권역에 속한다. 그러면서 지
리산 남부권역에 속하는 하동군 청암면, 악양면, 화개면과 이웃하고 있
다. 여기서는 이미 언급한 삼장면 지역은 제외하고 주로 하동의 여러
지역과의 연계차원에서 이곳의 입지조건을 살펴보기로 하자.

---

2) 손병욱, 『서산, 조선을 뒤엎으려하다』, 정보와사람, 2006, 136쪽.

2004년 6월에 개통된 삼신봉 터널은 산청군 시천면 내대리와 하동군 청암면 청학동을 이어주는 터널이다. 이 터널의 개통으로 산청군과 하동군의 지리산 지역이 원활하게 상호 소통할 수 있게 되었다. 그리고 이로 인하여 청학동(靑鶴洞)과 이곳에 위치한 삼성궁(三聖宮)을 찾는 많은 사람들이 예전처럼 하동군 횡천면을 거치는 꼬불꼬불한 2차선 도로를 이용하는 대신 이 코스를 이용함으로써 한선원 일원을 통과하는 차량과 인원이 부쩍 늘었다. 이 코스는 진주방면에서 올 경우 잘 닦인 4차선 국도를 이용할 수 있고, 혹은 진주-대전간 고속도로를 이용하여 단성인터체인지에서 국도로 접어들 경우에도 청학동까지 손쉽게 접근할 수 있으므로 관광객들에게 널리 애용되고 있다.

지금현재 청학동 삼성궁에서 회남재(回南峙)를 넘어서 악양면 동북지역으로 진입하는 도로를 보면, 삼성궁-회남재 사이는 비록 비포장이지만 도로정비가 잘 되어 있다. 그리고 회남재에서 악양면 동북부까지는 1킬로 정도 시멘트 포장이 되어 있다. 전반적으로 차량이 통행하는 데는 별 문제가 없는 상태이다. 본래 하동군에서는 삼성궁 일대와 악양의 동북부지역을 잇는 터널을 계획하였으나 환경단체의 반대로 무산되고, 대신 '대한민국 알프스 하동'이라는 캐치프레이즈를 내세우고 수려한 인문·자연환경자원을 활용하여 관광의 활성화를 꾀하고 있는 하동군에서 회남재를 넘어서 청학동으로 들어오고 나가는 궤도열차를 설치·운행하는 것을 검토하고 있다고 한다. 언론에 보도된 내용을 살펴보자.

> 하동군은 민자 사업으로 화개면에서 악양면, 청암면 일대 지리산권역을 모노레일과 산악열차로 연결하고 상상미술관과 치유센터 등 알프스파크를 조성하는 대규모 관광 개발 사업인 '지리산 알프스 프로젝트'를 추진한다. 모노레일과 산악열차 조성사업은 총연장 18.9km로 1300억 원의 예산이 소요될 것으로 예상하고 있다. 1차 사업은 화개면 도심마을~악양면 형제봉 활공장까지 4.27㎞, 형제봉~악양면까지 2.18㎞ 구간의

모노레일 설치다. 2차는 형제봉 활공장~악양면 회남재까지 6.2㎞, 회남
재~청암면 삼성궁까지 6.24㎞에 궤도열차 설치 계획이다. 모노레일이
지나가는 화개면 도심마을과 형제봉 활공장 사이에 상상미술관과 치유
시설를 갖춘 23만2000㎡ 규모의 알프스파크 조성 사업도 추진할 예정이
다. 상상미술관과 함께 산악치유호텔과 치유센터, 레스토랑 등 지원시
설 및 게스트하우스, 명상치유숲길 등 기반시설을 설립한다.[3]

이상의 계획이 순조롭게 추진되면 이곳 한선원 일원에도 커다란 변
화가 일어날 것이다. 왜냐하면 악양면과 화개면 일대를 찾는 관광객들
이 이 모노레일과 산악열차를 통해서 청암면 소재 청학동으로 몰려오
고, 아울러 다시 삼신봉 터널을 통해서 산청의 시천, 삼장지역으로 유입
됨으로써 관광객의 숫자가 획기적으로 늘어날 수 있는 계기가 마련될
것이기 때문이다.

악양면에는 박경리의 대하소설『토지』의 무대인 최참판 댁이 복원되
어 있고, 또 악양면은 근래에 새롭게 단장된 화개장터와 지척지간에 있
다. 김동리의 소설『역마』의 무대이자 가수 조영남이 부른 '화개장터'
라는 노래로도 유명한 화개장터는 2003년 7월 하동군 화개면과 전라남
도 광양군 다압면을 잇는 남도대교(南道大橋)의 개통을 계기로 인근에 터
를 새로 정하고 규모를 크게 확장하여 개장함으로써 많은 관광객들을
흡입하고 있다. 더군다나 이곳은 화개동천(花開洞天)의 초입(初入)에 위치
하는 관계로 전통사찰 쌍계사와 칠불사, 그리고 2006년 국토해양부에서
선정한 한국의 아름다운 길 100선에 선정된 바 있는 '십리 벚꽃 길', 그
리고 화개야생차 재배지 등을 찾는 관광객들이 사시사철 끊이지 않는다.

화개동천은 또한 한국불교를 대표하는 조계종의 중시조(中始祖) 휴정

---

3) 안원준, 「경남 하동군 지리산알프스 프로젝트 추진한다.」, 『세계일보』,
   http://m.segye.com/view/20170119002039#csidxdcf34b8eeae5ff89c520f642dc6c817, 2017. 1.
   20. 게재.

의 출가지(出家地)인 원통암(圓通庵)의 소재처이자 그가 2차에 걸쳐서 15년 이상 머무르면서 깨달음을 얻고 또한 많은 자취를 남긴 곳이기도 하다. 서산 휴정과의 인연에 앞서 비록 조선조가 불교를 심하게 탄압함으로써 불교의 위상이 앞선 시대에 비해서 낮았지만, 어쨌건 이곳은 한국불교 조계종의 도맥(道脈)이 그대로 흘렀던 곳이기도 하다. 바로 벽소령 너머 함양 벽송사에 주석하였던 벽송(碧松) 지엄(智嚴, 1464~1534)의 도맥이 화개동천 소재 의신에 주석하였던 부용(芙蓉) 영관(靈觀, 1485~1571)으로 전해졌고, 영관의 도맥은 서산 휴정과 칠불사에 주석하였던 부휴(浮休) 선수(善修, 1543~1615)에게로 전해졌다. 휴정의 도맥은 이른 바 사대문파(四大門派)에 의해서 계승되는데, 이 가운데 소요(逍遙) 태능(太能, 1562~1649)은 지금의 왕성초등학교 자리에 있었던 신응사(神凝寺)를 재건한 뒤 오랫동안 이곳에 주석하였다.[4]

　하동군에서 2017년 발간한 제59회『하동통계연보』에 따르면 2016년도 유명관광지 관광객 숫자는 쌍계사가 341,419명, 최참판댁이 424,961명인데 비해 청학동은 246,161명이었다고 한다. 눈여겨 볼 것은 화개면의 쌍계사와 악양면의 최참판댁의 관광객 숫자는 8만여 명 차이인데 비해서 최참판댁과 청암면의 청학동은 그 차이가 18만 명으로 매우 크다는 사실이다.[5] 이는 화개면과 악양면은 그 소통이 비교적 원활한데 비해, 악양면과 청학동은 전혀 그렇지 못함을 말해주는 것이라고 하겠다.

　그러나 만약 앞으로 회남재를 넘나드는 모노레일과 산악열차의 운행이 본격화 되어 삼성궁을 포함한 청학동 지역과 악양면 동북부가 소통되면 볼거리의 증가로 화개-악양-청학동의 세 곳 관광객의 교류가

---

4) 사대문파란 사명당(泗溟堂) 유정(惟政, 1544~1610), 편양(鞭羊) 언기(彦機, 1581~1644), 태능, 정관(靜觀) 일선(一禪, 1533~1608)을 중심으로 하는 문도들을 가리킨다. 태능의 행적에 대해서는 하동군, 『서산대사 유적지 복원·정비사업 기본계획수립』, 2008, 83-84쪽 참고.

5) 하동군, 제59회『하동군통계연보』, 2017, 236쪽.

한층 원활해지고 활성화됨으로써 관광객 숫자가 증가되는 시너지 효과를 가져 올 것이다. 아울러 이로 인해서 이곳 한선원 일대를 통과하는 사람들의 숫자도 획기적으로 늘어날 수밖에 없을 것이다.

4. 타 문화권과의 소통과 교류를 위한 환경·장소적 의미

한선원이 자리잡은 시천면 사리 지역은 지리산권역에 속한다. 그러면서 이곳은 삼신봉 터널을 통하여 하동군 청암면의 청학동 지역과의 소통이 매우 원활해졌다. 만약 앞으로 회남재를 넘나드는 산악열차 운행이 시작되면, 이제 화개면 및 악양면이 한선원이 위치한 사리 지역과 그대로 연결될 것이다. 이러한 연결이 어떠한 의미를 갖는가? 우선, 사리 지역으로 유입될 관광객 숫자의 획기적인 증가를 꼽을 수 있다. 아울러 산청군과 하동군의 지리산권역이 완전히 소통될 수 있을 것이다. 특히 후자가 갖는 의미가 무엇인지 고찰할 필요가 있다.

산청군과 하동군의 지리산권역은 크게 세 지역으로 나누어 생각해 볼 수 있다. 그것은 산청군의 한선원 일대, 하동군의 청학동 삼성궁 일대, 그리고 하동군 화개면과 악양면 일대가 될 것이다. 이렇게 분류하였을 경우, 산청군의 한선원 일대는 유교문화권으로 분류할 수 있고, 청학동 삼성궁 일대는 우리의 고유한 선교(仙敎)문화권으로, 그리고 하동군 화개면과 악양면 일대는 범불교(汎佛敎)문화권으로 분류할 수 있을 것이다. 이 세 지역이 서로 연결되면서 각각 유교와 선교, 불교를 대표하는 문화권으로 특색 있게 발전하게 되면, 어느 한 곳을 찾는 관광객들이 다른 두 지역도 덩달아 방문함으로써 그 문화의 진수(眞髓)를 용이하게 두루 음미할 수 있게 될 것이다.6)

---

6) 이들 문화권을 상세하게 비교하여 고찰한 내용은 손병욱, 앞의 논문, 169-174쪽을 참고

이들 삼대문화권을 뒷받침하는 각각의 사유체계가 지니는 특색을 살펴보면, 이들 세 사상은 궁극적인 경지에 이르는 과정에서 그 수련법 혹은 수행법이 다르지만, 일단 궁극적인 경지에 이르고 나면 그 정신경지는 동일하다고 하겠다. 이것을 다음과 같이 비유할 수 있다. 즉 다 같이 지리산문화권역에 위치하고 있기에 각각의 방식으로 천왕봉에 오르려고 하는데, 선택하는 코스는 각자 처해있는 현 위치에 따라서 달라질 수밖에 없다. 그러나 어떤 코스로 오르건 천왕봉 꼭대기에 오르고 나면 눈앞에 펼쳐지는 광경은 동일한 것과 마찬가지이다. 즉 그 궁극적인 경지가 다 같이 진리의 세계라는 것이다. 따라서 결과는 동일하다. 이 말은 비록 상대가 내 방식을 선택하지 않았다고 하여 그 방식을 부정하는 배타성을 띄어서는 안 되며, 서로가 그 존재가치를 인정할 수 있어야 한다는 것이다.

바로 여기서 상호 소통과 교류, 그리고 원(win)-원(win)의 길이 열린다. 세 문화권을 종합하여 그 특징을 잘 활용하면 특히 요즈음 강조되는 인성교육(人性敎育) 차원에서 소기의 교육적 성과를 얻을 수 있을 것이다. 이는 지리산의 세 문화권역이 지닌 특성이 상호 유기적(有機的)이고 상보적(相補的)으로 활용될 수 있음을 말해준다.

5. 한선원 일원의 문화공간에 대한 종합적 고찰

필자는 현재 한국에서 과거의 선현들을 현창하려고 할 때, 그 중심센터가 되는 공간으로서 이곳 한선원 일원의 환경과 장소만큼 여러 가지 조건을 완벽하게 갖춘 곳은 없다고 본다. 정말 거의 완벽한 환경·장소적 하드웨어를 갖추고 있다고 하겠다. 공간적 위치, 접근성, 역사성, 주변의 환경, 타 문화권과의 공존성 등 특정 인물중심의 센터로서 이곳처럼 여러 조건을 두루 구비하기란 결코 용이하지 않을 것이다. 단적으로 이곳을 이황의 중심공간인 안동 한국국학진흥원 일원과 비교해 보면 이곳이 얼마나 우수한 환경·장소적 조건을 갖추고 있는지를 바로 알 수 있다.

물론 비록 수려한 환경과 장소를 갖추고 있더라도 앞으로 보완해 나가야 할 점은 많겠으나 좋은 곳에 위치하고 있기에 시설의 보완은 어떻게 보면 부차적인 문제라고 하겠다. 이런 곳이 조식 현창의 중심센터가 된 것은 조식의 위대한 삶이 끼친 음덕 때문일 것이다. 멀리 보고 철저히 준비하는 그의 삶의 자세와 정신이 이런 곳을 후학과 후손들이 택할 수 있도록 해 준 것은 아닐까?

안타깝게도 이런 호조건에도 불구하고 아직 이곳의 위상이 이황 쪽보다 뒤처진다. 나름대로 노력하고는 있지만, 더 큰 각성과 분발이 요구된다. 2년여 전의 한선원 준공과 본격적인 운영을 계기로 반전의 계기가 마련될 수 있기를 바라는 마음 간절하다.

이렇게 되기 위해서는 어떻게 해야 하는가? 문제는 이곳을 앞으로 어떻게 잘 활용해서 조식 정신의 본령을 되살려 냄으로써 오늘의 한국이 처한 현실적인 문제들을 해결하는데 도움이 될 수 있도록 하느냐 하는 것이다. 이것은 지금 이 시대를 살고 있는 우리 후학들이 챙겨야 할 몫이 아닐 수 없다.

Ⅲ. 한선원 일원의 문화공간 운용을 위한 이념[소프트웨어] 고찰

지금까지 남명학파의 중심센터로서의 문화공간에 대하여 하드웨어적인 접근을 통하여 그 의미를 고찰하였다. 이제 이러한 하드웨어를 뒷받침하는 소프트웨어로서의 정신과 이념이 과연 무엇이어야 하는가에 대하여 고찰해 봐야 할 것이다. 그래야만 이 정신과 이념에 비추어 그 하

드웨어를 제대로 운용할 수 있을 것이기 때문이다. 그 소프트웨어는 큰
틀에서 보면 유교이념이겠지만 이것을 좀 더 세분화하여 '참선비 이념'
과 '강하면서도 선한 문화국가 이념', 그리고 '조화와 포용의 정신'으로
나누어 살펴보고자 한다.

1. 참선비 이념

조식 사상의 핵은 '실천적인 선비사상'이다. 그러나 '선비사상'은 이
황, 이이 등 조선조 유학자들 누구나가 다 추구하고 강조하였던 것으로
조식만의 독점물일 수 없다. 그렇다면 군이 조식의 선비사상을 이 시점
에서 특별히 강조하는 이유가 무엇인가? 알고 보면 조식의 선비사상은
분명 다른 성리학자들, 특히 다른 학파의 선비사상과 변별되는 차별성
을 지니고 있다. 필자는 조식의 선비사상을 '참선비 이념'의 차원에서
고찰하고자 한다. '이념'이라면 사상이나 정신에 머무르지 않는다. 이것
은 내면적인 의식화를 통해서 신념화되어야 하며, 나아가 삶 속에서 실
천해 나가지 않으면 안 되는 것이기 때문에 '이념'이라고 하는 것이다.

선비란 수기(修己)가 완성된 성인, 군자, 대인, 인인(仁人), 대장부를 지
향하여 공부하는 인간상이다. 이에 거경함양과 거경성찰의 경 공부를
강조한다. 조식 역시 이런 측면에서 예외가 아니다. 다만 특징이 있다
면, 그가 의의 실천 곧 행의(行義)를 매우 중시한다는 것이다. 이러한 의
의 실천은 유교적인 선비상에서 뿐만 아니라 그 이전의 호국무사(護國武
士)적인 선비상에서도 강조된다. 선비[사(士)]란 문사(文士)적 의미 외에 무
사(武士)적 의미도 동시에 지니는 말이고, 이에 문사적인 의미로만 국한
되는 '선비'라는 말과 구분하여 '참선비'라는 말을 쓰고자 하는 것이
다.[7] 왜냐하면 조식은 문사적 측면과 무사적 측면을 아울러 갖는 문무
겸비지사(文武兼備之士)로서의 성격을 분명히 지니고 있기 때문이다.

행의는 의기(義氣)와 깊은 연계성을 지닌다. 조식을 참선비의 표상이라고 부르는 까닭은 그의 행의의 삶과 그가 배양하여 지닌 의기 때문이다. 그렇다면 그는 어떻게 행의-의기, 혹은 의기-행의의 참선비가 될 수 있었을까? 대략 3가지 측면에서 그의 참선비상에 접근할 수 있을 것이다. 그것은 성리학적이고 문적(文的)인 측면, 무를 중시하는 무적(武的)인 측면, 그리고 문과 무를 아우르는 종합적이고 현실적인 측면이 될 것이다. 조식의 정신세계에서 이 셋은 어느 것도 소홀히 할 수 없다. 이제 하나씩 살펴보기로 하자.

1) 성리학적이고 문적(文的)인 측면

조식이 강조한 경의(敬義) 정신 내지 주경행의(主敬行義) 사상을 염두에 두고 본다면, 그는 의기(義氣)를 지닌 대장부(大丈夫)가 되고자 하였고 실제로 이런 정신경지에 도달하였다. 이때의 의기란 호연지기(浩然之氣)이다.[8] 호연지기를 배양하여 지녀서 매사에 조금도 흔들리지 않는[부동심(不動心)] 확고부동한 정신경지에 이른 이가 곧 대장부이다.[9] 이제 그의 사상이 어떻게 그로 하여금 대장부를 지향하는 참선비로서의 삶을 가능하게 하였는지에 대하여 살펴보자.

그는 주경행의에 의해서 수기(修己)가 완성된 성인(聖人) 곧 내성(內聖)의 경지에 도달하려고 하였다. 그리하여 언제나 도덕적으로 순선(純善)한 심성인 도심(道心)을 확보·유지하는 삶을 살고자 하였고, 실제로 이런

---

7) 본래 '선비'라는 용어는 유교적인 문사(文士) 개념이 도입되기 이전부터 쓰였던 순수한 우리말이다. 문사 개념이 들어오기 전에 '선비'가 어떤 인간상을 지칭한 용어였을까? 명시적인 자료는 없지만, 문사보다는 무사(武士)였을 가능성이 더 높다. 따라서 문사와 무사를 겸한 이, 곧 문무겸비지사를 유교적인 문사의 용어로 정착된 '선비'와 구분하기 위해서 부득이 '참선비'로 지칭하게 됨을 밝혀둔다.

8) 『孟子』, <公孫丑章句 上>, 浩然之氣章.

9) 『孟子』, <滕文公章句 下>, 第2章.

삶을 영위할 수 있었다. 어째서 경의의 실천이 이런 삶을 가능하게 하는가? 주경행의 곧 경과 의는 모두 경에 속한다. 주경은 거경함양에 속하고 행의는 거경성찰에 속한다. 거경함양을 바탕으로 하여 거경성찰이 가능하다. 거경함양은 정시(靜時)의 경으로서 경의 체(體)이고 거경성찰은 동시(動時)의 경으로서 경의 용(用)이다. 이처럼 경은 조식에게 있어서도 다른 성리학자들과 마찬가지로 수기가 완성된 성인이 되는데 있어서 동과 정, 체와 용을 일관하는 철상철하(徹上徹下)의 실천덕목이었다.[10]

그렇다면 조식은 경을 어떻게 파악하는가? 그는 경의 내용을 네 가지로 제시한다.[11] 다음에서 잘 드러난다.

(1) 몸의 수렴(收斂)이다. 이것을 "정제엄숙(整齊嚴肅)"이라고 하는데, 의관(衣冠)을 가지런히 하고 위의(威儀) 곧 행동거지를 엄숙하게 한다는 의미이다.

(2) 마음의 수렴이다. 이것을 "기심수렴(其心收斂), 불용일물(不容一物)"이라고 하는데, 선입견이나 편견을 배제하고 마음을 허심탄회(虛心

---

10) 조식의 경은 사실 그 외연(外延)이 수기(修己)에 머무르지 않고 치인(治人)까지 미치고 있다. 일반 성리학자들과는 달리 조식은 선지후행(先知後行)에서의 지(知)를 격(格)·치(致)·성(誠)·정(正)으로 보고 행(行)을 수(修)·제(齊)·치(治)·평(平)으로 봄으로써, 그가 강조하는 행의(行義)가 수·제·치·평의 수양론(修養論)과 경세론(經世論)을 두루 포괄하고 있음을 알 수 있다. 이 점은 <학기도(學記圖)> 24도 중 16도인 '소학(小學)·대학도(大學圖)'에서 잘 드러난다. 여기서 조식의 경은 이황의 경보다 더 중요하다고 할 수 있다. 이황의 경우 경은 수기의 완성까지만 적용된다. 나머지 치인은 이처럼 완성된 수기가 효과적으로 적용되는 결실일 뿐이다. 그러나 조식에 있어서 경은 지와 행, 수기와 치인까지 일관하는 철상철하(徹上徹下)의 실천덕목이었던 것이다. 아울러 수기의 의미가 이황처럼 그 자체 절대적인 위치에서 치인을 위한 수단으로서의 위치로 전환된다. 왜 수기해야 하는가? 궁극적인 왕도정치를 위해서라고 보는 것이다. 이는 수기가 되면 치인은 저절로 된다는 이황의 입장과는 다르다. 그가 '학문이란 치용(致用)을 위해서 필요하다'고 말한 것이 이 점을 잘 지적하고 있다고 하겠다.

11) 조식은 그가 손수 그린 <학기도> 24도 가운데 그가 자작(自作)한 17에 속하는 '경도(敬圖)'에서 경의 내용을 이와 같이 넷으로 소개하고 있다.

坦懷)하게 유지하는 것을 말한다.

(3) 의식의 각성이다. 이것을 "상성성(常惺惺)"이라고 하는데, 우리의 의식이 언제나 초롱초롱하게 깨어있도록 하는 것을 가리킨다.

(4) 정신집중이다. 이것을 "주일무적(主一無適)"이라고 하는데, 한 가지 대상에 집중하여 마음의 갈래를 내지 않음을 가리킨다.

조식에 있어서 이상은 경의 내용이기도 하지만 경의 순서이기도 하다. 몸의 수렴→마음의 수렴→의식의 각성→정신집중으로 나아가게 된다. 여기서 조식이 보는 경이란 '몸과 마음을 수렴(收斂)하여 제 자리에 두고, 의식을 각성시켜서, 정신을 집중하는 것'이라고 할 수 있다. 달리 말하면, 이성적(理性的)인 판단이 요구되는 일을 함에 있어서 '제 자리에 있으면서 제 할 일 할 줄 아는 것'이라고 할 수 있을 것이다. 제 자리에 있다고 함은 내 몸이 있는 지금여기에 내 마음도 같이 있되 또랑또랑하게 깨어있음이다. 제 할 일이란 내가 세운 삶의 궁극적인 목표인 지향처(志向處)를 향해 나아가는 것과 관련이 있는 일이다. 이것은 이성적인 판단이 요구되는 일일 가능성이 높은 반면, 감각적(感覺的)인 욕구충족과 관련된 일일 가능성은 매우 낮다.

위의 넷 가운데 (1), (2), (3)이 거경함양에 속한다면 (4)는 거경성찰에 속한다고 하겠다. 거경함양을 제대로 하면 제 자리에 있을 수 있고, 거경성찰을 제대로 하면 제 할 일 제대로 할 수 있다.

조식은 거경함양의 방법으로『소학』적 실천과 함께 정좌수련(靜坐修練)을 강조하였다.12) 그리하여 집중력과 의지력을 배양하려고 하였다. 특

---

12) 여기서『소학』적 실천은 정시(靜時)/이발시(已發時)/무사시(無事時)의 함양공부(涵養工夫)에 속한다. '출필고반필면(出必告反必面)', '혼정신성(昏定晨省)', '쇄소응대(灑掃應對)' 등을 습관화시켜서 저절로 할 수 있도록 하는 것이므로 함양공부가 되는 것이다. (손병욱,「퇴계 이황의 거경궁리 사상에서 본 정좌수련의 위상」,『퇴계학논총』

히 정좌수련은 집중력 배양에 매우 효과적이기에 조식이 중요시하였고 평소 정좌수련하기를 좋아하였다.[13] 정좌수련을 하면 일차적으로 집중력이 배양된다. 그러나 정좌수련 이전에 자기 삶의 궁극적인 목표인 지향처를 제대로 세우는 입지(立志)가 되어 있다면, 집중력 배양은 의지력 배양을 수반하게 된다. 여기서 의지력이란 자기의 지향처를 향해 나아가려고 하는 의지와 집념의 힘을 가리킨다. 이러한 집중력과 의지력 두 힘의 관계를 북송대 성리학자인 오봉(五峰) 호굉(胡宏, 1105~1155)은 『성리대전(性理大全)』에서 "立志以定其本, 居敬以持其志"로 표현한 바 있다.

그렇다면 여기서 입지란 무엇을 가리키는가? 성리학자들의 입지는 다 같이 "성인(聖人)을 기약하는 것[성인자기(聖人自期)]"이다.[14] 그리고 거경은 거경함양을 말하는데 정좌수련으로 집중력을 배양하는 것을 가리킨다. 지기지(持其志)란 '지향처에 대한 의식을 내면에서 유지하는 것'인데 의지력이 없으면 '지기지'가 안 된다. 따라서 집중력 배양은 의지력 배양과 연결되는 것임을 알 수 있다. 이제부터 이것을 집중력[의지력]으로 표현하고자 한다.

그렇다면 정좌수련을 어떻게 하는가? 정좌수련법을 정좌의(靜坐儀)라고 한다. 정좌의는 조신(調身), 조식(調息), 조심(調心)의 셋으로 이루어진다. 이것의 의미는 순서대로 몸의 조절, 호흡의 조절, 마음의 조절로 풀이된다. 몸을 조절[조신(調身)]하여 호흡을 조절[조식(調息)]하면 마음이 조절[조심(調心)]되면서 의식이 각성된다. 그리고 집중력[의지력]이 배양된다. 조신법으로는 흔히 '허리를 곧추 세우고 무릎을 모아서 꿇어앉는 방법인

제22집, 퇴계학부산연구원, 2013, 25-26쪽.)

13) 曺植, 『南冥集』, <行狀(金宇顒)>, "故人好靜坐, 今日見夫君." 조식의 문인 김우옹의 아버지 칠봉(七峯) 김희삼(金希參, 1507~1560)이 조식에게 준 시다. 이때 고인은 연평(延平) 이동(李侗, 1093~1163)을 가리킨다.

14) 李珥, 『擊蒙要訣』, <立志章第一>, "初學先須立志, 必以聖人自期, 不可有一毫自小退托之念". 여기서 성인이 누구인지, 어떻게 하면 성인이 될 수 있는지에 대해서는 『중용장구』 第20章 참고

염슬위좌(斂膝危坐)법'이 채택되었다.[15] 성리학자들은 이 조신법을 즐겨 시행하였다. 여기서 특히 조식법 곧 호흡의 조절이 중요하다. 그 방법이 수식관(數息觀)이다. 호흡을 헤아리면서 호흡에 집중하는 것을 말한다.[16] 수식관의 요령은 눈을 반개(半開)하고 코로 호흡한다는 것과 세균심장(細均深長)의 단전호흡이 되도록 한다는 것이다. 조심법이란 수식관에 의거하여 마음을 수렴하고 의식을 각성시켜서 집중력[의지력]을 배양하는 것을 가리킨다. 이처럼 거경함양 단계에서 호흡에 집중하는 것 역시 주일무적이라고 할 수 있다. 그리고 보면 주일무적은 정시의 경인 거경함양을 위해서도 필요하지만, 동시의 경인 거경성찰을 위해서도 매우 중요하다. 다만 정시의 주일무적은 집중력[의지력]을 배양하기 위해서 필요하다면, 동시의 주일무적은 정시에 배양된 집중력[의지력]을 활용하여 행의[순리이행(順理而行)]하기 위해서 필요하다고 하겠다.

언뜻 보면 정좌의는 불교의 참선수련법인 좌선의(坐禪儀)와 매우 유사하다. 둘 다 집중력[의지력] 배양을 겨냥한다는 측면에서도 그러하다. 그러나 성리학과 불교는 궁극적인 경지에 이르는 방법이 서로 다르기에 이 둘이 동일하다고 할 수 없다. 성리학은 정좌의에 의해 배양된 집중력[의지력]을 궁리나 행의에 활용하는데 비해, 불교는 좌선의에 의해 배양된 이 힘을 궁리나 행의를 거치지 않고 바로 깨달음을 얻는데 활용한다는 측면에서 차이가 난다. 이것을 일컬어 흔히 '회광반조(廻光返照)에

---

15) 손병욱, 앞의 논문, 33쪽.

16) 조식은 그의 『학기유편』의 24도 가운데, 제22도인 <역서학용어맹일도도(易書學庸語孟一道圖)>에서 성성(惺惺)·주일(主一)하는 경을 정제엄숙(整齊嚴肅)·심식상고(心息相顧)로 설명하는데, 여기서 마음과 호흡이 서로 돌아본다는 '심식상고'가 바로 정좌의(靜坐儀)에서의 조식(調息)에 해당된다고 하겠다. 심식상고란 호흡명상이며, 좀 더 구체적으로는 심이란 마음의 인식작용을 말하고 식이란 호흡작용을 말하므로, '호흡작용을 인식 작용하는 것', '날숨과 들숨을 알아차리는 것'을 가리킨다고 하겠다. 정좌의의 조식에 대해서는 李瀷, 『星湖全集』, <數息箴>을 참조 "凝神默坐, 思慮不作, 數我呼吸, 爲存心則,"

의한 일초직입여래지(一超直入如來地)'라고 한다. 주경존심(主敬存心)하여 곧
장 상달천리(上達天理)하려는 것이다. 조식은 이러한 불교의 특징을 다음
과 같이 말한 바 있다. 곧 "불씨(佛氏)의 학은 상달(上達)에만 한 결 같이
힘쓰고 하학(下學)공부가 없는 것으로 경이직내(敬以直內)는 있어도 의이방
외(義以方外)는 없는 것이다."17)

　일단 여기서 조식의 경의사상을 수기의 완성을 기하는 성리학 일반
의 의미로 한정할 경우, 조식이 주일무적으로 표현한 거경성찰은『대학』
의 8조목 가운데 특히 격물-치지-성의-정심-수신에서 언제나 도심(道
心)의 확보를 가능하게 한다. 그리하여 수기의 완성을 도모하는 것이다.
선지후행(先知後行)에서 격물-치지는 선지(先知)에 속하고 성의-정심은 후
행(後行)에 속한다. 조식의 행의는 선지후행을 가리키되, 선지 보다는 후
행에 더 큰 강조점을 둔다.『주역』「곤괘」<문언>전에서 말하는 "경이
직내(敬以直內), 의이방외(義以方外)"에서 '의이방외'가 곧 행의인데, 이때 의
란 '순리이행'이므로 행의를 위해서는 천리를 따르기[순리(順理)] 위한 격
물-치지, 곧 궁리(窮理)가 필요한 것이다. 그러나 천리[물리=의리=도리
=윤리]가 무엇인지는 이미 선현들이 다 밝혀놓았다. 따라서 독서를 통
하여 이것들을 제대로 이해하고 수용하면 되지 새삼 새롭게 밝힐 것이
없다. 이것이 그의 '정주이후불필저서(程朱以後不必著書)'의 입장으로 나타
나게 되었다. 조식은 거경함양 단계에서 특히 정좌수련에 의거하여 확
보한 집중력[의지력]을 바탕으로 거경성찰 단계에서 선지(先知)에 입각한
후행(後行)이라고 할 행의(行義)에 치중함으로써 언제나 도심을 확보하고
나아가 수기의 완성을 기하고자 하였던 것이다.

　이처럼 행의하는 노력은 곧 집의(集義) 내지 적선(積善)의 노력에 다름
아니다. 이것은 "집의소생(集義所生)"에서 드러나듯이 바로 호연지기를

---

17) 曺植,『南冥集』卷4,「학기유편 하」, <辨異端>.

배양하는 방법이다.[18] 그리하여 그는 주경행의를 실천함으로써 호연지 기를 배양하여 지닌 대장부 곧 수기가 완성된 성인[내성(內聖)]이 될 수 있었다. 이처럼 조식은 행의-의기를 갖춘 대장부 곧 참선비의 전범을 보여준 인물이었다고 하겠다. 그가 형성한 벽립천인(壁立千仞), 태산교악 (泰山喬嶽), 추상열일(秋霜熱日)로 표현되는 그의 기질 내지 기상(氣像)적 특 징이야말로 이러한 주경행의의 결과 형성된 호연지기에 의해서 도달한 대장부의 정신경지를 잘 드러내는 말이라고 하겠다.

조식은 이처럼 거경함양과 거경성찰의 경공부에 의거하여 이러한 정 신경지에 이르는 과정과 방법을 만년저술인 <신명사도(神明舍圖)>와 <신명사명(神明舍銘)>에서 일목요연하게 잘 제시하고 있다.

2) 무(武)를 중시하는 무적인 측면

조식의 참선비로서의 남다른 측면은 그가 문사와 무사의 면모를 겸 비한 문무겸비지사(文武兼備之士)의 특징을 지니고 있다는 사실이다. 그가 경의, 주경행의를 강조하면서 경[주경(主敬)]의 상징으로 성성자(惺惺子)를 지니고 의[행의(行義)]의 상징으로 패검(佩劍)을 지녔다는 점은 우리가 주 목해야 할 부분이 아닐 수 없다. 물론 이때의 경과 의는 다 같이 경에 속하지만, 거경성찰에서의 행의가 상징하는 패검은 기미, 낌새, 조짐을 살펴서[심기(審幾)] 인욕의 침투를 과감하게 결단하는 '외단자의(外斷者義)' 의 의미에만 국한되지 않는다.

그는 앞에서 언급하였듯이 거경함양 단계에서 정좌수련으로 의식을 성성(惺惺)하게 유지함으로써 집중력[의지력]을 배양하였다. 이것이 성성 자가 상징하는 '내명자경(內明者敬)'으로 표현되었다. 그러면서 이 거경함

---

18) 조식의 『학기유편』의 24도 가운데, 제21도인 <지언(知言)·양기도(養氣圖)>에서 호 연지기 배양에 대한 설명이 자세하다.

양과 거경성찰을 패검명(佩劍銘)으로 수렴(收斂)하였다. 조식에 있어서 패검은 철상철하(徹上徹下)적인 경(거경함양과 거경성찰)의 정신이 한곳으로 집약되는 집약처(集約處)이다. 여기서 조식의 패검명은 3가지 의미를 동시에 알려주고 있다.

첫째는 거경함양이 없이는 거경성찰도 있을 수 없다는 성리학 일반의 의미일 것이다.

두 번째는 거경성찰이 없는 거경함양, 곧 행의가 없는 주경은 무의미하다는 의미이다. 그러기에 거경성찰의 상징인 칼에 거경함양의 의미인 '내명자경'이 들어와 있는 것이다. 이는 그가 구체적인 실천을 중시하는 측면과 무관하지 않다.

세 번째는 검이 무(武)의 상징이라는 사실이다. 그의 행의에는 '무적인 실천의 의미'가 강하게 들어있다는 것이다. 그의 <신명사도>에서 드러나듯이 조식의 정신세계에서는 거경성찰 단계에서 인욕 내지 잡념의 낌새를 살펴서 그것을 과감하게 결단(決斷)하여 도심(道心)을 유지하는 것은 마치 도성(都城) 수호의 최고책임자인 임금[국군(國君)]이 외적의 침입을 살펴서 성을 굳건히 지키는 것과 다른 것이 아니다. 이때 그의 패검은 인욕에 비견되는 외적의 침입을 막아낸다는 의미를 강하게 지니고 있는 것이다.

여기서 막아내어 지킨다는 의미를 잘 새겨야 할 것이다. 이것을 방어적이고 소극적이라고 봐서는 안 된다. 왜냐하면 이것은 외부의 침입으로부터 나와 공동체를 보호·유지하면서 그냥 안주하려는 것이 아니라 궁극적인 목표를 향하여 쉼 없이 나아가기 위해 가장 중요한 조건을 구비하려고 하는 것이기 때문이다.

개인의 경우, 인욕의 침투를 막아내지 못하면 유혹에 걸려서 주저앉게 된다. 인욕의 침투를 제대로 막아내면 '언제나 제 자리에 있으면서 제 할 일 할 수 있게 된다.'[19] 그러면 내가 스스로 기약한 성인 내지 대

장부라는 지향처, 곧 더 이상 의도적인 노력을 하지 않더라도 저절로
천도와 부합하는 정신경지를 향해 매진해 나갈 수 있다.

국가의 경우, 외적의 침입을 막아내지 못하면 나라는 소멸되고 만다.
백성은 침입자의 노비로 전락하는 치욕을 면할 수 없다. 인간다운 삶은
불가능해진다. 만약 국가가 안전하게 유지된다면 그 국가는 원대한 국
가적 목표, 유교적으로 말하면 요순(堯舜)의 태평성대, 이덕행인(以德行仁)
의 왕도정치(王道政治)가 구현되는 나라, 진선미(眞善美) 삼위일체의 문화국
가를 향하여 순조롭게 나아갈 수 있다. 그리하여 스스로를 행복하게 하
고 전 인류를 행복하게 할 고급문화를 부단히 창출해 내는 위대한 나라
로 자리매김 될 수 있다.

조식에게 있어서 행의의 상징인 패검은 그 함의가 이처럼 단순하지
않다. 특히나 그가 평소 병가서(兵家書)를 즐겨 공부하고 또 그의 문인들
이 임진왜란 때 도처에서 창의기병(倡義起兵)하여 활약한 이면에는 조식
의 '칼의 정신'이 커다란 영향을 미쳤을 것이다.

필자는 조식이 분명코 '천하제일의 보검(寶劍)'이 되려는 의지를 품고
있었다고 본다. 이 점은 진사시에 장원한 문인 운강(雲江) 조원(趙瑗, 154
4~1595)에게 준 다음의 시 <서검병증조장원원(書劍柄贈趙壯元瑗)>에서 잘
드러난다.

离宮抽太白   불 속에서 희디 흰 칼날 뽑아내니
霜拍廣寒流   서릿발 같은 기운이 달까지 닿아 흐르네
牛斗恢恢地   견우성, 북두성이 떠 있는 넓디넓은 하늘에
神游刃不游   정신은 놀아도 칼날은 놀지 않네
　　　　　　　　　-조원, <서검병증조장원원>20)-

---

19) 이것을 『주역』, <계사전 하>에서는 '각득기소(各得其所)'라고 하였다. 원문은 "日中
　　爲市, 致天下之民, 聚天下之貨, 交易而退, 各得其所, 蓋取諸噬嗑"이다.
20) 曹植, 경상대학교 남명학연구소 역, 『남명집』, 이론과실천, 1995, 33쪽.

조식은 조원이 작은 성취[소성(小成)]에 만족하지 말고 앞으로 더욱 더 자기 연마(鍊磨)에 노력하여 드디어 어떠한 대상도, 심지어 무쇠조차도 일도양단(一刀兩斷)할 수 있는 '천하제일의 보검'이 될 것을 기약하라는 의도에서 위의 시를 지어준 것으로 여겨진다. 스스로 이런 칼이 되면 어떤 장애물도 그의 앞길을 가로막지 못한다. 비록 가로막더라도 쉽게 돌파해 나갈 수 있다.

이러한 칼의 정신은 『화랑세기(花郎世記)』, <4세 이화랑(二花郎) 조>에 나오는 문노(文努)와 이화랑의 대화에서 그 일단이 드러나고 있다. 당시 문노는 대가야 문화공주(文華公主)가 신라의 귀족 비조부(比助夫) 공에게 시집와서 낳은 아들로서 스스로 대가야의 외손이라는 강한 자부심을 지니고 있었다. 그리고 검도(劍道)의 대가였다. 이런 문노 더러 4세 풍월 주였던 이화랑이 자기의 부제(副弟)로서 차기(5세) 풍월주가 될 사다함(斯多含)에게 검도를 가르쳐 줄 것을 청하면서 문노와 이화랑은 다음과 같은 대화를 나눈다.

> 문노가 말하길, 검이란 한 사람을 대적하는 것인데, 어찌 고귀한 신분에 있는 사람이 배울만한 것이겠습니까? 이화랑이 말하길, 한 사람을 대적하지 못하면서 어찌 만인을 대적할 수 있겠는가?[21]

검이란 일인을 대적하는 무기이지만 이 검도를 제대로 배우면 이는 그대로 만인을 대적하는 길과 통한다는 것이다. 작은 것을 소홀히 하면 큰 것도 이룰 수 없다. 작은 일에 충실할 줄 아는 사람이라야 큰일도 잘 해나갈 수 있는 법이다. 조식은 이런 원리가 검도에도 들어 있음을 알고 검을 소중하게 여겼던 것으로 생각된다.

---

21) 김대문·이종욱 역, 『화랑세기』, <4세 이화랑 조>, 소나무, 2009, 40-41쪽, "文努曰, 劍是敵一人, 何用高貴知? 二花公曰, 不敵一人, 則安能敵萬人乎?"

그렇다면 이런 보배 칼이 되기 위해서는 어떻게 해야 하는가?

여기에는 무수히 많은 달굼질-단련질-담금질의 연마(鍊磨), 백련천마(百鍊千磨)가 필요하다.[22] 무예수련에 의한 신체단련이 필수적이다. 무예수련으로 기력(氣力) 혹은 야성(野性)이 배양되는데, 이 기력은 지성(知性)의 힘인 지력(知力), 감성(感性)의 힘인 정감력(情感力)과 함께 의기(義氣)를 형성하는데 있어서 매우 중요하다. 그러므로 행의가 가능하다. 이것은 위에서 살펴본 문적인 측면과는 달리 무예수련-의기배양-행의로 정리된다.

그가 이 길을 도외시 하지 않고 중시하였음을 알려주는 또 다른 근거가 바로 그의 <신명사도>이다. 조식이 외적의 침입을 살펴서 도성을 수호하는 <신명사도>를 남긴 이면에는 스스로 천하제일의 보검이 되어서 외적의 침입을 막아내고 위기상황을 극복하려는 '칼의 정신'이 있었다. 앞에서 언급한 벽립천인, 태산교악, 추상열일의 남다른 기상은 이처럼 자기 자신이 소중하게 생각하는 것을 수호하려는 강렬한 의지와 노력의 축적과 표출이었던 것이다. 즉, 개인적으로는 정신의 집인 몸과, 국가적으로는 종묘사직(宗廟社稷)의 집인 국가를 침투하는 모든 외적인 대상을 과감하게 일도양단하려는 자세야말로 그의 이러한 기상을 가능하게 한 핵심이었다고 하겠다.

조식이 직접 무예수련을 하였다든지 아니면 신체를 단련하였다는 명시적인 기록은 없다. 기(氣)보다 이(理)를 중시하고 육체적인 활동을 천시한 당시 조선조 사대부들의 의식세계를 감안한다면, 비록 그가 무예수련을 하였더라도 기록으로 남기기는 어려웠을 것이다. 그렇지만 그러한 개연성을 드러내는 표현이 있으니 주목해 보자.

---

22) 이것을 필자는 '삼삼(3·3)질 법칙'의 적용이라고 부른다. 여기 대해서는 손병욱, 「한국고전으로 보는 창의적 리더의 길」, 『GNU인성』, 경상대학교출판부, 2013, 66-67쪽의 내용을 참조

그는 막역한 벗이었던 삼족당(三足堂) 김대유(金大有, 1479~1552)의 묘갈에서 "어떤 때 보면 단아한 모습으로 경사(經史)를 토론하는 큰 선비이고, 또 다른 때 보면 훤칠한 키에 활쏘기와 말 달리기에 능숙한 호걸"이라고 하여 김대유가 문무겸비지사(文武兼備之士)의 자격을 갖춘 뛰어난 인물임을 말하고 있다.23) 역시 친한 벗이었던 황강(黃江) 이희안(李希顔, 1504~1559)의 묘갈(墓碣)에서는 그가 비록 문과에 급제하지는 못했으나 유일(遺逸)로 천거되어 군자감판관(軍資監判官)을 지냈다고 하면서 "통달한 지식은 진동보(陳同父)와 비슷하고, 활쏘기와 말 타기의 재주를 겸비하여 무인(武人)의 반열에서도 뛰어났다"고 진술하고 있다.24)25)

그와 교우관계가 돈독하였던 김대유와 이희안이 다 같이 사·어(射·御)에 능하였다는 말로 그들을 기리고 있음은 무엇을 말하는가? 이는 조식이 공자가 말한 군자육예(君子六藝) 가운데서 조선조의 문사들이 등한히 하였던 사·어가 무적인 능력 배양에 매우 중요함을 인식하고 군자가 되고자 한다면 이러한 무예를 소홀히 하지 말아야 함을 강조하고자 했고, 스스로도 사·어를 중시하였을 뿐 아니라 문인들에게도 배울 것을 강조하였을 것으로 여겨지는 근거가 될 수 있다. 이처럼 그가 지닌 무의식(武意識) 곧 무의 정신, 칼의 정신은 남달랐다고 할 수 있다. 바로 이 점이 당시의 문사적인 선비와는 변별되는 조식의 특징이기도 하였다.26)

조식이 이해한 참선비의 길은 두 가지이다. 이것을 다음과 같이 정리

---

23) 曺植, 경상대학교 남명학연구소 역, 앞의 책, 210쪽, <선무랑호조좌랑김공묘갈>.
24) 曺植, 경상대학교 남명학연구소 역, 앞의 책, 220쪽, <군자감판관이군묘갈병서>.
25) 박병련, 「남명사상의 현대적 가치와 계승발전의 방향」, 『한국선비문화연구원의 장기발전방향 모색』, 한국선비문화연구원, 2017, 8쪽의 내용 참고.
26) 『학기도』 제3도는 <고허왕상도(孤虛旺相圖)>인데, 이것은 조식이 자작한 5도 가운데 하나이다. 여기서 고허(孤虛)는 병법가(兵法家)가 행군(行軍)할 때 방위(方位)와 일시(日時)를 점치는 법이라고 한다. 이는 조식이 평소 무에 대한 관심이 컸음을 알려주는 좋은 근거가 될 수 있을 것이다. (배종호, 「남명성학도」, 『남명학연구논총』 제1집, 남명학연구원, 1988, 30-31쪽.)

해 볼 수 있을 것이다.

> 문적인 문사(文士)의 길: 행의=집의[적선(積善)]-의기[호연지기(浩
>   然之氣)] 형성 : 유교의 대장부
> 무적인 무사(武士)의 길: 무예수련-의기배양-행의: 무도(武道)의 국
>   선(國仙)

도덕적으로 지선(至善)한 성인 내지 대장부가 되는 문사의 길에는 '선
악(善惡)의 논리'가 작용한다면, 무사의 길에는 과감하게 결단하여 정신
과 종묘사직의 집인 몸과 국가를 외적의 침입으로부터 안전하게 수호
하려는 '강약(强弱)의 논리'가 작용하고 있다. 당시 대다수 성리학자들은
선악의 논리, 이른바 문(文)과 명분의 논리에 의거하여 선해지기 위해서
공부하였다. 그러나 조식은 단순히 여기에만 머무르지 않고 스스로 '위
기'라고 진단한 시대상황을 극복하기 위해서 강약의 논리, 이른바 칼의
논리에 입각한 강함의 공부를 등한히 하지 않았다. 이처럼 그의 참선비
의 길은 선함과 강함을 동시에 추구해 나가는 길이었고, 이러한 그의
정신세계를 잘 드러내는 것이 그의 <신명사도>라고 봐야 할 것이다.
즉 이것은 개인의 도심(道心)과 임금의 도성(都城)수호를 위한 문과 무, 선
함과 강함을 동시에 강조하는 의미를 지니고 있다고 하겠다.

위의 '무사의 길'에서 제시한 인간상인 국선은 신라의 화랑 국선을
가리킨다. 이들은 바로 신라의 삼국통일기(540~681)때 맹활약한 호국무
사(護國武士)들이다. 이들을 일명 호국선(護國仙), 국선(國仙)이라고도 불렀
다.[27] 『화랑세기』, 『삼국사기(三國史記)』, 『삼국유사(三國遺事)』등을 보면
이들은 모두 검도수련(劍道修練)을 매우 중시하였다. 그리고 당시의 신라
화랑들에게는 현실을 초월하여 일체의 분별이 없는 경지에서 노닐려고

---

27) 김대문·이종욱 역, 앞의 책, <7세 설화랑 조>, 98-99쪽.

하는 신선(神仙)의 측면도 있었다. 이처럼 신라 화랑에게는 무도의 국선과 선도의 신선의 길이 있었다. 삼국통일기의 화랑은 무도를 중시하면서 선도를 추구하고자 하였으나, 통일신라기에 가면 무도가 폐지되고 선도만 살아남게 된다.[28]

선도와 무도는 삼국통일기에 작동한 '도의(道義)위주의 화랑제도' 하에서 각각 도와 의로 표현되었다. 이 도와 의가 지니는 함의는 각각 다음과 같이 정리해 볼 수 있다.[29]

도	선도(仙道)	선도수련	우주청원지기 (宇宙淸元之氣)배양	득도	신선	출세간
의	무도(武道)	무도수련	의기(義氣)배양	행의	국선	입세간

그런데 위에서 '의 계열'은 가야파, 가야문화(伽倻文化)와 관련성이 깊고, 이에 비해 '도 계열'은 신라파, 신라문화와 관련성이 깊다. 『화랑세기』에 나타나는 가야파(가야문화)와 신라파(신라문화)의 특징을 정리해 보면 다음과 같다.[30]

	가야파(가야문화)	신라파(신라문화)
대표적인 인물	문노(8), 김유신(15)	설원랑(7), 보종(16)
조직구성원의 특징	초택지인(草澤之人)	골품지인(骨品之人)

---

28) 김대문·이종욱 역, 앞의 책에 따르면 문무왕 21년(681)에 일어난 김흠돌의 난이 진압되면서, 기존의 무도(武道)와 선도(仙道)를 동시에 닦되 무도를 중시하는 화랑조직이 해산되었고, 이후 시간이 좀 흐른 뒤에 통일신라기에 득도(得道)를 위주로 하는 선도 중심의 화랑조직이 부활하게 된다. 그리고 그 이름을 국선으로 바꾼다. 득도위주의 국선제도가 그것이다.

29) 손병욱, 「남명학파의 실천적인 선비정신과 그 연원탐구」, 『한국의 전통사상과 민족문화』, 경상대학교출판부, 2018, 60쪽.

30) 김대문·이종욱, 앞의 책, <7세 설화랑 조>, 98-99쪽.

추구하는 가치	무도(武道)	선도(仙道)
지향하는 인간상	국선(國仙)	신선(神仙)
별칭(別稱)	호국선(護國仙)	운상인(雲上人)
특징	호무사다협기(好武事多俠氣) 호상마의위주(互相磨義爲主) ⇒남명학파로 계승됨	선향가호청유(善鄉歌好淸遊) ⇒퇴계학파로 계승됨

이러한 가야파의 특징은 나중에 남명학파의 의(義)-기(氣)-무(武)-충(忠)으로 나타난다면, 신라파의 특징은 나중에 퇴계학파의 인(仁)-리(理)-문(文)-효(孝)로 나타난다고 할 수 있다. 가야파는 먼저 의의 길을 추구하여 국선으로서의 역할을 다한 뒤에 신선으로서의 삶을 살기를 희구하였다. 이러한 가야파의 입장은 다음과 같이 정리될 수 있다.

> 국가공동체가 위기에 처하면 자기의 모든 것을 다 바쳐서 헌신·봉사
> 하지만, 위기상황에서 벗어나면 일체의 공치사를 바라지 않고 깨끗이
> 물러나서 자연과 더불어 유유자적하는 삶을 영위하고자 하였다.[31]

이러한 삶을 살았던 대표적인 인물로는 세속오계(世俗五戒)의 원천(源泉)적 인물이었던 물계자(勿稽子)를 비롯하여 8세 풍월주 문노, 그리고 임진왜란 때 맹활약한 뒤 전쟁이 끝나자 은퇴하여 신선의 길을 추구한 망우당(忘憂堂) 곽재우(郭再祐, 1552-1617)를 들 수 있다.[32] 물계자는 유목문화권에 속하는 '말갈족 출신의 현자'를 가리킨다면 문노와 곽재우는 가야문화의 영향을 깊이 받은 인물들이었다.

조식은 숭문천무(崇文賤武)의 시대를 살면서도 이러한 문사와 무사의 두 길 중 어느 것도 소홀히 하지 않는다. 그리하여 스스로가 문무겸비

---

31) 손병욱, 앞의 책, 61쪽.
32) 손병욱, 앞의 책, 61쪽.

지사(文武兼備之士)로서의 참선비를 지향하였다. 다만 이때 이 두 길은 조식의 경의사상에서 본다면 거경성찰에 해당하는 행의(行義)의 길이며, 이 길을 걷기 위해서는 거경함양 단계에서 정좌수련에 의거하여 집중력[의지력]을 배양하는 일이 필수적이고 선행적으로 요청되었다고 할 수 있다.

3) 문과 무를 아우르는 종합적이고 현실적인 측면

(1) 이제 조식의 정신세계를 깊이 천착한 바탕위에서 우리는 이 시대적 감각에도 맞고 조식의 의도도 살려내는 방식으로 '참선비의 길'을 탐구할 필요가 있다. 그것은 위에서 살펴본 문사의 길과 무사의 길을 종합적으로 아우르면서 현대의 시대적 상황을 고려하는 접근이 될 것이다. 그랬을 때 참선비는 문무겸비지사(文武兼備之士) 외에도 다음의 특징을 갖는다고 하겠다.

- · 참선비는 지기지사(志氣之士)를 넘어선 창의적 리더이다.
- · 참선비는 의기(義氣)를 지닌 청렴(淸廉)하고 유능(有能)한 존재이다.[33]
- · 참선비는 의기의 배양에 의거하여 의를 실천하는 행의(行義)의 삶을 산다.

이 시대의 참선비는 창의적 리더이다. 창의적 리더에게는 창의성과 함께 리더십이 요청된다. 이때의 창의성과 리더십 속에는 전문성과 인성이 들어있다. 따라서 창의적 리더가 되면 제대로 된 인성을 갖춘 전문가가 되는 것이다. 이에 조식의 참선비 이념을 이 시대에 제대로 구

---

33) 조식은 <군법행주부(軍法行酒賦)>에서 "의기(義氣)가 없는 남자는 남의 미끼밖에 되지 않는다. 따라서 의기가 없을 수 없다"고 하였다. (曹植, 경상대학교 남명학연구소 역, 앞의 책, 119쪽.) 그가 형성하여 지녔던 호연지기(浩然之氣) 역시 의기라고 하겠다.

현하기 위해서는 전문성과 인성을 갖춘 창의적 리더의 길을 모색하고 제시해야 할 것이다. 과연 그 길이 무엇인가?

전문성과 인성을 갖춘 창의적 리더는 의기를 지니고 있다. 이때 의기란 청수(淸粹)하고 충실(充實)한 기운을 가리킨다. 창의적 리더는 그 기운이 맑고 순수[청수(淸粹)]하므로 청렴하고, 그 기운이 충실하므로 유능하다. 그러므로 그는 자기의 지향처에 도달하려는 강렬한 의지와 집념을 가지고, 어두운 곳을 밝히고 막힌 곳을 뚫어서, 자기가 소속된 조직공동체 구성원 모두와 함께 리더 자신의 지향처를 향하여 부단히 앞으로 나아갈 수 있다. 그리하여 그 지향처에 도달함으로써 박시제중(博施濟衆)의 인(仁)을 실현하려고 하는 인간상이다. 의기에 바탕한 행의의 삶이 인의 실현으로 연결된다고 하겠다.

(2) 참선비가 되기 위해서는 먼저 지기지사(志氣之士)가 되어야 한다. 지기지사란 어떤 인간상인가? 지기지사의 사전적 의미는 '어떤 일을 하고자 하는 의지(意志)와 기개(氣槪)를 갖춘 사람'이다. 지기지사가 되기 위해서는 두 가지 조건을 갖추어야 한다.

첫째, 삶의 궁극적인 목표인 지향처(志向處)가 제대로 정립되어 있어야 한다.

둘째, 지향처에 도달하려고 하는 강렬한 의지와 집념을 지니고 있어야 한다.

무엇보다도 입지(立志), 곧 '지향처 세우기'가 중요하다. 이것은 이 시대상황에 맞는 참선비의 길을 제대로 가기 위한 첫 출발점이다. 바람직한 지향처는 네 가지 조건을 고려해야 한다. 그것은 시대성(時代性)의 조건, 공공성(公共性)의 조건, 전문성(專門性)의 조건, 과업지향성(課業志向性)의 조건이다.[34] 이러한 지향처 세우기에 더하여 지향처에 도달하려고 하는 강렬한 의지를 지니게 되면 그 기운이 청수(淸粹)해지므로 청렴하게 된다.

그러면 두 번째 조건을 갖추기 위해서는 어떻게 해야 하는가? 앞에서 살펴봤듯이 의지력과 집중력이 상호 깊은 상관관계를 지니고 있음에 주목하여 집중력을 배양하면 된다. 그렇게 하기 위한 가장 좋은 방법은 조식을 비롯한 조선조 유교적 성현들이 널리 애용하였던 정좌수련이다. 정좌의(靜坐儀)에 입각한 정좌수련을 하면 집중력[의지력]이 배양되므로 지기지사가 될 수 있다. 즉, 거경함양 단계에서 정좌수련을 통해서 지기지사(志氣之士)가 되는 것이다.

지기지사의 가장 큰 특징은 청렴함이다. 청렴함의 가장 큰 특징은 유혹(誘惑)에 강한 것이다. 유혹에 강하다고 함은 자기의 지향처에 도달하는 것과 관련이 없는 일에 대하여 관심이 없는 것을 말한다. 오직 자기 지향처에 이르려고 하는 의식만 강렬하고 또렷하기에 유혹에 강할 수 있고, 그래서 청렴한 것이다. 청수한 기운을 지닌 청렴한 존재인 지기지사는 유혹에 강한 것을 포함하여 모두 네 가지 심성구조상의 특징을 지닌다.

② 남에게 상처를 받지도 않고 주지도 않는다. ③ 하고자 하는 바와 좋아하는 바가 일치한다. ④ 계율수지(戒律守持)의 중요성을 인식한다.[35]

(3) 참선비란 지기지사를 넘어선 인간상이다. 그러자면 지기지사가 되기 위한 두 가지 조건 외에도 한 가지 조건을 더 충족시켜야 한다. 그것은 '스스로 설정한 지향처를 향하여 부단히 나아갈 수 있는 힘을 배

34) 여기에 대한 구체적인 설명은 손병욱, 「한국고전으로 보는 창의적 리더의 길」, 『GNU 인성』, 경상대학교출판부, 2013, 53-56쪽의 내용을 참고
35) 여기에 대한 구체적인 설명은 손병욱, 앞의 논문, 61-63쪽의 내용을 참고. 조식은 <신명사도>에서 이 부분을 건백물기(建百勿旂)로 표현하였다. '백가지로 하지 말아야 할 것의 깃발을 세운다.'는 의미로서 금계(禁戒)와 권계(勸戒) 중 주로 금계를 말한 것으로 여겨진다.

양하고 활용해야 한다'는 것이다. 이 힘이 곧 삼대력(三大力)이다. 바로 지력(知力), 기력(氣力), 정감력(情感力)을 가리킨다. 삼대력을 배양하고 활용하면 기운이 충실(充實)하므로 유능하게 된다. 유능한 이란 위에서 살펴봤듯이 '어두운 곳을 밝히고 막힌 곳을 뚫어서 조직공동체 구성원 모두와 함께 스스로 설정한 지향처를 향하여 부단히 앞으로 나아갈 수 있는 사람'이다. 어두운 곳은 밝히고, 막힌 곳은 뚫고 나아갈 수 있으므로 창의적이다. 또한 자기의 개인적인 지향처를 공동체 구성원 모두의 지향처로 수용하게 할 수 있으므로 리더십을 갖추었다. 따라서 그는 창의적 리더(leader)로서의 자격을 갖춘 사람이다.

그렇다면 삼대력은 각각 어떻게 설명될 수 있으며, 어떠한 공부 방법으로 배양할 것인가?

지력은 정신적인 생명활동을 왕성하게 하는 힘으로서 일명 지성(知性)의 힘이라고 한다. 구체적으로는 이해력, 기억력, 추리력(상상력·응용력), 판단력을 말한다. 지력은 어떻게 배양하는가? 일반적으로 인문사회과학에서는 독서궁리(讀書窮理)의 공부 방법으로, 사회과학에서는 독서궁리 +field research의 방법으로, 자연과학에서는 독서궁리+실험관찰의 공부 방법으로 기른다. 이 힘은 창의적 리더의 삶에 있어서 일반적으로 어두운 곳을 밝히는 인식능력으로 활용된다.

기력은 육체적인 생명활동을 왕성하게 하는 힘으로서 일명 야성(野性)의 힘이라고 한다. 구체적으로는 박력, 결단력, 추진력을 말한다. 기력은 어떻게 배양하는가? 이는 주로 신체단련의 공부 방법으로 기른다. 조식이 지닌 '칼의 정신' 속에는 특히 무예수련에 의한 기력배양으로 천하제일의 보검이 되려는 의지가 들어있음을 앞에서 살펴보았다. 스스로를 천하제일의 보검으로 만들면 어떠한 대상도 쉽게 일도양단하여 처리할 수 있다. 그 비결은 달굼질-단련질-담금질의 무한한 되풀이 곧 '삼삼(3·3)질법칙'을 내 몸에 적용하는데 있다. 이렇게 하여 형성된 야성의 힘 곧 기력은 창의적 리더의 삶에 있어서 막힌 곳을 뚫는 실천 능력으로 활용된다.

정감력은 남과 어울리고 소통, 친화할 수 있는 힘으로서 일명 감성능력(感性能力)이라고 한다. 구체적으로는 공감능력, 친화력, 감화력, 호소력, 포용력을 말한다. 정감력은 어떻게 배양하는가? 공동체생활에 참여하거나 음악교육을 통한 어울림(harmony)의 체득에 의해서 가장 효율적으로 기를 수 있다. 이 힘은 창의적 리더의 삶에 있어서 리더의 지향처를 공동체 구성원 모두의 지향처로 수용하도록 할 수 있는 리더십으로 활용된다.

창의적 리더는 지기지사의 4가지 심성구조상의 특징에 더하여 다시 네 가지 특징을 지닌다.

① 언제나 제 자리에 있으면서 제 할 일 할 줄 안다. ② 내면에 추세(趨勢)가 형성되어 있어서 지향처를 향하여 부단히 앞으로 나아갈 수 있다. ③ 인정[정(情)]과 의리[의(義)]의 덕목을 동시에 추구하므로 그 조직체가 강력한 힘을 발휘하게 한다. ④ 국가공동체가 위기에 처하면 자기의 모든 것을 바쳐서 헌신·봉사하지만, 위기상황에서 벗어나면 일체의 공치사를 바라지 않고 물러나서[공성신퇴(功成身退)] 자연과 더불어 유유자적하는 삶을 영위할 줄 안다.

이러한 창의적 리더의 인성은 흔히 의(意)+지(知)+야(野)+감(感)으로 표현된다. 여기서 의(意)란 자기의 지향처에 도달하려고 하는 의지력[집중력]을 가리킨다. 거경함양 단계에서 정좌수련을 통하여 이 힘이 갖추어지면 기운이 청수하여 청렴한 지기지사가 된다. 지(知)+야(野)+감(感)은 지성+야성+감성이다. 거경성찰 단계에서 이들 인성을 함양하면 기운이 충실하여서 유능한 존재가 된다. 이처럼 창의적 리더가 창의성과 리더십을 구비하기 위해서 노력하는 가운데 전문성뿐만 아니라 바람직한 인성이 갖추어지게 되는 것이다.

창의적 리더가 지닌 의기는 지향처(志向處)에 대한 의지와 집념[의 (意)]+지력(知力)+기력(氣力)+정감력(情感力)으로 표현된다. 위에서 설명한 인성과 표현만 다를 뿐 결국 동일하다. 이처럼 창의적 리더는 내면에 의기를 배양하여 지니고 있으므로 의를 실천하는 행의의 삶을 살게 된다. 이 삶의 양상은 조식의 참선비 이념에 비추어 두 가지 양상으로 나타난다.

첫째, 목표지향적인 삶이다.

둘째, 강하면서도 선한 문화국가를 이루려고 하는 삶이다.

이 둘은 별개의 것이 아니다. 제대로 된 지향처를 정립한 이가 목표지향적인 삶을 살게 되면, 그 지향처가 무엇이건 결국은 강하면서도 선한 문화국가를 이루는데 기여하는 삶이 될 수밖에 없다. 이처럼 강하면서도 선한 문화국가는 참선비만이 이룰 수 있다. 모리배, 정상배, 시중잡배가 이룰 수 있는 목표가 결코 아니다. 이제 이 국가관에 대하여 살펴보자.

2. 강하면서도 선한 문화국가 이념

조식이 꿈꾼 나라는 어떤 나라였을까? 당시의 선비들, 유학자들이 꿈꾸었던 나라와 어떻게 같고 다른가? 우선, 도덕적으로 지선(至善)한 나라였다고 하겠다. 선악의 논리가 지배하던 시대상황 속에서 이런 나라를 이상향으로 삼는 것은 당연하다. 그러나 조식은 분명히 스스로 '천하제일의 보검'이 되어서 종묘사직을 외적의 침입으로부터 안전하게 수호하려는 무의 정신을 지니고 있었음을 살펴보았다. 이러한 정신은 강약의 논리와 통한다. 조식은 강한 나라를 희구하였다. 그리고 이처럼 선함과 강함, 강함과 선함을 조화롭게 추구하는 것이 유학의 개조인 공자의 본의라고 확신하였다.[36]

그가 말한 "나라의 큰일은 국방과 경제보다 더한 것이 없다[국지대사 (國之大事), 불과병식(不過兵食)]"는 말은 간명하지만 생존이 보장되는 나라, 강한 나라가 되는 것이 얼마나 중요한지를 잘 말해주고 있다.[37] 이 말이 나온 출처는 바로 『논어(論語)』이다. 『논어』에서는 강함과 선함의 관계정립에 시사를 줄 수 있는 말이 나온다.

> 자공이 정치에 대해 물으니 공자가 말하길, '먹을 것을 풍족하게 하고, 국방력을 튼튼하게 하며, 백성들이 위정자를 신뢰하도록 하는 것이다.' 자공이 말하길, '부득이하여 버리지 않을 수 없다면 이 셋 중 어느 것을 먼저 버려야 합니까' 하고 물으니 공자가 '국방력을 포기하라'고 말하였다. 자공이 '나머지 둘 중 또 버리지 않을 수 없다면 어느 것을 버려야 합니까' 라고 물으니, 공자가 '먹는 것을 포기하라'고 하면서 '예로부터 누구나 죽기 마련이지만, 백성에게 신뢰를 얻지 못하면 (위정자가) 설 수 없다'고 말하였다.[38]

> 공자가 위나라에 갔는데 염유가 수행하였다. 공자가 '(사람들이) 많구나' 라고 말하였다. 염유가 '이미 사람들이 많이 산다면 또 무엇을 더해주어야 합니까' 하고 물었다. 공자가 '부유하게 해주어야 한다[부지(富之)]'고 하였다. 또 말하길 '이미 부유해졌다면 또 무엇을 더해 주어야 합니까' 하고 물으니, 공자가 '그들을 가르쳐야 한다[교지(敎之)]'고 하였다.[39]

---

36) 이것을 그는 <신명사도>에서 '왕도(王道)'로 표현하였다. 이것은 이덕행인(以德行仁) 하는 왕도정치이되, 조식의 왕도 속에는 스스로를 지킬 수 있는 강력(强力) 곧 국방력의 의미가 들어있다고 봐야 할 것이다.

37) 曹植, 『南冥集』, <與子强子精書>.

38) 『論語』, <顔淵>, "子貢問政, 子曰, 足食, 足兵, 民信之矣. 子貢曰, 必不得已而去, 於斯三者, 何先? 曰, 去兵. 子貢曰, 必不得已而去, 於斯二者, 何先? 曰, 去食, 自古皆有死, 民無信, 不立."

39) 『論語』, <子路>, "子-適衛, 冉有-僕, 子曰, 庶矣哉. 冉有曰, 旣庶矣, 又何加焉. 曰, 富之. 曰, 旣富矣, 又何加焉. 曰, 敎之."

'족식(足食)', '족병(足兵)'은 경제력과 국방력이므로 이는 육체적이고 물질(hardware)적인 강함과 연관되고, '민신지의(民信之矣)'는 정신(software)적인 선함과 연관된다. 위정자에 대한 믿음은 그가 얼마나 윤리적이고 도덕적인가의 여부에 달려있기 때문이다. '부지(富之)'는 경제적인 부강함을 가리키고, '교지(敎之)'는 정신적인 선함과 관련된다. 여기에서 나타나는 공자정신의 본령은 무엇일까? 필자는 공자정신에 비추어 강함과 선함의 관계를 선후관(先後觀)과 본말관(本末觀)으로 나누어 살펴볼 수 있다고 본다.

선후관에서 보면 강함이 선함보다 우선하지만, 본말관에서 보면 선함이 강함보다 더 근본적이다. 따라서 이러한 관계를 충분히 고려해야만 강함과 선함이 제대로 균형 있게 추구될 수 있다고 보는 것이다.

그러므로 조식이 공자의 본령에 비추어 파악한 이상적인 국가이념은 '강하면서도 선한 문화국가'였다고 본다. 물론 이때의 강함은 선함을 실현하기 위한 강함이다. 강한 나라는 어떠한 나라인가? 먼저, 생존이 보장되는 나라이다. 그러자면 경제력과 국방력, 그리고 의료보장을 비롯한 최소한의 사회복지가 순차적으로 구비되어야 할 것이다. 이것은 결국 경제력을 바탕으로 가능하다. 다음으로, 법질서와 기강이 확립된 나라이다. 그러자면 법 앞에 만인이 평등해야 하고, 이렇게 되기 위해서는 신상필벌(信賞必罰), 일벌백계(一罰百戒)의 원칙을 확립해야 한다. 그래야만 국가공동체의 기강을 제대로 유지할 수 있다. 선한 나라는 어떤 나라인가? 양심에 따라서 사는 사람이 대접받고, 큰 소리치고, 사회를 주도하는 나라이다. 적어도 이들이 손해 보지 않고 바보 취급당하지 않아야 한다.

이처럼 생존이 보장되고 법질서와 기강이 바로 선 강한 나라가 될 때 국민은 비로소 선해지고자 하는 의지를 갖는다. 물론 이러한 의지는 여기에 합당한 교육 내지 교화에 의해서 적극적으로 실현된다. 제대로 된

교육을 통해서 대다수 국민이 선해진다면 이런 나라는 스스로를 행복하게 하고 인류전체를 행복하게 해 줄 고급문화를 끊임없이 창출할 수 있는 위대한 문화국가로 발돋움할 수 있을 것이다. 왜 선함에서 고급문화가 나오는가? 이때의 선함은 진선미(眞善美) 삼위일체에서 본다면 진리와 통하기 때문이다. 고급문화는 진리에 바탕을 둔 문화이다. 그리고 다른 사람으로 하여금 진리의 세계로 나아가도록 해 줄 수 있는 문화이다. 따라서 선한 나라여야만 아름다운 문화국가로 발돋움 할 수 있다.

이상을 다음과 같이 말할 수 있다. 생존이 보장되지 못하면 법질서와 기강을 확립할 수 없다. 생존의 보장과 함께 법질서와 기강이 확립되지 못하면 선한 나라는 실현되지 않는다. 그러면 문화국가 역시 불가능하다. 물론 생존의 보장에 있어서도 순서가 중요하다. 경제력을 바탕으로 한 국방력을 구비해야만 사회복지의 실현이 가능하다.

조식은 참선비로서 이런 나라, 곧 강하면서도 선한 문화국가를 꿈꾸었다. 그리고 이런 나라는 여전히 우리가 이루어야할 우리의 미래비전(vision)이다. 이런 나라를 이루기 위해서 노력하는 것이야말로 이 시대를 사는 우리들이 실천해야 할 의[행의(行義)]이다. 그리고 이러한 행의(行義)를 위해서는 의기가 형성되어 있어야 하는데, 청수하고 충실한 기운이 바로 의기이다. 그리고 이러한 의기를 배양하여 지니면 청렴하고 유능한 참선비가 되는 것이다. 결국 청렴하고 유능한 참선비만이 이런 나라를 향해 제대로 나아갈 수 있다.

3. 조화와 포용의 정신

조식의 정신세계는 서로 이질적인 사상들이 조화롭게 공존하고 있다. 그는 성리학 외의 다른 학문에 대해서도 매우 개방적이고 포용적이었다. 이는 그가 수학기(修學期)에 다른 유학자들과 달리 매우 폭넓게 공부한 것과 깊은 연관성이 있다. 그는 경(經)·사(史)·자(子)·집(集)을 비롯하여 천문·지지·의방·수학·궁마·항진·관방·진수 등에도 뜻을 두고 공부하였다.[40] 그리하여 이들 사상을 경의로 집약하다가 보니까 그의 경의의 함의는 남다른 데가 있었던 것이다. 이러한 조화와 포용의 정신은 현재 다문화시대에 살면서 통일을 맞이해야 할 우리가 여전히 잘 살려나가야 할 부분이 아닐 수 없다.

그의 정신을 오늘날의 관점에서 든다면, 앞에서 언급한 문무의 조화 외에도 예악(禮樂)의 조화, 유불선 삼교의 조화 등을 들 수 있을 것이다. 문무의 조화에 대해서는 더 이상 언급하지 않겠다. 이제부터 예와 악의 조화, 그리고 유불선 삼교의 조화에 대하여 살펴보고자 한다.

1) 예와 악의 조화

조식의 정신세계에는 마음에 조그마한 흠결과 틈도 용납하지 않으려고 하는 엄격함과 팽팽한 긴장감이 흐른다. 따라서 긴장과 조임의 예의(禮義)정신은 충만해도 발산과 풀림의 가악(歌樂)정신이 부족한 것 아닌가 하는 인상을 받기 쉽다. 아마도 눈앞에 닥쳐온 위기를 피부로 느끼면서 살았던 조식에게는 느긋한 여유를 즐기는 그런 자세가 일종의 사치로 치부되었을 것이다. 그러나 조식의 정신 속에는 조화와 포용의 정신이 자리 잡고 있음에 비추어 그도 예악의 조화로운 추구를 부정하지 않았다고 여겨진다. 앞에서도 살펴봤듯이 조식 정신의 영향을 강하게 받은 이른바 '조식 문화권'에 속하는 남사 예담촌은 예와 악을 겸비한 매우 드문 마을이 되었다. 그리하여 예의 상징인 '유림독립기념관'과 악의 상징인 '기산기념관+기산국악당'을 동시에 지니고 있다.

이 시대에도 이러한 조화로운 추구는 대단히 중요하다. 과거 조선조

---

40) 曹植, 경상대학교 남명학연구소 역, 앞의 책, 20쪽.

는 예송논쟁(禮訟論爭)을 비롯하여 주로 지나친 예의 강조로 인한 부작용을 겪었다면, 지금은 예의 정기능이 실종되어 버리고 대신 너무 악이 강조되는 세상에 살고 있다. 이 시대를 사는 현대인들이 예악의 조화를 꾀하는 것은 매사에 균형 잡힌 시각을 지니려고 하였던 조식의 정신적 본령에 비추어 너무나 당연한 일이라고 여겨진다.

이제 한선원이 본격적으로 가동하고 있는 이 시대에 그 동안 잃어버린 예의 정신을 되살려서 예와 악을 조화롭게 추구하는 것의 중요성과 의미를 제대로 자각할 필요가 있다. 이에 이러한 조화로운 추구가 알려주는 의미를 먼저 파악해 보기로 하자.

『예기(禮記)』에 나오는 예와 악의 기능을 대비적으로 정리해 보면 다음과 같다.[41]

> 예(禮)-밖을 닦음[소이수외(所以修外)]-외모를 꾸밈[식모(飾貌)]-
>   다름[이(異)]-서로 공경함[상경(相敬)]-서먹서먹함[이(離)]
> 악(樂)-안을 닦음[소이수내(所以修內)]-감정을 통합함[합정(合情)]-
>   같음[동(同)]-서로 친함[상친(相親)]-맞먹으려고 함[유(流)]

예는 '너와 나는 다르다는 의식'을 바탕으로 나온 것이라면 악은 '너와 나는 같다는 의식'을 바탕으로 하여 나온 것이다. 이처럼 상이한 의식을 각각 지닌 예와 악이 조화된 세상은 지나친 예의 부작용인 서먹서먹함이(離)과 지나친 악의 부작용인 버르장머리 없이 함부로 처신함[유(流)]에 경종을 울린다. 그리하여 예의 정기능인 상호 공경함[상경(相敬)]과 악의 정기능인 서로 마음을 터놓고 친밀하게 지냄[상친(相親)]을 동시에 살려나가도록 해 준다.

이처럼 예와 악의 조화로운 추구는 인간관계에서 '좋은 거리(good distance)'

---

41) 『禮記』, <樂記>, "樂所以修內, 禮所以修外.", "樂者爲同, 禮者爲異. 同則相親, 異則相敬. 樂勝則流, 禮勝則離, 合情飾貌者, 禮樂之事."

를 유지하게 함으로써 '형제애(兄弟愛)가 넘치는 세상'을 지향하도록 한
다.[42] 이런 세상을 지향해 나가게 되면 현재 우리사회가 안고 있는 많
은 문제점을 해결해줄 길을 찾을 수 있을 것이다.

2) 유불선의 조화

조식은 유학자였지만 당시로서는 드물게 병가, 불교, 도가·도교사상
에 두루 관심이 깊었고 이들 세계를 깊이 이해하고 있었다. 바로 이러
한 조식의 특징에 비추어 이곳 한선원 일원과 이웃하고 있는 청학동의
선교문화권과 악양 및 화개동천의 범불교문화권과의 교류는 아주 자연
스럽고 또한 다른 지역의 성리학과 변별되는 장점이 될 수 있다.

조식이 지녔던 다른 사상에 대한 조화와 포용의 정신은 유교의 본령
에 비추어 전혀 문제될 것이 없다.[43] 도리어 당시 다른 성리학자들, 특
히 이황처럼 벽이단론(闢異端論)과 정통수호의 명분아래 지나치게 배타적
이고 폐쇄적인 태도가 문제시 될 것이다.[44] 조식의 이러한 정신은 앞으
로 이곳 한선원 일원을 활성화 시키는데 크게 기여할 수 있을 것이
다.[45] 나아가 다문화시대, 다종교·사상의 시대, 그리고 통일전야를 살

---

42) 김형효, 「고대신화에 나타난 한국인의 철학적 사유」, 『한국철학사(상권)』, 동명사(한
국철학회편), 1987, 49쪽.

43) 『中庸』에서 말한 "萬物竝育而不傷害, 道竝行而不相悖"의 정신을 잘 음미할 필요가
있을 것이다.

44) 조식이 만년에 터 잡은 이곳 지리산은 그 품이 넉넉하다. 둘레가 800리(약 300키로)
나 되고 2개도 5개시·군이 공유하고 있다. 따라서 예로부터 유교뿐만 아니라 불교,
도가·도교, 그리고 우리의 고유한 선교(仙敎)도 이 품안에서 공존해 왔다. 조식은
이런 곳에 자리를 잡으면서 자기가 신봉한 '유교 아니면 안 된다, 유교만이 유일한
진리체계이고 나머지는 이단(異端)이니 가까이 해서는 안 된다'라고 하지 않았다. 마
치 천왕봉에 오르는데 있어서 얼마든지 다양한 코스가 있겠지만, 어느 코스를 선택
하건 천왕봉에 오르면 그 경지는 동일하다고 본 것과 같은 이치이다. 이 점에서 지
리산은 청량산(淸凉山)과는 그 규모와 높이가 다르다. 특히 그는 주로 지금의 화개동
천에 터를 잡고 있었던 불교 스님들과 교류, 소통하였다. 서산 휴정과 그의 제자 유
정이 지리산에서 조식을 만나서 교유하였음은 기록으로써 확인된다.

면서 미구에 다가올 통일한국 시대를 조망할 때 이처럼 개방적이고 포
용적인 조식 사상과 정신은 한국사회의 적폐 해소와 통합실현에 커다
란 효력을 발휘할 수 있는 가장 유효한 현실적인 대안이 될 수 있다고
여겨진다.

Ⅳ. 한선원 일원의 하드웨어와 소프트웨어 활용방안

1. 실천적인 선비정신 중심의 연구활동을 위한 본거지로 활용하는 방안

여기서 이곳 한선원에서 무엇을 어떻게 연구할 것인가의 문제가 제
기된다. 많은 연구대상과 과제, 그리고 접근방법이 있을 것이다. 연구활
동은 다시 크게 학술연구와 자료수집으로 나누어 고찰할 수 있다. 다만,
여기에 대해서는 선행연구의 자료가 있으므로 이것을 소개하고 상세한
것은 생략한다.

> · 손병욱, 「한국선비문화연구원의 효율적 운영방안 고찰」, 『남명학』
>   제15집, 남명학연구원, 2010, 142-145쪽의 내용을 참고하기
>   바란다.
> · 정우락 외, 『한국선비문화연구원의 지표 및 운영 매뉴얼 개발』, 사
>   단법인 남명학연구원, 2012. 10, 15-21쪽의 내용을 참고
>   하기 바란다.

이곳에서의 연구는 그것이 연구를 위한 연구여서는 안 된다는 점이
다. 이는 조식이 생전에 가장 비판한 대목이었음에 유념해야 할 것이다.

---

45) 특히 그의 불교관은 주목된다. 그는 <을묘사직소(乙卯辭職疏)>에서 유교와 불교의
   궁극적인 경지는 하나임을 역설하였다. "佛氏所謂眞定者, 只在存此心已, 其爲上達天
   理, 則儒釋一也."(曹植, 경상대학교 남명학연구소 역, 앞의 책, 446쪽.)

실천이 전제되지 않은 연구는 그 의미가 반감되며, 바로 이것이 이황과의 차이가 분명해지는 지점이기도 하다. 연구가 실천을 위한 연구가 되도록 하자면, 그것이 다음에 소개할 연수 내지 교육과 연계될 수 있어야 할 것이다.

2. 실천적인 선비문화 계승과 확산을 위한 인성교육의 장으로 활용하는 방안

1) 위기의식을 지닌 청렴한 인간상을 배출하는 요람지(搖籃地)로서 활용하자.

우리 후학들이 이 시점에서 조식의 유지(遺志)와 유업(遺業)을 '계승[계지술사(繼志述事)]'하기 위해서 무엇에 주목해야 할 것인가? 조식이 우리에게 보여준 참선비상을 우리가 어떻게 되살릴 것인가? 참선비란 의기(義氣)를 지니고 의를 실천[행의(行義)]할 수 있는 존재, 청수(淸粹)하고 충실(充實)한 기운을 지닌 청렴(淸廉)하고 유능(有能)한 존재, 문무를 겸비한 문무겸비지사(文武兼備之士), 창의적 리더로서, 그 핵심은 '위기의식과 청렴의식'에 있다고 본다.

먼저, 위기의식에 대하여 살펴보자.

위기의식이야말로 조식이 조식일 수 있었던 핵심중의 핵심이다. 그는 자기 시대가 위기라는 생각을 한시도 잊은 적이 없었다.[46] 실지로도 그 당시는 위기였다.[47] 그러나 사실 알고 보면 인류역사상 언제, 어느 시대라도 위기가 아니었던 적은 한 번도 없었다. 만약 국정의 최고 통

---

46) 이러한 위기의식은 그가 55세 되던 해(1555) 임금에게 올린 <을묘사직소(일명 단성현감 사직소)>를 비롯한 각종 상소문에서 잘 드러나고 있다.

47) 정우락 외, 『한국선비문화연구원의 지표 및 운영 매뉴얼 개발』, 사단법인 남명학연구원, 2012, 6-8쪽, 12쪽 등에서도 '위기'가 남명정신의 포인트임을 강조하면서 위기진단과 위기관리를 역설하고 있다.

치자가 자기 시대를 정말로 위기의 시대라고 느끼고, 그 위기의 실상을 정확히 파악한다면 바로 그 순간에 태평성대의 길이 열린다. 그러나 위정자가 자기 시대를 태평성대라고 여기면 그 순간 방심하게 되고 결과적으로 나라는 위기상황에 몰려서 존망의 기로에 봉착하게 된다. 이 점이 중요하다. 어떻게 하면 국가의 지도계층으로 하여금 자기 시대가 위기임을 제대로 자각하도록 할 것인가?

만약 당시 임금 선조가 조식과 같은 위기의식을 지녔다면 당연히 임진왜란은 일어나지 않았을 것이다. 설령 일어났더라도 그렇게 참혹하지는 않았을 것이다. 조선이 명실상부하게 승리를 거두면서 조기에 종결되었을 것이다. 나아가 임진왜란 이후라도 국왕과 위정자들이 제대로 된 위기의식을 가졌다면 정묘호란·병자호란은 없었을 것이다. 그런데도 조식과 그의 문인들은 모두 지녔던 위기의식을 실제로 국가를 책임진 사람들은 거의 제대로 지니지 못했다. 왜 그랬을까?

필자는 제대로 된 위기의식은 심신수양 가운데서도 몸의 수련, 즉 신체단련에서 깃든다고 본다. 그런데 이렇게 하는데 있어서 문적인 공부에만 치중한 문사(文士)에게는 한계가 있다. 문사의 수련은 정신의 수련에 치중한다. 물론 『소학』적 실천, 꾸준한 집의[적선(積善)], 그리고 정좌수련과 같은 것은 몸의 수련과 무관하지 않다. 그러나 이러한 수련은 그렇게 치열하지 못하다. 조식이 묘사하였듯이 '무쇠를 뜨거운 불에 달구어 두드려서 일체의 불순물이 제거된, 칼날이 새파랗게 번득이는 한 자루 보검을 뽑아내는 강도 높고 집중적인 단련'이 문사에게는 없는 것이다. 조식에게는 백련천마(百鍊千磨)의 신체단련으로 어떠한 대상도 일도양단(一刀兩斷)할 천하제일의 보검이 되겠다는 '칼의 정신'이 있었기에 위기의식을 제대로 지닐 수 있었다고 하겠다.

그러나 무사라고 하여 위기의식을 갖는 데 있어서 반드시 유리한 것도 아니다. 비록 위기임을 느끼더라도 무예수련에만 치중하면 그 위기를 정확히 진단하여 처방전을 제시할 수 없다. 따라서 조식과 같은 문무겸비지사라야만 왜 자기 시대가 위기인지를 제대로 진단하고 그 위기상황을 극복하기 위한 역할을 다 할 수 있다. 조식은 '무의식(武意識)을 지닌 문사'였고, 이때의 무의식은 '내가 항상 전쟁터에 있다는 항재전장(恒在戰場)의식'과 상통한다. 전쟁터는 나라의 존망과 백성의 생사가 결정되는 엄중하기 그지없는 장이다. 그러기에 무의식을 지니면 위기의식도 아울러 지니게 되는 것이다.

다음으로, 청렴의식에 대하여 살펴보자.

현재 한국의 청렴도는 이전에 비하면 많이 개선되었다고는 하지만 '국제투명성기구'가 발표한 1996년부터 2016년까지의 부패정도는 세계 175개국 중 40위였다. 그리고 2016년도의 부패지수는 100점 만점에 57점이었다. 이에 비해 미국과 일본의 부패정도는 평균 16위, 그리고 2016년의 부패지수는 75점으로 이들 두 나라와 우리나라의 간극은 여전히 크다. 국가인권위에 따르면 2017년도 국가별 부패인식지수에서 한국은 100점 만점에 54점, 180개국 중 51위를 차지했다. OECD 내에서는 35개국 중 29위로 전년대비 동일 수준인 것으로 나타났다. 특히 조사기간 중 발생한 고위공직자가 연루된 국정농단 등 권력형 부패, 방산 비리 등 대형 부패사건으로 대내외 인식에 다소 부정적 영향을 끼친 것으로 풀이된다.[48]

우리의 경제력 수준, 국제적인 위상을 고려하면 여전히 우리나라의

<hr>

48) 국민권익위원회, 「국제투명성기구(TI)의 부패인식지수(CPI) 관련 주요현황 및 대응계획」, http://www.acrc.go.kr/acrc/board.do?command=searchDetail&method= searchDetailViewInc&menuId=050505&boardNum=68608, 2018. 2. 21. 게재.; 국민권익위원회, 「국제투명성기구(TI)의 '17년 부패인식지수(CPI) 발표에 대한 국민권익위원회입장」, http://www.acrc.go.kr/acrc/board.do?command=searchDetail&menuId=010103&method=searchDetailViewInc&boardNum=68630&currPageNo=28&confId=4&conConfId=4&conTabId=27&conSearchCol=BOARD_TITLE&conSearchSort=A.BOARD_REG_DATE+DESC%2C+BOARD_NUM+DESC, 2018. 2. 22. 게재.

부패수준은 매우 심각함을 알 수 있다. 2014년 4월 16일 발생한 세월호 침몰사건을 계기로 한동안 우리사회에서는 미국의 조폭조직으로 악명 높은 마피아를 빗댄 관피아, 해피아, 정피아 라는 말들이 무성하게 떠돌았다. 이른바 정실인사로 서로의 비리를 눈감아주는 비리와 부패의 순환사슬이 각종 권한을 가진 공무원 조직에 굳게 형성되어 있다는 것이다. 드디어 국가를 지킬 무기를 구매하는 방위사업청에서 조차도 공무원과 무기중개업자가 결탁한 심각한 비리가 적발되어서 우리를 아연실색케 하였다. 만약 이 부정부패를 제대로 발본색원하지 못한다면 한국의 미래는 암담하기 그지없을 것이다. 자 이 문제를 어떻게 근원적으로 해결할 것인가?

조식의 참선비 이념은 청렴의 중요성을 강조한다. 만약 조식과 같은 참선비가 되기를 꾀한다면, 그리하여 "벼슬에 나아가면 유능(有能)하여 하는 바가 있고, 벼슬에서 물러나 머물러 살면 지키는 바가 있는[出則有爲, 處則有守]" 그런 대장부가 되고자 한다면 무엇보다도 청렴하지 않으면 안 된다.[49] 청렴함의 핵심은 무엇인가? 그것은 바로 유혹에 강한 것이다. 그러기에 자본주의 사회에서도 청렴함은 여전히 중요한 것이다. 더군다나 돈과 각종 이권의 유혹에 넘어가면 패가망신하게 되는 공직자들에게 있어서 청렴성 확보 여부는 공직성패의 사활(死活)적 관건(關鍵)이 된다.

유혹에 강한 사람이 되기 위해서는 무엇보다도 거경함양 단계에서 지향처(志向處)를 제대로 세운 뒤에 정좌수련에 의거하여 집중력[의지력]을 충분히 배양할 수 있어야 할 것이다. 이런 사람을 일컬어 지기지사

---

[49] 이 말은 조식의 출처관(出處觀)을 잘 알려준다. 이것은 중국 원대(元代) 유학자 노재 (魯齋) 허형(許衡, 1209~1282)의 말에서 나왔다. 그 원문은 "志伊尹之志, 學顔子之學, 出則有爲, 處則有守, 大丈夫當如此 出無所爲, 處無所守, 則所志所學, 將何爲"였다. 조식은 25세 때 『성리대전』에 실린 이 구절을 접하고 큰 충격과 깨우침을 얻고 이후 성리학을 본격적으로 공부하게 되었다고 한다.

라고 하였다. 이러한 지기지사라야만 거경성찰 단계에서 유혹의 낌새를 알아차려서[심기(審幾)] 그것의 침투를 미연에 차단할 수 있다. 그리하여 지력·기력·정감력의 삼대력을 배양하고 활용함으로써 언제나 '제 자리에 있으면서 스스로 세운 지향처를 향하여 지속적으로 나아가는' 참선비로서의 삶을 살 수 있게 된다. 즉 청렴하지 않으면 절대 유능할 수 없고, 그러면 참선비가 될 수 없다는 것이다.

그 기운이 청수(淸粹)하므로 청렴한 지기지사가 되는데 가장 큰 시사를 주는 것이 바로 조식의 만년 저작으로 알려진 <신명사도>이다. 마치 임금이 도성(都城)을 지키듯이 인욕[인심(人心)]이 침투해 들어오지 못하도록 물샐 틈 없이 방비하면 자연히 유혹에 강한 심성을 갖게 될 것이다. 그리하여 도심을 확보함으로써 자아완성의 길로 매진할 수 있을 것이다.

정좌수련으로 집중력[의지력]을 배양하고 이에 더해 신체단련으로 기력 내지 야성을 배양함으로써 스스로를 보검화 내지 영체화(靈體化)하면 어떠한 유혹도 일도양단하는 청렴한 삶을 살 수 있을 것이다. 나아가 유능한 삶을 통하여 스스로 설정한 지향처에 도달하게 될 것이다. 아울러 내가 살고 있는 시대가 왜 위기의 시대인지를 스스로 자각할 수 있을 것이다. 이런 사람들이 많이 배출될 때 우리가 꿈꾸는 이상향인 '강하면서도 선한 문화국가'의 실현은 더 이상 꿈이 아닌 현실로 다가오게 될 것이다.

2) <신명사도>의 정신을 제대로 학습하는 장으로 활용하자.

조식이 지은 <신명사도>와 <신명사명(神明舍銘)>은 조식의 참선비 이념의 요체를 가장 잘 드러내고 있다. 이것이 주는 메시지는 이 시대에도 여전히 심중(深重)하다. 이것은 내면적인 본심(本心)을 잃어버리고 오직 외형적인 몸 일변도의 삶을 사는 대부분의 현대인들에게 본심의 회복을 통한 참다운 삶의 의미를 일깨워 줄 수 있는 처방전이 된다. 그러면서 이것은 몸의 중요성도 놓치지 않는다. 마음의 집인 몸이 건강하게 유지되어야 함을 강조한다. 몸과 마음, 이 둘의 어느 것도 바람직한 삶을 위해서 소홀히 해서는 안 된다는 것이다. 그러므로 이 처방전은 현대인의 심신을 강건하게 함에 있어서 대단히 유효하다. 이에 이것의 요지를 쉽게 풀이하여 현대인들, 특히 청소년들이 흥미 있게 접근할 수 있는 방안을 마련하는 것이 중요하다고 본다. 필자는 이것을 일종의 게임화, 만화화, 애니메이션화 할 것을 제안한다.

조식이 <신명사도>, <신명사명>을 저술한 뒤에 이것의 중요성에 주목한 학자들은 그 동안 이것을 일종의 소설화 하는 일에 관심을 가져왔다. 그 효시가 바로 그의 제자였던 김우옹이 스승의 당부를 받아서 1566년에 지은 소설인『천군전(天君傳)』이었다. 이것은 <신명사도>에 상응하여 마음을 지키는 일을 의인화한 소설이다. 이후 19세기 중반까지 이른바 천군소설(天君小說) 유형에 속하는 작품으로 총 7가지 작품이 등장하였다.[50]

그러나 한문세대가 아닌 현대인들에게 이들 개념들은 여전히 생소하다. 현대인들의 감각에 맞게 이것을 일종의 게임화 하는 일이 매우 중요하다고 본다. 나아가 만화화, 애니메이션화도 필요할 것이다. 우선 이곳에 들어온 피교육생들이 <신명사도>의 메시지만 확실하게 인식할 수 있더라도 이후 그는 달라지기 시작할 것이다. 이때 게임에 참여하는 피교육생, 특히 청소년들에게 흥미와 의미, 그리고 묘미를 함께 느낄 수 있도록 해 줄 수 있다면 매우 좋을 것이다. 아직 여기에 대한 구체적인 구상을 하지는 못했지만, 대략의 큰 틀은 다음과 같이 생각해 볼 수 있을 것이다.

---

50) 금장태,『한국유학의 심설』, 서울대학교 출판부, 2003, 110-114쪽.

첫째, 내가 국왕으로 있는 도성을 침투하는 외적을 방비하는 과정, 혹은 방비하지 못하여 외적이 침투함으로써 야기되는 상황을 염두에 둔다.

둘째, 외적에게 점령당하였을 때 이 도성에서 어떠한 참혹한 일들이 일어날 수 있는지를 자각할 수 있도록 하는 상황을 반영한다.

셋째, 외적의 침입을 지속적으로 막아내어서 평화가 확보되었을 때, 이 나라에 일어날 수 있는 상황을 반영한다. 예컨대, 내 나라 백성 모두가 진리적 삶을 통하여 진선미 삼위일체에 도달한 뒤에 스스로는 물론이고 다른 나라 사람들을 행복하게 해 줄 고급문화를 끊임없이 창출하고 보급하는 삶을 영위함으로써 진정한 세계의 평화와 번영에 주도적으로 기여하는 위대한 문화국가가 될 수 있음을 인식시키도록 게임을 이끌어 나간다.

이처럼 게임화 하는 과정에서 <신명사도>, <신명사명>, 그리고 김우옹의 『천군전』에 대한 정밀한 분석과 재구성이 필요할 것이다.

이제 이러한 게임이 좀 더 효과적으로 이루어지도록 하자면 어떻게 해야 할까? 바로 이러한 게임을 효율적으로 진행할 수 있도록 <신명사도>를 본 뜬 건물을 한선원 안에다 짓고 게임을 진행할 필요가 있음을 강조하고자 한다. 시각적 효과뿐만 아니라 직접 참여하여 경험함으로써 외부적인 유혹을 이겨내는 것의 중요성을 자각하게 할 수 있다. 나아가 국토수호의 중요성에 대한 인식도 부가적으로 심어줄 수 있을 것이다.

실천적 참선비의 삶을 중시한 조식 사상의 본원지인 이곳에서 이루어지는 이러한 시도는 교육적으로 대단히 큰 의미를 갖게 될 것임을 강조하고자 한다.

3) 환골탈태(換骨奪胎)를 가져올 알자리, 둥지가 되도록 하자.

조식이 48세 때 그가 태어난 삼가 토동에 뇌룡정(雷龍亭)과 함께 지은

계부당(鷄伏堂)은 그 함의가 심중하다. 마치 '닭이 알 품듯이 하는 곳'이
라는 의미이다. 어미닭이 알을 품어서 3·7일이 지나면 병아리가 되는
데, 이것을 줄탁동기(啐啄同機)라고 한다. 그리고 병아리가 껍질을 깨고
알에서 나오는 것을 일컬어서 환골탈태(換骨奪胎)라고 한다.

이 시대 인성교육의 목표는 피교육자들 특히 청소년들의 심성을 바
꾸는데 있다. 그리하여 그들이 '창의적 리더'로서의 새 삶을 살도록 하
는데 있다. 이 창의적 리더는 '참선비'와 동의어이다. 여기에 대해서는
앞에서 상론했으므로 재론하지 않겠다. 이처럼 내가 환골탈태하여 창의
적 리더가 되는데 있어서 그 과정은 조식의 언급을 염두에 둘 때, 세 단
계로 구분된다. 그것은 여묘포서(如猫捕鼠) 단계, 여계포란(如鷄抱卵) 단계,
그리고 줄탁동기 곧 환골탈태의 단계이다.[51]

먼저, 여묘포서란 '고양이 쥐 잡듯이 하라'는 말이다. 고양이가 쥐를
잡을 때, 쥐구멍을 응시하고 있다가 쥐가 나타나면 전광석화(電光石火)처
럼 신속정확하게 낚아챈다. 절대로 실수하여 놓치는 법이 없다. 이것은
인성교육에서 무엇을 말하는가? 성공하는 삶이란 무엇이며, 이런 삶을
살면 어째서 좋은 인성을 지닐 수 있는지, 창의적 리더가 어떤 인간상
이며, 어떻게 하면 창의적 리더가 될 수 있는지, 그리고 왜 내가 창의적
리더가 되어야 하는지를 정확하게 이론적으로 아는 것을 가리킨다. 거
경함양과 거경성찰, 경과 의, 지기지사, 참선비가 무엇인지를 제대로 알
고, 안 것에 대해서 확신을 갖는 단계이다. 선지후행(先知後行) 가운데서
는 선지(先知)에 해당된다.

다음으로, 여계포란이란 '닭 알 품듯이 하라'는 말이다. 위의 여묘포
서 단계에서 제대로 안 것을 실천에 옮기는 노력을 말한다. 주경행의
하는 것, 달리 말하면 거경함양 단계에서 정좌수련으로 집중력[의지력]

---

51) 조식은 그의 '명(銘)'에서 여기에 대하여 "如龍養珠心不忘, 如鷄伏卵氣不絶, 如苗守穴
神不動"이라고 하였다. (曺植, 경상대학교 남명학연구소 역, 앞의 책, 129쪽을 참고)

을 배양하고, 이어서 거경성찰 단계에서 행의를 하는 것이 모두 여기에 해당한다. 그리하여 지속적으로 인욕의 침투를 막아내어서 도심을 확보하고자 노력하는 것이다. 이는 앞의 선지를 바탕으로 한 후행(後行)에 해당된다.

끝으로 줄탁동기에서 드디어 병아리와 어미닭의 '부리로 껍질 쪼기'가 서로 '지금여기의 적시적소(適時適所) 혹은 동시동소(同時同所)'에서 만나서 환골탈태가 일어난다. 병아리 알 깨고 나오듯이 새 생명이 탄생하는 것이다. 이것은 여묘포서－여계포란 곧 선지후행의 결실로서, 도심 계열의 심성인 본연지성(本然之性)－사단(四端)－도심이 확보됨이다. 따라서 이곳 한선원은 줄탁동기의 환골탈태를 가져오기 위해서 어미닭이 알을 품는 알자리, 둥지가 되어야 할 것이다.

어미닭은 당연히 인성교육을 책임진 교사를 가리킨다. 병아리는 피교육자이다. 중요한 것은 새 생명 탄생에 있어서 병아리의 부리질[쵀(啐)]이 어미닭의 부리질[탁(啄)]보다 먼저라는 사실이다. 이곳에서의 교육은 피교육자가 스스로 바뀌고자 하는 의지를 갖고 노력하도록 유도하는 그런 교육이 되어야 할 것임을 함의한다. 그러자면 인성교육을 책임질 어미 닭, 곧 유능한 교사의 확보가 대단히 중요하다.

여기서 필자는 이곳 한선원의 가장 표준화된 교육과정으로서 병아리 알 깨고 나오기의 줄탁동기를 본떠서 3 · 7일 곧 3주간의 교육과정을 제안하고자 한다. 이 3주 곧 21일 동안에 스스로 새로운 인성을 갖춘 새 사람이 될 수 있도록 각 단계별, 수준별로 표준화된 교육과정을 마련하는 것이 중요하다는 것이다. 그리하여 이 과정을 제대로 거치면 스스로가 달라졌다고 느끼고 주변의 부모나 형제들이 '확실하게 달라졌다'고 인정할 정도가 되도록 해 줄 수 있어야 할 것이다.

자 이렇게 하자면 어떻게 해야 하는가? 세부적인 교육과정은 차후의 과제로 미루고 여기서는 핵심적인 몇 가지 항목만 제시하고자 한다.

4) 인성교육의 삼대 요소를 시행하는 장이 되도록 하자.

인성교육이란 무엇인가? 성공하는 삶을 위해서 갖추어야 할 인성이 무엇인지를 알고 그것을 갖춤으로써 '창의적 리더'가 되도록 하는 것이다. 이에 인성교육을 '시작과 마침'으로 정리해 보고자 한다.

인성교육의 시작[시(始)]이란 무엇인가? 그것은 피교육자로 하여금 가슴속에 한 가닥 실현가능한 꿈, 푸른 꿈을 품도록 하는 것이다. 그렇다면 인성교육의 마침[종(終)]은 무엇인가? 피교육자로 하여금 언제나 '제자리에 있으면서 제 할 일 할 수 있도록 하는 것'이다. 이것의 중요성은 앞에서도 강조한 바 있다.

왜 이것이 인성교육의 시작이요 마침인가? 이것은 인간에 대한 후대의 평가와 관련이 있다. 인간으로 태어난 이상 후대의 평가는 불가피하다. 그래서 성공하는 삶을 영위함으로써 나중에[사후(死後)] 후대로부터 긍정적인 평가를 받는 것이 바람직스럽다. 그렇다면 어떤 사람이 성공하는 삶을 살았느냐 아니면 실패한 인생이었느냐를 평가하는 기준이 무엇일까? 동서고금을 막론하고 그 기준은 동일하다. 평가기준은 두 가지로 요약된다.

하나는 그 사람이 생전에 무슨 일을 하려고 했느냐 하는 것이요, 다른 하나는 그 사람이 실지로 그 일을 했느냐의 여부이다. 다만 분명한 것은 그 사람이 생전에 어느 정도로 높은 지위에 올랐느냐? 얼마나 많은 돈을 벌었느냐와 같은 세속적인 기준에 의해서 (일시적인 평가가 아닌) 최종적인 평가가 내려지지는 않는다는 사실이다.

어떤 사람에게 '하고자 하는 어떤 일'이 분명히 있었고 그가 실지로 그 일을 달성하였다면, 그 사람은 후대에 의해서 성공적인 삶을 살았다는 평가를 받을 수밖에 없다. 하고자 하는 어떤 일을 정립하는 것, 이것은 곧 가슴속에 한 가닥 푸른 꿈을 품는 것이다. 그리고 그 일을 실지로 이루자면 제 자리에서 제 할 일 할 줄 아는 삶을 살아야 한다. 인성교육이란 이처럼 그 시작과 마침에 의해서 성공하는 인생을 살다가 보면 저절로 「인성교육진흥법」에서 강조한 8대 덕목을 비롯한 좋은 덕성 곧 인성이 갖추어질 수 있도록 하는 것을 말한다. 좋은 인성을 갖추어야만 성공하는 것이 아니라 성공하는 삶을 제대로 살다가 보면 저절로 좋은 인성을 갖출 수 있도록 구안(構案)·설계하고 추진하는 것이 인성교육에서 대단히 중요하다고 하겠다.

아무리 좋은 인성을 갖추어도 성공하는 삶을 사는데 아무런 도움이 되지 못한다면 누가 좋은 인성을 갖추려고 할 것인가? 좋은 인성이 무슨 의미가 있겠는가? 이제 참으로 성공하는 삶을 살기 위해서 갖추어야 할 인성교육의 삼대요소로서 필자는 지향처 세우기 교육, 명상 교육, 습관화 교육을 제시하고자 한다.

지향처 세우기 교육이란 무엇인가? 이것은 기존의 유교적 선비의 입지(立志) 교육에 해당한다. 그러나 참선비란 창의적 리더임을 감안하여 창의성과 리더십을 갖춘 리더가 될 수 있도록 제대로 된 지향처를 세울 필요가 있다. 제대로 된 지향처는 앞에서도 언급하였듯이 시대성, 공공성, 전문성, 과업지향성의 네 가지 요소를 갖추어야 한다. 교사는 잘 된 지향처, 잘못된 지향처의 사례를 들어서 피교육자가 제대로 지향처를 세울 수 있도록 돕는다. 아울러 <지향처의 제시>, <지향처 설정의 이유 제시>, <지향처 달성의 방법 제시>를 내용으로 하는 리포트를 작성하여 발표하도록 함으로써 스스로의 지향처를 점검하고 수정할 수 있는 기회를 부여한다. 이 교육을 통해서 피교육자는 가슴 속에 한 가닥 푸른 꿈을 품게 된다. 삶의 궁극적인 목표인 '하고자 하는 어떤 일, 곧 지향처'를 분명히 정립하게 되는 것이다.

명상 교육이란 무엇인가? 바로 정좌수련 교육을 말한다. 거경함양 단계에서 정좌수련을 통하여 집중력[의지력]을 배양하도록 지도한다. 특히 조식(調息) 곧 호흡명상이 중요하므로 조식이 말한 호흡 알아차리기 곧 '심식상고(心息相顧)'가 이루어질 수 있도록 한다. 이처럼 지향처 세우기 교육+명상교육에 의거하여 피교육자는 청수(淸粹)한 기운을 지닌 지기지사가 되어서 어떤 유혹도 물리칠 수 있는 청렴의식을 확보할 수 있게 된다.

습관화 교육이란 무엇인가? 내가 세운 지향처를 향하여 나아가는데 필요한 여러 가지 힘들을 배양하고 활용하기 위한 생활계획표 내지 일과표를 잘 짜서 습관화 시키는 것을 말한다. 여기에는 정좌수련에 의한 호흡명상으로 집중력[의지력]을 충분히 배양한 뒤, 이 힘을 활용하여 지력·기력·정감력을 배양하고 활용함으로써 나날의 삶이 내 지향처를 향해서 나아가는 삶이 되도록 하기 위한 권계(勸戒)는 물론이고 '무엇을 하지 않기'와 같은 금계(禁戒)도 염두에 두도록 해야 할 것이다. 예컨대, 일기쓰기, 정좌수련과 같은 권계를 습관화 하자면 불음주계, 과식하지 않기 등 금계의 습관화도 함께 요청된다. 습관이 인생을 결정한다. 좋은 습관을 형성하면 성공하는 사람, 위대한 인물이 될 수 있다.

하루를 아침, 오전, 오후, 저녁으로 4등분한 창의적 리더의 표준 일과표 모델을 제시한다. 다시 이것을 평일용, 주말용, 방학용으로 구분하여 제시할 필요가 있다. 이것을 참고로 하여 피교육자 각자의 상황을 반영한 일과표를 짜도록 한다. 이것은 스스로 생각하는 가장 이상적인 일과표가 되어야 할 것이다. 여기에는 정좌수련을 통한 집중력[의지력] 기르기, 신체단련을 통한 기력[야성] 기르기, 독서궁리에 의한 지력[지성] 기르기, 남과의 어울림 혹은 음악교육을 통한 정감력[감성] 기르기, 그리고 일기쓰기, 예습·복습하기가 기본적으로 포함되어야 할 것이다. 그래야만 이러한 힘을 배양하고 활용하는 삶, 곧 어두운 곳을 밝히고 막힌 곳을 뚫어서 조직 공동체 구성원 모두와 함께 자기가 세운 지향처를 향하여 부단히 나아가는 참선비의 삶을 살 수 있을 것이기 때문이다.

이렇게 이상적인 일과표를 짠 뒤에 이것을 실제로 실천하기 위한 습관화의 원칙은 가깝고 쉬운 것을 먼저하고 멀고 어려운 것을 나중에 하는데 있다. 이때 삼칠(三七)의 법칙을 활용한다. 이것은 무슨 일이건 그것을 삼칠(21)일 동안만 지속적으로 실천하면 저절로 습관화 되는 원리를 활용한 법칙이다. 이처럼 21일 동안 실천하는데 있어서도 대략 5단계를 거치는데, 그것은 3→7→10→15→21일이 될 것이다.[52] 이 가운데 첫 3일의 실천이 가장 중요하다. 작심삼일(作心三日)로 그치느냐 아니면 더 앞으로 나아갈 수 있느냐가 이 첫 3일에서 결정된다. 이때 정좌수련을 병행하면 의지력이 배양되어서 습관화에 큰 도움을 받을 수 있다.

이제 스스로 설계한 자신의 가장 이상적인 일과표대로 생활할 수 있는 시점을 6개월 내지 1년 뒤로 잡은 뒤에, 가깝고 쉬운 것부터 하나씩 습관화 시켜 나가면 저절로 자신감(自信感)이 생겨서 평소 엄두도 못 내던 일도 습관화가 가능할 것이다. 자신감은 스스로와의 약속을 지키는 데서 생겨나는 감정이다. 내가 나를 믿는 자신감을 바탕으로 하여 남들도 나를 믿게 되고, 이에 나에게 일을 맡기게 된다. 이것을 『논어』에서는 "신뢰가 있으면 남이 나에게 일을 맡길 것이다[신즉인임언(信則人任焉)]"라고 하였다.[53]

5) 인성교육의 대상에 따라 맞춤형 교육을 시행하도록 하자.

인성교육의 대상은 매우 다양하다. 그 대상에 따라서 그에 맞는 프로그램이 제시되어야 할 것이다. 크게 보면 인성교육을 담당할 교육자들을 위한 인성교육 프로그램과 청소년이나 기타 피교육자를 위한 프로

---

52) 이처럼 삼칠수 곧 21수는 우리민족에게 있어 대변화수, 변화의 완성수, 환골탈태수로 간주되어 왔다. 단군신화에서 곰이 웅녀가 되는데도 이 삼칠의 법칙이 적용되었고 이외에도 동학의 3・7자 주문, 3・7일 기도 등에서 두루 나타나고 있다.

53) 『論語』, 〈陽貨〉, "…恭則不侮, 寬則得衆, 信則人任焉, 敏則有功, 惠則足以使人."

그램이 있을 수 있다. 이것들은 앞에서 언급한 3주를 기본으로 하여 그 기간을 가감하는 정치(精緻)한 교육과정으로 제시될 것이다. 그리하여 이곳에 들어와 소정의 교육과정을 마치고 나면, 그 사람의 인성[심성(心性)]이 확연히 달라지는 환골탈태가 일어날 수 있도록 해야 할 것이다. 마치 조식의 훈도를 받은 문인들이 변화하였듯이, 이곳에 교육을 다녀온 후에 지금까지와는 다른 삶을 살게 되었다는 이야기를 피교육자 스스로가 하도록 교화·감화·변화 교육을 시행할 수 있어야 할 것이다.

교육의 대상은 교사(신임교사 포함), 공무원(신임 공무원 포함), 초등학생, 중등학생, 대학생, 일반인, 직장인, 주부, 노년층, 군인, 경찰, 검찰 등 얼마든지 많고 다양한 대상들이 있을 것이다. 특히 국가지도자급 인사들에 대한 위기의식+청렴의식 함양교육이 매우 중요하다. 이들 각각의 수준과 능력에 맞는 일종의 맞춤형 인성교육이 될 수 있도록 해야 할 것이다.

3. 문화관광적인 볼거리 제공과 전시체험(展示體驗)의 장으로 활용하는 방안

1) 조식의 생애를 정리하고 아울러 남명학파의 문화적 모태인 가야문화의 특성을 보여줄 수 있도록 하자.

남명학파는 가야문화권에서 발흥하였다. 남명학파의 태두인 조식은 본래 가야문화권에서 탄생하여 유아기를 보냈고, 이후 대략 28세 무렵부터 72세로 생을 마칠 때까지 의령, 김해, 삼가, 덕산 등 가야문화권역에서 대부분의 삶을 영위하였다. 이에 조식의 생애를 주요한 행적 중심으로 큰 지도에 표시하여 일별할 수 있도록 할 필요가 있다.

한선원 역시 가야문화권에 자리 잡고 있다. 따라서 가야문화의 특성을 제대로 알고 이것을 살릴 수 있도록 해야 할 것이다. 조식정신의 뿌리인 가야문화의 정수가 왜 이 시대에도 여전히 유효하고 필요한지에 대해서 설득력 있는 제시가 요청된다. 특히 조식의 참선비 이념 속에 깃든 무의 정신, 칼의 정신과 가야문화가 깊은 연관성이 있음을 분명히 밝힐 필요가 있을 것이다. 이에 비해 신라문화는 그 특성이 문의 정신에 바탕을 두고 있다. 여기에 대해서는 앞에서 도표로 제시한 바 있으므로 재론하지 않겠다.

2) 남명학파와 의병장, 나아가 조식의 10대 제자를 알리고 현창할 공간을 마련하자.

남명학파의 형성과 계승을 일별할 수 있는 공간을 마련한다. 나아가 조식의 문인들 가운데 임진왜란 시 창의기병(倡義起兵)한 3대 의병장(곽재우·김면·정인홍)을 비롯한 50여명의 인물들의 석상과 초상화를 안치하고 그들의 생애와 활약상을 일별할 수 있도록 하면 좋을 것이다. 특히 임진왜란시 창의기병은 남명학파를 드러낼 수 있는 매우 중요한 특징이므로 잘 부각되도록 해야 할 것이다. 뿐만 아니라 객관적 기준에 의거하여 조식의 10대 제자를 선정하여 역시 그들의 석상과 초상화를 안치하고 생애의 두드러진 특징들을 소개하도록 하자. 이때 남명기념관의 내용과 가급적 중복되지 않도록 하는 것이 중요하다.

3) 『학기유편』의 24도 가운데 조식이 직접 자작하여 그린 5도를 중심으로 그의 사상적 특성을 한 눈에 알 수 있도록 하자.

이들 5도는 <고허왕상도(孤虛旺相圖)>, <성도(誠圖)>, <역서학용어맹일도도(易書學庸語孟一道圖)>, <심위엄사도(心爲嚴師圖)>, <기도(幾圖)>이다.[54] 이들 5도 속에는 조식의 입장이 잘 드러나고 있는데, 이들 입장은 나중

---

54) 이철승, 『남명사상과 지리산』, 남명학회, 2014, 1-2쪽, 주1)을 참고

에 <신명사도>를 작성하는데 매우 요긴하게 반영되고 있다고 하겠다. 이들 5도를 중심으로 24도를 알기 쉽게 해설한 공간을 마련하는 것도 필요하다고 본다.

4) 한선원은 남명학의 메카 중의 메카로서 이곳에서 전체 남명학 관련 문화공간을 일별할 수 있는 특별실을 마련하자.

이 특별실에서는 2014년도 학술대회에서 거론된, 조식의 생애에 따른 주요 문화공간의 특징이 부각될 수 있도록 함으로써 관람자가 직접 그 공간에 가서 둘러보고자 하는 욕구를 갖도록 해야 할 것이다.[55] 아울러 그 공간에 가장 용이하게 접근할 수 있는 방법도 자세하게 안내해 줄 수 있어야 할 것이다.

5) 조식이 『학기유편』의 <소학(小學)·대학도(大學圖)>에서 강조하였던 군자육예(君子六藝)에 속하는 예(禮)·악(樂)·사(射)·어(御)·서(書)·수(數) 가운데 예와 악을 익힐 수 있는 공간을 마련하자.

아마도 그 이름은 예악실 내지 예절·음악실이 될 것이다. 살아가는데 필요한 가장 기본적인 예절을 익히고 나아가 국악기를 배우거나 국악감상을 할 수 있는 장소를 마련하여 활용함으로써 예와 악의 조화가 왜 이 시대에 필요한지, 어떻게 하면 '좋은 거리를 유지하면서 형제애가 넘치는 사회로 나아갈 수 있는지' 그 원리를 알도록 해야 할 것이다.

6) 그리고 사(射)·어(御) 곧 활쏘기와 말타기를 통해 신체를 단련하고 무의식(武意識)을 기를 수 있는 장소를 마련하자.

국궁을 할 수 있는 궁도장, 검도를 비롯한 무예수련 등 신체단련을

---

55) 2014년도 학술대회의 주제는 '남명학의 문화론적 접근'이었고, 여기서 다루어진 문화공간으로는 산해정과 신산서원, 용암서원, 뇌룡정, 산천재, 덕천서원 등이었다.

통해서 기력을 배양할 수 있는 장소, 그리고 치마장(馳馬場)을 마련하자. 치마장은 일종의 명상길, 둘레길을 겸하여 활용하면 될 것이다. 현재 궁도장은 운영되고 있지만 좀 더 규모 있고 체계적인 시설을 갖추어 활용할 필요가 있을 것이다.

7) 조선조의 학파를 크게 영남학파와 기호학파로 구분하고 다시 영남학파를 남명학파와 퇴계학파로 구분하여, 전체 학맥의 흐름을 비교하여 일별할 수 있도록 일종의 학맥도를 만들어서 전시하자.

8) 조식이 생전에 임금에게 올린 각종 상소문을 알기 쉽게 풀이한 공간을 마련하여 이 상소문을 통해서 그의 올곧은 참선비의 정신을 제대로 인식할 수 있도록 하자.

이때 참선비 혹은 창의적 리더는 자기 시대를 '위기의 시대'로 파악할 수 있는 위기의식을 지녀야 하고, 이러한 위기의식을 일반인들에게 설득력 있게 제시할 수 있어야 함을 염두에 두고, 조식이 지닌 위기의식의 실상이 무엇이며, 이것을 어떻게 다른 이들에게 전달하려고 했는지 살필 수 있도록 하자. 임금에게 전달한 방식과 문인들에게 전달한 방식을 나누어 고찰할 수 있을 것이다. 나아가 이 시대가 왜 위기인가? 그 위기의 실상이 무엇이며, 위기를 타개하기 위한 방법은 무엇인지를 스스로 숙고할 수 있도록 하자.

9) 전시체험(展示體驗)을 할 수 있는 '선비박물관'을 만들 것을 다시 한 번 제안하는 바이다.

이때 위의 6)을 제외한 1)~8)은 모두 이 선비박물관 안에 위치하도록 하면 되리라고 본다. 자료실을 겸하도록 하되, 여기에는 '시대별로 나타나는 선비상', '지리산의 역사와 풍물', '지리산과 선비'등의 코너를 마

련함으로써 이곳이 선비문화의 메카로서의 역할을 할 수 있도록 해야
할 것이다.[56]

10) 조식이 실제로 올랐던 지리산 등산로를 분석한 뒤 이것을 지도상
에 표시한다. 그리고 교육연수 기간 중 이 가운데 한 곳을 택하여 오르
면서 조식이 남긴 기록들을 음미하고 조식과 무언의 대화시간을 갖도록
하자. 아니면 명상 길, 혹은 한선원에 들어온 교육생들을 위한 둘레 길을
선정하여 교육자와 피교육자가 같이 걸어보는 시간을 갖도록 하자.

4. 통일한국 시대에 바람직한 통일문화 확산의 장으로 활용하는 방안

1) 통일전야인 현 시기의 활용방안과 통일이후의 활용방안으로 나누
어 생각해 보자. 아직 통일이 안 되었지만 우리는 한시라도 통일된 한
국의 미래상을 뇌리에서 지울 수 없다. 통일 이후 우리가 몽매에도 염
원해 왔던 '강하면서도 선한 문화국가'로 가기 위해서는 현재 가장 미
흡한 법질서와 기강을 바로 세우는 문제를 해결해야 한다. 그러면서 진
리에 입각한 선하고 아름다운 나라가 되도록 해야 한다. 전자는 사회과
학적인 제도개선의 문제이고 후자는 인문학적인 인성교육의 문제이다.
이 일원의 하드웨어와 소프트웨어는 인성교육에 매우 유효함을 앞에
서 살펴봤다. 그 뿐만 아니라 이것은 법질서와 기강을 확립하는데 있어
서도 매우 유용하게 활용될 수 있을 것이다. 법질서와 기강 확립을 위
해서는 기득권자의 솔선수범이 중요한데, 이곳에서의 교육은 위정자들
에게 위기의식과 청렴의식을 심어줌으로써 그들의 방종과 예외를 용납
하지 않을 것이기 때문이다. 제대로 된 통일을 위해서는 통일이전에

---

56) 여기 대해서는 손병욱, 「한국선비문화연구원의 효율적 운영방안 고찰」, 앞의 책,
176-177쪽에서 재인용.

'불의 문명시대'가 필요하다고 본다. 불은 태우고, 죽이고, 없애고 고치는 역할을 한다. 따라서 이곳의 이념은 의 기준에 어긋나는 어떠한 사적 욕심도 허용하지 않으려고 한다. 이곳을 다녀간 모든 이들은 사리사욕에 흔들리지 않는 마음의 경지를 체득하여 돌아가서 제대로 된 통일을 맞이하는데 기여하는 삶을 살 수 있게 될 것이다.

2) 이러한 참선비 이념, 곧 불의 정신에 입각하여 이제 통일의 시대가 도래 하면 이 통일이 정착될 때까지는 여전히 불의 문명시대가 필요하며, 이곳의 참선비 이념은 통일이후에도 커다란 효용성을 발휘하여 통일한국을 빨리 안정시켜 줄 것이다. 통일한국은 이러한 안정을 기반으로 모든 것을 살리고 포용하는 생명수, 감로수인 '물의 문명시대'로 나아감으로써 드디어 강함을 바탕으로 한 선한 문화국가로 발돋움할 것이다.57) 그리하여 모든 인류를 행복하게 할 고급문화를 끊임없이 창출하고 진정한 세계의 평화에 기여하는 위대한 나라가 되는데 이곳과 이곳의 이념은 큰 힘을 보탤 수 있을 것이다.

3) 이곳의 참선비 이념이 지닌 포용정신과 자기절제정신은 통일이후 제기될 폭발적인 불만을 무마하고 남북한이 하나의 공동운명체로 거듭날 수 있도록 하는데 크게 기여할 수 있을 것이다.

---

57) 불의 문명, 물의 문명과 관련해서는 동학의 2세 교주였던 해월(海月) 최시형(崔時亨, 1827~1898)이 지은 '강시(降詩)'에서 잘 드러난다. 그 일부를 소개하면 다음과 같다. "龍傳太陽珠, 弓乙回文明, 運開天地一, 道在水一生, 水流四海天, 花開萬人心." 필자는 이것이 한국의 미래와 관련하여 매우 예언적인 시사를 준다고 여긴다. 앞으로 한국은 불의 문명시대→물의 문명시대를 거쳐서 인류를 행복하게 할 고급문화를 끊임없이 창출하는 '위대한 문화국가', '문화의 종주국'으로 부상할 것이다. 이에 한국의 통일은 불의 문명으로 맞이하여 불의 문명으로 정착시켜야 한다고 여긴다. 그래야만 제대로 된 물의 문명시대를 열 수 있다고 보기 때문이다.

V. 맺음말: 제언

지금까지의 논의를 바탕으로 앞으로 이곳 한선원 일대에 다음과 같은 요소들이 반드시 추가될 수 있기를 바란다.

첫째, 한선원 안에 조식의 비범한 기상이 깃든 동상 내지 흉상을 건립하여 안치하자. 방문객들이 이를 통해서 조식의 벽립천인, 태산교악, 추상열일의 비상한 인품을 느낄 수 있도록 형상화해야 하고 또 실내에는 몇 군데 흉상을 안치하는 것이 필요할 것이다.

둘째, 기존의 '남명선비문화축제'를 확대·개편하여 한선원이 주무대가 될 수 있도록 새로운 행사를 기획하고 반드시 방문객들이 적극적으로 참여하여 즐길 수 있도록 새로운 프로그램을 개발하자.

셋째, 한선원 일원을 빠짐없이 둘러보는 투어루트(tour route)를 개발해야 할 것이다. 그리고 이 루트가 조식의 길, 참선비의 길과 같은 둘레길로 연결될 수 있도록 해야 한다. 이때 어디서 시작하여 어디로 해서 어디에서 끝낼 것인지를 제시할 필요가 있다.

넷째, 정좌수련실+예절과 국악을 위한 장소+궁도장과 치마장을 비롯하여, 무엇보다도 신명사도+신명사명+천군전에 입각하여 조식의 정신경지를 게임화 하여 피교육생들로 하여금 재미, 의미, 묘미를 갖고 참여하게 할 <신명사도>를 본 뜬 건물을 건립하자. 그리고 반드시 선비박물관을 건립하여 전시체험이 가능하도록 하자.

다섯째, 앞으로 이곳을 지나가게 될 수많은 관광객들이 한 번은 들렀다 갈 수 있도록 하자. 그리고 왔다 간 사람은 다시 오고 싶도록 하자. 그렇게 하기 위한 방안을 다각도로 마련하도록 하자. 그러자면 이곳이 지닌 입지적인 장점을 최대한 활용하는 것이 필요할 것이다. 이를 위해서 다양한 홍보책자의 발간도 필요하리라고 본다. 특히 <신명사도>와 관련하여 이것의 원리를 만화화, 애니메이션화 하는 일을 미루지 말기를 요청한다.

여섯째, 이곳과 유사한 성격을 갖는 국내의 다른 기관들, 예컨대 국
학진흥원, 율곡 기념관 등에서 이황과 이이를 어떻게 현창하고 있는지
면밀히 살펴서 그 장점을 벤치마킹 하면서 조식만의 특징이 부각되도
록 하는 일을 잠시도 게을리 해서는 안 될 것이다.

앞으로 필자는 본고의 내용과 관련하여 세 가지 연구 과제를 후속연
구의 일환으로도 이행하고자 한다. 그것은 다음과 같다.

첫째, 한선원 안의 적합한 터에 <신명사도>를 본뜬 건물을 지어서
이곳 연수에 참여하는 피교육자들이 게임에 참여하도록 함으로써, <신
명사도·명>과 『천군전』의 정신을 가장 효율적으로 배울 수 있도록 하
기 위한 연구이다. 먼저 게임의 개발과 관련하여 어떤 게임을 어떻게
진행할 것인지 연구한다. 나아가 이 게임수행을 위해서 건물을 짓는다
면 어떤 점에 유념하여 지어야 할 것인지에 대한 연구가 필요할 것이
다. 이 연구의 주제는 대략 '<신명사도·명>의 게임화와 그 하드웨어
구축을 위한 방안 고찰'이 될 것이다.

둘째, 본고에서 제시한 대로 가장 효율적인 연수를 위한 다양한 프로
그램 개발이 필요하다. 그 기본은 환골탈태수인 3·7수를 고려한 3주짜
리 교육과정 프로그램이라고 본다. 일단 3주를 기준으로 삼되 그 대상
에 따라서 가감하면 될 것이다. 이에 필자는 모든 연수생에게 공동으로
적용될 수 있는 3주 교육과정 프로그램에 필수적으로 들어가야 할 요소
가 무엇인지를 고려하여 (가칭) 표준 프로그램을 제시하는 연구를 제안
하고자 한다.

셋째, 남명학파의 정신적 뿌리인 가야문화권에 대한 연구이다. 특히
퇴계학파의 뿌리라고 할 신라문화권과의 차이점이 무엇인지에 주목할
것이다. 그리고 남명학파가 가야문화권의 장점과 신라문화권의 장점을
결합한 특징을 보인다는 주장의 근거가 무엇인지를 구명하여야 할 것

이다.

  앞으로 한선원 개관을 계기로 이곳을 제대로 활용하고 활성화시키기
위한 연구가 다각도로 이루어질 수 있기를 희망한다.

참고문헌

『論語』
『孟子』
『性理大全』
『小學』
『세계일보』
『禮記』
『周易』
『中庸』
『천도교경전』
金富軾, 『三國史記』
李珥, 『擊蒙要訣』
李瀷, 『星湖全集』
一然, 『三國遺事』
曺植, 『南冥集』
曺植, 경상대학교 남명학연구소 역, 『남명집』, 이론과실천, 1995.

금장태, 『한국유학의 심설』, 서울대학교 출판부, 2003.
김대문·이종욱, 『화랑세기』, 소나무, 2009.
김형효, 「고대신화에 나타난 한국인의 철학적 사유」, 『한국철학사(상권)』, 동명사(한국철학회편), 1987.
남명학연구원, 『남명학의 문화론적 접근』, 2014.
박병련, 「5주차 남명조식」, 『국회인문학 아카데미자료집』, 2014.
박병련, 「남명사상의 현대적 가치와 계승발전의 방향」, 『한국선비문화연구원의 장기발전 방향 모색』, 한국선비문화연구원, 2017.
배종호, 「남명성학도」, 『남명학연구논총』 제1권, 남명학연구원, 1988.
손병욱, 『서산, 조선을 뒤엎으려하다』, 정보와사람, 2006.
손병욱, 「한국선비문화연구원의 효율적 운영방안 고찰」, 『남명학』 제15권, 남명학연구원, 2010.
손병욱, 「선비의 수양과 삶」, 『남명학』 제17권, 남명학연구원, 2012.
손병욱, 「한국고전으로 보는 창의적 리더의 길」, 『GNU인성』, 경상대학교출판부, 2013.
손병욱, 「퇴계 이황의 거경궁리 사상에서 본 정좌수련의 위상」, 『퇴계학논총』 제22집, 퇴계학 부산연구원, 2013.

손병욱, 「남명학파의 실천적인 선비정신과 그 연원탐구」, 『한국의 전통사상과 민족문화』, 경상대학교출판부, 2018.

이성무, 「선비와 선비사상」, 『남명학』 제17권, 남명학연구원, 2012.

이철승, 『남명사상과 지리산』, 남명학회, 2014.

정우락 외, 『한국선비문화연구원의 경쟁력과 운영목표』, 사단법인 남명학연구원, 2012.

정우락 외, 『한국선비문화연구원의 지표 및 운영 매뉴얼 개발』, 사단법인 남명학연구원, 2012.

정현섭, 「天君傳과 神明舍圖·銘」, 『2014년 제8회 남명문화강좌자료집』, 경상대학교 남명학연구소, 2014.

하동군, 『서산대사 유적지 복원·정비사업 기본계획수립』, 2008.

하동군, 『하동통계연보』, 2017.

저자 소개(원고 게재순)

정우락

경북대학교 국어국문학과 교수로 재직하고 있으며, 영남학파를 중심으로 한 한국문학사상에 대하여 연구하고 있다. 특히 우리 문학의 체계를 성리학적 세계관에 입각하여 밝히고자 하는 노력을 꾸준히 해왔다. 주요 저서로는 『남명문학의 철학적 접근』(박이정, 1998), 『남명학의 생성공간』(역락, 2014), 『남명학과 현대 사회』(공저, 역락, 2015) 등이 있고, 논문으로는 「덕산동부(德山洞府)의 문화지리적 상상력-「신명사도」와 '덕산 문화'의 상관성-」, 「서계 김담수 문학에 나타난 '가족'과 그 의미」, 「선비들의 놀이정신과 남명 조식의 풍류-우리 시대 청년들에게 말을 건네며-」 등이 있다.

이상형

경상대학교 철학과 교수로 재직하고 있으며, 주로 윤리학, 정치사회철학에 관심을 가지고 연구를 진행하고 있다. 특히 인간의 윤리, 욕망, 우정 등 인간의 삶과 관련된 다양한 요소들에 대하여 관심을 가지고 있다. 주요 저서로는 『철학자의 행복여행』(역락, 2013), 『인문학자들의 헐렁한 수다』(공저, 한국문화사, 2017), 『기억·서사·정체성』(공저, 박이정, 2018) 등이 있으며, 논문으로는 「윤리적 인공지능은 가능한가」, 「감정과 공공성」, 「욕망의 윤리적 의미」 외 다수가 있다.

박충환

경북대학교 고고인류학과 교수로 재직하고 있는 문화인류학자로서 중국의 사회와 문화를 권력, 과학기술, 관광, 종교 등에 초점을 맞추어 다각적으로 연구하고 있다. 최근에는 연구영역을 한국의 사회와 문화로 확장하고 있다. 주요 저서 및 역서로 『석기시대 경제학』(한울 아카데미, 2014), 『베트남 전쟁의 유령들』(공역, 산지니, 2016), 『별고을 성주, 생명을 품다』(공저, 성주군·경북대학교 영남문화연구원, 2015) 등이 있고, 논문으로는 「Nongjiale Tourism and Contested Space in Rural China」, 「대구 근대골목투어: '지붕 없는 박물관'과 스토리텔링의 정치적 지형」 등이 있다.

조영달

서울대학교 사회교육과에 교수로 재직하고 있으며, 시민교육과 교사의 수업행동을 중심으로 하는 교실수업 상호작용에 연구의 초점을 맞추어 왔다. 최근에는 이에 더하여 동서양의 교육과 학습에 대한 인식 문제를 중심으로 연구 영역을 넓혀 왔으며 이 과정에서 진리와 지식의 형성에 대한 포스트모던적 사고방식에 대해서도 관심을 두고 연구를 진행하고 있다. 주요 저서로『공정과 정의 사회』(공저, 조선뉴스프레스, 2011),『교육과정의 정치학』(교육과학사, 2001),『질적연구방법론 1, 2』(드림피그, 2015) 등이 있으며, 논문으로는「Educational Policy Innovations」,「Teacher Effectiveness: Capacity Building in a Complex Learning Era」등이 있다.

김강식

한국해양대학교 국제해양문제연구소에서 인문한국 교수로 재직하고 있으며, 임진왜란과 조선시대의 해양에 대하여 연구하고 있다. 특히 임진왜란 때 영남 지방에서 전개되었던 의병을 향촌사회의 내적 동력에서 찾으려는 노력을 꾸준히 해오고 있다. 최근에는 임진왜란이 갖는 동아시아 전쟁사적 의미에 주목하면서 연구의 폭을 넓히고 있다. 주요 저서로 『임진왜란과 경상우도의 의병운동』(혜안, 2001),『문화교섭으로 본 임진왜란』(선인, 2014),『문무를 갖춘 양반의 나라』(한국학중앙연구원 출판부, 2015),『조선시대 해항도시 부산의 모습-군항과 해항-』(선인, 2018),『조선시대 표해록 속의 표류민과 해역』(선인, 2018) 등이 있으며, 논문으로는「망우당 곽재우의 의병운동과 정치적 역할」,「임진왜란 시기 진주성전투 참가자의 포상 과정과 의미」,「이지항 표주록 속의 표류민과 해역세계」,「『표인영래등록』속의 경상도 표류민과 해역」등이 있다.

신창호

고려대학교 교육학과 교수로 재직하고 있으며, 동서양고전을 현대적 의미로 재해석하는 데 관심을 두고 연구를 진행하고 있다. 특히 동아시아 고전의 이론과 실천의 문제를 시대정신에 부합하게 구현하려고 노력하고 있다. 최근에는 '사서삼경(四書三經)', '역학(易學)', '노장(老莊)' 사상 등 동아시아 전통 철학을 민주 시민의 삶에 응용할 수 있도록 융합하려는 연구를 시도하고 있다. 주요 저서 및 역서로『수기, 유가 교육철학의 핵심』(원미사, 2005),『대학, 유교의 지도자 철학』(교육과학사, 2010),『유교의 교육학 체계』(고려대학교출판부, 2012),『주역절중』(책임역주, 학고방, 2018) 등이 있고, 논문으로는「『주역참동계(周易參同契)』의 양생관(養生觀)에 드러난 교육적 특성」,「유교(儒敎)에서 교(敎)의 맥락과 시교(詩敎)의 이해-공자의 시교(詩敎)를 중심으로-」,「창조성의 차원에서 본 유교 사서(四書)의 교육론」등이 있다.

김낙진

진주교육대학교 도덕과교육학과 교수로 재직하고 있으며, 동양철학, 동양 윤리학에 관심을 두고 연구를 진행하고 있다. 특히 최근에는 한주 이진상 학파에 관심을 기울이고 있다. 주요 저서로는 『의리의 윤리와 한국의 유교문화』(집문당, 2004), 『낙중학』(공저, 계명대학교 출판부, 2012), 『조선후기 낙중학의 전개와 한려학파』(공저, 계명대학교 출판부, 2018)』 등이 있고, 논문으로는 「남명(南冥) 조식(曺植) 철학사상 연구에 대한 회고와 전망」, 「중용(中庸)의 관점에서 본 조식(曺植)·이황(李滉)의 인물평 논란」, 「정시한(丁時翰)의 산중일기와 구도자의 삶」 등이 있다.

최석기

경상대학교 한문학과에 재직하고 있으며, 주로 한국경학에 관심을 가지고 사서의 해석에 대하여 집중적으로 연구를 진행하고 있다. 또 남명학과 지리산 권역의 문학과 사상 등에도 관심을 갖고 연구하고 있다. 주요 저서로 『성호 이익의 시경학』(중문, 1994), 『한국경학가사전』(성균관대 출판부, 1998), 『조선시대 대학도설』(보고사, 2012), 『조선시대 중용도설』(보고사, 2013), 『조선시대 대학장구 개정과 그에 관한 논변』(보고사, 2011), 『남명과 지리산』(경인문화사, 2006), 『덕천서원』(경인문화사, 2015) 등이 있고, 논문으로는 「남명시에 나타난 도학적 성향」, 「조선시대 『중용』 해석의 정자삼분설(程子三分說) 수용양상」, 「19세기 嶺南學派의 『中庸』分節說 考察」 등이 있다.

최은주

한국국학진흥원에 재직하고 있으며, 조선시대 일기자료에 관심을 가지고 연구를 진행하고 있다. 주요 저서로는 『보물은 오직 청백뿐, 안동 보백당 김계행 종가』(예문서원, 2013), 『일기를 통해 본 조선후기 사회사』(공저, 새물결, 2014), 『임진왜란과 지방사회의 재건』(공저, 새물결, 2015)가 있으며, 논문으로는 「동계 조형도의 문학교류와 인맥네트워크」, 「회당 장석영의 삶의 궤적에 따른 한시 창작 양상의 특징」, 「일기를 통해 본 조선시대 영남지방 지식인과 과거시험의 형상화」 등이 있다.

김대진

경상대학교 국어교육학과 박사과정을 수료했으며, 현재는 진주동명중학교의 교사로 있다. 문학을 교육적으로 활용하는 것에 관심을 가지고 연구를 진행하고 있다. 이러한 노력의 연장선에서 '3분이야기하기, 인문고전서 읽기, 디카시 만들기' 등의 형태로 입말·글말·전자말 문학 등에 관한 교육 및 연구를 진행하고 있다.

사재명

(사)남명학연구원 연구위원으로 활동하고 있으며, 교육현장과 남명학파의 교육에 관하여 연구하고 있다. 주요 논문은 「남명 조식 교육사상의 계승」(경상대학교 박사학위논문, 1999), 『남명 조식과 남명학파 1』(공저, 불함문화사, 2001), 『남명선생문인자료집』(공저, 남명학연구원출판부, 2001), 『남명사상과 교과교육』(공저, 진주문화교육연구원, 2003), 『진주권 지역의 고문헌』(공저, 경남문화연구원, 2004), 『남명학파 연구의 신지평』(공저, 예문서원, 2008), 『경남 서부지역의 고문헌』(공저, 가람, 2008), 『덕계 오건과 수우당 최영경(공저, 예문서원, 2009)』 등이 있다.

황영신

경상대학교 교육학과에서 강사를 하고 있으며, 교육학 및 교육프로그램에 관하여 연구하고 있다. 주요 논문은 「내적 발달자산 증진 프로그램이 여자고등학생의 내적 발달자산과 학교적응유연성에 미치는 효과」(경상대학교 박사학위논문, 2005), 『건강증진 이론적 모형을 활용한 지역보건인력 교육프로그램의 개발』(공저, 한국보건교육·건강증진학회, 2000), 「내적 발달자산 증진 프로그램이 여자고등학생의 내적 발달자산에 미치는 효과」(『교육심리연구』 제19권, 2005), 「진주지역의 동약과 향촌교화」(『남명학연구총서』 제8권, 남명학연구원, 2015), 「신명사도의 학습심리적 함의」(공저, 『남명학연구』 제45권, 경상대학교 남명학연구소, 2015), 「남명의 교육사상에 근거한 청소년 인성교육 프로그램 개발」(공저, 『남명학연구』 제54권, 경상대학교 경남문화연구원, 2017) 등이 있다.

손병욱

경상대학교 윤리교육과에 교수로 재직하고 있으며, 선교(仙敎), 기학(氣學)의 사유체계, 인성교육의 효율적인 방안 등에 관심을 가지고 있다. 특히 인성교육의 효율적인 방안 탐색의 일환으로서 남명 조식의 경의(敬義)사상이 갖는 인성 교육적 의미를 밝히고 이것을 프로그램화 하는 것을 중요하다고 여겨 꾸준히 연구를 진행하고 있다. 주요 저서 및 역서로 『서산, 조선을 뒤엎으려 하다』(저서, 정보와사람, 2006), 『기학』(역서, 통나무, 2014), 『GNU인성』(공저, 경상대학교출판부, 2013), 『한국의 전통사상과 민족문화』(공저, 경상대학교출판부, 2018) 등이 있으며, 논문으로는 「활사개공活私開公을 위한 한국의 미래 비전탐구-가야문화, 화랑풍월도, 남명 사상의 연관성을 중심으로-」, 「남명학과 인성교육의 방향」, 「실천적인 선비문화 계승과 확산을 위한 인성교육 프로그램 시안(試案)-그 지침과 방향의 제시를 중심으로-」 등이 있다.

21세기와 남명 조식

초판 1쇄 인쇄 2018년 12월 21일
초판 1쇄 발행 2018년 12월 28일

지 은 이 정우락 이상형 박충환 조영달 김강식 신창호 김낙진
　　　　 최석기 최은주 김대진 사재명 황영신 손병욱
펴 낸 이 이대현

책임편집 임애정
편　　집 이태곤 권분옥 홍혜정 박윤정 문선희 백초혜
디 자 인 안혜진 홍성권
마 케 팅 박태훈 안현진

펴 낸 곳 도서출판 역락 / 서울시 서초구 동광로46길 6-6 문창빌딩 2층(우06589)
전　　화 02-3409-2058 FAX 02-3409-2059
이 메 일 youkrack@hanmail.net
홈페이지 www.youkrackbooks.com
등　　록 1999년 4월 19일 제303-2002-000014호

ISBN 979-11-6244-355-2 93150

* 정가는 뒤표지에 있습니다.